世界银行中国经济改革促进与能力加强项目（TCC6）成果

民　生　保　障　书　系

王杰秀　总主编　　付长良　副总主编

农村养老服务政策与实践

主　编　付长良

副主编　乔晓春　谢　琼　胡宏伟

成　员　（按姓氏拼音排序）

安　超　丁建定　丁　朋　刘振杰　任振兴

肖晓琳　于长永　张　静

中国出版集团

研究出版社

图书在版编目 (CIP) 数据

农村养老服务政策与实践 / 民政部政策研究中心编著 . --
北京 : 研究出版社 , 2021.10
ISBN 978-7-5199-1081-5

Ⅰ . ①农… Ⅱ . ①民… Ⅲ . ①农村 – 养老 – 社会服务
– 研究 – 中国 Ⅳ . ① F323.89

中国版本图书馆 CIP 数据核字 (2021) 第 213296 号

出 品 人：**赵卜慧**
责任编辑：张立明

农村养老服务政策与实践

NONGCUN YANLAO FUWU ZHENGCE YU SHIJIAN

作　　者　民政部政策研究中心
出版发行　研究出版社
地　　址　北京市朝阳区安定门外安华里 504 号 A 座（100011）
电　　话　010-64217619　　64217612（发行中心）
网　　址　www.yanjiuchubanshe.com
经　　销　新华书店
印　　刷　北京中科印刷有限公司
版　　次　2022 年 1 月第 1 版　　2022 年 1 月第 1 次印刷
开　　本　710 毫米 ×1000 毫米　1/16
印　　张　25
字　　数　417 千字
书　　号　ISBN 978-7-5199-1081-5
定　　价　88.00 元

前　言

农村养老问题事关亿万农村老年人及其家庭幸福生活，事关农村社会和谐稳定，事关党在农村执政根基的加强与稳固。随着中国减贫事业取得历史性成就，现行标准下农村贫困人口实现全部脱贫，扶贫工作由解决绝对贫困转向缓解相对贫困，巩固脱贫攻坚成果任务依然艰巨。农村养老是整个养老服务体系建设的重要组成部分，也是养老服务均等化发展的短板。我国城乡基本养老服务均等化推进过程中，农村养老保障不足突出体现为农村贫困老年人的照护问题，由此延伸出农村养老服务政策优化问题。本研究总论部分围绕农村养老服务对象、需求、特征和现状、服务支持等，基于需求与供给关系对农村贫困老年人养老服务政策优化进行整体分析。

面对农村贫困老年人照护问题的严峻性，我国各级政府开展了一系列探索实践，其中不乏具有推广价值的经验做法。本书选取国内典型地区农村贫困老年人照护服务典型案例，根据老年照护服务的“生产—分配—递送—获得”过程框架，提炼形成关键要素组合库，为我国农村贫困老年照护服务政策创制提供模式借鉴，为全球老年人照护服务实践贡献中国方案和中国智慧。

本书实证分析的基础为面向全国征集的农村养老服务典型案例。2020 年 3 月，民政部政策研究中心发布关于征集“中国农村养老服务典型案例”的公告，在全国范围内征集农村老年人养老照护服务的典型案例。案例内容包括政策实施前所面临的挑战和问题、政策实施过程、实际成效，以及经验启示等四个方面。案例选取的标准分别是相关性（案例主题与农村养老服务高度相关）、创新性（案例要在理念、方法、工作机制上体现创新性）、典型性（具有地方亮点特色且有可复制推广价值）、有效性（案例开展超过半年，实践证明切实可行）和可持续性（案例在经济社会等方面具有可持续性）。项目共征集到 117 个典型案例，这些案例为本书的模式归纳提供了丰富鲜活的一手资料。

推进农村贫困老年人照护服务体系建设，需要回答以下几个问题：谁可以得到照护服务，亦即照护对象是谁；为照护对象提供什么样的照护服务；照护服务如何递送；照护服务资金的来源以及哪些因素影响了其照护服务的获得。从某种意义上来讲，农村贫困老年人照护服务本质上是一种在宏观政治和社会环境下的社会福利分配。为处理这种多层次的复杂福利分配，本书基于社会福利政策分析框架相关理论，按照前述过程框架的各个环节选取中国农村老年人养老照护服务典型案例，分别提炼各个环节的要素，对其优势和潜在的不足进行分析。同时，针对公建民营、互助养老、日间照料中心建设、医养结合等农村养老服务工作中的重点问题，进行专题研究，并提出相应的政策建议。

本书是世界银行贷款“中国经济改革促进与能力加强项目”（TCC6）中“中国贫困老年人养老服务政策优化研究子项目”的最终研究成果之一，是在民政部政策研究中心的指导下完成的。该项目执行期处于我国脱贫攻坚进入决胜阶段的关键时刻。2021 年，我国全面建成了小康社会，历史性地解决了绝对贫困问题。本书的出版既是对项目成果的总结，也是对相关工作的记录。未来，我们将围绕新发展阶段提出的新命题，持续开展相关研究。

本书总论、上篇、下篇分别由北京大学教授乔晓春、中国人民大学教授胡宏伟、北京师范大学教授谢琼组织撰写，多位学者完成。在此，谨向项目支持者、研究指导者以及研究团队成员和作者表示感谢！本书不足之处，也请各位读者批评指正！

2021 年 9 月 30 日

目 录

农村贫困老年人养老服务政策优化研究总论…… 1
一、关注解决农村养老问题的意义…… 1
二、研究对象和服务对象的界定…… 4
三、需求层次和服务框架…… 6
四、数据来源…… 9
五、中国农村老年人特征和现状…… 9
六、农村老年人基本需求测算…… 14
七、估计未满足的需求…… 19
八、需求与供给关系分析…… 25
九、问题分析…… 28
十、经验分析…… 35
十一、制度和政策建议…… 36

上 篇

第一章 农村养老服务中的主导者…… 43
一、理论阐述…… 43
二、案例介绍…… 45
三、案例分析…… 84
第二章 农村养老服务的分配基础…… 94
一、理论阐述…… 94
二、案例介绍…… 95
三、案例分析…… 106

第三章 农村养老服务的分配内容…………………………………… 110
一、理论阐述…………………………………………………………… 110
二、案例介绍…………………………………………………………… 111
三、案例分析…………………………………………………………… 134
第四章 农村养老服务的输送系统…………………………………… 140
一、理论阐述…………………………………………………………… 140
二、案例介绍…………………………………………………………… 141
三、案例分析…………………………………………………………… 161
第五章 农村养老服务的资金来源…………………………………… 167
一、理论阐述…………………………………………………………… 167
二、案例介绍…………………………………………………………… 167
三、案例分析…………………………………………………………… 195
第六章 研究结论与政策建议………………………………………… 202
一、分析结论…………………………………………………………… 202
二、研究启示…………………………………………………………… 213

下 篇

第七章 农村特困老年人救助供养的政策和实践……………………… 221
一、农村特困老年人供养的政策要求……………………………………… 222
二、特困救助供养制度对农村“五保”供养制度的继承与创新 ……… 228
三、农村特困老年人供养的服务方式和运行机制………………………… 231
四、特困老年人供养服务改革创新的突出成效…………………………… 238
五、农村特困老年人供养的难题和对策…………………………………… 245
第八章 “公建民营”养老机构改革研究 ……………………………… 264
一、养老机构公建民营的改革措施………………………………………… 264
二、养老机构公建民营有关研究梳理……………………………………… 269
三、典型案例模式…………………………………………………………… 273
四、地方实践的主要做法和成效…………………………………………… 278
五、“公建民营”养老模式改革面临的问题与政策建议 ………………… 283

第九章　农村互助养老模式研究 ………………………………………… 285
一、农村互助养老模式的地方探索 ………………………………………… 285
二、地方实践的成效 ………………………………………………………… 295
三、优化农村互助养老的政策建议 ………………………………………… 301
第十章　农村日间照料中心实践探索研究 ……………………………… 305
一、日间照料中心的运行现状 ……………………………………………… 305
二、农村日间照料中心存在的问题 ………………………………………… 310
三、政策建议 ………………………………………………………………… 312
第十一章　医养结合养老模式研究 ……………………………………… 315
一、医养结合的政策发展 …………………………………………………… 316
二、我国农村医养结合养老模式的实践探索 ……………………………… 319
三、农村医养结合养老模式实践成效 ……………………………………… 331
四、目前农村医养结合存在的问题 ………………………………………… 338
五、优化农村养老医养结合的政策建议 …………………………………… 341
第十二章　农村养老服务体系建设 ……………………………………… 347
一、我国农村养老服务政策体系发展历程 ………………………………… 347
二、农村养老服务体系建设的相关政策及各地实践现状 ………………… 350
三、农村养老服务体系建设的政策及实践特点情况分析 ………………… 365
四、完善农村养老服务体系建设的政策建议 ……………………………… 372

农村贫困老年人养老服务政策优化研究总论

由于农村绝大多数年轻人都在城里工作，中国农村老年人口比例明显高于城市，再加上农村老年人经济条件相对较差，特别是贫困老人和生活不能自理老年人比例相对较高，所以解决农村贫困老人养老服务问题，是解决中国养老问题的关键和重点。本研究首先回答为什么研究农村养老问题更为重要；第二，要对本研究的对象和养老服务对象给出明确界定；第三，基于老年人的需求层次来界定老年人基本服务需求，并针对基本需求给出满足老年人需求的服务框架；第四，介绍本报告使用的数据，以及各类数据的来源和基本情况；第五，分析中国农村老年人特征和现状；第六，测算中国农村老年人的基本需求；第七，根据给出的服务支持框架，估计农村老年人从个人、家庭和市场中未能满足的需求；第八，将养老服务需求和供给进行整合，给出基于不同需求内容和程度对应的供给服务关系，并形成制度分析框架；第九，对农村目前存在的养老服务面临的问题进行分析；第十，对现有农村养老服务经验进行分析；最后，提出构建农村贫困老年人养老服务体系和政策优化建议。

一、关注解决农村养老问题的意义

改革开放以来，为了推动国家经济发展，户籍制度的约束开始放松，国家鼓励农民工进城参与城市建设和工业发展，大量年轻人进入城市工作，并长期生活。然而受到购房难、孩子上学难、以及城市工作不稳定等因素的影响，这些农民工的父母、甚至包括他们的孩子则被留在了农村。由于长期严格的城市计划生育政策带来城镇夫妇只允许生育 1 个孩子，城镇户籍人口的老龄化率高于农村户籍人口；但由于大量农村年轻人进城，农村老年人口比例开始明显高于城镇老年人口比例。从能够获得的 2015 年全国 1% 人口抽样调查数据中可以看出（见表 I），全国城镇 60 岁及以上老年人口比例为 14.2%，而农村的比例则高达18.5%，农村的比例比城镇高出了4.3个百分点；城镇老年抚养比为19.4%，而农村则高达29.6%，老年抚养比农村比城镇高了10.2个百分比。

如果将农村人口按照省、直辖市和自治区进行划分，农村中老年人口比例最高的是重庆市，达到25.7%；排在第二位的是江苏省，为24.5%；排在第三位的是四川省，达到22.8%；浙江省和上海市的农村老年人口比例分别排在第四和第五，其比例也比较接近；山东和辽宁则紧随其后。同样，农村老年抚养比的排序与此类似，老年抚养比最高的同样是重庆市，为46.0%；排第二的同样是江苏，为40.2%；排在第三的仍然是四川，占38.4%；排在第四和第五的为山东和浙江，分别为36.3%和35.3%。以上所提到的这些省市往往也是老年人口比例和老年抚养比在城镇和农村之间差异比较大的地区。

这种排序很明显跟各地以往的生育率水平有密切关系，而生育率水平的高低则与当地经济发展水平、老百姓生育意愿和当时计划生育政策有关，而在这三项因素中计划生育政策的作用可能更为突出。比如，从1980年开始中国无论是城市还是农村普遍推行“一对夫妇只生一个孩子”的政策，全国农村从1984年起生育政策开了一个“小口”，即“第一个孩子为女孩时允许再生育一个孩子”，而第一个孩子是男孩则不允许生育第二个孩子了。这一政策在除了当时的三个直辖市以及四川（当时重庆仍然属于四川省）和江苏没有执行以外，其他省份的农村都执行的是“一孩半”或“两孩”的政策。在这里，尽管四川和重庆属于西部省份，且经济发展水平并不高，但是这里的老年人口比例和老年抚养比相当高，相对于其他那些老年人口比例和老年抚养比也比较高的东部发达地区来说，四川省和重庆市两地农村养老问题更加严重。

当然，这里也有一些省份农村老年人口比例和老年抚养比都相对比较低，甚至低于城镇地区的情况，比如西藏自治区、新疆维吾尔自治区、青海省、江西省、吉林省、黑龙江省等地区。这同样有两方面原因，一是农村生育率明显比城镇高，二是相对于当地的城镇人口，农民外出的人并不多，或者说外出的人口比较多，但出去的很多都是城镇年轻人。

表 I　全国和各省份按城镇和农村分的老年人口比例和老年抚养比，2015 年

地区	老年人口比例（%）			老年抚养比（%）		
	城镇	农村	农村 - 城镇	城镇	农村	农村 - 城镇
总计	14.20	18.47	4.27	19.40	29.62	10.22
北京市	16.12	18.49	2.37	21.87	25.70	3.83
天津市	16.42	18.99	2.57	21.94	28.56	6.62
河北省	15.74	18.13	2.39	22.48	29.26	6.78
山西省	12.24	17.33	5.09	16.54	25.71	9.17
内蒙古自治区	13.41	18.44	5.03	18.06	26.85	8.79
辽宁省	20.15	21.73	1.58	28.60	32.97	4.37
吉林省	18.19	17.71	-0.48	25.46	25.82	0.36
黑龙江省	18.29	17.67	-0.62	24.87	25.38	0.51
上海市	20.18	22.64	2.46	28.68	32.70	4.02
江苏省	15.54	24.45	8.91	21.46	40.17	18.71
浙江省	12.79	22.76	9.97	17.12	35.30	18.18
安徽省	14.39	18.41	4.02	19.72	30.06	10.34
福建省	10.27	17.92	7.65	13.79	28.35	14.56
江西省	15.47	14.90	-0.57	22.67	24.51	1.84
山东省	13.98	22.00	8.02	19.64	36.32	16.68
河南省	13.48	17.67	4.19	18.91	30.15	11.24
湖北省	14.52	20.43	5.91	19.71	32.95	13.24
湖南省	14.26	19.42	5.16	19.82	32.42	12.60
广东省	8.70	14.77	6.07	11.06	22.94	11.88
广西壮族自治区	12.20	16.10	3.90	17.27	27.33	10.06
海南省	9.92	13.50	3.58	13.60	20.81	7.21
重庆市	16.31	25.66	9.35	22.65	46.03	23.38
四川省	15.79	22.81	7.02	21.81	38.38	16.57
贵州省	12.70	15.54	2.84	17.95	25.90	7.95
云南省	11.75	13.30	1.55	15.76	20.30	4.54

续表

地区	老年人口比例（%）			老年抚养比（%）		
	城镇	农村	农村－城镇	城镇	农村	农村－城镇
西藏自治区	9.31	8.57	－0.74	11.84	13.23	1.39
陕西省	13.62	18.51	4.89	18.15	28.42	10.27
甘肃省	13.60	15.25	1.65	18.66	23.13	4.47
青海省	11.49	11.14	－0.35	15.60	16.98	1.38
宁夏回族自治区	11.26	12.32	1.06	15.39	19.06	3.67
新疆维吾尔自治区	12.59	9.75	－2.84	17.49	15.11	－2.38

数据来源：2015年全国1%人口抽样调查数据

农村地区老年人口比例高，一方面是他们的子女很多都在城里打工，在为国家发展做贡献；另一个原因是有些地区的农民（主要是四川省、重庆市、江苏省、上海市；山东也是当时计划生育工作做得最好的地区之一）是因为响应当时"一对夫妇只生一个孩子"的号召，生育孩子数量相对比较少。第一种原因属于农民为国家做贡献，第二种原因属于农民为国家尽义务。因此，从这个角度上说，国家更应该关注农村老年人、特别是贫困老年人的养老问题，并为其承担更多的责任。

二、研究对象和服务对象的界定

本文讨论的是中国农村贫困老年人养老服务政策优化问题，这里首先要界定什么是农村人口。人口的界定往往涉及两个标准，一个是空间标准，另一个是范畴标准。前者界定的是区域范围，后者界定的是人口范畴。按国家发布的《统计上划分城乡的规定》（国务院于2008年7月12日国函［2008］60号批复），城镇和农村人口的划分"要以行政区划为基础，以民政部门确认的居民委员会和村民委员会辖区为划分对象，以实际建设（指已建成或在建的设施）为划分依据，将我国的地域划分为城镇和乡村。城区是指在市辖区和不设区的市，区、市政府驻地的实际建设连接到的居民委员会和其他区域。镇区是指在城区以外的县人民政府驻地和其他镇，政府驻地的实际建设连接到的居民委员会和其他区域。乡村是指本规定划定的城镇以外的区域"。人口范畴一般分为现有人口、常住人口和户籍人口。按照国家的统一规定，各地政府在统计人口时必须统一按照常住人口进行统计，常住人口指的是在本地连续居住半年以上的人口，不管户口是否属于本地。本研究所界定的农村人口为在农村地区连续居住半年以上的人口为农村的常住人口。按照这一界定，那些户口在农村地区但长期在外打工的农民工则不属于本研究涵盖的农村人口。

本研究所关注的贫困，指的是个体意义上的相对贫困或经济困难，即个人和家庭因收入不足或支出过大而陷入生活困难，而不是指区域意义上的贫困。从区域意义上看，目前中国并不存在贫困地区，因为2020年底全国所有贫困县均已经脱贫。从个体意义上看，全国各地都有自己的贫困界定标准，但是由于各地经济水平差异很大，且没有一个统一的贫困标准，同时各个标准会随时间发生调整和变化，所以很难给出绝对意义上的贫困标准，因此本研究关注的只是相对意义上的贫困，比如收入低于某个百分位点的人口。从这个意义上讲，针对任何农村地区来说，贫困是一个永恒的主题。这里讲的个体贫困是指个人收入水平大大低于同类人群的平均水平；家庭贫困是指家庭成员的平均收入水平大大低于一般家庭的平均水平。

在这里把老年人界定为60周岁及以上的人口群体；农村贫困老年人是指长期生活在农村地区（通常为半年以上）、个人处于相对贫困的老年人。实际上，老年人生活是否困难往往并不完全依赖老年人个人收入的多少，而更加依赖家庭成员收入状况，特别是家庭成员能够给老年人多少经济支持。然而家庭成员的收入状况一般很难测量，特别是在外打工的老年人子女收入。所以，本研究更多地是直接测量老年人个人的收入，也会测量老年人从其他方面获得的收入，包括家庭成员，特别是子女给老年人的经济支持。家庭成员的支持也是很重要的一项经济来源，我们会在后面讨论相应政策上给予关注。

本研究讨论的养老服务指的是为满足老年人各种需求所提供的相应服务。然而，老年人的需求是多方位、多层次的。我们可以把需求内容分为不同的层次，从而划分为基本需求、一般需求和高级需求（后面会给出分类界定）。从优先级的角度考虑，满足老年人的基本需求应该成为政策最优先的选择。

为老年人提供基本公共服务是政府的责任，而基本公共服务主要是满足老年人的最基本需求，尽管老年人的一般需求和高级需求政府也需要考虑，但养老服务政策的重点主要还是围绕老年人的基本公共服务而展开。这里的政策是指为养老公共服务所规定的目标、遵循的原则、完成的任务、工作的方式，以及采取的步骤和具体措施。本研究的目标是基于构建农村贫困老年人养老服务体系，提出相应的政策建议，实现农村贫困老人养老政策的优化。

三、需求层次和服务框架

老年人的需求是多样化的，在这里我们把它分为六个层级（见图Ⅰ）。老年人最基础的需求是生理和生存需求，它是指完成洗澡、穿衣、如厕、移动、行走、梳洗、排泄、进食等日常生活需求。针对这些“必需”的日常生活活动，有些老年人可以自己独立来完成，也有些只能独立完成一部分事项，甚至有些老年人完全不能独立完成，这分别被称为老年人完全自理、半自理和完全不能自理，或者称为未失能、半失能和全失能。那些老年人不能自理的事项需要他人来辅助完成，这被称为老年人的最基本服务需求。这里的“他人”既可能是老年人的配偶、子女或亲属、还有可能是老年人家庭雇佣的服务人员、也有可能是政府为其提供的服务人员。

老年人第二个层次的需求属于打理日常生活事项的需求，这包括打电话、购物、做饭、打扫卫生、洗衣、出行和管理财务等。这些事项对于年轻人来说一般都不成问题，但是对于老年人来说可能存在一定的困难，一方面老年人活动能力下降、记忆力和思考能力也在下降，再加上近年来与智能手机和互联网相关新技术的产生，导致很多活动需要通过这些新技术才可实现，比如娱乐、购物、交流、通信、出行、挂号、看病，以及核验健康码等，普通人在网上或使用手机就能实现，但由于老年人往往不会使用智能设备、不会上网，这些便利的工具都利用不起来，从而给他们的日常生活带来很多新的困难。

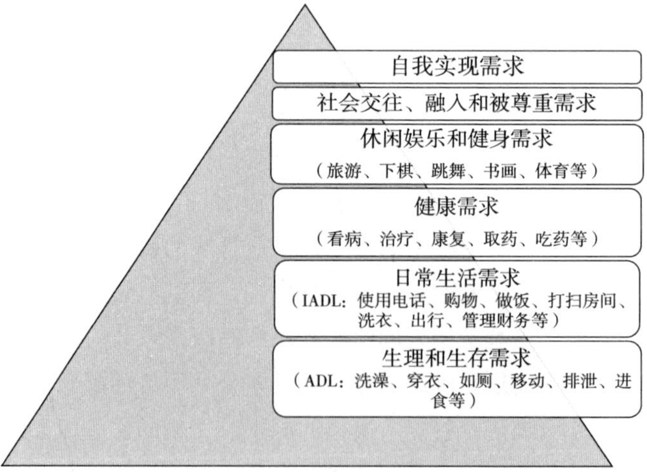

图Ⅰ　老年人需求层次框架

老年人第三层次的需求是健康（包括身体检查、治疗、康复）服务需求，这是由于年龄的增大，身体状况会出现明显的变化，疾病发病率会迅速上升，从而需要社会提供相应的服务。我们把前三个层次的需求定义为老年人的“基本需求”。

实际上，老年人第一和第二层次为“养”的需求；第三层次为“医”的需求。从民政工作角度看，满足老年人“养”的需求是工作的重点，这类需求统称为照料需求。满足第一层次和第二层次的需求往往被纳入政府提供基本公共服务的范畴，而这里的重点还是要满足第一层次的需求，即老年人生理和生存的需求。

再高层次的需求被称为一般需求，它是指休闲娱乐和体育健身的需求，包括旅游、下棋、跳舞、书画、以及参加其他体育娱乐类活动等。这类需求对于那些生活完全能够自理的老年人来说是最强烈的、需求规模也是最大的；而老年人的最高级需求更多是精神或心理层面的需求，包括社会交往、融入和被尊重的需求，以及自我实现的需求。这类高级需求既是客观的，也是主观的。有这类高级需求的老年人，一方面身体条件比较好、生活条件很好、生活能够自理，更重要的是这类老年人往往受教育程度也比较高。

满足老年人基本需求存在多种方式。图 II 给出了满足老年人基本需求的服务支持框架。首先，在老年人身体状况比较好的情况下完全依靠自我支持，即实现日常生活完全自理；其次，老年人也可以依靠家庭支持，主要依靠配偶、子女、其他亲属或非亲属；最后，在缺少以上支持的情况下也可以依靠社会支持。

满足老年人基本需求方式是有优先顺序的。通常来说老年人首选是自我照料，即生活能够自理；老年人在自理能力下降后则需要他人照料，他人照料的首选对象是配偶、其次是子女；在配偶和子女照料均无法实现时，就需要家庭以外的人来照料，这被称为社会照料或社会支持。社会支持存在两种情况，一种是通过家庭的购买服务由社会或民间服务组织或服务企业提供服务。市场化条件下，社会支持需要通过“购买”来获得，然而能否获得社会服务支持与需求者的经济条件有关，即只有经济条件好的老年人或家庭才具备支付能力，这被称为“有效需求”，即“支付得起的需求”。尽管有需求，但支付不起的情况被称为无效需求；另一种情况是在家庭无力购买社会服务的情况下，由政府直接或间接地提供相应的服务，这被称为公共服务。社会化服务通常又包括两类，一类是分散式居家服务，即通过服务组织安排服务人员直接到家里为老年人提供服务，这更适用于行动不便的老年人；另一类是集中式机构服务，即将老年人集中到某个机构并由机构中的服务人员对老年人提供服务，这类服务往往服务成本低，服务更方便和快捷，使服务机构为老年人提供服务更为便捷和方便。

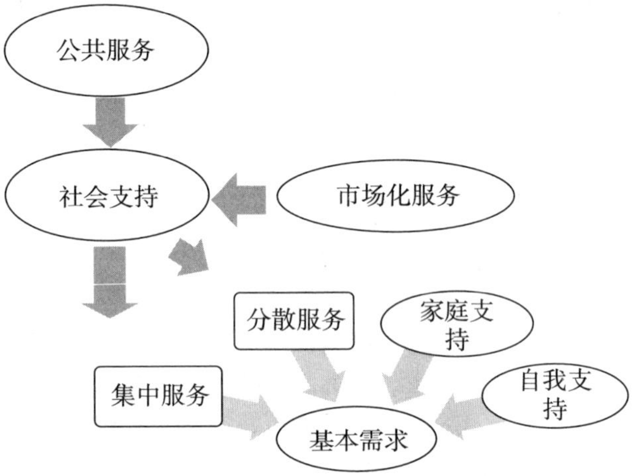

图Ⅱ　养老服务支持框架

图Ⅱ给出的养老服务支持框架是针对基本需求的，每一种服务支持会在一定程度上满足老年人的一部分或全部需求。在这里，政府的公共服务实际上包括两部分，一部分属于普惠性服务，即针对社会上的所有人提供平等、公平的公共服务；另一部分是针对特殊人群起兜底作用，即在各类支持均无法满足的情况下，最终由政府来提供兜底服务。根据这个框架，我们首先要用实际数据来估计全国农村老年人基本服务需求状况和程度，然后估计需求被各方面支持的满足程度，最后估计出未被满足的缺口。这个缺口实际上给出了政府潜在基本公共服务，特别是兜底服务需要支持的规模。当然政府针对农村的养老服务政策不仅仅是为了弥补缺口或提供兜底服务，还应该针对整个养老服务支持体系的构建，并对各类养老支持或服务系统给于政策和制度上的支持。

本书使用的都是官方大样本调查数据，由此给出的结论从整体上看具有可靠性，但这里并不追求数值的绝对准确，更多地是给出一个需求和满足需求的比例或结构，最重要的是提供一个分析和构建农村养老服务体系的一个逻辑脉络或框架，并基于这一思路，特别是基于对基本公共服务需求与满足需求的分解和分级，给出一个与分解和分级结构相对应的政策体系，并在此基础上讨论各项政策的制定和优化。同时也为后续的研究和政策制定者提供结构性思路。

四、数据来源

本报告使用的数据来自两项全国农村老年人调查。一项是2015 年全国1% 人口抽样调查数据，这个调查也被称为“小普查”。这一数据是两次人口普查之间所做的一次依据人口普查标准和标准问卷所做的、对全国和省级单位均有代表性的大规模抽样调查，它相当于一次人口普查。这一调查也属于截面调查，调查时点为2015 年11 月1 日0 时，目标总体为全国人口，获得的样本规模为2131 万人，占全国总人口的1.55%。利用1% 抽样调查可以获得各类人口的相对结构，包括城乡结构、性别结构、年龄结构等，同时利用2015 年全国1% 人口抽样调查主要数据公报公布的2015 年11 月1 日大陆31 个省、自治区、直辖市和现役军人总人口为137349 万人，以及家庭总户数40947 万户，可以估计出全国农村人口数，农村老年人口数，以及分省、分性别和年龄的老年人口数。

另一项是2015 年全国老龄科研中心组织的第四次中国城乡老年人生活状况抽样调查数据。这一数据是目前能够找到且能够代表全国、离当前时间最近的一次大规模全国老年人抽样调查。本次调查的时点为2015 年8 月1 日，目标总体为全国60 岁及以上居住在家庭户中的老年人，调查涵盖了大陆31 个省级地区，且数据对省级单位也有一定的代表性[1]；有效样本为22 万人，抽样比为0.1%。[2]。

五、中国农村老年人特征和现状

根据全国1% 人口抽样调查公报，2015 年11 月1 日0 时全国总人口为137349 万人，其中60 岁及以上老年人口为22182 万人，占16.15%；全国农村人口为60599 万人，占全国总人口的44.12%。根据当时农村人口60599 万和1% 人口抽样调查老年人样本结构，可以估计出2015 年不同性别和年龄组老年

---

〔1〕 在由社会科学文献出版社出版的《中国城乡老年人生活状况调查报告（2018）》第005 页中给出：本次调查“所得样本近似自加权”，所以是对省级和全国都有代表性。

〔2〕 目前引用的数据来源于浙江大学公共管理学院博士研究生孙凌雪（导师：米红教授）博士论文中所使用的数据。在此对孙凌雪同学和米红教授允许我们引用数据表示感谢。

人口数（见表Ⅱ）。估计结果为2015年全国60岁及以上老年人数为11245万，其中男性5501万，女性5744万；而当年农村老年人占全国老年人口的比例为50.69%。

表Ⅱ　分性别和年龄组中国农村老年人口数，2015年（万人）

年龄组	合计	男	女
60－64	3917.92	1979.18	1938.74
65－69	2825.57	1432.65	1392.92
70－74	1874.26	933.64	940.62
75－79	1327.48	634.17	693.31
80－84	813.38	347.98	465.40
85－89	358.98	134.63	224.36
90－94	105.60	33.50	72.10
95－99	19.49	5.03	14.46
100＋	2.49	0.50	1.98
合计	11245.16	5501.28	5743.89

数据来源：2015年全国1%人口抽样调查数据

如果比较城镇和农村家庭户中老年户结构的话（见表Ⅲ），可以看出在所有城镇的家庭户中至少有一位60岁及以上的老年人的老年户比例占30.9%；而农村家庭户中的老年户所占比例为42.3%。很明显，农村老年户的比例要明显高于城镇老年户的比例，高出的相对比例为37.0%，高出的绝对比例为11.4个百分点。这说明，农村家庭户中赡养老人的负担要明显高于城镇。除此之外，还可以看出这样一个特点：农村老年人与未成年亲属（一般为孙子女）独立居住的比例明显高于城镇，在这里一个单身老人与孙辈共同居住的比例占老年户的比例为1.3%，而一对老年夫妇与孙子女共同居住的比例占2.1%，二者之和的比例为3.4%，而城镇这一比例仅为1.3%。另外，尽管农村年轻人离开父母进城打工的人数比较多，但由于农村每个家庭生育子女的数量明显多于城市，从而导致农村的空巢老人家庭比例并不比城市更多，这其中单身老人比例，城镇占13.7%，农村占14.4%；只有一对老夫妇的户城镇占23.6%，农村占19.0%；如果把单身和一对夫妇户加到一起，得到的城镇空巢老人户占全部老人户的比例为37.3%，农村为33.3%。

表Ⅱ　全国分城乡老年户比例和各类老年户占全部老年户的比例，2015 年（%）

区域	老年户比例	一个 60 岁及以上老年人的户			二个 60 岁及以上老年人的户			有三个
		单身老人户	一个老年人与未成年的亲属户	其他	只有一对老夫妇的户	一对老夫妇与未成年的亲属户	其他	60 岁及以上老年人的户
城镇	30. 89	13. 74	0. 36	35. 56	23. 55	0. 95	24. 71	1. 12
农村	42. 33	14. 35	1. 27	39. 05	18. 95	2. 14	23. 10	1. 14

数据来源：2015 年全国 1% 人口抽样调查数据

如果分省市来计算农村各类老年户占该省老年户总数比例的话（见表Ⅳ），只有一个老年人单独居住户比例最高的是上海市，达到 22. 0%，其次是山东省，为 21. 7%，排在第三位的是浙江省，为 21. 3%，再往后是重庆市，为 20. 1%。一对老年夫妇单独居住的户比例最高的仍然是上海，占比为 35. 1%，其次是山东省，占 31. 9%，再往后是内蒙古自治区和天津市，分别占 29. 5% 和 28. 5%。若把两项合并到一起可以得到空巢老人户占全部老人户的比例，最高的仍然是上海市，达到 57. 2%；其次是山东省，空巢老人户比例为 53. 7%，这两个地区空巢老人户占老人户的比例均已超过了 50%，上海市差不多接近 60%；排在第三位的居然是内蒙古自治区，也接近 50%，达到 47. 4%。

如果看老年人与孙子女居住的比例，这里包括一个老人与孙子女单独居住和一对老夫妇与孙子女单独居住，比例最高的是河南省，达到 6. 4%；其次是重庆，为 6. 1%；贵州省排第三，比例为 5. 9%；湖北省为 5. 8%，江西省为 5. 6%，广西壮族自治区为 5. 1%，四川省和湖南省均为 4. 9%。很明显，年轻人外出打工比例越高的省份，老年人和孙子女单独居住的比例也越高，这些地区基本上属于中西部省份。

表Ⅳ　全国和分省各类老年户占全部老年户的比例，2015 年（%）

地区别	一个 60 岁及以上老年人的户				二个 60 岁及以上老年人的户				有三个 60 岁及以上老年人的户
	小计	单身老人户	一个老年人与未成年的亲属户	其他	小计	只有一对老夫妇的户	一对老夫妇与未成年的亲属户	其他	
全国	54. 67	14. 35	1. 27	39. 05	44. 19	18. 95	2. 14	23. 10	1. 14
北京市	48. 73	15. 70	0. 15	32. 90	50. 10	24. 67	0. 68	24. 76	1. 17
天津市	46. 76	14. 31	0. 06	32. 39	51. 84	28. 45	0. 27	23. 13	1. 40
河北省	50. 57	15. 44	0. 32	34. 81	48. 21	25. 78	0. 82	21. 61	1. 22
山西省	55. 19	18. 84	0. 30	36. 05	44. 09	24. 23	0. 67	19. 20	0. 72
内蒙古	54. 52	17. 89	0. 16	36. 48	44. 88	29. 48	0. 42	14. 97	0. 60
辽宁省	48. 06	11. 28	0. 17	36. 61	50. 94	23. 68	0. 55	26. 71	0. 99
吉林省	50. 28	7. 77	0. 16	42. 35	48. 75	19. 51	0. 48	28. 75	0. 98
黑龙江省	49. 36	8. 63	0. 15	40. 58	49. 93	23. 93	0. 45	25. 54	0. 72
上海市	43. 97	22. 01	0. 18	21. 80	54. 09	35. 15	0. 40	18. 55	1. 93
江苏省	48. 81	14. 00	0. 72	34. 09	49. 13	21. 05	1. 80	26. 27	2. 06
浙江省	56. 04	21. 30	0. 57	34. 18	42. 93	22. 55	1. 07	19. 31	1. 03
安徽省	51. 25	13. 46	1. 24	36. 54	47. 17	18. 95	3. 06	25. 17	1. 59
福建省	58. 79	16. 17	1. 17	41. 45	40. 02	17. 33	1. 76	20. 92	1. 19
江西省	58. 80	10. 25	2. 31	46. 25	40. 36	13. 44	3. 24	23. 67	0. 84
山东省	50. 36	21. 74	0. 31	28. 31	48. 58	31. 93	0. 84	15. 82	1. 06

续表

地区别	一个60岁及以上老年人的户				二个60岁及以上老年人的户				有三个60岁及以上老年人的户
	小计	单身老人户	一个老年人与未成年的亲属户	其他	小计	只有一对老夫妇的户	一对老夫妇与未成年的亲属户	其他	
河南省	51.65	14.73	2.38	34.53	46.97	19.43	4.00	23.54	1.38
湖北省	55.01	13.81	2.05	39.15	43.95	17.14	3.79	23.03	1.04
湖南省	56.82	12.09	1.86	42.87	42.15	14.66	3.06	24.42	1.04
广东省	59.91	11.25	1.59	47.07	38.90	8.87	2.44	27.59	1.19
广西自治区	61.22	13.93	2.39	44.91	37.77	11.06	2.68	24.03	1.01
海南省	56.44	12.41	0.40	43.63	42.47	13.73	0.87	27.88	1.09
重庆市	55.60	20.07	2.32	33.21	43.42	20.61	3.77	19.04	0.98
四川省	57.13	14.78	1.99	40.36	41.54	15.46	2.87	23.21	1.34
贵州省	56.87	13.00	2.43	41.44	42.36	16.99	3.48	21.89	0.77
云南省	61.99	8.62	0.89	52.48	37.08	9.42	1.02	26.64	0.93
西藏自治区	72.79	4.99	0.54	67.22	24.68	1.12	0.25	23.27	2.58
陕西省	57.58	12.63	1.26	43.70	41.58	14.74	2.29	24.55	0.84
甘肃省	58.33	6.76	0.78	50.79	40.91	9.11	1.20	30.59	0.76
青海省	64.71	6.23	0.70	57.77	34.67	5.32	0.89	28.47	0.62
宁夏自治区	52.98	9.61	0.49	42.89	46.50	23.42	1.15	21.93	0.49
新疆自治区	63.81	10.03	0.62	53.14	35.92	12.66	0.87	22.39	0.27

数据来源：2015年全国1%人口抽样调查数据

六、农村老年人基本需求测算

在对老年人需求层次进行界定时，我们将老年人的生理和生存需求定义为最基础的需求，也叫基本需求。测量这类需求主要是测量老年人日常生活自理或失能（disability）程度。国际上通用的测量方法有三种，第一种被称为 Katz 量表，它的原始测量方法是由 Sidney Katz 于 1959 给出的，并在 1976 做了一些调整，被称为日常生活活动独立性指标（The Index of Independence in Activities of Daily Living，简称为 ADL），也被称为 Katz ADL 量表。设计该量表的初始目的是为了测量老年人和慢性病病人身体功能，由此提示慢性病的严重程度和，并用来评价治疗效果。这一量表通常包括 6 个维度，即洗澡、穿衣、如厕、床椅间移动、排泄、进食，并给出是否能够自理的三个等级判断。第二种是与 Katz 量表比较类似的测量方法，被称为身体自我维护量表（The Physical Self - Maintenance Scale），简称为 PSMS 量表[1]，它是由 M. Powell Lawton 和 Elaine M. Broday 于 1969 年提出来，用于对居住在社区或机构老年人失能程度的测量，并将其用作制定疗养计划和评估疗养效果的评估指标。这一量表包括两类，一类是 ADL 量表，另一类是 IADL 量表。这里的 ADL 量表与 Katz 量表的六项中有一项是不同的，将排泄失禁（Continence）改为了梳洗（Grooming）。第三种方法被称为 Barthel 量表，该量表从 1955 年开始使用，1958 年对外公布，包括进食、床椅转移、如厕、洗澡、平地行走、穿脱衣物、修饰、上下楼梯、大便控制和小便控制共 10 项内容，每项按 0、5、10、15 打分，取值范围为 0 到 100 分，分值越小自理能力越差。最终将总分分级并得出日常生活活动分级：总分为 100 分为能力完好，总分在 65 - 95 分为轻度受损，45 - 60 分为中度受损，小于等于 40 分为深度受损。

2015 年中国老龄科研中心的抽样调查在日常生活自理能力方面测量了吃饭、穿衣、上厕所、上下床、室内走动和洗澡六项（这里实际上把 Katz 量表的大小便失禁改为了室内走动），并给出三个选项："做得了""有困难"和"做不了"。我们将六项均"做得了"定义为未失能，有一项以上"做不了"定义为完全失能，其他为半失能（即一项以上"有困难"，且六项均没有"做不了"）。根据这个数据我们可以计算出全国农村老年人分性别和分年龄组不

[1] 实际上国内常用的 ADL 和 IADL 量表均来自 PSMS

同失能状态的比例（见表Ⅴ）。比如，男性60－64岁老年人全失能的比例为1.5%，半失能比例为2.7%，而未失能的比例为95.7%。从数据中可以看出，随着年龄的增加全失能和半失能人口比例在迅速增加，而未失能人口比例大幅度减少；到了90岁以上的老年人，未失能人口比例占60%，而半失能和全失能人口占40%；另外，无论哪个年龄组、无论是半失能还是全失能，女性失能率均明显高于男性。

表Ⅴ　全国农村分性别和年龄组的老年人失能状况分布，2015年（%）

年龄组	男性			女性		
	未失能	半失能	全失能	未失能	半失能	全失能
60－64	95.73	2.74	1.53	93.20	4.97	1.83
65－69	93.20	4.86	1.94	90.48	6.16	3.36
70－74	91.24	5.88	2.88	87.06	8.76	4.18
75－79	83.73	10.79	5.48	80.50	12.74	6.76
80－84	78.57	14.05	7.38	70.92	17.78	11.30
85－89	73.19	16.67	10.14	67.00	18.50	14.50
90＋	60.00	25.71	14.29	41.27	30.16	28.57
合计	90.32	6.43	3.25	85.84	9.09	5.07

资料来源：2015年第四次中国城乡老年人生活状况抽样调查数据

根据表Ⅱ和表Ⅴ的数据，我们可以估计出中国农村分性别和年龄组不同失能状况的老年人人数（见表Ⅵ）。计算结果显示，2015年全国农村地区完全失能的（男性和女性）老年人共计470万人，半失能共计876万人，失能和半失能老年人合计为1346万人；农村全失能老年人占农村全部老年人口的比例为4.18%，半失能占7.79%，失能和半失能合计占11.97%；失能和半失能女性为813万人，占60%；男性533万人，占40%。

表Ⅵ　全国农村分性别和年龄组老年人不同失能状况人数估计，2015年（万人）

年龄组	男性			女性		
	未失能	半失能	全失能	未失能	半失能	全失能
60－64	1894.67	54.23	30.28	1806.91	96.36	35.48
65－69	1335.23	69.63	27.79	1260.31	85.80	46.80

续表

年龄组	男性			女性		
	未失能	半失能	全失能	未失能	半失能	全失能
70 - 74	851.86	54.90	26.89	818.90	82.40	39.32
75 - 79	530.99	68.43	34.75	558.12	88.33	46.87
80 - 84	273.41	48.89	25.68	330.06	82.75	52.59
85 - 89	98.53	22.44	13.65	150.32	41.51	32.53
90 +	23.42	10.03	5.58	36.54	26.70	25.29
合计	4968.75	353.73	178.79	4930.55	522.12	291.22

资料来源：同表Ⅱ和表Ⅴ

实际上，中国农村养老重点关注对象往往是失能老人，很少关注失智老人。然而，失智也是一种失能，失智老人也应该被纳入政府养老服务对象，特别是那些单纯失智但并不失能的老年人。同样，我们从2015年第四次城乡老年人生活状况抽样调查数据中也可以计算出农村分性别和分年龄组老年人的失智状况。

2015年城乡老年人抽样调查询问了这样的问题：“您日常生活中出现过以下情况吗?”，问卷中给出了下面几个具体情景：

1）突然对亲朋好友的面孔有陌生感

2）常常想不起亲朋好友的名字

3）出门后一时找不到自己的家门

4）经常忘记带钥匙

5）常常忘记灶上还煮或烧着水

6）都没有

要求被调查者针对以上问题回答“有”或“没有”。我们这里把以上五种情形中回答2项及以下“有”的定义为未失智，选择3项“有”的为中度失智，选择4项及以上“有”的为重度失智。根据这一数据，我们可以计算出全国农村分性别和年龄组不同失智状况老年人的比例（见表Ⅶ）。与表Ⅴ的失能状况分布类似，男性中度失能和重度失能比例均随着年龄的提高而提高，但提升的幅度明显低于失能比例的提升；这一趋势在女性低年龄组表现明显，在高年龄组出现波动，这与高年龄老年人样本规模小或高龄失智老人登记质量差有一定关系。但整体趋势仍然表现为老年女性中度和重度失智发生率高于老年男性。

表Ⅶ　全国农村分性别和年龄组老年人不同失智状况分布，2015 年（%）

年龄组	男性			女性		
	未失智	中度失智	重度失智	未失智	中度失智	重度失智
60－64	93.50	4.78	1.72	88.80	7.40	3.80
65－69	92.75	6.01	1.24	86.56	8.68	4.76
70－74	91.12	6.27	2.61	85.31	9.57	5.12
75－79	90.66	6.60	2.74	86.01	10.22	3.77
80－84	88.34	8.33	3.33	85.57	9.83	4.60
85－89	86.24	10.14	3.62	79.50	11.00	9.50
90＋	77.14	14.29	8.57	92.06	7.94	0.00
合计	91.75	6.11	2.14	86.69	8.82	4.49

资料来源：2015 年第四次中国城乡老年人生活状况抽样调查数据

根据表Ⅱ和表Ⅶ，同样可以估计出全国农村老年人分性别和年龄不同失智状况的人口数量（见表Ⅷ），其中全国农村重度失智老年共计 376 万人，中度失智为 843 万人，中度和重度失智老年人合计为 1218 万人；农村重度失智老年人占农村全部老年人口的比例为 3.34%，中度失智占 7.49%，中度和中度失智合计占 10.83%；农村女性失智老年人为 765 万人，占 62.75%；男性为 454 万人，占 37.25%。

表Ⅷ　全国农村分性别和年龄老年人不同失智状况人数（万人）

年龄组	男性			女性		
	未失智	中度失智	重度失智	未失智	中度失智	重度失智
60－64	1850.53	94.60	34.04	1721.60	143.47	73.67
65－69	1328.78	86.10	17.76	1205.71	120.91	66.30
70－74	850.74	58.54	24.37	802.44	90.02	48.16
75－79	574.94	41.86	17.38	596.32	70.86	26.14
80－84	307.41	28.99	11.59	398.24	45.75	21.41
85－89	116.10	13.65	4.87	178.36	24.68	21.31
90＋	30.11	5.58	3.34	81.51	7.03	0.00
合计	5047.42	336.13	117.73	4979.37	506.61	257.90

资料来源：同表Ⅰ和表Ⅵ

老年人无论是失能还是失智，都会导致个人生活不能自理，需要由他人来辅助老年人生活。政府的公共服务不能单纯只针对失能老年人，也不能只单纯针对失智老年人，而应该包括这两部分人群。然而，由于年龄的提高，发生失能或失智的风险都会快速增加，有些老年人可能既是失能也是失智，也有些只是失能，另一些可能只是失智。我们同样可以利用2015年第四次城乡老年人调查数据估计出失能和失智独立发生的情况和同时发生的情况（见表Ⅸ）。在这里我们把失能定义为失能加半失能，失智定义为中度加重度失智。

表Ⅸ　中国农村老年人分性别和年龄组失能失智交互分布，2015年（%）

年龄组	男性					女性				
	正常	纯失能	纯失智	既失能又失智	交互占非交互比例	正常	纯失能	纯失智	既失能又失智	交互占非交互比例
60－64	89.93	3.57	5.80	0.70	7.47	83.38	5.43	9.82	1.37	8.98
65－69	86.31	6.45	6.89	0.35	2.62	78.53	8.03	11.95	1.49	7.46
70－74	83.66	7.45	7.58	1.31	8.72	75.47	9.84	11.59	3.10	14.47
75－79	76.49	14.17	7.25	2.09	9.76	69.82	16.19	10.69	3.30	12.28
80－84	70.95	17.38	7.62	4.05	16.20	62.97	22.59	7.95	6.49	21.25
85－89	65.22	21.01	7.97	5.80	20.01	52.50	27.00	14.50	6.00	14.46
90＋	45.71	31.43	14.29	8.57	18.74	38.10	53.97	3.17	4.76	8.33
合计	83.48	8.27	6.84	1.41	9.33	75.22	11.47	10.62	2.69	12.18

资料来源：2015年第四次中国城乡老年人生活状况抽样调查数据

从老年人合计结果看，男性既无失能又无失智的比例为83.5%，存在失能或失智的比例为16.5%，这其中纯失能比例为8.3%，纯失智比例为6.8%，既失能又失智比例为1.4%，这一结果显示：失能和失智二者是相对独立的，因为失能和失智二者交互部分占二者独立部分的比例并不是很高，只占9.3%；女性同样有类似的结果，交互部分占独立部分的比例为12.2%。这意味着，在农村地区政府对不能自理老年人的支持，如果单纯考虑失能老人，会忽略掉相当一部分农村的失智老人。尽管农村失智老人所占比例会略低于失能老人比例，但二者的差异并不是很大，失智老人的数量仍然是很多的。基于表II和表IX，我们可以计算出既包括失能又包括失智双重因素导致的生活不能完全自理人数（见表X），从而得到农村男性老年人纯失能人数为455.0万，纯失智老年人数为376.3万，既失能又失智人数为77.6万，三者合计（只是存在失能或失智）人数为908.8万；农村女性老年人纯失能人数为658.8万，纯失智人数为610.0万，既失能又失智人数为154.5万，三者合计为1423.3万；农村老年人存在失能或失智（包括二者同时存在）的男女合计人数为2332.2万人，占全部农村老年人口的20.7%。这一数据远远超过单纯依据失能和半失能估计出的生活不能完全自理人数，即1346万人，导致生活不能完全自理的人数增加了近1000万人，增长了73.3%。

表X　全国农村老年人分性别和年龄组失能失智交互状况人数，2015年（万人）

年龄组	男性				女性			
	正常	纯失能	纯失智	既失能又失智	正常	纯失能	纯失智	既失能又失智
60－64	1779.87	70.66	114.79	13.85	1616.52	105.27	190.38	26.56
65－69	1236.52	92.41	98.71	5.01	1093.86	111.85	166.45	20.75
70－74	781.09	69.56	70.77	12.23	709.89	92.56	109.02	29.16
75－79	485.08	89.86	45.98	13.25	484.07	112.25	74.12	22.88
80－84	246.89	60.48	26.52	14.09	293.06	105.13	37.00	30.20
85－89	87.80	28.28	10.73	7.81	117.79	60.58	32.53	13.46
90＋	17.84	12.27	5.58	3.34	33.73	47.78	2.81	4.21
合计	4592.47	454.96	376.29	77.57	4320.55	658.82	610.00	154.51

资料来源：同表Ⅱ和表Ⅸ

以上估计出的全国农村老年人失能、失智和失能失智交互的人数基本上反映了2015年的结果。如果2015年全国1%人口抽样调查和第四次全国城乡老年人生活状况抽样调查结果可信的话，本文估计的结果应该是比较准确的。如果判断目前（2020年或2021年）情况的话，其全国农村失能和失智老年人人数会比现在的人数略多一些，原因是即使失能率和失智率均不变的话，由于人口预期寿命的增加，也会导致农村老年人数增加，自然会导致失能失智老年人人数也会有所增加。

七、估计未满足的需求

我们把失能和失智作为图Ⅰ中第一层次的需求，即“基本需求”，下面将针对基本需求，根据前面为满足基本需求所提供的框架结构（图Ⅱ），逐步从老年人自我支持、家庭支持（配偶或子女）、社会支持中的市场化服务、以及社会支持中的公共服务角度来分析需求满足的程度，由此估计出未满足的需求。由于目前中国的社会调查，包括针对老年人所进行的抽样调查，通常都是以家庭户为单位所进行的调查，从而无法了解到调查时点上有多少老年人住在养老机构，更无法调查到公立或福利性养老机构中由政府财政支持的老年人数量，以及机构提供的支持和服务状况。这样，凡是在家庭中生活不能自理（包括部分自理和完全不能自理）的老年人，如果没有家庭照料，也未获得社会分散照料的话，通常被认为是无人照料的，这部分老年人被定义为未满足的需求。

2015 年第四次中国城乡老年人生活状况抽样调查专门询问了“您现在的日常生活需要别人照料护理吗”；如果回答“需要”，则进一步询问“您是否有人照料护理”；如果有人照料护理，则进一步询问“您最主要的照料护理者是谁”。根据这样的问题我们不仅可以计算出农村不同性别年龄老年人中有多少人日常生活需要别人护理，还可以计算出不同失能状态下需要照料护理的老年人在多大程度上得到了照料护理，再进一步还可以计算出提供照料护理的都是哪些人。在农村老年人样本数据中，回答“您是否需要别人照料护理”这一问题的人数为 10.14 万人，这其中回答“需要”的有 16604，占回答这一问题人群的比例为 16.4%；在这 16604 人中有 15900 人既回答了失能状况又回答了“您是否有人照料护理”，这其中有 704 人未回答这两个问题其中之一，属于数据“缺失”，这其中承认“有人照料护理”的人数为 14228 人，占 89.5%；进一步又有 13055 个人回答了“您最主要的照料护理者是谁”这个问题，这里有 1173 位应该回答而未做回答的老年人，拒答率为 8.2%。

表Ⅺ给出了不同年龄和性别农村老年人回答需要照护的比例。根据这一比例，以及农村不同性别和年龄老年人人数，估计出农村不同年龄性别老年人需要他人照护的数量。在这里，农村老年人需要照护的比例随着年龄的提高而逐渐增加，年龄为 60－64 岁的年轻老年人需要照护的比例最低，只占 7.8%，年龄到了 70－74 岁需要他人照护的比例则上升到 16.1%，80－84 岁为 37.6%，到了 85 岁以上的高龄，老年人需要他人照护的比例已经达到了 51.6%。如果比较性别差异的话，女性老年人需要照护的比例在各个年龄段都明显高于男性老年人，而且随着年龄的增大，女性老年人需要照护的比例与男性之间差异则越来越大。所有农村老年人，不管性别和年龄如何，需要他人照护的比例为16.4%，这样的老年人共计为1842万人。

表Ⅺ 按不同年龄组和性别分的农村老年人需要他人照护的比例和绝对数

年龄组	人口数（万人）			需要他人照护比例（%）			需要照护的人数（万人）		
	男	女	合计	男	女	合计	男	女	合计
60－64	1979	1939	3918	7.16	8.54	7.84	142	166	307
65－69	1433	1393	2826	10.26	12.54	11.39	147	175	322
70－74	934	941	1874	15.02	17.20	16.12	140	162	302
75－79	634	693	1327	21.63	25.49	23.63	137	177	314
80－84	348	465	813	31.74	37.61	35.05	110	175	285
85＋	174	313	487	46.67	54.61	51.61	81	171	251
合计	5501	5744	11245	14.29	18.37	16.38	786	1055	1842

资料来源：2015年第四次中国城乡老年人生活状况抽样调查数据

然而，对于农村老年人来说，不是自己需要人照护就一定有人能够提供照护。我们按照农村老年人不同失能状况计算了需要照护且无人照护的比例，以及无人照护老年人的数量（见表Ⅻ）。在这里所有有需求照护的老年人中得不到照护的比例为10.5%，而处于不同失能状态下无人照护的比例有比较大的差异。未失能老年人中有照护需求且无人照护的比例为14.3%，半失能老年人有照护需求但却无人照护的比例为10.7%，而全失能老人有照护需求且无人照护的比例为2.9%，比例还是比较低的。尽管如此，对于一位全失能老人如果完全无人照料，这不仅是老年人生活存在困难的问题，甚至可能会成为“高危人群”，其生存都很难保证。根据这个比例，我们可以估计出农村不同失能状态下老年人得不到照护的具体人数，这里全失能得不到照护的老年人共计有13万人，半失能得不到照护的老年人有58万人，而未失能得不到照护的老年人为123万。对于未失能老年人来说，得不到他人照护而自己独立生活并不存在太多的困难和风险，也不需要政府太多的关注。当然，我们这里只考虑了失能老人，而未考虑失智老人，很可能在未失能老人中还有相当一部分属于失智老人，这些老人是需要他人照护的。

表Ⅻ 按失能状况分的有照护需求老年人无人照护和有人照护的比例和数量

ADL	有照护需求的各类人群比例（%）			无人照护比例（%）	有照护需求各类人群人数（万人）		
	无人照护	有人照护	合计		无人照护	有人照护	合计
未失能	6.69	40.04	46.73	14.32	123	737	861
半失能	3.13	26.14	29.27	10.70	58	481	539
全失能	0.69	23.31	24.00	2.88	13	429	442
合计	10.52	89.48	100.00	10.52	194	1648	1842

资料来源：2015 年第四次中国城乡老年人生活状况抽样调查数据

在有人照护的老年人中，有 45.6% 是由配偶在照护，儿子照护的比例为 21.3%，儿媳照护的比例为 11.6%，儿子和儿媳照护合计为 42.9%；女儿照护的比例只有 6.8%，女婿更少，只占 0.2%。很明显，配偶的照护起了相当大的作用，儿子和儿媳照护的比例大大高于女儿和女婿照护比例，这说明在农村养老方面儿子的作用要比女儿大得多，养儿防老不仅只是一种观念，而且仍然是一种客观现实。如果把儿子、儿媳、女儿、女婿的比例加在一起，则属于子女这一代人照护老年人的比例，为 49.9%，已经明显超过配偶照护的比例。除了配偶和子女外，还有 1.3% 的农村老年人靠孙子女在照护，1.9% 靠其他亲属，靠雇佣家政服务人员和养老机构人员进行护理的比例都很低，均为 0.5%。如果依据照护者的年龄结构划分，40－59 岁年龄段占比为 39.8%，60－69 岁占 29.5%，70－79 岁占 17.9%，而 80 岁及以上高龄老人作为老年人照护者的比例仍然有 4.7%，这些老人作为照护者是很困难的（见表XIII）。

表XIII 按年龄分的最主要照护者样本频数和比例（%）

年龄组	配偶	儿子	儿媳	女儿	女婿	孙子女	其他亲属	家政人员	养老机构人员	其他人	合计	比例
< =39	21	535	217	128	5	131	18	2	4	1	1062	8.1
40－59	399	2802	1070	637	21	32	139	33	43	21	5197	39.8
60－69	2716	683	207	115	4	1	54	31	16	19	3846	29.5
70－79	2217	61	13	12	0	0	31	3	1	1	2339	17.9
80 +	594	8	1	0	0	0	7	0	0	1	611	4.7
合计	5947	4089	1508	892	30	164	249	69	64	43	13055	100
比例	45.6	31.3	11.6	6.8	0.2	1.3	1.9	0.5	0.5	0.3	100	

资料来源：2015 年第四次中国城乡老年人生活状况抽样调查数据

从前面估计的结果可以得到，在11245万农村老年人中有1842万老年人提出需要他人照护，占16.4%；而在需要他人照护的1842万老年人中，无人照料的老年人有194万人，占10.5%。这里，半失能和全失能老年人才是最需要他人照料的人群，这部分人群为71万人，这属于真正“未满足的需求”，这部分人需要由社会提供照料，即应该成为政府的首要责任。

实际上，这里的估计只是单纯考虑了“失能”，而未考虑失智。如果考虑失智的话，还需要增加三分之二，即农村属于基本需求（即需要他人照料）老年人中“未满足的需求”的人数大体估计在118万人左右。

这些有基本服务需求且在家庭中无法得到满足的老年人，会有一部分人去寻求市场化服务。而获得市场化服务需要具备一定的经济支付能力。我们同样利用2015年第四次中国城乡老年人生活状况抽样调查数据估计出农村失能半失能老年人的收入情况。本次调查询问了两类收入，一类属于月固定收入（包括养老金或退休金、抚恤金、企业年金、商业保险、高龄津贴、养老服务补贴、护理补贴、最低生活保障金、五保/三无救助金、计生奖扶金等），另一类属于在固定收入基础上的年内其他收入（包括房租、利息、土地流转、福利分红，以及子女给老年人的钱或实物值等）。我们将这两类收入以月为单位相加后，得到了属于农村老年人的最终月收入。进一步，我们将农村老年人收入分为低、中、高三级，定义月收入小于1000元为低收入（完全支付不起市场服务价格），月收入在1000－2000元的为中等收入（能够支付得起价格较低的服务），月收入大于等于2000元为高收入（能够支付得起中等以上价格服务）。利用2015年抽样调查数据，我们可以计算农村老年人低、中、高三类人群比例和数量（见表XIV）。用样本数据估计出低、中、高三类人群的比例分别为90.66%、6.15%和3.20%。如果将农村所有无人照护的失能半失能和失智半失智都作为农村“未满足的需求”人群，根据上面的情况大体估计为118万人左右，这样就可以得出这部分人群中，低、中、高收入老年人的人数大体分别为107.0万、7.3万和3.8万人。其中107万农村老年人属于既无人照料又是低收入贫困人群，农村兜底性养老针对的首先应该是这部分人群。

表XIV 农村半失能和失能老年人按月收入分的分布比例和人数估计

全部收入	半失能和全失能样本数			合计分布比例（%）	农村人口估计（万人）
	半失能	全失能	合计		
0	40	14	54	0.42	0.50
1-99	901	485	1386	10.86	12.81
100-299	3708	1838	5546	43.44	51.26
300-499	1740	938	2678	20.98	24.75
500-999	1165	745	1910	14.96	17.65
1000-1999	489	296	785	6.15	7.26
2000-2999	134	85	219	1.72	2.02
3000-3999	53	45	98	0.77	0.91
4000-4999	20	17	37	0.29	0.34
5000-5999	10	7	17	0.13	0.16
6000-7999	7	16	23	0.18	0.21
8000+	9	5	14	0.11	0.13
总计	8276	4491	12767	100.00	118.00

资料来源：2015年第四次中国城乡老年人生活状况抽样调查数据

总之，失能和半失能（包括失智）人群需要服务支持。然而这部分人按照收入高低又分为三个人群，属于三明治结构，即高收入人群可以寻求市场化服务，低收入人群需要政府提供基本公共服务，而中收入人群则属于夹心层，这部分人也需要政府给予一定的考虑，需要依据个人收入多少提供有偿的公共服务支持。需要提到的一点是，这里讲的收入实际上指的只是老年人个人从方方面面所获得的收入。实际上，绝大多数农村家庭子女在外打工是有一定收入的，对于他们父母的养老问题，子女理应提供一定经济支持，支持的程度会因子女收入的多少和子女孝顺的程度而有所不同。政府的政策应该倾向于利用政策或创造优惠条件引导子女为父母的养老提供一定的经济支持，从而可以在一定程度上减轻政府的财政负担。当然，这些也可以通过实际调查数据来进行估计，从而可以更详细和精确地计算出基本公共服务需要支持的人群数量。如果政府提供相应的公共服务，则需要制定相应的制度和政策。

八、需求与供给关系分析

如果养老服务最终是为了满足老年人基本需求的话，那么需求则是构建相应制度和政策的基础和出发点，而如何满足需求则是养老服务制度和政策的落脚点。老年人需求有不同内容、不同程度，满足需求也有不同的服务方式（比如自我服务、家庭服务、市场化服务和公共服务等），为了协调和整合各类服务方式，从而为老年人提供全覆盖、高质量的服务，政府需要针对各类养老服务方式构建一套制度，并形成相应的政策体系。因此，优化养老服务政策的最终目的是为老年人提供更好的服务，特别是提供最有效的基本公共服务。

如果“需求”是出发点，“满足需求”是落脚点，那么“如何更好地满足需求”则是养老制度和政策所要解决的问题。按照这样一种脉络，我们首先要搞清需求，其次是为满足不同需求可以提供哪些服务，最后是如何合理安排和优化这些服务。针对第一点需要做数据收集和数据分析，针对第二点需要做结构分析，针对第三点则需要做政策分析。这一分析框架可以用图Ⅱ来表示：第一点针对的是图Ⅱ中的“基本需求”部分，第二点针对的是图Ⅱ部分除“基本需求”以外的所有内容。第三点是针对这些“所有内容”所制定的相应政策。按照这一思路，我们分别给出了“需求结构”和“供给结构（服务支持）”，并将其结合起来进行分析（见图Ⅲ）。

我们先从“基本需求”出发。前面的分析已经对基本需求对象进行了界定，主要针对失能半失能、中度失智和重度失智老年人。我们按照失能和失智交互关系，可以将老年人分成以下几类：功能正常、半失能、中度失智、半失能+中度失智（既半失能同时又中度失智）、全失能、重度失智、全失能+中度失智、半失能+重度失智、全失能+重度失智，共计9组，成为图Ⅲ（a）的行变量——个人自理能力。再进一步将失能失智老年人做分级，存在全失能和重度失智之一的为“完全不能自理”，存在半失能和中度失智之一（但不存在全失能或重度失智）的为“半自理”，第三极为功能正常，属于“完全能够自理”。这样，把老年人自理能力分为三组，分别定义为完全能够自理、半自理和完全不能自理，这里的半自理和完全不能自理被定义为“基本需求”——它是图Ⅲ（b）最下面的单元。

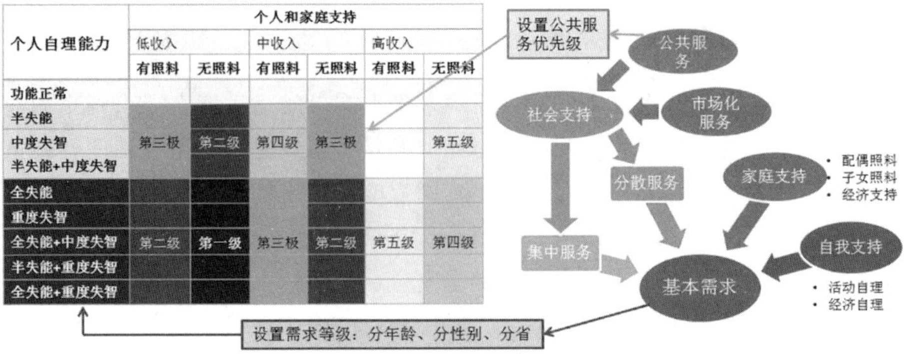

（a）服务需求结构　　　　（b）服务供给结构

图Ⅲ　养老服务需求和供给关系框架图

图Ⅲ（a）的列为服务支持或服务供给变量，统称为个人和家庭支持，并按照（个人或家庭）收入高低和老年人是否有人照料两个变量形成联合分组。这一分组与图Ⅲ（b）中的“自我支持”、“家庭支持”和“社会化服务”相对应。我们将图Ⅲ（a）左侧表的行列进行组合，可以对公共服务对象进行优先级分类，在这里共分为5级。如果行分类属于半自理和完全不能自理，列分类属于“无照料”，则意味着半自理或完全不能自理老年人是通过自我支持在维持生活，这对于老年人来说是十分困难的，也是很难长期维持下去的，所以这部分老年人实质上是最需要他人照料的群体；如果列变量属于“有照料”，则意味着有家里人（配偶或子女）在照料，此时照料者会有一定的压力；当把有照料和无照料进一步按照家庭收入高低进行划分的话，那么对于高收入家庭来说，即使家里没有人照料生活不能自理的老年人，也可以通过购买服务来雇佣非亲属来照顾老年人，对于中收入家庭来说，如果老年人无人照料，也可以购买更便宜的或少量的服务，从而可以在一定程度上满足老年人的照料需求。在家庭成员提供照料或者高收入家庭通过购买服务获得他人提供照料的基础上，那些需要他人照料、而无家庭成员能够提供照料，也无力通过购买服务得到社会照料的话，这部分老年人将是生活最困难的人群，就只能寻求政府的支持，通常被称为政府提供的兜底服务，属于基本公共服务。

如果不考虑其他因素（如收入状况等）的作用，若只考虑失能状况（不考虑失智状况），并将其作为“基本需求”对象，我们在前面已经估计出了中国农村老年人“基本需求”对象的规模和比例。比如，从表Ⅺ中得到2015年全国农村完全失能老年人共计470万人，半失能共计876万人，失能和半失能老年人合计为1346万人；全失能老年人占农村全部老年人口的比例为4.18%，半失能占7.79%，失能和半失能合计占11.97%。从供给侧角度我们还估计了自我支持的程度，从表Ⅺ中我们得到农村需要他人照护的老年人占全部老年人比例为16.4%，共计有1842万人；这意味着，农村不需要他人照护，即能够自己照护自己的老年人所占比例为83.6%，人数共计9403万人。进一步测量需要他人照护的农村失能半失能（基本需求）老年人有他人照护或无他人照护的比例和规模，我们从表Ⅻ可以得相应的结果，即农村有照护需求的全失能老人中有人照护的比例为97.1%，有照护需求的半失能老人有人照护的比例为89.3%，二者整合到一起以后得到有照护需求的失能半失能老人中有人照护的比例为92.8%，对应的老年人口规模为910万人；相反，有照护需求的失能半失能老人中无人照护的比例为7.2%，人数为71万人。这个结果实际上给出了“基本需求”中能够自我支持和家庭支持的比例或程度，相应也给出了既得不到自我支持同时也得不到家庭支持的“未满足的基本需求”缺口。这个缺口并不大，只有71万老年人。

如果再进一步考虑市场化服务的满足情况，就需要引入老年人本人或老年人家庭经济状况等因素。如果把中度失智和重度失智也作为“基本需求”的话，需要在失能半失能人群中增加三分之二的人口，这样在71万失能半失能老年人基础上再加47.3万的失智人群，得到“基本需求”为118万人，在此基础上，根据表ⅩⅣ就可以估计出低、中、高收入老年人的人数大体分别为107.0万人、7.3人万和3.8万人。这里的107万农村老年人属于既无人照料又是低收入贫困人群，属于最急需满足的“基本需求”，这部分人属于图Ⅲ（b）中的“公共服务”的对象，需要政府提供购买服务，从而称为“社会支持”的一部分对象。当然，针对这部分农村老年人既可以提供集体供养，也可以提供分散供养。

实际上，基本公共服务不应该只起到“兜底”的作用，而应该起到“全方位推动”养老服务的作用，而这种推动或支持针对不同对象应该是有差别的。从政府支持的角度看，可以把政府公共服务支持力度，按照老年人不能自理的程度、家庭是否有人照料和收入高低进行分级（这里用图Ⅲ（a）中的单元格颜色的深浅来表示）：

第一级 = (老年人完全不能自理、家里无人照料且属于低收入家庭)

第二级 = (老年人完全不能自理、家庭有人照料但属于低收入家庭) + (老年人完全不能自理、家庭无人照料但属于中收入家庭) + (老年人半自理、家庭无人照料但属于低收入家庭)

第三极 = (老年人半自理、家庭有人照料但属于低收入家庭) + (老年人完全不能自理、家庭有人照料但属于中收入家庭) + (老年人半自理、家庭无人照料但属于中收入家庭)

第四级 = (老年人半自理、家庭有人照料但属于中收入家庭) + (老年人完全不能自理、家庭无人照料但属于高收入家庭)

第五级 = (老年人半自理、家庭无人照料但属于高收入家庭) + (老年人完全不能自理、家庭有人照料但属于高收入家庭)

从第一级到第五级，政府的支持力度应该是从大到小，而且不仅支持的力度不同，支持的内容也要有所区别。比如，针对第一级，政府提供的则是全方位的支持，包括经济和照料；针对第三极中老年人完全不能自理、家庭有人照料但属于中收入家庭，政府的支持应该侧重在鼓励家庭照料，并在经济上给于适当的补贴。

目前的图 III (a) 是按照三变量交叉给出来的服务需求结构，实际上如果数据样本足够大的话，我们可以在此基础上再增加分性别和分年龄分类，甚至还可以分省份为单位进行估计，这样可以为省级或更小行政区域制定养老服务规划提供数据支持。不了解具体的、差异化需求，即使是提供服务，也是盲目的，甚至是无效的。所谓的养老服务体系实际上就是为支撑以上各类服务，政府所构建的一套制度和制定的相应配套政策。

九、问题分析

分析农村养老问题、制定农村养老政策，特别是农村贫困老年人养老服务政策，关键是要把握农村老年人口群体特征，而这些特征都是相对于城镇老年人而言的。归纳起来应该有下列几个主要特征：

1. 农村人口老龄化程度远远高于城镇

表 I 显示 2015 年中国城镇 60 岁及以上老年人口比例为 14.2%，农村为 18.5%，农村比城镇高处 4.3 个百分点；城镇老年抚养比为 19.4%，农村为 29.6%，农村比城镇高处 10.2 个百分点。尽管这种现象在全国各省、市、自治区的农村都是普遍现象，但也有少数省份城镇老年人口比例高于农村，有些省市城乡差异十分巨大，比如江苏省、浙江省、重庆市、四川省、山东省、福建省。全国各地农村人口老龄化水平最高的是重庆，达到25.7%；排在第二位的是江苏省，达到24.5%；排在第三位的是四川省，第四位的是浙江省，第五位是上海市，第六位是山东省，第七位是辽宁省，分别为22.8%、22.8%、22.6%、22.0%和21.7%。比较好的是，这里老龄化水平比较高的省份绝大多数都是经济相对发达的地区，当然也有些属于西部地区，比如重庆市和四川省，这些地区未来的养老压力会相对比较大，解决农村贫困老年人的养老问题也会更困难一些。当然，一些经济更为落后的农村地区，尽管农村老年人比例还不是特别高，但压力可能会更大。

2. 农村老年人收入远远低于城镇

2015年全国第四次中国城乡老年人生活状况抽样调查询问了老年人每月的固定收入（包括养老金或退休金、抚恤金、企业年金、商业保险、高龄津贴、养老服务补贴、护理补贴、最低生活保障金、五保/三无救助金、计生奖扶金等），以及年内的其他收入（包括房租、利息、土地流转、福利分红，以及子女给老年人的钱或实物值等）。将其他收入换算成月收入后，再将两类收入相加得到农村老年人每月总收入。进一步，我们以各省市自治区为单位分别计算了城镇和农村老年人人均固定收入和人均总收入，并将农村老年人平均收入与城镇老年人平均收入进行比较得出了表XV。

从全国整体情况看（见表XV），城镇老年人人均月固定收入为1631元，城镇老年人人均月总收入为1992元，由于其他收入和子女给老年人的经济支持使老年人的月固定收入增加了361元，增长了22.1%；农村老年人人均月固定收入明显低于城镇老年人，每月只有250元，农村老年人人均月总收入为501元，由于其他收入和子女给老年人的经济支持使老年人的月收入增加了251元，增长了100.4%，说明农村老年人的其他收入（特别是子女经济支持）对老年人收入的贡献是非常大的。尽管如此，相对于城镇，农村老年人的固定收入只占城镇老年人的15.3%，总收入只占25.1%。因此，从全国整体情况看，农村老年人收入只有城镇老年人四分之一，说明农村老年人在经济上要比城镇困难得多。

表 XV　按不同省份和城乡分的月平均固定收入和总收入（元）

省份	城镇		农村		农村占城镇百分比（%）	
	固定收入	总收入	固定收入	总收入	固定收入	总收入
北京	4021	4601	1132	1756	28. 2	38. 2
天津	2705	3207	280	799	10. 3	24. 9
河北	842	1046	144	309	17. 2	29. 6
山西	774	951	196	407	25. 3	42. 7
内蒙	2093	2322	319	514	15. 2	22. 1
辽宁	2308	2541	260	456	11. 3	17. 9
吉林	1789	2087	200	489	11. 2	23. 4
黑龙江	2108	2290	189	666	9. 0	29. 1
上海	3484	3949	1301	1684	37. 3	42. 6
江苏	1636	1927	407	687	24. 9	35. 6
浙江	2120	2842	587	1098	27. 7	38. 6
安徽	1267	1593	160	448	12. 6	28. 1
福建	1757	2345	315	754	17. 9	32. 2
江西	1163	1459	190	514	16. 3	35. 2
山东	1053	1453	214	486	20. 4	33. 4
河南	757	988	148	330	19. 5	33. 4
湖北	1880	2227	223	455	11. 8	20. 4
湖南	1194	1468	159	444	13. 3	30. 3
广东	1653	2268	212	500	12. 8	22. 1
广西	1003	1185	164	298	16. 3	25. 1
海南	937	1091	260	365	27. 8	33. 5
重庆	1596	1870	338	634	21. 2	33. 9
四川	1695	2028	284	549	16. 7	27. 1
贵州	1577	2017	380	522	24. 1	25. 9
云南	890	1139	244	362	27. 4	31. 8
西藏	199	539	298	406	149. 5	75. 3
陕西	1836	2097	212	363	11. 5	17. 3

续表

省份	城镇		农村		农村占城镇百分比（%）	
	固定收入	总收入	固定收入	总收入	固定收入	总收入
甘肃	635	889	136	284	21.5	32.0
青海	2692	2946	315	461	11.7	15.6
宁夏	1616	1946	683	923	42.3	47.4
新疆	2346	2587	193	462	8.2	17.8
合计	1631	1992	250	501	15.3	25.1

资料来源：2015 年第四次中国城乡老年人生活状况抽样调查数据

如果比较各省情况的话，农村老年人经济条件稍微好一点的有北京市、上海市、浙江省、宁夏回族自治区、天津、福建省、江苏省、黑龙江省和重庆市，比较差的是甘肃省、广西壮族自治区、河北省、河南省、云南省、陕西省、海南省等。

3. 农村老年人无人照护的比例高于城镇

尽管农村老年人生育的子女数大大多于城镇老年人，但由于农村很多成年人都进城打工，导致农村留守在父母身边的年轻人并不多，从而导致老年人有人照护的比例要低于城镇。从整体情况看（见表XVI），农村老年人有照护需求且得到他人照护的比例为 89.3%，而城镇这一比例为 93.5%。如果考虑不同失能状态下是否有人照护，可以发现农村未失能老年人有人照护的比例为 85.7%，城镇为 89.8%；半失能老年人有人照护的比例，农村为 89.3%，城镇为 94.1%；而完全失能老年人有人照护的比例，农村为 97.1%，城镇为 98.8%。在针对完全失能老年人的照护问题上，农村有照护需求老年人有人照护的比例尽管比城镇要高一些，但二者的差异并不大，而且农村老年人有人照护的比例也是相当高的。这可能体现了中国传统的“养儿防老”的传统，即子女并没有因为各种原因不去赡养自己的父母。

表XVI　按失能状况和城乡分的有人照护比例（%）

ADL	城镇	农村
未失能	89.8	85.7
半失能	94.1	89.3
全失能	98.8	97.1
合计	93.5	89.5

资料来源：2015 年第四次中国城乡老年人生活状况抽样调查数据

4. 农村老年人失能、失智比例高于城镇

根据前面对于失能半失能和中度以上失智的定义，可以计算出城镇和农村老年人失能半失能比例和中度以上失智的比例（见表XVII）。城镇老年人失能半失能比例为9.7%，而农村为12.3%，农村比城镇多了2.6个百分点；城镇中度以上失智的比例为7.5%，而农村中度以上失智比例为10.6%，农村比城镇高出了3.1个百分点。这意味着，农村“基本需求”老年人比例均高于城市，这意味着养老基本公共服务的重点应该放到农村。

表XVII 分城乡的失能半失能和中度以上失智老年人比例（%）

城乡	失能半失能	中度以上失智
城镇	9.7	7.5
农村	12.3	10.6

资料来源：2015年第四次中国城乡老年人生活状况抽样调查数据

5. 农村老年人居住相对比较分散

为老年人提供养老服务必须考虑人口密度和人口空间分布状况，老年人居住的集中程度影响甚至决定着为老年人提供服务的方式和内容，在这方面城市和农村具有非常大的差异。图Ⅳ给出了北京市60岁及以上老年人口在空间上的分布图，很明显北京市中心区（包括东城区、西城区、朝阳区、石景山区、海淀区、丰台区）老年人口密度较大，服务递送相对更容易，服务成本也更低；而郊区或远郊区，特别是农村地区，由于老年人居住的更为分散，导致服务递送相对更困难，服务可及性较差，再加上在一些偏僻的农村地区，农村老年人一直沿袭传统的农村生活方式，需要自己种地、自己做饭、自己到实体商店购物、自己去卫生诊所等需要个人行动来解决；不像城镇老年人那样可以通过网上购物或订餐，由外卖员直接送达，因此说农村老年人的生活方式与城市老年人差异很大，仍然属于一种二元体制。

除此之外，即使在农村地区建有养老机构或养老服务设施，一方面由于老年人口分布过于稀疏，服务很难送达，另一方面由于农村养老服务资源的欠缺，也使服务提供很难形成。图Ⅴ显示北京市养老机构床位数与空间的分布关系，在这里距离中心城区越远，养老床位数量也越少，养老服务资源越匮乏。

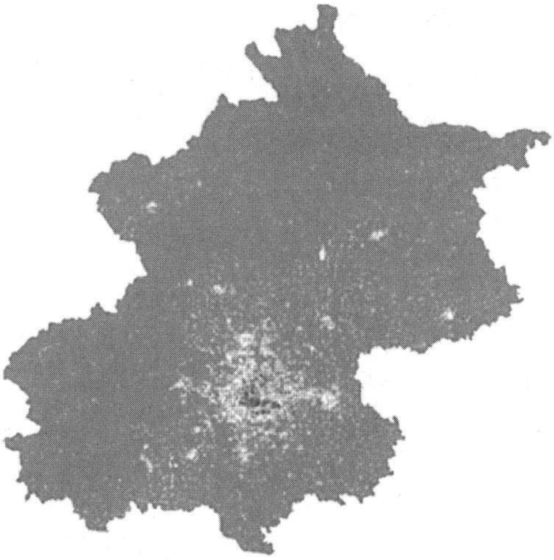

图Ⅳ　北京市老年人口空间分布图

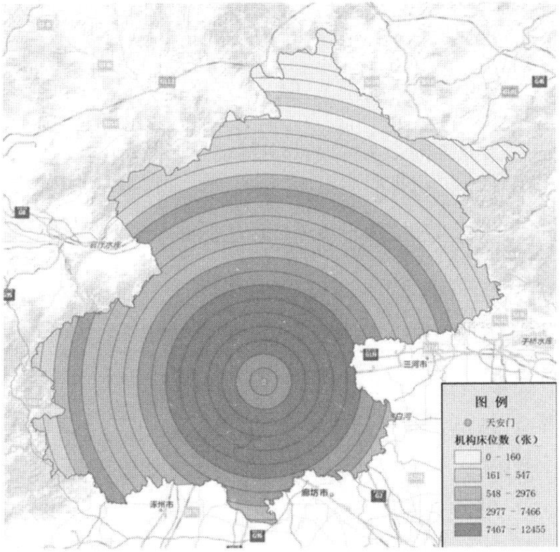

图Ⅴ　北京市养老机构床位数在空间上的分布关系

基于以上特点，以及根据我们到基层调研并与有关人员进行交流和座谈，发现在农村养老服务方面仍然存在一些问题，具体情况表现在：

（1）外部环境和条件会影响农村老年人的自我支持状况。由于互联网、智能设备和快递服务在农村地区并不普及，所以导致农村老年人哪怕有轻度失能，都会在生活上出现困难并导致生活自理能力下降。然而，一旦生活真的不能自理，单纯依靠个人支持的农村老年人日常生活就很难继续维持，特别是在收入低和健康状况差同时发生时，问题就会更严重。

（2）家庭养老的传统美德在农村也将难以为继。从目前情况看，农村老年人依靠家庭赡养和照护的比例还是比较高的，但是随着时间的推移，一方面在平均寿命延长的同时，女性老年人比男性老年人生存的时间会更长，丧偶老年人的比例会不断加大，依靠配偶来养老的可能性将越来越低，特别是一旦老年人生活不能自理不仅配偶可能已经不在了，而且即使是配偶仍然还在，但配偶的照护能力也几乎不存在了。在这种情况下很多家庭会依靠子女来养老。然而，一方面现在农村的成年人基本上都在外地打工，很少有人会专门在家里照顾父母，另一方面由于计划生育和农村年轻人生育意愿的下降，导致农村家庭中的子女数也在迅速下降，未来依靠子女赡养也越来越不现实，因此家庭养老将越来越困难，或者说在农村完全依赖家庭养老并不是一个明智的选择。

（3）养老的市场化服务在农村几乎是一片空白。尽管政府强调“以居家养老为基础、社区养老为依托、机构养老为补充”，但是在广大的农村地区，除了依靠家庭成员养老，以及没有配偶和子女的“三无”老人靠地方政府帮助外，几乎不存在其他形式的社会养老，更没有市场化的养老服务，原因是农村老年人居住分散导致服务成本高，包括送餐、购物、居家照护服务等都非常困难，再加上农村老年人收入低，支付能力不足，所以很难有社会组织和企业在农村开展养老服务。

（4）各级政府为农村老人提供的基本公共服务不充分。无论从社会养老保险、社会医疗保险、还是社会养老服务，相对于城镇地区，针对农村老年人提供的社会保障水平非常低。农村现有针对“三无”或特困老人的兜底救助工作仍然存在很多问题，包括保障水平低、养老设施破旧、管理水平落后，服务质量不高、服务力量严重不足、专业化程度低等。针对居家的社区服务或日间照护服务几乎不存在。

（5）农村兜底保障的重点应该从“三无”或“特困”老人转向失能和失智老年人。实际上很多“三无”或“特困”老人得到当地敬老院免费供养只是存在经济上的困难，并不完全丧失劳动能力，他们在农村仍然存在大量的生活不能自理且子女并不在身边的老年人，他们生活的困难程度更大。然而，这些人并不是政府的救助对象。尽管应该鼓励子女来照护这些老年人，但子女照护只能通过推动和鼓励的方式，而不能强迫，再加上有一些子女没有照护老年父母的现实条件，这些情况也应该纳入政府的保障对象，而且应该作为重点来支持。

（6）互助养老模式存在不确定性。很多农村地区正在推广和实施互助养老模式，然而为了维持互助养老的持续性，必须保证能够长期平衡好各方面的利益关系。在不平等条件下，如老年人的年龄不同、健康状况不同、经济条件不同等，互助养老模式很难长期维持。如果一直处于非平衡状态，则很难实现长效机制。

十、经验分析

农村养老目前并不存在一个成熟的模式，各地仍然是在探索阶段，尽管在短期内有些经验是有效的，而且可以解决部分老人的养老困境，但长期来看，特别是从机制上分析，这些经验很难拓展为一种规范的制度。目前能够找到的经验有以下几种情况：

（1）以幸福院或互助式养老为主体的供养制度。这一制度的形式是村委会管理、财政支持，目标是解决能够自理老年人集中居住、集中照护、集中服务的问题。这一制度的好处是将分散供养变为集中供养，从而使照护服务更为便利。这种制度归根结底还是农村敬老院的一个变形，与传统的敬老院并无太大区别。问题是如果离开财政支持，这一制度的可持续性较差，而且也不能解决生活不能自理老人的养老困难问题。

（2）以养老机构（养老院）为主体的照料制度。这种养老机构实际上是针对原“三无”或“困境”老人的纯公立的非盈利机构，即原有的农村敬老院进行改造或改制。目前各地针对这样的养老机构正在推进公办（或公建）民营，或实行连锁经营，实行收费和免费并行，使之成为半盈利机构，适当增加一部分非财政收益，从而可以进一步改善养老机构条件，提升养老机构的服务能力和专业化水平。然而，由于农村绝大多数老年人收入偏低，只有很少一部分收入相对较高的老年人才能入住此类收费性质的机构，因此这类机构最终仅解决“两头”的问题，即一头是经济极为“困难”的政府保障人群，另一头是农村中经济条件较好的老年人，而绝大多数的“夹心层”老年人得不到相应服务。

（3）以社区社会组织为主体的服务体系。这实际上是一种理想化的组织形式，因为以社区社会组织为主体的服务在很多城镇地区都很难实现，更不能做到可持续。在人口稀少、居住分散的农村地区能够普遍存在的难度较大。尽管在个别地区、短期内、特定条件下确实有可能存在，但在农村地区很难普遍存在或全面推广，除非只是在邻近城市或非常发达、人口密度相对较小的农村地区。

以上三种情况，无论是制度的覆盖面，还是对老年人的覆盖面，特别是针对生活不能自理的老年人的覆盖程度，都是十分有限的。这意味着针对农村经济困难、生活不能自理老年人的基本公共服务体系并没有建立起来，这将是构建未来农村养老服务体系，特别是针对经济困难和失能老年人的公共服务面临的主要任务。

十一、制度和政策建议

相对城镇老年人来说，农村老年人健康状况更差、生活不能自理的比例会高一些，需要照护的比例也会更高；农村老年人经济条件更差，个人收入和家庭收入都要比城镇老年人低得多；农村老年人的养老环境更差一点，比如居住更分散，农村养老服务设施更少，缺乏养老服务专业人员等；但农村老年人相对来说孩子会多一些，毕竟农村计划生育政策更宽松一些，更具备家庭养老的条件。构建农村养老服务体系、制定相应的制度和政策必须考虑和结合这些基本条件和状况，与此同时还要考虑财政压力。

在针对农村经济困难老年人养老服务政策提出具体建议之前，先提出几项应该遵循的一般原则：

第一，要坚持中国特色。中国，特别是在农村，代际之间的亲情关系和家庭观念还是很强的，孝亲敬老仍然是一种主流观念，只要有可能，子女都不会放弃或不管自己的父母，而且都会克服各种困难来照护或赡养父母。尽管年轻人有养老的愿望，但由于计划生育带来的子女数量减少、家庭功能弱化，导致子女一代的养老能力和养老条件在下降，客观上导致靠配偶和子女来解决家庭养老问题更为困难，这是不可改变的事实。

第二，在家庭很难独立承担养老义务的条件下，政府应该成为养老的第一责任人。中国是从二十世纪七十年代初开始全面推行计划生育，这意味着目前农村年龄大于 75 岁的老年人未受计划生育的影响，当时这批人平均生育子女数在 5－6 个，而年龄小于 75 岁的老年人在她们进入育龄期后受到计划生育影响，特别是在计划生育初期，尽管政策还不是特别严，但生育率下降的十分迅速，到了七十年代末，农村夫妇平均生育的孩子数量在2－3个，后期计划生育政策更严了以后，农村平均生育的孩子数量一般在1.5－2个。这一代老年人是为计划生育承担责任或作出巨大牺牲的一群人，他们现在老了，到了政府为他们承担责任的时候了。如果说中国40年来的经济高速发展主要是这批人的贡献的话，那么现在到了他们分享发展成果的时候了，而不应该再把他们当成发展的负担。当国家享受到红利的时候，也要在一定程度上承担负债。

第三，如果养老是政府的责任，那么养老服务平台构建和兜底服务就更是政府责无旁贷的事情。在这里，平台建设针对的是一般人群，兜底服务针对的是特殊人群。政府不仅需要针对这两个人群来制定不同的政策，同时也要针对这两个人群构建整合性的养老服务制度。

第四，了解普惠人群和兜底人群的现状和特征是最重要的。养老服务的目标人群是老年人，养老服务的目的是满足老年人的需要，因此在构建制度和政策之前，必须了解目标人群的特征和变化，在此基础上要进一步了解目标人群的需求，这些都属于制定政策的基础性工作，也是最重要的工作。

第五，制度和政策必须一体化、体系化。目前与养老服务有关的不同政策会出自不同的政府部门，包括民政部门、卫生健康部门、社会保障部门等，这些部门往往从各自的工作内容角度来制定养老服务政策或国家相应的制度，从而导致养老政策和制度的碎片化和分散化。然而，尽管老年人的需求是不同的，但老年人是一个独立的整体，我们现行的政策却把这个整体肢解开，分别考虑，各自为战，从而存在着工作交叉、重复、甚至空白的情况。这是体制分割带来的问题，需要通过整合不同的体制来共同针对老年人来制定统一的、一体化的养老服务制度和政策。

第六，制定的制度和政策需要有可操作性。目前出台的很多政策和制度尽管思路是对的，但可操作性则比较差，主要表现是中央提出的各种要求在基层很难落实和执行，一方面是体制分割带来的，更多的是各项政策单兵突进，而不是整体推进，因为任何一项政策都会与其他部门的其他政策相互联系和挂钩，在其他政策未进行调整或未安排跟进的时候，一项单独政策的提出就很难往下推进。因此从需求出发，分层次、分步骤整体推进是构建养老服务体系的一项重要思路。

第七，必须保证构建的体系和制度具有可持续性。目前很多地区的养老服务体系都已经初见成效，甚至形成了居家养老和机构养老相互关联的养老服务平台在建立初期各级政府做了大量的投入，在人、财、物方面都有所保证。然而，平台建成后，政府会终止对人、财、物方面的继续支持，而这些机构又不具备独立生存的能力，将会导致平台的不可持续性。也有些地方在政府的大力支持和栽培下，调动各方面力量构建起某个特定的制度，甚至可以成为经验。由于这类制度通常是在外力推动下形成的，尽管可以在短期内效果显著，但由于缺乏内在或自我驱动力，最终会导致外力驱动弱化或终止以后，无法自动运行，最终导致解体。

在以上给出的一般性原则基础上，还需要有一个分析框架，这个框架实际上就是以需求为中心的供给侧结构，即图Ⅲ给出的养老服务需求和供给关系框架图。这个框架中图 III（b）为供给支持框架，该图的右侧由下至上分别为个人支持、家庭支持、市场化服务和公共服务。这里定义市场化服务和公共服务均为社会服务，社会服务又进一步分为集中服务和分散服务两种。

农村养老服务体系的制度建设和政策构建应该围绕这样一个框架来展开，并针对各项内容提出具体的制度规范和政策导向，具体内容包括：

（1）构建数据动态采集制度，实时掌握需求变化。因为农村老年人，特别是贫困和失能老年人，既是构建这一制度的出发点也是提供服务的落脚点，因此这一制度必须是围绕老年人的需求所构建的，那么摸清服务对象状况，掌握各类需求数据，才能针对不同的需求制定和调整工作规划、制定不同的服务标准、提供不同内容的服务。

（2）构建推动和鼓励个人生活独立或自理的制度和政策。自我支持是指个人收入比较充分、个人生活能够自理的状态。为了推动和鼓励自我支持，应该构建鼓励和推动主动健康、健康生活宣传、个人生活和周边环境无障碍改造、智能设备使用、智慧养老等相应的制度和政策。

（3）构建家庭支持政策。家庭支持实际上涉及三个方面，一是配偶支持，二是子女支持，三是他人辅助支持。尽管从家庭成员角度看，他们应该是承担家庭养老的第一责任人，但是从政府的角度应该把家庭成员的支持看作是帮助政府、帮助社会解决困难，因此政府应该制定家庭养老支持的补贴制度、家庭照料的喘息服务制度、家庭养老的税收减免政策，以及家庭环境的无障碍改造政策等。与此同时，针对子女在外打工的老年人，根据子女在经济上的支持程度提供财政配套补贴，鼓励子女“有钱出钱、有力出力”，使政府和家庭形成合力，共同承担养老责任。

（4）为市场化服务搭建平台、出台鼓励市场参与养老的政策。实际上，政府最近十年来出台的这类政策比较多，也比较成熟，而且在很大程度上推动了投资者、企业和社会组织进入养老领域，既推动了养老的社会参与，也营造了养老的社会环境。遗憾的是，在这方面农村的效果并不明显，因此需要针对农村的具体情况制定相应的制度和政策，提升市场和社会参与农村养老的积极性。

（5）构建公共服务支持平台。目前各级政府在这方面做了大量的工作，一些地区的基本框架已经形成，比如北京市在社区层面建设了1000多家养老驿站，在街道乡镇层面建立了200多家养老照料中心，每个区都建立了养老服务指导中心，居家养老的网络体系已经基本形成，目前正在面向区域养老服务全覆盖做进一步的推进。除此之外，如何处理集中供养和居家服务的关系，公办养老机构与民办养老机构之间的关系，推动养老机构的公办民营和连锁经营，并将公办养老机构作为基本公共服务核心平台，都是政府急需做的工作：政府需要通过制定相应的政策来推动公共服务的全覆盖和提质增效；制定居家服务的相应政策，构建农村社区居家养老服务平台，方便农村老年人的生活。

基于上面提出的原则和制度框架，我们建议，农村养老服务体系建设应该搭建四个平台：

第一，搭建社区居家服务平台。它应该是由政府推动和支持的半市场化平台，为农村有一定收入，甚至是低收入老年人提供力所能及的服务。

第二，构建社区集中服务平台。这类似于幸福院的养老模式，它可以为老年人，特别是生活能够自理的老年人提供更为方便的服务。需要解决的是运行动力问题，以及长期、可持续发展问题。

第三、构建乡镇集中供养平台。主要针对生活能够自理的“三无”老人提供服务，这个平台在很多农村地区都存在，需要解决的问题是如何提升服务能力、服务水平，提升服务质量，同时还需要改善供养平台条件。

第四，构建乡镇集中照护平台。主要针对农村中“生活不能自理”且家庭无人照料的老年人提供服务。

除此之外，我们还建议要加快推动公办（公建）民营的步伐，针对基本公共服务对象实施政府购买服务，与此同时要引入第三方评估，对购买服务机构进行监测，形成竞争机制，推动服务质量的提升，并能够形成一套长效机制。制定一整套完整的标准、制度和规范，让项目制定者（提出任务和要求，并提供资金支持）、服务提供者（社会组织和企业）、监督评估者（利益无关方）三方都知道要做什么、怎样做和做得怎样，使养老服务真正透明且能够卓有成效。

上　　篇

第一章　农村养老服务中的主导者

本研究基于吉尔伯特的社会福利政策分析框架与养老服务创新理论，对农村养老服务中的主导者、分配基础、分配内容、输送系统、资金来源进行分析。在这一分析框架下，福利生产与递送的主导者在农村贫困老年人养老照护体系中居于核心地位。本章主要依据养老照护服务整合性分析评估框架，将农村贫困老年人照护服务主导者划分为政府主导、社会组织主导、市场主导、机构主导以及多元主体共同主导五个要素，每个要素分别选取若干中国农村贫困老年人照护服务典型案例进行分析，在此基础上，得出各个典型案例的主要特点，并进一步分析该典型案例在各个要素上表现出的优势与可能存在的不足，最终形成可供借鉴的经验。

一、理论阐述

吉尔伯特（1974）提出的“四维三层”的社会福利政策分析框架中，四维指社会分配的基础、社会福利的类型、输送策略和筹资方式；三层则包括各个维度内的选择范围、支持它们的社会价值、支持它们的理论或假设（刘玮，2017）。在“四维”中，社会分配的基础是指“社会福利分配给社会中特定的人口或群体时不同原则之间的选择”（沈君彬，2013）；社会福利的类型表现为社会福利形式的选择，包括两种现金与实物两种基本形式；输送策略是指社会福利的服务提供者之间以及服务提供者和消费者之间可供选择的组织安排；筹资方式则包括资金的来源以及转移支付系统。

养老服务创新理论主要用来评估养老服务在不同维度上的创新性（Faridah Djellal et al.，2006）。该理论认为，由于养老服务的多元性与边界的模糊性，对它们的创新性进行评估存在诸多困难。通过对相关文献的梳理以及对养老服务领域专业从业者的访谈，基于养老服务的三角形理论和多边形理论，该理论最终确定了养老服务创新评估的三大维度：物质环境、制度环境和人文环境（戴卫东，2018）。

吉尔伯特社会政策分析框架重点论述了福利政策和资源从生产到递送的过程，更多地停留在微观角度上，在一定程度上忽视了宏观环境影响。[1] 例如，政府的相关政策、地方性福利文化都会在很大程度上决定“谁生产福利”“谁享受福利”“享受哪种福利”以及“如何获得福利”；而养老服务创新理论更多地从宏观视角出发对养老服务进行总体性评价，可能会在一定程度上忽视养老服务生产到递送各个微观环节的复杂性。此外，我国农村老年人养老服务体系的建设具有宏观性的特征，涉及宏观政策设计、资源生产和分配、专业从业者队伍建设等；同时，该体系也具有微观性的特征，因为，养老照护服务资源最终需要输送到每一位具体的老年人，无法离开生产和递送机制。因此，考虑到吉尔伯特社会政策分析框架与养老服务创新理论的不足，基于农村老年人养老服务的特征，本研究将吉尔伯特社会政策分析框架与养老服务创新理论相整合，并考虑制度、人文之外的其他环境基础，基于要素视角构建了一个有关农村养老服务模式的整合性分析评估框架，该框架将宏观环境因素和微观福利机制相整合，更全面也更加贴合实际。

具体而言，基于要素的农村养老服务模式整合性分析框架包括宏观层面的环境系统与微观层面的过程系统，是双系统的耦合、组合，可以综合解释农村养老服务模式完整系统。（1）环境系统。包括制度环境、物质环境、人力环境和人文环境四个子环境系统，这些子环境系统相互作用，相互影响，并为养老照护服务资源的生产、分配、递送等各个环节提供环境支撑与约束。（2）过程系统。包括福利生产与递送的主导者、福利分配基础、福利类型、福利输送系统和资金来源，过程系统实际上包含了福利从生产到递送的整个环节，而这些环节都受到环境系统的影响，从而造就不同地区或情境下地方福利生产、递送模式的异质性。

不同的福利生产与递送的主导者具有不同的价值观、福利分配和递送理念，从而会在很大程度上决定养老照护服务整合性分析评估框架的其他要素，

---

〔1〕 本章有关吉尔伯特社会福利政策分析框架的介绍，参考了戴卫东的部分研究成果，包括戴卫东．地方政府养老政策的创新与评价——基于两届“中国十大创新社会福利政策”案例分析［J］．中国软科学，2018（03）：56－6，以及戴卫东《中国长期护理保险制度构建研究》，人民出版社，2012 年版；戴卫东《长期护理保险——理论、制度、改革与发展》，经济科学出版社，2014 年版；戴卫东《中国长期护理服务体系建构研究》社会科学文献出版社，2018 年版。此处一并说明，具体标注位置不再赘述。

进而影响农村贫困老年人养老照护服务的获得。对农村经济困难老年人养老照护体系而言，福利生产与递送的主导者主要包括政府、社会组织、市场、机构以及多元主体共同主导。当前我国农村经济困难老年人照护服务主导者总体上以政府为主，市场、机构、社会力量有序参与。在经济较为发达的地区，农村经济困难老年人照护服务主导者呈现多元化趋势，以往政府包办的局面逐渐被打破，市场、机构、社会力量纷纷参与其中，发挥了政府部门不可替代的重要作用，大大提升了农村经济困难老年人照护服务的专业化、智能化、综合化、精细化水平。在经济欠发达的地区，农村经济困难老年人照护服务主要由政府提供，政府的民政部门几乎统揽养老服务供给全过程，地方财政也因此背负了较为沉重的压力和负担。但是近年来社会力量尤其是志愿服务、老年协会力量不断渗入偏远地区，为贫困地区老年人照护服务注入了新鲜活力。

本章从主导者这一要素出发，政府主导方面选择江西省南康区聚焦解决农村互助养老服务难题与湖北省兴山县养老服务新模式两个典型案例；社会组织主导方面选择江西遂川县打造农村“爱心公寓”、福建省永安市“三自三助”农村互助型养老服务模式与四川省泸县养老互助社开启农村“家门口养老”新模式三个典型案例；市场主导方面选择福建省乡镇敬老院转型升级案例与湖南省石门县打造居家养老服务连锁化运营业态两个典型案例；机构主导方面选择江苏省“三养合一”华苑农村养老模式、福建省宁德市农村慈善养老工作做法与福建省泉港区乡镇敬老院建设运营管理模式三个典型案例；多元主体方面选择安徽省马鞍山市农村敬老院发展模式、浙江省平阳县农村养老服务新模式与广东省花都区积极探索农村邻里互助养老服务三个典型案例，从五个方面共计十三个农村经济困难老年人照护服务典型案例进行介绍与分析。

二、案例介绍

（一）政府主导案例一：江西省赣州市南康区案例

1. 案例背景

本案例相关数据及资料内容来源于赣州市南康区民政局等相关部门，以及南康区人民政府官方网站、中国江西网等相关网页，具体来源见脚注。[1]

南康区现有60周岁及以上老年人口105239人，占全区总人口的13.65%，其中长期生活在农村的老年人约80000人。对比较为完善的城区养老服务，农村养老问题存在较大“缺口”和明显“短板”：分散供养的特困老年人、低保、失能失智、孤寡、残疾等老年人越来越多，对助餐、助安、助娱、助医以及心理慰藉等养老服务需求越来越大，但由于农村互助养老服务设施覆盖面不广，老年人的基本养老服务难以得到满足。与此同时，由于孤寡、独居等老年人疏于照料，存在财产损失、人身安全等风险，容易发生冲击社会道德底线的事件，造成不良社会影响。对此，南康区委、区政府积极探索改革农村养老服务体系、加快发展农村互助养老服务，努力让广大农村老年人度过一个安详、幸福的晚年。

2. 主要做法

南康区坚持以“党建+养老”为抓手，打造覆盖全区的居家和社区养老服务站点，努力构建适应需要、标准统一、网络健全、便捷高效的农村互助养老服务体系。截至2019年12月，全区已建成并投入使用居家和社区养老服务中心（站）283个，覆盖全区100%的建制村和城镇社区。

（1）高层次推动，着力解决“想办没人办”的问题。

区委、区政府主要领导带头开展专题调研，出台《关于加快农村养老服务体系建设的意见》，建立健全“党委领导、政府主导、部门负责、社会参与”的工作机制，成立区农村养老服务体系建设工作领导小组，由区政府主要领导任组长，稳步推进各项工作落实。各乡镇积极以“党建+养老”为抓手，把农村养老服务体系建设作为“一把手工程”来抓，切实履行乡镇党委书记、村党支部书记“第一责任人”职责（谢强、李慧如，2020）。

（2）全域化布局，着力解决“想办没地办”的问题。

围绕打造“农村20分钟居家和社区养老服务圈”，重点选择老年人较集中、交通较便利、基础设施较好、群众意愿较强、志愿服务较活跃、临近医疗机构的位置（谢强、李慧如，2020），积极整合新时代文明实践中心、村部、

---

〔1〕 南康区人民政府：http：//wcm. ganzhou. gov. cn/nkqxxgk/nk1287/2020 - 08/11/content_38c1baf3cc5549f8932cb66d83c2f112. shtml；中国江西网：https：//jxgz. jxnews. com. cn/system/2020/04/22/018860192. shtml；搜狐新闻：https：//www. sohu. com/a/363920474_120206097；江西舆情在线网：http：//wcm. ganzhou. gov. cn/nkqxxgk/nk1287/2020 - 08/11/content_38c1baf3cc5549f8932cb66d83c2f112. shtml。

闲置校舍、老年活动中心、村卫生室、文化站等场所，在242个建制村分别选址建设一个居家和社区养老服务站点。同时，科学规划选址建设41个城镇社区站点，并在新建住宅小区配建了19个居家和社区养老服务用房。[1]

（3）多渠道保障，着力解决“想办没钱办”的问题。

为确保站点常态化持续运营，一次性拨付建设资金1430万元，并从2020年起，283个站点每年分别安排1个公益性岗位和运营补助3万元。站点的建设资金通过“财政资金拨一点、帮扶单位给一点、村集体出一点”的方式落实，并由村委会负责站点的厨师工资、水电气费等日常基础性开支，其余运营开支则通过“老人就餐交一点、爱心人士捐一点、市场行为赚一点”的方式来保障，并鼓励各站点适量开辟种养基地，节省经费开支。组织社会各界爱心人士累计捐款900余万元，专项用于各站点养老食堂的日常运营开支。

（4）示范化引领，着力解决“想办不会办”的问题。

按照“因地制宜、量力而行、先易后难、尽力而为”的原则，在全区先行打造25个高标准的城乡站点，并以点带面、覆盖全区。在城区高标准打造了集文体娱乐、点餐配餐、家政服务等为一体的蓉江日间照料中心。在农村则重点打造了唐江镇白石村和赤土乡杏花村2个养老服务样板站点，通过改造服务设施、完善厨房电气化设备、配备文体器材和健身设备等措施，不断提升站点的为老服务能力，并在全区推广（谢强、李慧如，2020）。[2]

3. 工作成效

（1）补齐了农村养老服务短板。

283个站点投入使用后，基本能够满足农村老年人吃饭、娱乐、看病、健身等基本养老服务需求，真正实现老有所依、老有所乐、老有所养，“屋空心不空”。同时，让在外务工就业的老人子女省心安心、“人走心不走”。

（2）提供了农村养老服务体系建设新路径。

初步探索出一条以“四助五有”（助餐、助安、助医、助娱；有场所、有设备、有经费、有队伍、有制度）为核心的农村互助养老服务模式，农村老年人在家门口就能享受到便捷、舒适的基本养老服务，为欠发达地区养老服务探

---

〔1〕资料来源：《赣南日报》，《让老有所养老有优养成为现实》，https://jxgz.jxnews.com.cn/system/2020/04/22/018860192.shtml。

〔2〕相关资料来源：《赣南日报》，《让老有所养老有优养成为现实》，https://jxgz.jxnews.com.cn/system/2020/04/22/018860192.shtml。

索打造出了可借鉴、可复制、可推广的“南康模式”。

（3）提升了基层党组织向心力。

各乡镇积极以“党建+养老”为抓手，把养老服务体系建设作为“一把手工程”来抓（谢强、李慧如，2020），通过高质高效的常态化养老服务和各类积极向上的文体活动，有效地把人民群众组织起来，紧密团结在党组织周围，提升了基层党组织的向心力、凝聚力和号召力。

（4）提高了社会治理水平。

各乡镇把养老服务站建设成为乡村干部直接联系群众的服务中心，架起了党委、政府与人民群众的连心连情桥梁，将各类矛盾纠纷解决在萌芽、化解在基层。截止目前，全区越级上访量比去年同期下降43%，初次信访事项受理率、办结率达100%，群众满意率达99.35%。

（二）政府主导案例二：湖北省宜昌市兴山县案例

1. 案例背景

本案例相关数据及资料内容来源于宜昌市兴山县民政局等相关部门，以及湖北省人民政府官方网站、中国发布网等相关网页。具体来源见脚注。[1]

兴山县地处鄂西北山区，是偏远山区县，全县拥有8所农村乡镇福利院，农村特困供养对象1137人，其中集中供养456人，分散供养681人。兴山县结合本地实际，探索建立了“以县为主、统筹调剂”的农村福利机构管理体制机制，推行业务直管、政府购买服务、医养结合、农村特困分散供养集中居住新模式，实现了养老、医疗、社会资源共建共享，有效解决了农村特困供养对象生活难、护理难、医疗难等问题，提升了特困供养对象幸福指数。

2. 主要做法及成效

（1）推行业务直管新模式，有效解决农村福利院管理运营水平低下问题。

兴山县针对农村乡镇福利院项目建设难、工作人员稳定难、服务管理水平提升难等现状，从2008年就开始探索推行农村乡镇福利院县级直管模式，福

---

〔1〕宜昌市民政局：http://mzj.yichang.gov.cn/content-39798-982002-1.html；中国发布网：http://www.chinafabu.com/a/difang/20190625/52135.html；湖北省人民政府：http://www.hubei.gov.cn/zhuanti/2019/2019mzgz/2019cxld/201902/t20190224_1382783.shtml；搜狐新闻网：https://www.sohu.com/a/311425176_120702。

利院发展规划、资源配置、资金投入、供养资金及财务管理、业务考核、工作人员聘任与待遇落实及业务培训等均由县民政局直接管理。

实行直管后，兴山县进一步集中资金资源，完善管理制度，加强队伍建设，不断提升服务管理水平。一是完善服务设施。积极争取国家、省、市项目支持，筹措资金9000万元，新建2所农村福利院，改造6所农村福利院，扩建2所农村福利院，对全县农村福利院院容院貌进行改造，配套设施进行提档升级，全县农村福利院床位达到1300余张，基本能够满足县域农村特困人员集中供养需求。

二是成立管理机构。县级成立农村福利机构管理办公室，配备专职工作人员4人，实行财务统管，分院核算，制定农村福利院工作人员聘任聘用管理实施细则、财务管理办法、工作人员年终考核方案等一系列管理规范，对全县农村福利院进行集中统一管理。

三是加强待遇保障。全县农村福利院工作人员工资从2013年纳入县级财政预算，2019年预算资金420万元，工作人员月人均工资水平达3000元，工作人员待遇切实得到保障，队伍更加稳定。

四是强化业务培训。近年来，组织福利院工作人员开展消防安全、特种设备管理、食品安全、护理操作等方面培训达1300余人次，工作人员业务素质和技能得到明显提升。

（2）推行政府购买服务新模式，有效解决农村特困失能对象护理难题。

针对全县集中供养失能、半失能对象占集中供养对象总数45%以上，农村乡镇福利院护理能力有限、护理照料难度日益加大的难题，县民政部门经过成本核算，引入宜昌弘仁疗养有限公司，在明确护理费用略低于市场价格前提下，与其达成购买服务合作协议，并于2017年、2018年，在黄粮镇、昭君镇农村福利院内建立兴山县城乡失能特困人员“特护院”、兴山县精神障碍失能特困人员“托养院”，为全县部分失能和精神障碍特困供养对象购买第三方服务。“特护院”“托养院”按1：3比例配备专职护理人员41人、管理人员2人、医务人员4人、安全员2人、炊事员4人等，为失能特困人员提供康复训练、生活能力训练、心理辅导等专业性护理服务和饮食起居、清洁卫生、生活护理等日常生活服务。民政部门定期对服务质量进行监督和评估，制定考核办法，建立考核机制，对日常服务、康复、医疗辅助等方面进行考核，考核结果与服务费用挂钩。“两院”现有失能特护人员61人、精神障碍人员62

人，特困供养对象护理难、管理难问题得到有效化解，享受到的服务也更加专业。

（3）推行医养结合新模式，有效解决特困供养对象医疗难题。

为进一步提升农村特困供养对象生活质量，兴山县积极推行农村福利院医养结合发展模式。在新建高桥乡农村福利院时，通过实地考察、科学分析，筹措资金1500万元，整合乡镇卫生院医疗卫生资源和福利院养老资源，将福利院建在医院旁，乡镇卫生院、农村福利院两院合一，实现医疗卫生和养老服务融合发展。该院拥有床位110张，现入住供养对象105人。通过“一张床位、两种功能、三个保障”的医疗养老服务新体系，为供养对象提供基本医疗、康复理疗、健康管理、日间照料、文化健身、心理咨询、临终关怀等多功能服务，统筹解决了农村特困供养对象就医和养老问题。

（4）推行特困人员集中居住新模式，有效解决农村分散供养对象生活难、医疗难、监护难题。

该县属山区县，农村分散供养特困对象大部分生活能够自理，不愿意集中供养，但是这些分散供养特困对象居住零散，其住房、医疗、生活、监护等存在不同程度的安全风险。针对以上问题，为改善上述分散供养特困对象的居住条件，加强服务安全保障，兴山县抢抓精准扶贫政策机遇，于2016年至2018年投入资金8500万元，新建12个农村特困人员集中供养中心，新增床位650张，创建分散供养特困对象集中居住管理新模式。其中，新建的农村特困集中供养中心紧靠农村乡镇福利院的与福利院合并管理；不能合并的由乡镇人民政府负责管理，民政部门负责业务指导。统筹落实资金385万元用于购买集中供养中心室内必要生活用品，实现特困对象“拎包入住”。供养中心按照1∶10的比例配备工作人员60人，按照乡镇福利院管理模式进行集中管理，目前分散供养特困对象集中居住率达93%。实行集中居住后，该县农村分散供养特困对象的住房、医疗、生活、监护、安全等得到有效保障，取得了“看得见摸得着”的救助供养效果，供养对象的安全感、获得感和幸福感进一步提升。

（三）社会组织主导案例一：江西省吉安市遂川县案例

1. 案例背景

本案例相关数据及资料内容来源于吉安市遂川县民政局等相关部门，以及中国老龄协会官方网站、吉安市人民政府等相关网页。具体来源见脚注。[1]

遂川县位于江西省西南部，现辖23个乡镇、2个国营林场，309个行政村，国土总面积3144平方千米（其中80%为山地），总人口66.4728万人，是吉安市面积最大、人口最多的县，原中央苏区振兴发展县、罗霄山片区集中连片扶贫开发县、民政部定点扶贫县。全县60周岁以上老年人口8.5757万，占总人口的12.9%，老龄化程度较高。

相对城市而言，广大农村地区受制于经济发展水平、人口集中程度等因素，养老保障体系相对不健全，推动养老服务工作难度较大。在实施“爱心公寓”项目前，遂川县在推进农村养老服务方面遇到了一些困难和挑战：

一是贫困程度较深、地方财政保障任务重。遂川县为罗霄山片区集中连片扶贫开发县，“十三五”期间全县共有贫困村90个，建档立卡贫困人口2.3万户8.57万人，是吉安市贫困程度最深的县。2019年全县财政总收入为17.2亿元，在脱贫攻坚、教育、医疗等民生保障方面投入较大，提高农村养老服务保障水平对地方财政而言较为吃力。

二是山区面积广阔、提供农村养老服务成本高。遂川县山区面积占全县国土面积的80%，且农村人口居住较为分散，加之受落后观念影响，部分老人对到乡镇敬老院集中供养存在偏见，留守老人、孤寡老人、分散供养的特困老人获取养老服务难度较大，养老服务机构提供上门服务的成本过高。

三是养老服务模式单一、满足多样化需求难度大。农村养老服务集中于集中供养模式的敬老院和提供助餐服务的互助之家，服务模式较为单一。要在有限的经济条件和基础设施条件下满足老人的文娱休闲、求知求乐等多样化需求，难度较大。

针对山区多、村落位置分散、贫困程度相对较深等县情实际，遂川县积极探索“离家不离村”的“爱心公寓”（农村微型养老院）模式，延伸了养老服务触角，提高了农村养老服务水平。

2. 主要做法及成效

面对补齐农村养老服务短板的困难挑战，遂川县没有“等靠要”，在资金

---

[1] 民政部：http：//www.mca.gov.cn/article/xw/mtbd/201810/20181000011926.shtml；中国老龄协会网：http：//www.cncaprc.gov.cn/llsy/191743.jhtml；吉安市人民政府：http：//www.jian.gov.cn/news-show-43208.html；一点资讯网：http：//www.yidianzixun.com/article/0LWIpjaO；吉安新闻网：http：//www.jgsdaily.com/2016/0729/22273.shtml。

缺口上，多渠道开源引入活水，在提高养老服务供给质量上，以村级“爱心公寓”为抓手，健全服务保障体系，引导动员社会力量，提供多元丰富选择，让农村养老服务从温饱不愁向适应需求转变，让老人有尊严地养老。

（1）积极引进企业、社会组织力量，有力保障项目资金需要。

为提升全县养老服务水平，遂川县在主动争取上级资金支持的同时，一方面积极引进企业资金帮扶，在2018年9月第六届中国公益慈善项目交流展示会上，遂川县高坪镇与深圳市花样年集团成功签订了“养老扶贫、产业扶贫项目”合作协议，利用社会捐赠款对该镇敬老院进行了全面提升改造，高标准进行适老化改造，彻底扭转了养老阵地“老、陋、小”局面，提升了养老服务“硬实力”。

另一方面，积极对接社会组织扶贫，遂川县利用民政部定点扶贫这一契机引进社会组织力量，仅2018、2019两年，就引进了中国老龄事业发展基金会等社会组织共捐赠609万元用于遂川县农村“党建＋互助养老”、“爱心公寓”及农村敬老院改造提升项目建设。同时，在企业及社会组织资金支持下，遂川县还在每个“爱心公寓”点上实施了“平整一片菜地茶园、添置一批健身器材、聘请一名管理护工、定期一份爱心慰问”的“四个一”项目，养老服务更加人性化、科学化。广大社会组织的爱心善举和大力支持有力保障了全县村级“爱心公寓”和“党建＋互助养老”项目建设，大大提高了全县农村养老服务基础设施水平。

（2）大力推进农村“爱心公寓”建设，延伸农村养老服务触角。

为破解部分分散供养特困老年人交通、就医不便以及无经济能力建房等问题，遂川县以多方筹措资金，高标准在12个山区乡镇打造了29个村级“爱心公寓”。每个“爱心公寓”点新建老人保障房4—10套不等，全县共建保障房200余套，每套房间都统一规划、统一设计、统一施工、统一免费接通水电、统一免费配备家电家具，老人拎包就能入住。“爱心公寓”产权归村集体所有，现居住老人去世后由村委会收回再次安排给其他老人使用，避免房屋闲置和资产流失浪费。村级“爱心公寓”的建设就近安置解决了生活能自理老人，思想上故土难离不愿进乡镇集中敬老院的养老问题。也将居住分散的老人们相对集中居住在一起，可以互相照应、互助养老，同时“爱心公寓”离自家耕地、菜园较近，可以兼顾采茶、种菜等活计，让老人身体得到锻炼的同时，提高生活尊严。

（3）创新丰富养老服务供给模式，提高养老服务质量水平。

遂川县在养老服务需求侧发力，打出组合拳，充分满足老人温饱、医疗、精神和社会参与等多样化多层次需求。一是在满足基本需求上出实招，确保老有所养。将分散供养特困人员全部纳入贫困户，实施定向精准扶贫，确保“两不愁三保障”到位；为所有特困对象代缴新农合，组织医务人员开展爱心义诊活动，对患病老人及时送医送药，确保医疗费用全兜底。

二是在服务精神需要上办实事，做到老有所乐。在爱心公寓、乡镇敬老院配备电视、健身器材等设施，丰富老人们的业余生活；联手本地“龙泉社工”、“茶都义工”等社会组织，每年开展冬季“冬日暖阳”、春季“暖春行动”系列爱心礼包捐赠慰问、爱心年夜饭共庆新年等暖心精神慰藉活动。

三是在实现尊严养老上务实效，成就老有所为。遂川县联手爱心企业，积极探索“养老＋产业”模式，努力激发贫困群众和行动方便还能适当劳作老人的内生动力，鼓励通过勤劳增收，提升生活质量，建立农村养老扶贫可持续发展模式。电商扶贫农产品销售产生的利润专项用于反哺农村养老扶贫事业，电商平台线上促销又拓宽了老人自产的农副产品销路，帮助老人获得一定经济报酬，还有部分有劳动意愿和能力的老人通过土地入股、到村扶贫产业基地和扶贫车间从事轻体力劳动等方式增加收入。老人获得农副产品销售收入、轻体力劳动务工收入及土地入股分红等经济报酬，其意义不仅仅是增加了购买力，更帮助老人找到了生活的意义和尊严，实现了老有所为。

3. 经验与启示

在民政部和省市各级领导的关心指导下，遂川县在推进农村养老服务工作上取得了阶段性成效，也摸索出一些经验启示：

（1）积极引入社会力量支持养老事业。

目前多样化的养老服务需求已无法仅仅依靠政府来满足，企业和社会组织等多元主体在兴办养老产业、资助养老服务事业上有得天独厚的优势，要积极营造良好政策环境，鼓励企业和社会组织力量注入养老服务事业中来，尤其是地方财政保障任务较重的地区，要积极主动对接相关公益性社会组织，争取更多资源投入到本地区养老服务软硬件提升。

（2）运用改革创新思维丰富服务模式。

农村养老服务推进难度相对较大，要敢于打破思维定势，运用改革创新思维开展相关工作，因地制宜探索适合本地区经济发展水平、地理环境及风俗习惯的养老服务模式。如村级“爱心公寓”“党建+互助养老”助餐点就打破了固有的养老服务模式，是结合本地区山区面积广阔、人口居住分散、老人劳动生产意愿较强等现实情况作出的探索，取得了良好成效。

（3）坚持人本主义提供农村养老服务。

推动农村养老服务工作要从老人本位出发，坚持人本主义，了解老人的真实需求，在养老服务供给侧改革上发力。如本地区老人年满六十岁后仍有从事轻体力劳动的能力和意愿，劳动使其获得生活价值和个体尊严，“离村不离家”的“爱心公寓”和用工需求大的“扶贫车间”都使老人的劳动意愿得到了满足。

（四）社会组织主导案例二：福建省永安市案例

1. 案例背景

本案例相关数据及资料内容来源于永安市民政局等相关部门，以及凤凰资讯网、网易新闻网等相关网页。[1]

永安市地处闽中山区“八山一水一分田”，资源分布不均匀，当地农村百姓除满足基本农田耕作外，多数年轻人需外出打工创业，留守在村里大多为老人和小孩。老年人的身体状况参差不齐，基本能勉强维持生活自理状态，小孩小学阶段需要他人照顾、初中以上基本住在学校无法顾及家里的老人，且生活在农村的老人基本没有固定收入来源，普遍存在“老人需照顾没钱、护理需要没人”的“两缺”状况。

永安市现辖4个街道、11个乡镇，有228个建制村、33个社区，总人口约33万人，截至2019年底永安市60周岁以上人口6.1万人，占全市总人口的18.5%。其中，农村60岁以上老年人2.63万人，占全市老年人总人口的43.1%，因农村基层设施和服务配套落后，发展农村养老服务困难重重。

2. 主要做法

针对矛盾问题，结合永安市实际，积极探索适合农村开展的“三自三助”

---

〔1〕民政部：http：//www.mca.gov.cn/article/xw/mtbd/201810/20181000011926.shtml；凤凰资讯网：https：//news.ifeng.com/a/20141112/42450277_0.shtml；网易新闻网：https：//www.163.com/news/article/AARFKE0Q00014AEE.html；一点资讯网：http：//www.yidianzixun.com/article/0IOQk9A9/amp；福建卫生健康新闻网：http：//fjwsjk.fjsen.com/2016-11/09/content_18681937.htm；社会福利网：https：//www.cnki.com.cn/Article/CJFDTotal-MIZN201709010.htm；http：//qikan.cqvip.com/Qikan/Article/Detail？id=7103679338 中国老年报网：https：//www.sohu.com/a/238433681_99949562。

互助养老模式，以缓解农村养老存在的问题。

（1）模式简介。

该市农村“三自三助”是介于传统家庭养老和机构养老之间的一种新型的互助养老模式，通过开展适度集中互助养老服务，突出为空巢老人提供吃住、学习、娱乐、康复等服务。[1] 主要有以下三个特点：一是自助运作。日常管理依托乡村老年协会，不配备炊事员和专门管理人员，由老年协会自我管理、自我服务，由子女及老人“自愿申请、自负费用、自担风险”，入住老人“生活自理自助、邻里之间互帮互助、争取多方力量提供帮助”。

二是发挥个性。充分结合村级现有经济基础和老人需求，逐步形成了三种形式：即食宿照料（提供一日三餐和住宿）、日间照料（提供午餐和午休）和邻里互助（结对帮扶上门服务）模式，服务内容基本涵盖食宿照料、日间照料、文化娱乐、安全巡视、医疗保健、代购维修、洗衣保洁、精神慰藉等项目，伙食可统一开办、也可分组开小灶，有按月结算、也有按天按餐等方式结算，形式多样，不拘一格。[2]

三是弘扬孝道。倡导志愿服务，坚持“百善孝为先”，身体力行孝老爱亲，动员老年人参与，听取老年人意见，切实把好事办好、实事办实；倡导“奉献、友爱、互助、进步”的志愿服务精神，开展互助养老、抱团养老；争取政府、企业、爱心人士等各方力量为农村养老提供帮助。

（2）运营保障。

一是推进设施建设，2011 年启动农村居家养老试点工作，摸索投资少、见效快的农村居家养老发展路子，积极推广“三自三助”互助养老模式，并列为市委、市政府为民办实事项目，[3] 推动将旧学校、祖祠翻新腾空作为服务场所；每年安排 15 个村，每村安排补助 5 万元，推进养老服务设施建设。全市共有 228 个行政村，已建成“三自三助”颐老院和农村幸福院 145 所，占建制村的 63.6%；

二是争取资金保障，根据“三自三助”的运营规则，积极采取“五个一”

---

[1] 资料来源：福建卫生健康新闻网，《永安市多举措助力健康促进工作有序推进》，http://fjwsjk.fjsen.com/2016-11/09/content_18681937.htm。

[2] 资料来源：《社会福利》，《福建永安市：创新农村幸福院管理服务新模式》，https://mall.cnki.net/magazine/Article/MIZN201709010.htm。

[3] 资料来源：《中国老年报》，《山区农村的作为：三自三助 快乐养老》，https://m.sohu.com/a/238433681_99949562/。

办法进行筹措，即：向上级争取一些、本级配套一些、乡镇街道承担一些、社会捐赠一些、项目单位自筹一些，共同保障农村互助养老经费到位、运营管理顺畅。

3. 工作成效

经过多年的工作推动和经验摸索，逐渐形成具有本村特点的互助养老模式。其中，运营管理成效较好的有：

（1）西洋镇下洋村。

第一，合理选址、整合资源。利用村里闲置小学校舍，将老人体育活动中心、康乐家园等资源进行整合，建立“三自三助”颐老院，内设厨房、餐厅、宿舍、图书阅览室、老年活动室及多媒体教室等，并引入村卫生所配备医生1名、床位2张，组织开展老年人免费体检、健康讲座、及时就诊等服务，与家居维修、应急救助等经营单位签订服务协议，为老人提供全方位、多层次的服务。

第二，建立制度、规范服务，充分发挥老年人自我管理、自我服务的积极作用，颐老院由村老年协会和入住的老年人共同管理运作，设置炊事、采购、保管、种菜、卫生和宣传、监督等岗位，实现互助养老；建立“一访”制度，即村干部定期走访老年人，及时发现并解决老人的生理、心理问题；建立“四查”制度，即查看现有12名入住老年人的吃饭、穿衣、起居、医疗情况，通过建立院内结对帮扶来缓解部分老人存在饮食起居等困难。

第三，突出志愿、弘扬孝道。组建助老志愿者服务队伍，定期联合辖区内学校、卫生院、企业开展打扫卫生、文体表演、健康义诊咨询、上门慰问等主题志愿服务活动，利用春节、母亲节、重阳节开展“评选好人榜”“为老人洗脚”“登高望远”等向上向善的孝老爱亲活动，营造尊老、敬老、爱老氛围。

（2）燕西街道吉山村。

第一，科学定位、合理设置。该村地处城郊，60周岁以上老年人110余人，根据活动需要建成建筑面积650平方米的“三自三助”颐老院，设置设有老年学校、老年活动室、老年互助食堂、老人休息室、阅览室等设施和志愿服务队伍、助老服务网络，具备老年活动中心（老年学校）、老人生活照料中心和居家养老服务平台三大功能，基本满足老年人从物质养老到精神养老的需求；[1]

---

〔1〕 资料来源：《中国老年报》，《山区农村的作为：三自三助 快乐养老》，https://m.sohu.com/a/238433681_99949562/。

第二，自助互助、相互照料。采取“三自三助”规范运作，由老年人自我管理、自我服务，设置互助食堂和老人宿舍，老人可以自愿申请搭伙入住、共同生活互助养老，按月缴伙食费200元，每10天结算一次、余额自动结转到下个月，对临时搭伙施行当天结算；院内共有老人宿舍4间16个床位，现有搭伙入住生活老人11人，互助食堂菜地2畦，由老人自己动手种菜管理或志愿者给予帮助，减轻老年人的生活费用；依托村级组织建立党员、干部、青年、妇女等志愿助老服务队伍，开展邻里结对或专项助老服务，引进水电、理发等专业服务志愿者开展助老服务；

第三，丰富活动、提升品质。充分利用老年人生日、春节、母亲节、重阳节等重要节日，开展“百善孝为先”、猜谜语、发奖状、“为母亲洗脚”等有益于老年人生活愉悦的孝老爱老活动，同时积极营造尊老、敬老、爱老氛围。

（五）社会组织主导案例三：四川省泸州市泸县案例

1. 案例背景

本案例相关数据及资料内容来源于泸县民政局等相关部门，以及泸县人民政府官方网站、新华网等相关网页。具体来源见脚注。[1]

泸县作为全省百万人口丘区大县，近年来，全县农村老年人口出现“基数大、经济弱、散居多”等特点。针对农村基层养老服务发展的现实状况，县委、县政府抢抓国家建设成渝双城经济圈战略机遇，按照“盘活资产抓改造、宅改项目腾土地、专业队伍增活力、优化标准促质量”的思路抓实农村互助养老服务体系建设，着力破解以下难题：

（1）着力破解农村闲置资产利用不高问题。近年来，随着城镇化、工业化加速推进，农村人口向中心城镇集聚，导致农村部分边远村校、少数村办企业厂房出现空余、破旧、闲置。据初步统计，全县闲置村校20多所，村办企业30多个，建筑面积约70000平方米。闲置资产为解决农村散居老人、特困老人、残疾人、低保群体等就近养老提供了物业支撑。

---

[1] 民政部：http：//www. mca. gov. cn/article/xw/mtbd/201810/20181000011926. shtml；泸县人民政府：http：//luxian. gov. cn/zwgk/gzbg/content _ 19361；http：//luxian. gov. cn/zwgk/gzbg/content _ 241224；新华网：http：//www. ah. xinhuanet. com/2020 – 07/22/c _ 1126270248. htm。

（2）着力破解农村养老土地供应不足问题。泸县作为泸州市的人口大县，一方面人均耕地面积不足0.15公顷，耕地不足；另一方面，农村宅基地多且闲置率高。据不完全统计，仅泸县喻寺镇，全镇14个村有闲置宅基地5处，建筑面积约12000平方米。开展农村宅基地改革，实行有偿退出，是有效破解耕地不足和农村养老土地供应不够的根本出路。

（3）着力破解农村养老人才短缺匮乏问题。发展农村养老服务人才培养是关键。泸县是建筑劳务大县，常年有30多万人在外打工，农村养老服务人才储备不足，人力资源匮乏。从目前来看，全县养老服务人才仅停留在为数不多的养老服务机构，其他护理人才主要依托农村老协会，还存在“以老扶老、老老不照、隔空不照”等现实情况。

（4）着力破解农村养老服务质量不优问题。开展农村养老服务最基础的是需要探索建立健全一套易操作、接地气、管长远的标准体系。当前，农村养老服务场所硬件基础薄弱、配套设施不足、管理服务制度缺乏、服务标准体系不健全。少数农村基层养老服务很多工作还停留在文件里、书面上、口头上，存在“最后一公里”现象，导致服务质量整体不优。

2. 主要做法及成效

（1）以资源利用为先导，改造互助式佳苑。泸县充分利用村（社）闲置资产，结合危房改造项目，改造5所闲置小学、2处闲置村企，打造互助式佳苑。同时配套集体食堂、休闲娱乐、适老化设施，配套建立家庭互助式养老制度，以家庭为单位，轮流或单独到集体食堂做饭、送餐及打扫公共区域卫生，让老人享受到了“家”的温暖。如：嘉明镇狮子村利用村闲置小学，结合2019年危房改造项目，改造1200平方米小学教舍为养老服务住房。目前，该村9套改造房屋已全部入住，入住老人31人，入住率100%。

（2）以宅改项目为突破，建设互助式幸福院。为有效破解农村人口老龄化养老用地难题。泸县充分利用全国农村宅基地制度改革试点和易地扶贫搬迁项目，在喻寺、云龙、方洞等镇拆除了300余处旧房、危房，腾退土地150多亩。有效利用腾退土地集中建设了87处居民点，建设成新农村互助幸福院。居民点共设置床位373张，有效安置和供养建档立卡扶贫户、低保户、特困户、单人户等共653户，为周边1万余名农村老人提供了文化娱乐服务。如：喻寺镇谭坝村在宅基地退出制度改革中，全村宅基地有偿退出262户131亩，依法调整为集体经营性建设用地55.6亩，其中用于建设康养中心10.89亩，规划养老社区建设20亩，解决了农村康养业用地难题，建成了川南首个“农村康养中心”。

（3）以人才建设为根本，建立互助式队伍。针对人才短缺、专业素养不足，大力开展养老人才培养“十百千”工程，即培养10名养老师资、100名老龄管理服务人才、1000名养老护理社工人才。主要采取“职教培养+基地实践+送学培训+社工示范”四大措施，为农村建设一支不走的养老互助队伍。如：2020年投入16.9万资金开展“龙城银龄·颐养相伴”社工项目，主要依托福集镇、玄滩镇两个敬老院，对片区老协会骨干、村组留守老人巡查员、居民点养老服务志愿者等开展针对性培训和实践锻炼，目前，建立互助队伍11支、培训300多人次、提供岗位实训38个、有针对性解决养老护理问题190多个。

（4）以质量建设为目标，提升互助式服务。不断加强和改进“养老服务质量”，重点从膳食营养、护理康养、精神文化、安全应急、党建责任、网格管理等六个方面建立标准和体系，力争建立互助养老60条规范措施。重点开展亲情化、人文化、多样化服务，新增康养服务、健康讲座、义务巡诊、社工文化等7个公益服务项目，服务零距离、管理心贴心，有效拉近了管理者与老人之间的距离，有效营造了“家”的氛围。截至目前，全县养老服务安全事故、群体矛盾、纠纷化解、举报投诉实现“零”报告，持续向好，基本实现“住得了”向“养得好”转变。

（六）市场主导案例一：福建省乡镇敬老院案例

1. 案例背景

本案例相关数据及资料内容来源于福建省民政厅等相关部门，以及新浪看点网、腾讯网等相关网页。[1]

截至2019年底，福建省60周岁以上户籍老年人652万人，占总人口16.7%；农村老年人323.94万人，占全省老年人总数的49.66%。长期以来，乡镇敬老院作为农村特困人员供养设施，因投入不足、设施简陋、管理粗放等

〔1〕福建民政厅：http://www.pthj.gov.cn/zwgk/shjz/lsjz/202007/t20200710_1508215.htm；新浪看点：https://k.sina.com.cn/article_2730765330_a2c42c1202000xnjq.html?subch=onews&sudaref=www.baidu.com&display=0&retcode=0；腾讯网：https://new.qq.com/omn/20201210/20201210A01J7I00.html；新华网：http://www.ah.xinhuanet.com/2020-07/22/c_1126270248.htm。

问题，难以保障农村特困供养人员入住需求，更不用说解决农村困难、失能、留守、高龄等社会老年人照护需求。

2017 年以来，福建省从改造消防设施和建筑安全入手，加大资金投入，带动社会力量参与，引进专业服务组织，推动乡镇敬老院转型升级，不仅完善特困供养服务设施，而且实现迭代升级，乡镇敬老院从供养特困人员的 1.0 版，转型升级为特困供养 + 农村机构养老的 2.0 版，并且逐步向特困供养 + 农村机构养老 + 农村居家社区照料的 3.0 版转变，探索出一条乡镇敬老院投入多元化、服务专业化、运营连锁化、管理规范化的发展道路。[1]

2. 问题聚焦

（1）解决设施不完善的问题。乡镇敬老院“点多面广”，原 1.0 版建设标准低、体量小，一般设置 40 张床位，床均面积约 19 平方米，消防、文化娱乐等配套设施不齐全，设施设备适老化、周边环境绿化美化及道路交通等都亟待提升，历史遗留问题较多。通过全面推进已建养老机构“三个一批”（许可一批、整改一批、搬迁一批），开展消防和建筑改造工作、整治安全风险隐患，再改造升级照护型床位，配齐文化娱乐、体育健身等设备，解决设施简陋难题。

（2）解决床位闲置率高的问题。原来乡镇敬老院一般由当地乡镇民政办主任兼职代管，院工作力量薄弱。有的乡镇担心困难、失能老年人入住后缺少有效照护，安全风险大，不敢接收入住，乡镇敬老院床位使用率仅 26%，有的地方甚至整体空置。

福建省通过提高集中供养标准、建立低保和计生特殊家庭完全失能老年人护理补贴制度、健全残疾人“两项补贴”动态调整机制、落实高龄和养老服务补贴等，同时引进社会力量运营，在确保满足特困供养人员入住需求的基础上，免费低费收住低保、残疾、失能失智、留守等类老年人，既解决了这些农村困难老年人照料需求，又有力推动脱贫攻坚。乡镇敬老院平均床位使用率提升到 60%，生活不能自理的特困人员集中供养率从 2017 年底的 12.3% 提升到 69.6%，实现有集中供养意愿的特困人员全部集中供养。[2]

---

〔1〕 资料来源：《社会福利》，《福建：构建“345”工作机制 加速补齐农村养老服务发展短板》，http://yuxiqbs.cqvip.com/Qikan/Article/Detail?id=7103679338。

〔2〕 资料来源：《福建日报》，《解农村养老忧 让空巢变暖巢》，http://news.fznews.com.cn/dsxw/20201101/5f9e1bd04a1f0.shtml。

（3）解决专业服务缺少的问题。通过推行专业化龙头企业连锁化运营，发挥规模化企业人力、物力和专业服务等资源优势，养老服务主体由政府向政府及社会力量相结合转变。服务内容由单纯生活照料向康复护理、医疗保健、精神慰藉、安全援助等系列服务转变，服务对象由传统的“五保老人”向农村全体老年人转变。

3. 主要做法及成效

（1）政策引导，实现投入多元化。2017 年以来，福建省先后出台《关于进一步促进养老机构健康发展十条措施的通知》《加快乡镇敬老院转型升级（2020－2022 年）行动方案》等文件，推动各级按照“三个一批”要求，全面开展消防和建筑安全整改。省级下拨 1.02 亿元，对 2017、2018 年度完成改造、床位平均使用率达标的 491 所乡镇敬老院，给予每个 20－30 万元的奖补资金，带动市、县、乡三级配套投入资金约 2.16 亿元。鼓励社会资本进入农村养老服务，给予较长的免租期和承包运营期（最长 20－30 年），撬动社会资本约 2.8 亿元投入乡镇敬老院改扩建。

（2）提升能力，实现服务专业化。一是提升设施设备。坚持实用适用原则，改造升级照护型床位，配齐“三厅八室”，包括会客厅、厨餐厅、多功能厅，评估室、起居室、洗衣室、卫浴室、康复室、健身室、棋牌室、阅览室等，完善无障碍化适老化设施。

二是提升服务功能。优化农村养老服务设施布局，到 2022 年每个乡镇敬老院安排省级补助 100 万元，支持 210 个人口较多的中心乡镇敬老院，增加日间照料等服务功能和对区域内养老服务设施指导功能，发展成为集机构、居家、社区养老服务功能一体的 3.0 版区域性养老服务中心。

三是提升专业能力。2017 年起通过省级“送教上门”项目和市、县、乡三级的机构开展分级分类培训，培训人员超过 2 万人次。从 2020 年起，每年培训乡镇敬老院负责人 300 人以上，到 2022 年实现乡镇培训全覆盖。全省 33 所高校和中职学校开设护理、养老服务管理等相关专业，在校生 4.2 万人，较 2016 底增长 2.8 倍。养老服务从业人员发展到 2.39 万人，较 2016 年底增长 2.38 倍。

（3）公建民营，实现运营连锁化。以县（区）级为单位，将乡镇敬老院统一打包，防止“挑肥拣瘦”，通过公开招投标或磋商性谈判等方式，引入品牌企业连锁运营，形成规模化发展格局，优化人力、物力资源，降低管理成本，提升专业化服务能力。

近年来，培育“邻鹿”“国德”龙人五心等一批养老服务龙头企业。全省720家乡镇敬老院实现公建民营488家，46个县实现连锁化运营，社会化运营率从2016年底的3.38%提升到68%。

（4）达标创建，实现管理规范化。各级民政部门和消防、住建、市场监管等部门单位密切配合，建立定期会商、联合执法机制，持续开展养老院质量建设专项行动，全省符合《养老机构服务质量基本规范》机构数713家，占机构总数的99.17%。开展安全隐患大排查大整治，大力整治消防、房屋结构、地质灾害等安全风险隐患；开展餐饮服务“明厨亮灶”创建，加强食品安全管理和服务安全管理。贯彻落实《特困人员供养服务设施（敬老院）建设标准》和《养老机构服务安全基本规范》等国家和省级地方标准。推动692家乡镇敬老院落实法人登记，增强机构主体责任。研究出台《关于加强公建民营养老服务机构监管的指导意见》，对乡镇敬老院承包运营主体履行合同情况进行监管，明确退出机制，对造成严重后果的纳入失信惩戒范围，追究法律责任。

（七）市场主导案例二：湖南省常德市石门县案例

1. 案例背景

本案例相关数据及资料内容来源于石门县民政局等相关部门，以及湖南民政厅、新湖南网等相关网页。具体来源见脚注。[1]

湖南省常德市石门县地处湘鄂边陲，全县总人口67万，其中老年人口15.67万，老龄化率达23.5%。近年来，该县把社区居家养老作为执政为民的民心工程来抓，通过培育养老服务专业机构，使其发挥作用有效破解了农村养老服务难题。该县被列为湖南省“首批养老服务体系建设创建示范县”。

一是推动了社区居家养老氛围形成。该县成立了以县长为组长的养老服务业发展工作领导小组，形成了多个部门包括养老服务专业社会组织共同参与的工作机制。出台了《关于加快推进养老服务业发展的实施意见》和《石门县

---

〔1〕 湖南民政厅：http：//mzt. hunan. gov. cn/xxgk/gzdt/sxxx/201808/t20180829_ 5085348. html；常德市民政局：https：//mzj. changde. gov. cn/mzdt/qxdt/content_ 455521；新湖南网：https：//hunan. voc. com. cn/xhn/article/201809/201809141649482392. html；湖南省财政厅：http：//czt. hunan. gov. cn/czt/ztzl/zfmfw/dxal/201609/t20160908_ 3257045. html。

居家和社区养老服务改革试点实施方案》等一系列文件，让社会养老服务专业机构做到有章可循、有规可依。

二是促进了基层养老服务阵地设施的改善。针对农村地域辽阔，依托乡镇敬老院向困难老人提供日照、托养、配餐等服务难的问题。该县建立县、乡、村、组四级服务网络，为社会组织运营居家养老服务搭建了平台。目前，已建设“三屋”115 家，其中城镇宜老自助屋 35 家、农村互助幸福屋 60 家、医养健康屋 20 家，各类服务站点 325 个。

三是强化了社区居家养老服务功能和手段。目前，该县培养出了“康乐福”“馨源”等一批具有影响力的居家养老服务专业机构。“康乐福”实现连锁化经营、专业化服务，改变了过去在服务上仅限于吃、住的单一生活照料服务内容，增加了医疗保健、精神慰藉、文化教育、紧急救援和法律救助等内容，让老人需求得以充分满足。

四是推动了养老专业人才队伍建设。以前，养老服务从业人员多为下岗工人、进城务工人员，文化程度不高、年龄偏大、缺乏管理和护理知识、专业技术水平低。全县包括养老机构中的专业护理人员不到 60 人，持有养老护理员、营养师等资格证的不到 60%，服务质量无法保证。在县组织的培训中，康乐福要求员工实行 100% 持证上岗，一次性培训 48 人，并常年自行组织培训，壮大了养老服务专业队伍。

2. 主要做法及成效

（1）强化保障，为社会养老服务专业机构提供政策支持。

该县出台政策，一方面给予资金支持，县财政部门每年拨款预算 800 多万元用于养老服务，其中机构建设和运行补助 200 万元、基本养老服务补贴 320 万元、“三屋”建设补助 90 万元、养老服务社会组织奖励补助和养老服务信息平台运行经费补助 30 万元等。另一方面，积极搭建平台，为他们提供服务阵地保障。

（2）因地制宜，全力打造地方专业养老服务品牌。

第一，将标准前置，为连锁化运营“保底”。康乐福养老机构（以下简称“康乐福”）根据市场将目标群体确定为具有刚性需求的居家失能失智老年人，率先在业内提出“失能失智”上门服务，并将自身品牌定位于“失能失智居家照护专家”。为此将所有标准制定的核心归纳为三个字：管、服、放。“管”即管交通、护理安全。“服”，就是服务流程设计从实践角度来思考是否有效、是否顺畅。“放”，就是用开放的心态去整合资源、调整标准，如积极参与省内养老机构“康乐年华”“万众和”的服务样式综合评估，取长补短，借力壮己，使各项程式与指标更科学、更合理。康乐福还把服务运营标准划分成强制性、引导性和选择性三个类别。

康乐福着力建设专业化队伍。现有专业社工师、心理咨询师、营养师、养老护理师共16人，对全体工作人员必须进行岗前培训，做到员工100%持证上岗。

康乐福落实制度化管理。以高效规范为目的，把好制度建设关，制定了上门服务标准、服务人员工作守则、服务人员考核考评细则、回访制度等，形成了详细的服务工作人员和老人健康档案，并有完善的考核记录、走访记录。同时，康乐福与村居、服务人员、服务对象三方签订服务协议和服务承诺书，形成了三方的服务协调、监督模式，始终以老人满意为目的，把好管理监督关。康乐福工作人员根据服务流程，向老人提供所需服务，必须每月初与老人预约，按预约时间服务，每次服务结束后，需认真填写《居家养老服务情况认证表》，由老人签字（盖章）确认服务内容、时间，方可有效。服务工作人员除接受中心的监督外，还受村居民政专干监督，采取定期与不定期走访老人和邻居，对养老护理员的服务进行考评，并签署意见，使得老人的服务时间和服务质量得到保障。中心采取电话回访、上门走访等形式对认证表情况进行核对和考核，并根据考核结果发放员工工资。

康乐福规范服务内容。提出“六助”，即助急，提供应急服务或遇突发事件处理；助餐，做饭、送餐服务，营养均衡服务；助医，健康检查送药；助洁，提供起居、清洁、卫生服务；助购，生活用品代购服务等；助乐，上门与老人谈心聊天、情感交流、读书读报等服务。

第二，个性化服务，为连锁化运营“保质”。目前，康乐福的服务对象涉及78个村居600多人，包括特困、空巢、失独、高龄、优抚老人等，唯有个性化创新服务才能成为可持续的运营模式。因此，康乐福在连锁化的道路上，创新服务特色，每个服务责任人在做好标准化基础服务的同时，还衍生出一些个性化服务。

第三，开展综合服务，为连锁化运营“提质”。围绕一个老人，既有护理员服务，也有医生、康复师、心理咨询师、保洁员等提供服务，还有社工志愿服务。同时关注子女、周围监护人对老人持续照料过程中的参与度。康乐福的服务人员每天会通过电话向子女或监护人发送老人生活照片，小视频等，通过互动，让子女或监护人满意。

（3）稳步推进，连锁化养老运营社会效益日渐放大。

第一，连锁化品牌运营，效应日渐显现。从实践来看，连锁运营有着包括品牌效应、运营效率、人才培养、技术能力、成本控制等多方面的优势。

第二，硬件设施和配备更加齐全。2018 年，康乐福投资 90 余万元扩建了 340 平方米的培训室、服务技能操作室和日间照料中心，环境得到了较大改善。此外，还添置了日常照护设备，如清洁工具、血压机、便携式心电监测仪、人体脂肪测量仪血糖仪、体温计等。

第三，运营模式不断创新升级。康乐福已将 8 个乡镇、街道的综合型养老服务中心与其建立的居家养老服务站进行了合并，并且与 53 个“三屋”签订合作运营合同，从而更大程度的发挥政府支持建设养老服务阵地的效能，实行线上线下相结合，将政府购买服务、社会志愿服务、社区互助服务、市场有偿服务有机结合起来，促进城乡养老服务升级（李静，2011）。此外，还通过各类媒体高频度宣传居家养老，增强了养老行业的责任感和使命感，也增强了社会认同感和美誉度。

（八）机构主导案例一：江苏省连云港华苑老年公寓案例

1. 案例背景

本案例相关数据及资料内容来源于连云港市民政局等相关部门，以及搜狐新闻网等相关网页。[1]

农村老龄化程度远远高于城市，探索寻找农村养老新路径，已成为亟需解决的时代课题。江苏华苑老龄产业发展有限公司致力于农村养老服务模式的探索，在苏北地区连云港市东海县农村开办民营养老机构，探索创新实践，最终形成全国率先的“三养合一”农村养老新模式。

2. 主要做法

东海县华苑老年公寓工程于 2012 年投入运营。“初建成的华苑老年公寓拥

〔1〕 连云港市人民政府：http：//www. lyg. gov. cn/zglygzfmhwz/xqdt/content/d90791be－391d－42b4－9d2f－7c4b6323216a. html；搜狐新闻网：https：//www. sohu. com/a/150214936_146274；东方财富网：https：//guba. eastmoney. com/news，cfhpl，936665754. html；东海新闻网：https：//weibo. com/ttarticle/p/show？ id＝2309404431237992284199。

有203张床位，其中居家养老型床位100张、护理型床位103张。整个华苑老年公寓还配备300多平方米的老人健身房、130多平方米的医疗服务室、216平方米的慈善超市及电子阅览室、爱心餐厅、多功能会议活动室、棋牌娱乐室等”（李凤之、曹胜毅，2017）。为有效解决贫困老年人的养老问题，华苑老年公寓采用“三养合一”养老新模式，即实施“消费型养老+互助型养老+政府资助性养老”的综合运营发展新模式。

在推进“三养合一”养老新模式的深度融合中，东海县华苑老年公寓（以下简称“华苑”）着力采取四个方面举措，以实现农村养老课题“破冰”。

“破冰”之一。主要依托“东海县华苑老年协会”平台，发起“百店爱心助老联盟”工程，并推行“消费也能养老”的新观念，通过组建一批实力强大的企业爱心联盟团体，动员社会上更多的企业家伸出善心爱心援助之手，开展系列的爱心助老帮扶活动（李凤之、曹胜毅，2017）。

具体做法是，在周边每个行政村挑选出1—2家“商超”作为爱心助老联盟单位，消费者在店里每消费100元就可免费获赠10元“养老券”，60岁以上老人可以凭借“养老券”到华苑老年公寓吃、住、购物以及去北京旅游。采取这种方法，有效实现经济效益和社会效益“双赢”，既提升了联盟单位的营业额，也增加了华苑老年公寓客流量和社会知名度。

华苑依托“百店爱心助老联盟”，通过开展利用“互联网+”，以机构养老为基地、以“医养融合”为支撑、以开办的“居家养老服务中心”为辐射、以“百店联盟为团队”的运作模式，通过“线上”和“线下”实体店和智能网上管理相结合，能够有效解决农村老人无钱养老、城区老人有钱舍不得养老、机构养老入住率低等难题（李凤之、曹胜毅，2017）；同时，“百店联盟”的企业还能锁定客源、献身公益，政府部门又能实现“花一分钱办二分钱”的事；此外，社会老人也能实实在在享受到政府养老福利。

“破冰”之二。实施“床位预售”。在东海县黄川镇驻地，老人到华苑老年公寓入住一晚上只需10元，如果预存上3000元就可以在华苑住一年，有效期三年。预定了床位的老人等同于华苑老年公寓的股东，不仅一起解决了“资金链”的问题，还一起享受以后几年获得的经济收益。

采取这样的办法，一是解决华苑老年公寓短缺资金得以周转，二是给“入股”老人带来实实在在的“红利”。此举，同样也可锁定老人群体客源，因为老人在华苑老年公寓里已投资“预存”了床位。

“破冰”之三。打造“生态型康养”基地。华苑把老年公寓周边打造成绿色生态种植园、观光园、垂钓园，并配合“消费养老”——例如让员工及老人认购果树苗，养老院将买来的果树苗30元出售给员工和老人家属，5年内结出果实的50%归投资认购者所有。

围绕“生态型健康养老”，华苑近年来积极推进“医养融合”，成立了配有专业医疗人才的“华苑护理医院”，为老人开展健康理疗和居家医疗服务。在隶属华苑养老公司的白塔老年公寓，2018年投入400多万元新建了华苑护理院，床位注册50张，设有门诊及护理部，配置包括X光机、B超、心电监测仪、红激光治疗仪、检验设备在内的先进医疗设施等，并聘入副主任医师和执业医师7名、主管护师及护士19名、注册护理员27名，有效解决了入住老人“看病难”问题，实现了华苑“医养融合”经营模式发展，当年就被县民政部门确定为“失能特困人员定点护理单位”。

“破冰”之四。运行“541”华苑管理服务体系。制定了《东海华苑标准化管理手册》，成立了“华苑质量管理领导小组”，创建了“东海养老网”平台及商城。积极倡导“人人参与、众人股东”的身股养老新理念，创新推出“541”华苑管理服务体系。例如，实施“541”身股分配方案，就是收取老人护理费中的50%直接分配给护工、40%作为管理人员管理费用、10%作为单位再发展基金或奖金。这一创新管理体系极大地鼓励了华苑全体员工及身边爱心人士的积极性，使得华苑民营养老机构得以持久长足发展。目前，华苑已发展连锁联盟养老机构7家。

3. 工作成效

2018年以来，在“三养合一”养老新模式的引领下，华苑形成融“投资、运营、服务”为一体的养老发展新体系，获得在上海举办的“全国为老服务大赛”公益创新奖；华苑创建的“生态康养”“以商养慈”，启动的“助老百店爱心联盟”“光伏扶贫养老”等工程，为进一步丰富壮大“三养合一”养老内涵、建设生态养老示范园工程，增添了源头活水。

自2020年初以来，公司确立以华苑为中心、以点带面，在苏北农村区域内新选择3－5家养老机构作为“连锁联盟”发展对象。新成立的“华苑护理院”计划在各“连锁联盟”单位设立“华苑护理站”（分专业病区），以实现医养融合，成功复制华苑农村养老标杆企业的创新管理运营模式，切实做好“八个统一”，即：统一培训、统一管理、统一标识、统一配送、统一服饰、统一监管、统一居家体系、统一市场品牌化运作；重点开展居家养老服务（包括适老化改造），全面推行“医养融合”、“助老百店爱心联盟”工程、“三社联动”、“人人参与，众人股东”、以商养慈等成功的经验做法，以普惠型养老惠及“寻常百姓”；同时，还要启动华苑生态康养社区建设，积极开拓异地旅居养老新市场，拉动经济增收，助力当地政府解决就业等社会难题。

4. 经验启示

（1）“登高”才能“望更远”。发展农村养老，民营力量参与政府机构养老是一支不可忽视的“轻骑兵”“生力军”。作为致力农村养老的民营机构，必须要具备站在全国农村养老高度的政治站位，制定出高屋建瓴、符合社会需要的科学发展思路，在引领企业发展的征途上，坚定不移。华苑“三养合一”养老新模式在江苏省东海县农村的成功实践，就是在中国农村老龄化到来的时代大背景下，历经近10年的反复磨炼探索，形成具有时代生命力的新体系。

（2）“创新”求得“新发展”。江苏省华苑老年公寓创新实施的“消费型养老+互助型养老+政府资助型养老”的“三养合一”新模式，融“投资、运营、服务”为一体，在实际操作中注重养老管理体系建设，制定了《东海华苑标准化管理手册》，成立了“质量管理领导小组”，创建了“东海养老网”智慧平台及商城，倡导“人人参与，众人股东”的身股养老模式，并推出“541”“442”等管理体系，还与江苏海洋大学签订见习华苑为基地等等，这些在工作实践中的探索创新，形成连锁智能化管理，是推动华苑养老产业可持续发展的坚强后盾。

（3）“新政”还需“接地气”。江苏省华苑老年公寓作为民营投资公益养老企业，在国家各类优惠政策还没有完全到位基层的情况下，探索先行，为有效解决当地农村老人“无钱养老”、城区老人“有钱舍不得养老”、机构养老“入住率低”等现实问题和难题，实施以机构养老为基地、以“医养融合”“三养合一”为理念、以开办“居家养老服务中心”为辐射、以“百店联盟为团队”的运作模式，通过“线上”和“线下”实体店和智能网商管理相结合的诸多创新实践，解决了当前许多养老中的现实问题（李凤之、曹胜毅，2017）。

（九）机构主导案例二：福建省宁德市案例

1. 案例背景

本案例相关数据及资料内容来源于宁德市民政局等相关部门，以及新华网、中国青年网等相关网页。[1]

宁德市已经进入老龄化社会，60 周岁以上老年人口达 60.2 万人，占总人口（355.3）的 16.9%；全市居住在农村的老年人 42.9 万人，占老年人总数的 71.2%；留守老年人 17.4 万人，占老年人总数的 28.9%。

当前，随着社会经济的快速发展，全市老年人的生活水平和社会保障都得到了极大地改善，但受家庭小型化和青壮年劳务输出的影响，农村空巢留守老年人的生活状况和生活质量仍存在一定问题。

2. 主要做法

（1）“幸福院 + 食堂”。由于乡城人口迁移，多数老年人独居或与配偶共同居住。受到勤俭节约的传统思想的影响，也由于年老体弱、出行不便等原因，导致大多数空巢老年人连最基本的一日三餐的“热饭”都不能保证。长期不健康的饮食，对老年人的身体健康和生活质量产生消极影响，也让晚年生活的幸福感大打折扣。

在此背景下，每个慈善幸福院都标配长者食堂，以不高于市价的水平，为特困、空巢、留守老年人提供新鲜的健康饮食，一日两次，每次能够供应50 - 100 名老年人用餐，有效解决了农村空巢老年人的健康饮食难题。

（2）“幸福院 + 慈善”。建设运营慈善幸福院不能光靠政府财政支持，还要发动各类慈善资源及爱心企业和个人的力量。在慈善幸福院的建设运营中，蕉城区慈善总会积极发挥作用，通过发动爱心企业和爱心人士，在社会各界共同努力下，共筹措善款 829.5 万元，为助力慈善幸福院建设和管理工作作出了极大的贡献。每所慈善幸福院还配备了慈善助老超市，号召社会爱心人士广泛捐赠物资和用品，为农村留守老年人就近提供便捷的生活物资，并对特困对象和困难家庭提供援助。

---

〔1〕福建省民政厅：http：//mzt. fujian. gov. cn/yw/mzdt/202007/t20200707_ 5318870. htm；新华网：http：//www. xinhuanet. com/gongyi/2017 - 11/21/c_ 129745695. htm；中国青年网：http：//news. youth. cn/jsxw/201711/t20171121_ 11040518. htm；宁德网：http：//www. ndwww. cn/xw/ndxw/2017/1220/69087. shtml。

（3）“幸福院+医疗”。养老离不开医疗，医养结合是做好养老工作的基础。慈善幸福院在建设之初，便积极与卫健部门协调对接，将卫生医疗资源整合引入幸福院的建设之中，联手共建农村医养结合场所设施。

每所慈善幸福院中都融入了村医疗所或医务室，由村医入驻并开展服务，医疗资源延伸并覆盖至周边的老年人群众，村医和镇卫生院医生定期为老人检查身体和取药。遇到紧急情况，慈善幸福院入驻医生24小时随叫随到，确保老人就医需要。部分慈善幸福院还引入“海云工程”，为农村老年人提供远程看病问诊等服务，实现了医疗资源“下乡扶贫”。

（4）“幸福院+农场”。慈善幸福院充分考虑农村老年人的生活习惯和规律，采取贴近乡土民情的方式为农村老年人提供服务。通过召开村委会研究并经村民代表会议通过，将周边的空地划拨给慈善幸福院，开辟幸福农场，让有劳动能力的老人种菜、种茶，并将劳动成果无偿供应给幸福院，增加幸福院的收益。此举让一些老人感受到老有所用、老有所为的同时，还能补贴慈善幸福院日常开销，也让老人在简单的生产劳动中活动筋骨、锻炼身体。

（5）“幸福院+特困供养”。慈善幸福院除了为空巢老年人提供服务外，还具备长期照料和入住功能。村委会是管理慈善幸福院的主体责任单位，每个幸福院都配备3名管理人员，院长一般从退班的老村干中，选配有责任心、有爱心的同志担任，此外还有、炊事员、管理人员各一名。幸福院财务管理纳入村财管理范畴，由村委会单独记账，确定兼职记账人员，并实行每月公开、公布收支情况，接受院民和村民的监督。

入住的特困人员每月交300－500元伙食费不等；蕉城区政府每年给每所慈善幸福院5－7万元经费用于管理人员支出；镇村两级每年筹措3－5万元经费用于补助伙食和水电费等日常开支。

（6）“幸福院+志愿服务”。慈善幸福院不仅是农村老年人养老的乐土，也是培育志愿服务和社会主义正能量的实践基地。蕉城区慈善总会积极为慈善幸福院引入志愿服务，共组织了26支（1000余人）慈善志愿者服务队伍，成员来自社会的各行各业，每个队伍都有相对应服务的慈善幸福院，每个队伍每年至少组织安排4－5次的慰问服务，定期或不定期到慈善幸福院开展慰问、义诊、义演等送温暖活动。

3. 工作成效

经过多年的试点和推广，宁德全市现已建成12所慈善幸福院，总占地面积16123平方米，总建筑面积8921平方米，共投资约1827万元。其中，政府民政部门投入228万元，慈善系统及爱心企业和爱心个人捐款760万元，其他政府相关部门支持466万元，镇村自筹304.5万元。现有186个房间363个床位，一共可入住农村老人363人，接受日间照料400多人。已入住170人，其中，五保户62人，低保户19人，残疾人12人，空巢老人63人，其他人员14人，并接受日间照料150多人。

宁德市委、市政府高度重视农村养老服务，并决定在全市推广慈善幸福院建设运营模式，全市在2020年底前要筹划和建设一批合格达标的慈善幸福院，每个山区县至少建5个，每个沿海县至少建10个，为更多的农村老年人提供"六有六'+'，四位一体"的养老服务。

（十）机构主导案例三：福建省泉州市泉港区案例

1. 案例背景

本案例相关数据及资料内容来源于泉港区民政局等相关部门，以及泉州市民政局门户网站、福建省卫生委员会官方网站等相关网页。[1]

随着人口高龄化和社区服务智能化趋势的发展，该区失能、失独、高龄、空巢、留守老人不断增多，同时由于全省最大的石化工业区安全控制区安征迁项目进入房屋腾空阶段，养老服务需求总量日益增大和"多元化"养老服务的需求日益迫切。为补齐养老事业发展短板，为全区老年人提供满足其基本生活和健康需要的养老服务，该区创新乡镇敬老院建设运营管理模式，通过"三化三运三有"推动养老服务社会化，解决老年人多样式、多层次、个性化的养老服务需求。

2. 主要做法

（1）加强"三化"，着力夯实养老事业基础。

通过加大资金投入力度、出台落实养老政策、扩容提质养老场所等措施，大力扶持乡镇养老院转型升级。

---

〔1〕福建省民政厅：http：//mzt. fujian. gov. cn/yw/mzdt/202010/t20201015_ 5416731. htm；福建省卫生委员会：http：//wjw. fujian. gov. cn/xxgk/gzdt/bmdt/201906/t20190613 _ 4899141. htm 搜狐新闻网：https：//www. sohu. com/a/424383996 _ 120207622；泉州市民政局：mzj. quanzhou. gov. cn；中国社会报：http：//www. mca. gov. cn/article/xw/mtbd/202105/20210500033852. shtml；泉州网：http：//www. qzwb. com/gb/content/2020 －10/29/content_ 7062632. htm。

一是多元化投入。2018 年，区委区政府将全区 6 所乡镇敬老院消防设施提升工程列入为民办实事项目，累计投入资金 320 万元；并持续将居家养老服务站（农村幸福院）建设、居家养老助残服务项目等纳入为民办实事项目；近两年来，相继投入 410 多万元建设提升养老服务设施，有力推动城乡社区养老服务设施覆盖率达 89%。发动慈善组织、乡贤企业家、热心公益事业爱心人士参与支持养老服务工作，积极开展“百企进百村”敬老助老活动。近两年，全区共有 17 家企业作为帮扶主体，累计捐助达 1000 多万元。

二是制度化推动。制定下发加快养老事业发展、调整和完善养老服务机构建设和运营有关财政支持政策等实施意见，进一步放宽社会力量申办养老服务机构的准入条件，完善并落实养老服务业发展扶持政策。泉港区出台关于推进医疗卫生与养老服务相结合的实施方案，引导乡镇敬老院与邻近的华侨医院、社区卫生服务中心签订协议，开展医养共建活动，定期为入住老人开展免费健康体检和养生宣讲活动，实现医养融合发展。

三是规范化建设。盘活用好社会资源，将闲置的原山腰盐场职工医院翻建为该区规模最大的公建民营乡镇敬老院。自 2018 年 10 月运营以来，150 张床位入住率达 100%、满负荷运行，2019 年度被福建省民政厅评为五星级养老服务设施。做好房屋建筑安全、场所消防安全检查和第三方评估工作，推进无障碍通道、场地硬化和电梯等适老化工程改造。至 2018 年 9 月，6 所乡镇敬老院全部完成房屋建筑可靠性鉴定达标、消防设施安全评估并取得设立许可，完成“三个一批”工作。

（2）注重“三运”，努力提升养老供给能力。

坚持连锁化、社会化、规模化原则，不断完善养老服务体系，提高养老服务质量。一是“公建民营”连锁化运营。泉港现有 60 周岁以上老年人口 60339 人，占全区户籍人口的 14.30%。其中，80 周岁以上老年人口 8256 人，养老供求矛盾不断凸显。该区通过引进专业养老服务团队，签订《泉港区乡镇（街道）敬老院养老服务经营协议书》，将已通过房屋安全鉴定和消防安全设施鉴定的 6 所乡镇敬老院场所免费委托给“龙人·伍心家园”经营。以公建民营的运作方式，对 6 所乡镇敬老院采取连锁化运营，既盘活乡镇敬老院资源，又提升养老服务水平。

二是“一体多样”规模化运作。把乡镇敬老院打造成兼有生活照料、休闲、康复、医疗等多功能的养老家园。投入 250 万元精心建设 5 个夕阳红康乐服务站（聚福社区、锦塔社区、锦祥社区、陈庄社区、普安村夕阳红康乐服务站）；投入 205 万元拓展“互联网 + 居家养老助残服务”项目，免费发放 SOS 一键呼救功能老人手机，购买助洁、助餐、助浴、助残、助行等多种上门援助服务，让服务对象足不出户就能享受到舒心的养老助残服务。[1]

三是“志愿平台”社会化运行。搭建志愿服务平台，在泉港区中心敬老院设立泉港区老年大学分校，建立区级助老志愿者队伍 1 支，镇级助老志愿者队伍 7 支，“夕阳红”康乐服务志愿队伍 10 支，两年来开展各种敬老爱老活动 360 多场次，丰富老年人精神生活。[2]

（3）坚持“三有”，不断提高养老服务精度。

聚焦养老服务对象对美好生活的向往，精准发力，精确施策，多解民生之忧，多谋民生之利。一是集中入驻有补贴。“落实老年人入住养老服务机构补贴制度，办理入住养老服务机构手续、签订养老服务协议、入住期满一个月的 60 周岁以上泉港籍老年人，生活完全自理的每人每月补贴 500 元，半护理的每人每月补贴 750 元，全护理的每人每月补贴 1000 元”，[3] 2019 年共发放老年人入住养老服务机构补贴约 106 万元，努力提高乡镇敬老院床位使用率。

二是特困供养有保障。充分发挥政府托底保障职责，签订《泉港区特困人员（安征迁困难老人）集中供养协议书》《特困人员分散供养委托照料服务协议书》等。优先安排有集中供养需求、生活不能自理的特困人员和石化安征迁涉迁困难老人，特困集中供养率达到 82. 3%。[4] 每年发放约 600 万元用于加强分散供养特困人员照料服务，确保分散供养特困人员“平日有人照应、生病有人看护”。累计投入 36 万元购买社会服务，开展特困人员养老服务需求摸底工作，建立特困老年人基本信息数据库，提高生活不能自理特困人员集中供养率。[5]

---

〔1〕 资料来源：《中国社会报》，《智能温馨的养老港湾》，http：//www. mca. gov. cn/article/xw/mtbd/202105/20210500033852. shtml。

〔2〕 资料来源：《中国社会报》，《智能温馨的养老港湾》，http：//www. mca. gov. cn/article/xw/mtbd/202105/20210500033852. shtml。

〔3〕 资料来源：《泉州晚报》，《泉港：推进设施建设 不断提升养老服务水平》，http：//www. qzwb. com/gb/content/2020 – 10/29/content_ 7062632. htm。

〔4〕 资料来源：《泉州晚报》，《泉港：推进设施建设 不断提升养老服务水平》，http：//www. qzwb. com/gb/content/2020 – 10/29/content_ 7062632. htm。

〔5〕 资料来源：《中国社会报》，《智能温馨的养老港湾》，http：//www. mca. gov. cn/article/xw/mtbd/202105/20210500033852. shtml。

三是服务质量有监管。开展养老院服务质量和食品药品大检查，做好养老领域非法集资和保健市场乱象整顿工作，加强对养老服务质量的监管，为老年人基本生活和健康养老营造良好的养老服务环境。与民政服务机构签订安全生产责任状和安全大排查大整治承诺书，不定期开展安全生产工作督查，邀请区消防救援大队开展安全生产和消防安全培训 3 场次。

（十一）多元主体案例一：安徽省马鞍山市案例

1. 案例背景

本案例相关数据及资料内容来源于马鞍山市人民政府等相关部门，以及中央人民政府门户网站、宣城市人民政府门户网站等相关网页。[1]

安徽省马鞍山市现辖三县三区，常住人口 233 万，是全国首批养老服务业综合改革试点城市、全国居家和社区养老服务改革试点城市。马鞍山市是较早进入人口老龄化的城市之一，也是全省老龄化程度较高的城市之一，人口老龄化比达 23. 24%。近年来，马鞍山市按照引入民办机制，以存量引增量，盘活闲置资源的改革思路，持续推动农村公办养老机构改制改革取得了明显成效。全市现有 41 家公办敬老院和 3 家县级区域性养老服务中心，其中已实现改造升级和改制改革的 19 家，正在实施的 7 家，占农村公办养老机构的 59%。

2. 主要做法

（1）制定目标任务，明确公办养老机构改革方向。

一是摸清底数。在对全市农村公办养老机构集中摸底调查的基础上，详细摸清了全市农村敬老院和县级区域性养老服务中心管理规范、服务质量、人员结构、服务力量、医疗资源配置、机构床位闲置等具体情况，梳理掌握了农村公办养老机构发展面临的现状。

二是确定目标。市民政局坚持问题导向，着力破解难题，提请市政府印发实施《马鞍山市推进养老服务体系建设三年行动计划（2017 - 2019）》，明确以存量引增量推进公办养老机构改革转型的指导思想，确定利用三年时间完成全市 32 个农村公办养老机构改造升级和改制改革任务。

---

〔1〕 中央人民政府：http：//www. gov. cn/jrzg/2011 - 05/27/content_ 1872093. htm；宣城市人民政府：http：//czj. xuancheng. gov. cn/News/show/1050782. html；搜狐新闻网：https：//www. sohu. com/a/139086796 _ 114967；马鞍山人大：http：//www. masrd. gov. cn/show. asp? id = 14312；安青网：http：//www. ahyouth. com/news/20190515/1380622. shtml。

三是分类研判。坚持立足实际，谋划在先，在确定当年改造改制项目实施前，按照农村公办养老机构硬件条件、床位空置、交通位置、老人需求、县区及乡镇政府和管理人员对改制意愿等要素，认真梳理，建立档案，列入改制转型计划，向养老市场重点推介。

四是分级负责。市级层面把握总体改革方向，积极出台扶持政策，加大社会资本招商力度，分解年度目标任务并将改制改造纳入年度考核；县区级统筹推进农村公办养老机构转型改制工作；各乡镇严格落实项目责任制，认真对照农村敬老院改制改革建设标准有序实施。

（2）引入民办机制，盘活公办养老资源。

一方面，引入社会力量为公办养老机构转型升级注入活力。两年来，成功引进世界500强企业江苏丰华集团整体运营农村敬老院，市政府与丰华集团签订框架协议，采取合作共赢模式，通过引入改造资金、先进的管理理念、医养结合的配置、养老团队培训和专业化服务等要素，对原敬老院设施改造升级实施五保老人托管服务，并把空余床位向社会老人开放，整体提升农村养老服务水平。丰华集团整体改制项目完成后，向社会老人释放空余床位约1780张。

另一方面，支持本土优势企业承接运营服务。利用本地企业情况熟、乡情浓、资金厚等优势，支持本土企业对农村公办养老机构进行承包运营，投入资金改建现有养老设施，实行星级管理服务。两年来，已有中爱养老、福寿养老等5家本土优势养老企业分别承接运营了3家县级区域性养老服务中心和11所敬老院，除了留足特困老人应有的床位比例，还向社会释放了2100多张床位。

（3）实施分类改革，发挥公办养老资源支撑作用。

在改制中充分利用公办资源效应，以存量拉动增量，以增量提升质量，综合研判评估，实施分类改革。一是对全市22个入住率在70%左右的农村敬老院和三个县级区域性养老服务中心实行托管，敬老院按照原省定三星级标准改造升级，完善生活服务、卫生服务和安全服务设施。

二是对入住率较低的敬老院进行资源重组，按照每年8－10个改制改革任务目标，实行社会化运营。

三是在保障五保老人居住需求基础上，增设医疗机构，提高护理型床位比例，打造农村医养融合发展和公办养老机构改制品牌。

（4）完善政策措施，推动敬老院转型升级。

一是出台多项对农村敬老院转型改制予以扶持的政策。对完成改制改革并实行社会化运营的，每个一次性补助20万元，对同时完成改造升级的，另外给予每个项目30万元补助；对租赁公办养老机构房产举办非营利性养老机构的，实行3年内免交房屋租金；对租赁公办养老机构并实行备案管理的，或者委托运营敬老院向社会开放的多余床位，给予享受社会办养老机构床位运营补贴政策。通过政策优惠叠加，鼓励吸引更多社会资本参与敬老院改制改革，引导公办敬老院减负前行。

二是健全依法公开运作模式。坚持以人为本，以保护老人权益不受侵犯、公有资产保值升值、公开透明、依法合规为原则，在具体操作中，通过公开招投标方式选定敬老院转型改制的承接方，提高公办民营模式的公信力。

三是加大机构“居家化”试点力度，在满足农村五保对象托底保障的基础上，结合敬老院改造改革，增设日间照料职能，延伸日托照料、社区护理、助餐助急、培训指导等居家养老服务功能，推动敬老院全面升级为区域性养老服务中心，力争2021年居家养老服务辐射全部乡镇及村居。

3. 霍里模式

霍里模式是该市推进农村敬老院整体社会化运营的首个范例，目前已打造成为引领全市农村公办养老机构改制改革的示范项目。

2018年，丰华集团通过公开招投标，与该市霍里街道敬老院达成合作协议，霍里街道敬老院正式委托丰华集团运营，双方合作期限暂定10年。[1] 在合作原则上，托管后敬老院的性质、服务宗旨保持不变；政府投资的房产、设施设备所有权保持不变；国有资产保值的基本要求保持不变。

在服务对象上，除收养现有43名特困供养对象，对将来新申请入住特困对象无条件接受。政府对丰华收养的特困供养对象，按照自理老人每月1000元、半护理老人每月1600元、全护理老人每月2500元、住院陪护按照每天120元给予补贴，医药费通过原有渠道解决。运营方可以把闲置的床位向社会老人开放，同时保证，特困供养对象和社会老人在各项待遇上保持相同。

在环境改造上，按照省敬老院三星级创建标准，对敬老院进行改造，改造经费要求不低于200万元，政府承担100万元。经初步测算，丰华集团投入超

---

〔1〕 资料来源：中安在线，《马鞍山市首家敬老院成功转型》，http：//ah. anhuinews. com/system/2018/05/16/007870980. shtml。

过400万元，内部环境焕然一新，消防、无障碍设施、医疗和护理能力等薄弱环节得到一定程度的提升和强化，经初步评估，硬件条件已超过省定三星级标准。

在人员安置上，原敬老院工作人员，实行双向选择。对经培训、考核合格的原敬老院工作人员，运营方在同等条件下优先录用。运营期满，运营方聘用的工作人员由运营方负责安置。委托之后，管理人员由5人减为3人，服务人员由5人增加到9人，平均年龄由50岁降到45岁，全部由丰华集团培训合格后上岗，整体服务水平得到较大提升。

在政策补贴上，在运行期内，运行方享受国家、省、市规定的各类扶持政策。在利润分成上，运营期满或合同终止，运营方将全部盈余的20%支付给委托方。在风险管控上，运营方按照每张床位500元向委托方缴纳风险保证金，用于偿付运营方在医疗护理、劳资纠纷等处置。对运营方擅自变更经营项目等、改造经评估未达到三星级等情况，委托方可提前解除协议并扣除保证金。

4. 工作成效

截至2021年9月，通过加强政策引领，加大招商引资力度，持续推动改革试点，全市公办养老机构改革发展取得明显成效：

（1）释放了宝贵的公办养老资源，撬动了社会资本。

农村公办养老机构改制改革有效撬动了民间资本和社会力量，对优化农村闲置土地、设施，整合并推动落实融资、税费优惠、财政补贴、人才培养等政策，发展“政府扶得起、民资愿意投、村民用得上、可持续发展”的农村养老服务模式提供了有力保障，有力促进了乡镇振兴发展。以花山区霍里敬老院为例，该院原有养老床位112张，入住老人43人，床位空置率62%，造成较大的养老资源浪费。[1] 委托运营后，运营方将55张床位向社会开放，按照马鞍山目前新建1张养老床位分担成本10万元计算，等于撬动社会资本550万元。

（2）节约了政府管理运营成本，加速了政府提供养老服务公共产品进程。

农村公办养老机构改制改革委托前，以博望区丹阳镇敬老院为例，每年运营成本（含特困供养对象的供养经费、水电气及维修费、管理和服务人员工

---

〔1〕 资料来源：中安在线，《马鞍山市首家敬老院成功转型》，http://ah.anhuinews.com/system/2018/05/16/007870980.shtml。

资和保险）约为100万元；委托后，每年向运营方支付老人供养经费52万元，实际每年为政府节约运营成本48万元。农村公办养老机构开展延伸服务试点打破了机构养老与居家社区养老的边界，将机构内的餐饮、康复、护理等各种专业化服务延伸到周边村居有需求的老年人，并向失能、半失能老年人倾斜，有效扩大了农村养老服务供给。

（3）大幅度提高了养老服务质量水平，有力提升了老年人幸福感和获得感。

以含山县区域性养老服务中心社会化运营为例，委托专业化品牌养老机构运营后，该项目打造成为以失能老人专业照护为主的县级供养服务设施，较好满足了辖区内生活不能自理的特困等老人的专业照护需求，整体服务质量水平得到大幅提升；以当涂县石桥镇敬老院为例，改造后的敬老院达到并超过省定三星级标准，让入住老人真正拥有更多获得感和幸福感。

5. 经验启示

马鞍山市推进农村公办养老机构改造升级和改制改革的实践，有益启示如下：

（1）要坚持政府主导、协同推进。将农村公办养老机构改造升级和改制改革列入市政府养老服务三年行动计划，并作为民生工程强力推进，加大推动力度，细化政策措施，强化资金保障。协调相关部门形成工作合力，有力推动了农村公办养老机构的改造升级和改制改革进程，形成了良好的社会氛围。

（2）要坚持社会参与、市场运作。农村养老服务还处在明显“短板”，要始终坚持政府主导、社会参与、市场运作的发展理念，打破固有思维，创新体制机制，激发社会活力，持续推动“资本下乡”，不断完善农村养老设施服务功能、提升服务水平。改制改革为农村养老服务提供了生机与活力，为深入开展城乡统筹的养老服务探索了可持续发展之路。

（3）坚持问题导向、需求引领。把改制改革的重点和着力点放在解决农村养老服务“短板”，特别是失能、半失能特殊困难老年人，以及机构周边村居的居家养老服务需求上。有针对性地加强对改制改革工作的制度设计，探索一般性的改革规律与农村养老服务发展实际的有机结合，建立健全保障激励机制，有效挖掘和引导社会资源，不断丰富和深化农村为老服务内容，提高农村老人的生活质量，提升获得感与幸福感。

（十二）多元主体案例二：浙江省温州市平阳县案例

1. 案例背景

本案例相关数据及资料内容来源于平阳县民政局等相关部门，以及浙江新闻网、平阳新闻网等相关网页。[1]

平阳县16个乡镇户籍总人口88.46万人，其中老年人口17.22万。2016年至2019年，人口老龄化率分别17.6%、18.25%、18.91%、19.46%，呈逐年递增趋势。针对养老机构用地难、营利难、融资难、缺人才等难题，积极探索“政府出地、乡贤捐资、民办运营”的农村养老服务共建模式，并取得了初步成效。目前全县共有养老服务机构54家，总床位数6406张。

据了解，平阳县通过制定和完善扶持政策，采用“立标杆、创氛围、促服务”的方式，积极引导社会资源参与农村养老服务体系建设。据统计，昆阳、水头、南雁、山门、腾蛟等敬老院共获得社会爱心人士捐资逾1亿元，其中水头中心养老院为温州市首家五星级养老机构，腾蛟中心敬老院正式运营，昆阳、山门、南雁将于2020年和2021年陆续建设完成并投入运营。

2. 主要做法及成效

（1）打造标杆示范引领。平阳县水头镇中心敬老院是一家由政府出地，由乡贤徐宪德先生捐赠4250万元投入建设，同时以公建民营的方式，委托红景天养老经营管理有限公司作为第三方管理机构的养老服务机构。该养老院占地28.8亩，建筑面积1.67万平方米，可提供462张养老床位数，是一家集五保供养、社会寄养、护理康复、人文关怀等功能于一体的区域性养老服务机构。

该养老院整个院落布局分为生活、娱乐、康复、办公四大区域，同时设立办公室、医务室、娱乐活动室、图书阅览室、棋牌室、室外活动室等配套功能用房。配套设施、服务水平都属业内一流，并于2018年被评为温州市唯一一家五星养老机构。

为了有效拓宽爱心人士投入养老事业，2019年平阳县秉承“扶贫济困·

---

〔1〕平阳人民政府：http：//xxgk. zjpy. gov. cn/art/2019/3/25/art_ 1404839_ 31624931. html；浙江新闻网：https：//zj. zjol. com. cn/red_ boat. html？ id = 100930148；平阳新闻网：http：//py. 66wz. com/system/2015/02/04/011907057. shtml；http：//py. 66wz. com/system/2016/12/21/012608830. shtml？ from = singlemessage&isappinstalled = 0；新平阳报：http：//epaper. routeryun. com/Article/index/aid/2499512. html。

乐善好施”的慈善理念，“整合社会各界爱心资源，开拓创新慈善救助渠道，积极开展慈善资金募集，以多形式救助为社会保障体系提供重要补充”,[1] 为完善社会保障体系的建设，促进平阳和谐与文明创建做出了应有的贡献。据统计，全县共募集善款6305万元，救助支出善款5795万元，受助人数6530人。

（2）乡贤反哺助力养老。一方面，该县编制了区域性中心敬老院建设规划，并将其作为县、镇两级党委书记“爱心”工程。为做好这项工作，平阳县一手抓政策扶持引导，绩效考核督促，落实配套资金和土地指标；一手抓社会宣传发动，通过慈善认捐的方式有效解决对建设敬老院资金瓶颈问题。近年来，已募集到资金7900万元，并投建水头、南雁、山门、腾蛟等4所敬老院。2019年2月，该县举行了昆阳中心养老院捐建仪式。在仪式上，金川置业有限公司董事长鲁建仁先生为昆阳中心养老院（一期）项目捐建3000万元。

另一方面，平阳县积极探索养老募款和慈善帮扶新模式。通过进一步发挥慈善组织在农村养老服务体系中的补充作用，扩大捐赠范围，加大帮扶力度，实现养老和慈善事业“双赢”的局面，让更多的人投入养老事业发展。如平阳县慈善总会与知名企业家徐宪德、陈绍卿分别签订了2000万元的孝老慈善基金和2000万元敬老慈善基，该基金以“捐本捐息”的形式，将增值部分用于全县养老事业发展，特别是对孤老、五保老人进行帮扶。

为了在全社会进一步倡导互相友爱、扶贫济困的慈善精神，总会通过层层筛选，积极申报，表彰先进、树立典型。该县鲁建仁先生荣获第六届浙江慈善奖，鲁建仁先生今年捐建昆阳中心养老院（一期）项目约（3000万元）。徐宪德先生获得首届长三角“慈善之星”荣誉称号。

（3）凝聚力量发展团队。为引导更多的社会资源向养老倾斜，平阳县通过引入机构、志愿服务、行业自律等方式，全面提高全社会对养老服务人员的认可和尊重。

坚持引入培育并重，发展专业养老服务机构。引入温州红景天股份有限公司、杭州钱江养老、中佳健康股份有限公司等知名养老行业企业，并带动本地专业养老发展，平阳康馨养老、夕阳红养老、温州怡心园等养老服务机构应运而生。据统计，全县19家公办养老机构，有13家采用公建民营的方式，委托第三方运营。

---

〔1〕 资料来源：《山西经济日报》，《泽州慈善总会：把关爱送进千家万户》，http://epaper.sxrb.com/shtml/sxjjrb/20190401/292737.shtml。

悉心培育专业化的养老志愿服务队伍。如平阳县人民医院组织专业医师队伍组成护理志愿者团队，开展关爱老年人健康知识讲座、送医送药义诊等活动。该团队已连续5年为平阳县多家养老服务中心提供专业的医疗护理服务，并在国际志愿者日、重阳节等时间段，到各养老服务中心提供助浴、理发、剪指甲、文艺活动、心理慰藉等养老服务。

率先成立全省首家县级养老协会——平阳县养老行业协会。该协会于2018年4月成立，通过养老服务行业机构自我服务、自我管理、自我发展的方式，统筹、整合平阳县养老服务业，推动养老服务行业的健康发展，不断提升养老服务业的标准化、规范化管理水平。

为加大养老护理型人才的培训力度，该县开办养老护理员培训班，邀请县人民医院的护理领域专家和讲师通过“理论授课 + 实训操作”的方式进行授课，并对通过考核认定者核发老年照料专项职业能力证书，同时纳入平阳县护理型人才库，为养老服务行业培育、输送了大量护理人才。据统计，近三年来共培养了养老服务人员1770名。

义工队伍不断壮大，义工服务活动丰富多彩，对推进慈善事业全面发展起到了很好作用。本着“奉献、友爱、互助、进步”的志愿服务精神，始终秉承“奉献爱心，服务社会，传播文明，做快乐义工”的工作理念，根据各自工作特点，为老人、孤儿、残疾人等弱势群体，剪头发、剪指甲、打扫卫生、送慰问品等，活动形式丰富多彩，不断满足弱势群体的需求。据不完全统计，2019年以来共开展义工服务活动2260场次，参加义工20938人次，使用资金252万元（包括慰问物资的价值），惠及人数47万人次。

3. 经验启示

（1）公益慈善力量介入养老领域，提升了农村养老服务的广度和深度。

公益慈善具有公益性、非营利性、利他性、志愿性等功能，这与政府提供养老服务的目标不谋而合。同时，“公益慈善力量在农村养老服务体系建设中公益性、自觉性、便捷性等突出特点，有着政府和市场无法替代的作用”（邓微，2014）。因此，引导慈善力量进入农村养老服务体系建设，与政府机构、市场主体互为补充，互相促进，在一定程度上提升了农村养老服务的深度与广度。

（2）政府更主动地“退位让步”，为公益慈善让渡空间。

“公益慈善力量进入养老领域，形成了政府与公益慈善组织之间的新型关系”（邓微，2014）。平阳县近年来的实践表明，政府与公益慈善组织良性互动的前提，必须坚持“公退民进”，即“政府从直接的养老服务提供者，转变为引导者、监督者、规范者，通过向公益慈善组织购买服务的方式，间接提供养老服务，形成政府、公益慈善组织和老年人三赢的格局”（邓微，2014）。

（3）乡贤捐资助老新模式，为打造暖心之城提供样板。

该模式与弘扬“敢为人先、特别能创业创新”的温州人精神相结合。慈善助老帮扶模式，激发乡贤的新时代温州人精神，增加对温州的价值认同、发展认同、情感认同，不断激发温州人的创造伟力，共同建设共建共享、自豪自信、温馨暖心的幸福之城，让更多的人投入养老事业发展。[1]

（十三）多元主体案例三：广东省广州市花都区案例

1. 案例背景

本案例相关数据及资料内容来源于花都区民政局等相关部门，以及广州市人民政府门户网站、搜狐网等相关网页。[2]

广州市花都区辖4街6镇、64个社区居委会、188个行政村，60岁以上老年人口12.04万人，占户籍人口总数的15.39%，其中农村老年人约8.72万人，占老年人总数的72.4%。着眼辖区农村地域广阔、交通不便、老年人居住分散、养老服务资源难以全覆盖的实际，积极探索切合农村养老文化、符合老年人习惯的邻里互助居家养老服务方式，补齐农村养老服务短板，促进老年人拥有更多的获得感、幸福感、安全感。

2. 主要做法及成效

（1）贴近实际，大胆探索，形成符合农村特色的养老服务方式。

制定出台《花都区老年人邻里互助服务试点工作方案》，选取2个村和1个镇开展试点工作，探索形成符合农村特色的邻里互助居家养老服务方式。一是建立服务机制。探索政府、社会组织、社区、居民合作养老模式，建立政府购买服务、专业机构承接服务、养老互助员按协议服务、养老对象享受服务、

---

〔1〕资料来源：温州网，《陈伟俊在全市激扬新时代温州人精神大会上的讲话》，http：//news.66wz.com/system/2020/04/20/105262056.shtml。

〔2〕广东省民政厅：http：//smzt.gd.gov.cn/mzzx/sxdt/content/post_3149870.html；http：//smzt.gd.gov.cn/mzzx/mzyw/content/post_3144256.html；搜狐网：https：//www.sohu.com/a/466157776_121106875；https：//www.sohu.com/a/256300438_100195562；广州市人民政府：http：//www.gz.gov.cn/zwgk/cssj/content/post_5611578.html。

第三方机构评估服务的邻里互助养老服务机制，围绕监督、指导、管理、培训、服务、反馈、评估、建议等职责任务，以三方协议方式理顺相关方的权利与责任，确保邻里互助服务顺利有序开展。

二是规范服务内容。坚持针对性、可行性原则，紧贴老年人实际需求，梳理规范生活照料、精神关爱、健康促进、紧急救助、代购物品、其它互助服务等6大类15小项服务项目，坚持"一家一协议""一人一方案"，实施"打包式""订单式""个性化"邻里互助养老服务，实现服务供需科学匹配和精准对接。目前，全区有592人享受邻里互助服务。

三是制定服务标准。区民政局与第三方专业机构合作编制《花都区老年人邻里互助服务程序指引》《养老互助员服务规范》《社区居家养老服务协议书（试行）》等13类服务规程，系统规范邻里互助服务资质、申请程序、服务项目、服务流程、服务评估、服务反馈等事项，推动邻里互助服务制度化、规范化、体系化、标准化。

（2）挖掘资源，整合力量，形成多元供给服务的社会网络。

充分挖掘和整合政府及社会各类资源，建立起最为广泛的社会支持网格。一是充分挖掘身边资源。通过政府职能部门引导、镇（街）倡议、村（社区）发动等，把老年人身边的亲属、邻里、学校、医院、社会组织、志愿者、居家养老服务平台等各种资源发动起来，引导他们热心参与邻里互助养老服务，为身边老人提供力所能及的服务。

二是整合利用各类力量。搭建邻里、亲友、社工、志愿者以及企事业单位等社会支持网络，增强多元化服务力量。联合组建志愿者队伍，探索"服务员+志愿者+社工"方式，灵活运用"一帮一""二帮一""多帮一"等形式，让邻里互助服务饱含"人情味"。鼓励热心邻里开展关怀探访、代买物品、助餐配餐等服务。村民（居民）委员会开展上门探视、敬老活动、敬老宣传等服务。村（社区）卫生站、护理站开展巡诊义诊、健康讲座、康复护理、卫生宣传等服务。社会组织和爱心企业提供物质经费支持和专业力量支撑。学校组织学生开展敬老爱老、探访弱老活动。

三是有效发挥专业优势，让专业的人干专业的事。政府通过购买服务的方式，让专业的医护人员、康复治疗师、养老护理员、社会工作者发挥所长，为老年人提供专业的生活照料、医疗保健、康复护理以及健康管理、心理疏导等服务。全区10个镇（街）居家养老综合服务平台均与辖区医院或护理站签订服务协议。开展“家政 + 养老”服务，由专业的家政企业为老人提供家政、生活照料等服务。2019 年，全区为 10559 名老人提供了生活照料、助餐配餐、文化娱乐、康复护理、日间托管等居家养老服务约 61.9 万人次。

（3）搭建平台，科学管理，形成高效规范的服务保障。

建立多层次评估体系、信息化管理平台、人员培训和经费保障机制，为邻里互助养老服务提供强有力保障支撑。一是建立服务评估体系。委托第三方专业机构开展老年人照顾需求评估和邻里互助服务质量评估。对全区 9 类对象进行照顾需求评估，综合分析 10 大类 50 项具体指标，完成评估 10374 人，全面准确界定老年人服务需求。对承接服务机构开展定期评估，提出评估等级和改进建议，持续提高服务质量。

二是提升信息化管理水平。打造市、区、镇（街）居家养老服务信息平台，将家政服务、助餐配餐服务、日间照料服务及独居老人监护服务等纳入信息化管理，实现申请材料、审批结果、服务过程、结算支付、结果反馈等电子化、便捷化。全区利用信息系统提供服务 28.5 万人次。

三是完善服务力量培训制度。建立政府部门、社会组织、专家团队多元参与的邻里互助服务培训制度，分类制定社工、养老互助员、志愿者培训规范，规定培训时数、内容及考核，提高邻里互助工作者服务能力。四是健全经费保障可持续机制。建立政府财政预算投入、服务机构平价让利、社会力量爱心捐赠、福彩公益金适度支持的经费保障机制，每年市、区财政投入约 1615.5 万元用于社区居家养老服务，确保邻里互助居家养老服务持续开展。

三、案例分析

在本章的案例分析部分，分政府主导、社会组织主导、市场主导、机构主导和多元主体五个要素，具体描述上述十三个典型案例的主要特点，分析不同主导者牵头下各种农村贫困老年人照护服务模式的优势与可能存在的不足。

（一）政府主导模式

关于政府主导农村贫困老年人照护服务模式，本章选取了江西省赣州市南康区聚焦解决农村互助养老服务难题和湖北省宜昌市兴山县养老服务新模式两大典型案例进行分析。

案例一是江西省赣州市南康区聚焦解决农村互助养老服务难题。该案例最大的特点是以“党建+养老”为抓手，把农村养老服务体系建设作为“一把手工程”来抓，积极打造覆盖全区的居家和社区养老服务站点，多渠道保障。该模式最大的优势在于建立“党委领导、政府主导、部门负责、社会参与”的工作机制，稳步推进各项工作落实。另外，还可以节省经费开支、提高社会治理水平。通过高质高效的常态化养老服务和各类积极向上的文体活动，有效地把人民群众组织起来，紧密团结在党组织周围，提升了基层党组织的向心力、凝聚力和号召力。同时，各乡镇把养老服务站建设成为乡村干部直接联系群众的服务中心，架起了党委、政府与人民群众的连心连情桥梁，将各类矛盾纠纷解决在萌芽、化解在基层。其可能存在的不足主要是与领导个人特质密切相关，“人治”色彩较为浓厚，可持续性存疑。

案例二是湖北省宜昌市兴山县养老服务新模式。该案例最大的特点是推行业务直管新模式，有效解决农村福利院管理运营水平低下问题。通过政府购买服务，实现特困人员集中居住。兴山县从2008年就开始探索推行农村乡镇福利院县级直管模式，福利院发展规划、资源配置、资金投入、供养资金及财务管理、业务考核、工作人员聘任与待遇落实及业务培训等均由县民政局直接管理。该模式最大的优势在于实行直管后，有利于撬动社会资源，统筹利用多方资源，完善管理制度，加强队伍建设，不断提升服务管理水平。其可能存在的不足主要在于县级政府业务直管一定程度上加重了基层政府的工作压力与财政负担。

（二）社会组织主导模式

关于社会组织主导农村贫困老年人照护服务模式，本章选取了江西省吉安市遂川县打造农村“爱心公寓”、福建省永安市“三自三助”农村互助型养老服务模式和四川省泸县养老互助社开启农村“家门口养老”新模式三大典型案例进行分析。

案例一是江西省吉安市遂川县打造农村“爱心公寓”。该案例最大的特点是遂宁县积极引进企业、社会组织力量，提供资金支持。为提升全县养老服务水平，遂川县在主动争取上级资金支持的同时，积极对接社会组织扶贫，利用民政部定点扶贫这一契机引进社会组织力量，仅2018－2019年两年时间，就引进了中国老龄事业发展基金会等社会组织共捐赠609万元用于遂川县农村“党建+互助养老”“爱心公寓”及农村敬老院改造提升项目建设。该模式最大的优势体现在利用社会组织力量，保障项目的资金需要，大大减轻了政府的财政压力。目前多样化的养老服务需求已无法仅仅依靠政府来满足，企业和社会组织等多元主体在兴办养老产业、资助养老服务事业上有得天独厚的优势。其可能存在的不足主要是当前中国农村社会组织力量仍比较薄弱，单纯依靠社会组织力量难以满足农村贫困老年人照护服务需要，可持续性存疑。

案例二是福建省永安市“三自三助”农村互助型养老服务模式。该案例最大的特点在于老年协会自助运作，资金来源多元化以及弘扬孝道，倡导志愿服务。日常管理依托乡村老年协会，不配备炊事员和专门管理人员，由老年协会自我管理、自我服务，[1] 由子女及老人“自愿申请、自负费用、自担风险”，入住老人“生活自理自助、邻里之间互帮互助、争取多方力量提供帮助”。该模式最大的优势是建立制度、规范服务，充分发挥老年人自我管理、自我服务的积极作用。保障资金供给，争取多方力量助力农村养老。颐老院由村老年协会和入住的老年人共同管理运作，设置炊事、采购、保管、种菜、卫生和宣传、监督等岗位，实现互助养老，减轻政府负担。其可能存在的不足主要是乡村老年协会分布不均衡、名存实亡、村民认同感不强，乡村老年协会建设尚不完善、规范，力量普遍较弱，部分地区还存在“以老扶老、老老不照、隔空不照”等现实情况。

案例三是四川省泸州市泸县养老互助社开启农村“家门口养老”新模式。该案例最大的特点在于社工助力养老互助人才队伍建设。泸县大力开展养老人才培养“十百千”工程，主要采取“职教培养 + 基地实践 + 送学培训 + 社工示范”四大措施，为农村建设一支不走的养老互助队伍。借助农村宅基地制度改革建造互助式幸福院，注重养老服务质量建设。该模式最大的优势在于较为有效地解决了农村养老人才短缺匮乏的问题，也有效解决了农村康养业用地难题，提高了养老服务供给的质量。其可能存在的不足主要是政府购买社工服务项目连续性存疑。宅基地改造工程浩大，给地方财政带来负担。老年人对于乡村老年协会认同感不强、参与感不高，如何充分调动农村老年人参与互助养老的积极性是当前泸县养老互助社建设面临的主要问题。

（三）市场主导模式

关于市场主导农村贫困老年人照护服务模式，本章选取了福建省乡镇敬老

---

[1] 资料来源：《社会福利》，《福建永安市：创新农村幸福院管理服务新模式》，https://mall.cnki.net/magazine/Article/MIZN201709010.htm。

院转型升级和湖南省石门县打造居家养老服务连锁化运营业态两大典型案例进行分析。

案例一是福建省乡镇敬老院转型升级。该案例最大的特点是公建民营，实现运营连锁化、投入多元化、服务专业化、管理规范化。以县（区）级为单位，将乡镇敬老院统一打包，通过公开招投标或磋商性谈判等方式，引入品牌企业连锁运营，形成规模化发展格局，优化人力、物力资源，降低管理成本，提升专业化服务能力。该模式最大的优势在于连锁化运营解决了服务设施不完善和服务专业化、管理专业化水平不高的问题，促进了养老照护服务的专业化、管理的规范化。通过推行专业化龙头企业连锁化运营，发挥规模化企业人力、物力和专业服务等资源优势，养老服务主体由政府向政府及社会力量相结合转变，改造升级照护型床位，配齐文化娱乐、体育健身等设备，解决设施简陋难题，进一步提高服务与日常管理专业化水平，为乡镇敬老院转型升级提供资金保障。其可能存在的不足主要是连锁化机构收费水平较高，不符合农村地区贫困老年人消费水平，老年人入住意愿普遍较低。

案例二是湖南省常德市石门县打造居家养老服务连锁化运营业态。该案例最大的特点是连锁化运营与资源统筹利用，注重品牌建设，强化了社区居家养老服务功能和手段。目前，该县培养出了“康乐福”“馨源”等一批具有影响力的居家养老服务专业机构。康乐福实现连锁化经营、专业化服务，改变了过去单一的生活照料服务内容，增加了医疗保健、精神慰藉、文化教育、紧急救援和法律救助等内容，让老人需求得以充分满足。从实践来看，连锁运营呈现的好处是多方面的，包括品牌效应、运营效率、人才培养、技术能力、成本控制等，提升运营效率、控制成本，有利于实现社区、居家和机构养老的融合。其可能存在的不足主要是对运营方的运营能力有较高要求，当前农村地区社区居家养老氛围尚未完全形成，老年人入住连锁化、集团化、品牌化养老服务机构的意愿不够强烈，同时个性化服务供给彰显不足。

（四）机构主导模式

关于机构主导农村贫困老年人照护服务模式，本章选取了江苏省“三养合一”华苑农村养老模式、福建省宁德市农村慈善养老幸福院和福建省泉港区乡镇敬老院建设运营管理模式三大典型案例进行分析。

案例一是江苏省连云港市东海县“三养合一”华苑农村养老模式。该案例最大的特点在于形成全国率先的“三养合一”农村养老新模式，创新管理服务体系，人人参与、众人股东。为有效解决贫困老年人的养老问题，华苑老年公寓采用“三养合一”养老新模式，即实施“消费型养老 + 互助型养老 + 政府资助性养老”的综合运营发展新模式。通过实施“床位预售”、打造“生态型康养”基地、运行“541”华苑管理服务体系、实施“541”身股分配方案等创新性举措，实现农村养老课题“破冰”。其最大的优势在于以社会企业的方式使生意与公益相互促进，实现经济效益和社会效益双赢，鼓励员工与社会爱心人士积极性。机构主导创新养老服务发展，连锁智能化管理助力养老管理体系建设卓有成效。该模式可能存在的不足主要是生意与公益的边界问题以及前期投入巨大，机构投入建设、维持运营的成本较高，养老行业前期收入较低，亟需政府养老政策和资金的支持。

案例二是福建省宁德市农村慈善养老幸福院。该案例最大的特点是将慈善幸福院与食堂、慈善、医疗、农场、特困供养和志愿服务结合，内容丰富。首先，每个慈善幸福院都标配长者食堂，以不高于市价的水平，为特困、空巢、留守老年人提供新鲜的健康饮食。其次，建设运营慈善幸福院不能光靠政府财政，要发动各类慈善资源及爱心企业和个人的力量。再次，慈善幸福院在建设之初，便积极与卫健部门协调对接，将卫生医疗资源整合引入幸福院的建设之中。第四，将周边的空地划拨给慈善幸福院，开辟幸福农场，让有劳动能力的老人种菜、种茶，并将劳动成果无偿供应给幸福院。慈善幸福院除了为空巢老年人提供服务外，还具备长期照料和入住功能，也是培育志愿服务和社会主义正能量的实践基地。该模式最大的优势在于慈善助力养老照护，构建了较为完备、内容丰富的农村养老服务体系，可以较好地满足农村老年人养老服务需求。同时，利用志愿者力量作为机构的重要补充。其可能存在的不足主要是慈善助力养老的相关政策支持与监管尚不健全。当前政府对于慈善幸福院的监管与标准制定尚存不足，慈善幸福院的进一步健康发展需要政策支持。

案例三是福建省泉港区乡镇敬老院建设运营管理模式。该案例最大的特点是乡镇养老院转型升级，一体多样化运行。通过“三化三运三有”推动养老服务社会化，解决老年人多样式、多层次、个性化的养老服务需求。一是加强多元化投入、制度化推动、规范化建设，“三化”着力夯实养老事业基础；二是注重“公建民营”连锁化运营、“一体多样”规模化运作、“志愿平台”社会化运行，“三运”努力提升养老供给能力；三是坚持集中入驻有补贴、特困供养有保障、服务质量有监督，“三有”不断提高养老服务精度。该模式最大的优势在于拓展了乡镇养老机构的服务功能，有利于满足老年人多样式、多层次、个性化的养老服务需求。连锁化运营大大降低机构运营成本，同时保证了机构提供养老服务的质量与水平，有效满足农村老年人多元养老服务需求。其可能存在的不足主要是床位供求十分紧缺，目前乡镇地区养老服务机构床位供求十分紧缺，不少老人面临“一床难求”的问题，农村地区养老供给能力仍存不足。

（五）多元主体模式

关于多元主体提供养老服务模式，本章选取了安徽省马鞍山市农村敬老院发展模式、浙江省温州市平阳县农村养老服务新模式和广东省广州市花都区积极探索农村邻里互助养老服务三大典型案例进行分析。

案例一是安徽省马鞍山市农村敬老院发展模式。该案例最大的特点是始终坚持政府主导、社会参与、市场运作的发展理念，打破固有思维，创新体制机制，激发社会活力，持续推动“资本下乡”，不断完善农村养老设施服务功能、提升服务水平。引入民办机制，盘活公办养老资源，完善政策措施，实施分类改革。改制改革的措施为农村养老服务提供了生机与活力，为深入开展城乡统筹的养老服务探索了可持续发展之路。多主体参与模式的最大优势在于多元主体明确定位，形成合力，统筹养老照护资源。节约了政府管理运营成本，加速了政府提供养老服务公共产品进程。农村公办养老机构改制改革有效撬动了民间资本和社会力量，对优化农村闲置土地、设施，整合并推动落实融资、税费优惠、财政补贴、人才培养等政策，发展“政府扶得起、民资愿意投、村民用得上、可持续发展”的农村养老服务模式提供了有力保障，有力促进了乡镇振兴发展。其可能存在的不足主要是养老服务对象重点不够突出，民办机制、社会力量参与规范化、整合度不足。针对农村养老服务“短板”特别是失能、半失能特殊困难老年人，仍需要有针对性地加强对改革工作的制度设计、建立健全保障激励机制。

案例二是浙江省温州市平阳县农村养老服务新模式。该案例最大的特点是引导慈善力量进入农村养老服务体系建设，与政府机构、市场主体互为补充、相互促进。通过进一步发挥慈善组织在农村养老服务体系中的补充作用，扩大捐赠范围，加大帮扶力度，实现养老和慈善事业“双赢”的局面，让更多的人投入养老事业发展。该模式最大的优势是充分挖掘、动员农村的养老照护资源，提升农村养老服务的广度和深度，促进医养结合。公益慈善具有公益性、非营利性、利他性、志愿性等功能，这与政府提供养老服务的目标不谋而合。同时，公益慈善力量在农村养老服务体系建设中公益性、自觉性、便捷性等突出特点，有着政府和市场无法替代的作用。政府从直接的养老服务提供者，转变为引导者、监督者、规范者，通过向公益慈善组织购买服务的方式，间接提供养老服务，形成政府、公益慈善组织和老年人“三赢”的格局。其可能存在的不足主要是行业协会发展尚未成熟，公益组织的引导、监督、规范目前仍存在诸多不足，公益组织的良性发展仍需要政府做好引导者、监督者、规范者的角色。

案例三是广东省广州市花都区积极探索农村邻里互助养老服务。该案例最大的特点是花都区挖掘资源，整合力量，构建邻里互助养老服务机制，包括政府购买服务、专业机构承接服务、养老互助员按协议服务以及第三方机构评估服务。探索符合农村特色的养老服务方式，建立多层次评估体系、信息化管理平台。一是充分挖掘身边资源，引导老年人的身边人热心参与邻里互助养老服务。二是整合利用各类力量，搭建邻里、亲友、社工、志愿者以及企事业单位等社会支持网络，增强多元化服务力量。三是有效发挥专业优势，让专业的医护人员发挥所长，为老年人提供专业的生活照料、医疗保健、康复护理以及健康管理、心理疏导等服务。该模式最大的优势在于动员乡贤“反哺”农村养老事业，充分发挥多主体多元供给服务的优势，形成社会网络，节约了政府管理与运营成本。提高农村养老服务针对性、可行性，同时科学管理，形成规范高效的服务保障。其可能存在的不足主要是尚未建立激发非政府主体的长效机制，政府的职能定位需要重新审视。当前居家养老服务信息化管理水平仍然不高，平台建设尚不完善，距离实现申请材料、审批结果、服务过程、结算支付、结果反馈等电子化、便捷化的目标依然有较远距离。

本章基于上述分析结果，绘制主导者要素下农村经济困难老年人照护服务模式一览表，如下表 1-1 所示。

表 1－1　主导者要素下农村经济困难老年人照护服务模式

主导者	案例	主要特点	优势	潜在的不足
政府	江西省南康区聚焦解决农村互助养老服务难题	1. “党建＋养老” 2. “一把手工程” 3. 多渠道保障	1. 各项工作落实稳定高效 2. 节省经费开支 3. 提高社会治理水平	1. 与领导个人特质密切相关 2. 可持续性存疑
	湖北省兴山县养老服务新模式	1. 业务直管 2. 政府购买服务 3. 特困人员集中居住	1. 撬动社会资源 2. 资源统筹利用 3. 提升农村福利院管理运营水平	1. 基层政府财政负担重 2. 增添基层工作人员工作压力
社会组织	江西省吉安市遂川县打造农村“爱心公寓”	1. 提供资金支持 2. 统一规划、统一设计、统一施工 3. 创新丰富养老服务供给模式	1. 减轻政府财政压力 2. 保障爱心公寓硬件设施水平 3. 满足老年人多层次养老需求	1. 社会组织力量不强 2. 可持续性存疑
	福建省永安市“三自三助”农村互助型养老服务模式	1. 老年协会自助运作 2. 资金来源多元化 3. 弘扬孝道，倡导志愿服务	1. 促进老年人自我服务 2. 保障资金供给 3. 争取多方力量助力农村养老	1. 老年协会分布不均衡、名存实亡 2. 村民对互助养老认同感不强
	四川省泸州市泸县养老互助社开启农村“家门口养老”新模式	1. 社工助力养老互助人才队伍建设 2. 借助农村宅基地制度改革建造互助式幸福院 3. 注重养老服务质量建设	1. 有效解决了农村养老人才短缺匮乏的问题 2. 有效解决了农村康养业用地难题 3. 有效提高了养老服务供给质量	1. 政府购买社工服务项目连续性存疑 2. 宅基地改造工程浩大，给地方财政带来负担

续表

主导者	案例	主要特点	优势	潜在的不足
市场	福建省乡镇敬老院转型升级案例	1. 连锁化运营 2. 多元化投入 3. 专业化服务 4. 规范化管理	1. 促进养老照护服务专业化 2. 促进养老照护服务管理规范化 3. 为乡镇敬老院转型升级提供资金保障	1. 收费水平相对较高 2. 老年人入住意愿不高
	湖南省常德市石门县打造居家养老服务连锁化运营业态	1. 连锁化运营 2. 资源统筹利用 3. 注重品牌建设	1. 提升运营效率、控制成本 2. 有利于实现社区、居家和机构养老的融合	1. 对运营方的运营能力有较高要求 2. 个性化服务供给略显不足
机构	江苏省连云港市东海县"三养合一"华苑农村养老模式	1. "三养合一"农村养老新模式：生意＋公益 2. 消费养老 3. 创新管理服务体系 4. 人人参与，众人股东	1. 以社会企业的方式使生意与公益相互促进 2. 实现经济效益和社会效益双赢 3. 鼓励员工与社会爱心人士积极性	1. 生意与公益的边界问题 2. 前期投入巨大
	福建省宁德市农村慈善养老工作做法	1. "幸福院＋慈善" 2. "幸福院＋食堂" 3. "幸福院＋医疗" 4. "幸福院＋特困供养" 5. "幸福院＋志愿服务"	1. 慈善助力养老照护 2. 满足老年人生活照料、医疗保健、业余活动等多方面养老需求 3. 利用志愿者力量作为机构重要补充	1. 慈善助力养老的相关政策支持尚不健全 2. 相关监管措施尚不到位
	福建省泉州市泉港区乡镇敬老院建设运营管理模式	1. 乡镇养老院转型升级，一体多样化运行 2. 三化：多元化投入、制度化推动、规范化建设 3. 三有：集中入驻有补贴、特困供养有保障、服务质量有监管	1. 拓展了乡镇养老机构的服务功能 2. 有利于满足老年人多样式、多层次、个性化的养老服务需求	1. 乡镇地区养老机构床位供求较为紧缺 2. 农村地区养老供给能力仍存不足

续表

主导者	案例	主要特点	优势	潜在的不足
	安徽省马鞍山市农村敬老院发展模式	1. 坚持政府主导、社会参与、市场运作的发展理念 2. 引入民办机制，盘活公办养老资源 3. 完善政策措施，实施分类改革	1. 多元主体明确定位，形成合力，统筹养老照护资源 2. 释放公办养老资源，撬动社会资本 3. 节约政府管理运营成本 4. 提高养老服务质量水平	1. 养老服务对象重点不够突出 2. 民办机制、社会力量参与规范化、整合度不足
多元主体	浙江省温州市平阳县农村养老服务新模式	1. 慈善 + 政府 + 市场 2. 打造标杆起示范引领作用 3. 乡贤反哺助力养老 4. 大力发展志愿队伍、行业协会	1. 充分挖掘、动员农村的养老照护资源 2. 提升农村养老服务的广度和深度 3. 促进医养结合	1. 公益组织的引导、监督、规范目前仍存在诸多不足 2. 行业协会发展尚未成熟
	广东省广州市花都区积极探索农村邻里互助养老服务	1. 邻里互助养老服务机制：政府购买服务、专业机构承接服务、养老互助员按协议服务、第三方机构评估服务 2. 探索符合农村特色的养老服务方式 3. 建立多层次评估体系、信息化管理平台	1. 动员乡贤反哺农村养老事业 2. 提高农村养老服务针对性、可行性 3. 科学管理，形成规范高效的服务保障	1. 尚未建立激发非政府主体的长效机制 2. 政府的职能定位需要重新审视

第二章　农村养老服务的分配基础

本章主要依据养老照护服务整合性分析评估框架，将农村经济困难老年人照护服务分配基础划分为选择性分配与普惠性分配两个要素，每个要素分别选取若干中国农村经济困难老年人照护服务典型案例进行分析，在此基础上，得出各个典型案例的主要特点，并进一步分析该典型案例在各个要素上表现出的优势与可能存在的不足，最终形成可供借鉴的经验。

一、理论阐述

在吉尔伯特社会福利政策分析框架中，社会分配的基础是指“社会福利分配给社会中特定的人口或群体时不同原则之间的选择”（沈君彬，2013）。在任何社会福利政策中，决定谁将受益的标准所依据的总原则称为社会福利分配的基础。制定资格标准的尝试最初发端于选择性和普遍性的区分。普遍性指人人都可以享有，选择性是指根据个人需求，多数情况下是收入审查来决定的（徐延辉，2006）。在社会政策文献中，普遍性和选择性原则之间的争论一直存在。普遍主义者认为社会政策是针对社会所有成员的，强调社会凝聚力的需要，而选择主义者赞成有限制的救助，应该把援助集中在那些无法养活自己且理由合理的边缘人口。

当前我国农村经济困难老年人照护服务以选择性分配模式为主，普惠性分配模式较少，但是近年来也呈现蓬勃发展的趋势。在我国广大的农村偏远地区，社会经济发展水平较为落后，一般以选择性分配为主，政府部门将较为有限的资金、养老服务资源向最需要帮助的特殊困难老年人倾斜，优先保障分散供养特困人员、困难残疾人家庭、低保户等困难老年人享受照护服务。在经济较为发达的地区，养老照护服务逐步实现了广覆盖，凡是年龄达到一定要求的老年人都纳入养老照护服务的服务对象，普惠性养老服务对当地社会经济发展水平、财政支持力度、社会组织力量、市场成熟度都提出了较高的要求。

本章从分配基础这一要素出发，选择性分配方面选择山东省菏泽市单县“周转房+幸福院”集中养老新模式与山东省潍坊市峡山区四化联动满足失能老年人养老需求两个典型案例；普惠性分配方面选择山西省平陆县编密织牢农村老年人关爱服务网与海南省海口市强力推动社区长者饭堂助餐服务试点两个典型案例，两个方面共计四个农村贫困老年人照护服务典型案例进行介绍与分析。

二、案例介绍

（一）选择性分配案例一：山东省菏泽市单县案例

1. 案例背景

本案例相关数据及资料内容来源于单县民政局等相关部门，以及人民网、腾讯新闻网等相关网页。[1]

山东省菏泽市单县将建设农村周转房与幸福院相结合，积极探索农村老年人集中养老新模式，全县建设60处750套产权归村集体所有，优先保障分散供养特困人员、困难残疾人家庭、低保户等困难老年人入住，集生活居住、日间照料、休闲娱乐等功能于一体的新型农村幸福院，安置老人780余人，保障了农村困难老年人住房安全，提高了养老保障水平。

2. 主要做法

（1）坚持两个原则，解决“地”的问题。坚持因地制宜，结合美丽乡村建设、新农村改造，充分利用农村空闲宅基地、学校、原村委会旧址等可建设用地和村集体耕地与村民宅田置换等方式建设。坚持“四靠近”原则，靠近村两委大院、靠近村卫生室、靠近村幸福院或幼儿园、靠近乡村大舞台，最大限度方便老年人。[2]

---

〔1〕 人民网：http：//sd. people. com. cn/n2/2020/0706/c386910 - 34137355. html；中国社会报：http：//www. mca. gov. cn/article/xw/mtbd/202008/20200800029006. shtml；单县人民政府：http：//www. shanxian. gov. cn/art/2019/7/10/art_ 75729_ 6804769. html；新浪网：http：//sd. sina. com. cn/news/2019 - 06 - 25/detail - ihytcitk7487970. shtml；腾讯新闻网：https：//view. inews. qq. com/a/20200407V0KNDY00；齐鲁壹点网：https：//baijiahao. baidu. com/s? id = 1637274825945698832&wfr = spider&for = pc；大众日报网：http：//gov. sdnews. com. cn/gdzwdt/201808/t20180806_ 2429046. html。

〔2〕 资料来源：人民网，《建设集中式周转房 破解安居扶贫难题》，http：//sd. people. com. cn/n2/2020/0706/c386910 - 34137355. html。

（2）整合七类资金，解决“钱”的问题。整合危房改造补贴资金、农村幸福院建设资金、慈心一日捐资金、扶贫项目结余资金、项目收益资金和乡村振兴扶贫基金会援助资金等，统筹使用，形成合力。[1]

（3）落实四个统一，解决“建”的问题。采取统一设计、统一标准、统一建设、统一管理的建设方式。统一设计：周转房设计建筑面积45－52平方米，为一室一厅一厨一卫“四合一”的布局。[2] 统一标准：统一配套基础设施，有独立的厨房、卫生间，有齐全的水、电、路、下水道等。统一建设：由乡镇进行招标，由具备资质的施工单位统一承建，全面保障工程建设质量。统一管理：周转房产权归村集体所有，以村为单位统一管理维护，设立公益岗管理服务。[3]

（4）抓好设施配套，解决“齐”的问题。统筹整合农村幸福院建设、新型社区建设、美丽乡村建设、农村道路硬化户户通等政策，完善相关配套设施。做到“十有两无一坚持”：室外地面有硬化，环境有美化绿化亮化，有棋牌室、娱乐室、健身器材等设施，客厅配备方桌板凳和家具沙发茶几，明显位置悬挂“感党恩、听党话、跟党走”喷绘挂件，卧室有床、衣柜、棉被，有防暑取暖设备，有电视和有线电视信号接线，厨房有炊具、菜橱，卫生间有卫浴洁具；无封建迷信物品，无家禽牲畜饲养；坚持“五清理一规范”，做到“庭院清、厅堂清、卧室清、厨房清、厕所清”和“穿戴及生活方式规范”。[4]

（5）推行三个优先，解决“用”的问题。单县相继出台了《关于集中式周转房建设运营的实施意见》《关于推进农村老年人相对集中居住养老实施方案》。乡镇主要负责人为第一责任人并明确一名副科级及以上领导干部负责周转房建设和日常管理运行工作，村（居）集体明确1－2名村委员具体负责运营管理。入住坚持“三个优先”条件，即建档立卡贫困老人、分散供养特困

---

〔1〕资料来源：《中国社会报》，《养老周转房成了幸福温暖的家》，http：//www. mca. gov. cn/article/xw/mtbd/202008/20200800029006. shtml。

〔2〕资料来源：人民网，《建设集中式周转房 破解安居扶贫难题》，http：//sd. people. com. cn/n2/2020/0706/c386910－34137355. html。

〔3〕资料来源：《中国社会报》，《养老周转房成了幸福温暖的家》，http：//www. mca. gov. cn/article/xw/mtbd/202008/20200800029006. shtml。

〔4〕资料来源：人民网，《建设集中式周转房 破解安居扶贫难题》，http：//sd. people. com. cn/n2/2020/0706/c386910－34137355. html。

人员、贫困残疾人家庭、低保老人优先；家中房屋为危房且本人确实无能力改造的优先；没有子女或只有女儿且已出嫁或虽有子女但子女确无赡养能力的优先。[1] 入住老年人生活费用由法定赡养人承担，经济条件好的村（居），由村集体承担或适当补助。贫困老人入住前签订孝赡协议，入住后法定赡养人履行赡养义务，照顾好老人日常生活。[2]

3. 工作成效

（1）解决了贫困老年人住房安全问题。

农村住房安全有保障是脱贫攻坚“两不愁、三保障”的一项硬指标，农村贫困人口受年龄、经济能力等因素制约，危房改造难度较大，而集中式周转房让贫困老年人优先免费入住，改善了住房条件。

（2）避免了危房改造资金浪费。

农村危房改造后的房屋面积普遍较小、设施简陋，易闲置或被其继承人拆除重建，造成资金浪费。周转房建设有效整合了各类政策资金，房屋建设标准较高、配套设施齐全，实现了贫困户免费循环入住。[3]

（3）实现了就地就近养老。

农村养老周转房具备就近、经济、便捷、自由等特点，实现了居住、就餐、娱乐、医疗服务等“一院多能”，老人的生活需要和精神慰藉在这里都能得到很好的满足，实现了“离家不离村、离亲不离情”的集中供养。[4]

（4）倡导了农村孝善敬老风气。

在入住老人的养老周转房墙上张贴《赡养人赡养义务履行情况登记表》，详细登记亲属来访次数、给予钱物和照顾情况，营造了“孝善养老”的良好氛围。[5]

---

〔1〕 资料来源：人民网，《建设集中式周转房 破解安居扶贫难题》，http：//sd. people. com. cn/n2/2020/0706/c386910 - 34137355. html。

〔2〕 资料来源：《中国社会报》，《养老周转房成了幸福温暖的家》，http：//www. mca. gov. cn/article/xw/mtbd/202008/20200800029006. shtml。

〔3〕 资料来源：《大众日报》，《单县探索实施农村贫困老人集中养老新模式》，http：//gov. sdnews. com. cn/gdzwdt/201808/t20180806_ 2429046. html。

〔4〕 资料来源：《大众日报》，《单县探索实施农村贫困老人集中养老新模式》，http：//gov. sdnews. com. cn/gdzwdt/201808/t20180806_ 2429046. html。

〔5〕 资料来源：《大众日报》，《单县探索实施农村贫困老人集中养老新模式》，http：//gov. sdnews. com. cn/gdzwdt/201808/t20180806_ 2429046. html。

（5）巩固了脱贫攻坚成效。

依托农村养老周转房设立公益岗，挑选具备从事家政服务的劳动能力的建档立卡贫困户，提供洗衣做饭、打扫卫生等服务，让具备劳动能力的建档立卡贫困户获得就业岗位、提高收入。

（二）选择性分配案例二：山东省潍坊市峡山区案例

1. 案例背景

本案例相关数据及资料内容来源于峡山区民政局等相关部门，以及中国社会报、腾讯网等相关网页。[1]

潍坊市峡山区位于潍坊市东南部，区内人口23万人，其中农业人口22万人，占总人口的95.6%，属于典型的农业区。通过前期调研，全区因高龄、车祸、疾病、残疾等原因导致失能人员约1400余人，其生活不能自理，基本日常生活无法得到保障，迫切需要来自政府和社会的帮扶、救助。为改善失能群体的生活状态，峡山区通过制度化设计、市场化运作、信息化支撑、专业化服务的“四化”建设，积极探索农村养老新模式。

2. 主要做法

（1）制度化设计。“社会养老难点在农村，农村养老痛点在失能老人。针对农村失能老人养老困境问题，峡山区于2017年6月份出台《关于深入推进精准扶贫健全完善特殊困难群体帮扶救助体系的意见》，通过政府购买服务的方式，为全区失能老人入住养老机构、居家照料服务提供补贴政策支持。选择入住养老机构的，特困人员护理费用由政府全部承担，低保户、贫困户中度以上失能老人政府承担费用的80%，个人承担20%，其他中度以上社会失能老人政府承担30%，个人承担70%。选择居家照料服务的，根据不同身份差别和失能等级，由政府提供每月10－60小时不等的免费护理时间。为保障政策实施，峡山区配套出台了《峡山区定点养老照料服务机构管理及考核办法》《峡山区失能人员认定工作实施方案》等规范性文件，通过制度设计形成了服务质量企业自控、督查、第三方评估、考核、奖补五条线并行的养老服务质量闭环管控长效机制”

---

〔1〕民政部：http：//www.mca.gov.cn/article/xw/mtbd/202004/20200400027026.shtml；中国社会报网：http：//epaper.shehuiwang.cn/epaper/zgshb/2018/11/14/A06/story/296309.shtml；腾讯网：https：//v.qq.com/x/page/l0608snugp8.html；搜狐网：https：//www.sohu.com/a/399725671_607151；中国民政网：https：//mall.cnki.net/magazine/Article/MIZH201916059.htm。

（赵永强，2019）。

（2）市场化运作。为推动救助政策实施，峡山区通过社会化、市场化运作模式，创新搭建了“1126+”失能群体救助体系。通过社会化募捐设立“扶老助困”慈善基金1亿元，用于农村失能老人养老救助补贴。整合上级相关政策、资金倾斜农村失能老人养老，资金不足部分由区财政全部承担，彻底解决了政策实施钱从哪里来的问题。通过政府购买服务方式选择2家养老机构和6家居家养老照料公司为区内失能老人提供优质的机构养老和居家照料服务。[1] 对失能老人每季度免费体检一次，由养老服务机构通过购买服务，委托有资质的街道卫生院和社区卫生室具体承担。截至目前，峡山区鉴定失能老人入住养老机构照料163人次，开展居家照料护理1155人次（赵永强，2019）。

（3）信息化支撑。峡山区量身打造了一套适合本区养老特点、突出居家照料服务管理的智慧化管理平台，可实现对服务对象和护理员的实时定位，可掌握服务区域服务工作动态，随时查看追踪护理服务情况。

每位护理员都配备有专门的手机，装有“峡山智慧养老”APP。护理员通过系统接订单，因为设置有定位功能，只有到达服务对象家中才能打开手机APP点击开始计时服务。服务中，护理人员需要拍两张以上的现场服务图片并上传系统。同时，系统会自动生成服务清单，包括开始时间、结束时间、服务时长、服务内容等，作为与护理公司结算依据。[2] 失能人员家属的手机上也装有家属版APP，家属可以通过手机APP随时查看家人月度、年度服务的全部清单，并进行满意度测评。平台根据系统满意度测评分数和服务时间自动测算公司服务费用，生成结算清单。入住养老机构服务对象通过养老平台每月两次网上指纹签到，规避了机构吃“空床”、套取补贴资金等问题。

（4）专业化服务。峡山区结合全国养老服务质量建设专项行动，推动区内绿康源养老中心和福乐源养老中心两家本土养老机构标准化、规范化建设，实现医养结合，护理床位达到430张，保障本区失能老人机构照料服务。[3]

---

〔1〕资料来源：《中国社会报》，《潍坊市峡山区『四化四变』破解失能群体养老难题》，http://epaper.shehuiwang.cn/epaper/zgshb/2018/11/14/A06/story/296309.shtml。

〔2〕资料来源：《中国社会报》，《潍坊市峡山区『四化四变』破解失能群体养老难题》，http://epaper.shehuiwang.cn/epaper/zgshb/2018/11/14/A06/story/296309.shtml。

〔3〕资料来源：《中国社会报》，《潍坊市峡山区『四化四变』破解失能群体养老难题》，http://epaper.shehuiwang.cn/epaper/zgshb/2018/11/14/A06/story/296309.shtml。

全区优化配置了 6 家居家养老照料公司，根据乡镇规模大小，原则每个街道成立 1 –2 家居家养老照料公司。公司负责选聘、培训护理员，1 –3 个村就近选聘 1 名护理员，1 个护理员的护理半径不超过 3 公里。同时，在中心社区、中心村建立了 13 家养老照料服务中心，就近为老人提供休闲娱乐、保健康复、日间照料等服务。[1]

（三）普惠性分配案例一：山西省运城市平陆县案例

1. 案例背景

本案例相关数据及资料内容来源于平陆县民政局等相关部门，以及人民网、中国政府网等相关网页。[2]

山西省运城市平陆县地处晋、陕、豫黄河“金三角”地带，是运城市唯一的国家扶贫开发工作重点县，2018 年实现整体脱贫摘帽。全县辖 6 镇 4 乡，218 个行政村，26 万人，其中 60 岁以上老人 5 万人。平陆县紧紧围绕贫困地区农村养老服务这一短板，探索出以建立“老年灶”为平台的农村社区养老新模式——“日间照料中心”，目前已建成 167 个，覆盖率达 76.6%，5000 余名 70 岁以上的农村老人享受到了温馨服务，有效破解了当前经济欠发达地区农村养老需求和社会服务供给之间的矛盾，走出了一条“政府扶持、村级主办、社会支持、群众参与、家庭分担”的农村贫困老人脱贫新路子（茵蓓，2019）。

2. 主要做法

（1）在“建设”上下功夫，搭起服务平台。

多年来，平陆县不断增强关心关爱农村留守老人的政治自觉、思想自觉和行动自觉，积极探索农村养老服务新模式。

一是政府主导，搭建平台。政府在有条件的行政村，由最初提供 3 万元开

---

〔1〕 资料来源：《中国社会报》，《潍坊市峡山区『四化四变』破解失能群体养老难题》，http://epaper. shehuiwang. cn/epaper/zgshb/2018/11/14/A06/story/296309. shtml。

〔2〕 澎湃网：https://m. thepaper. cn/baijiahao _ 4797998；百度网：https://baijiahao. baidu. com/s? id =1636511399668790769&wfr = spider&for = pc；人民网：http://pic. people. com. cn/n/2015/0319/c1016 – 26719366. html；中国政府网：http://www. gov. cn/xinwen/2015 – 03/19/content _ 2836173. htm；新浪新闻网：http://news. sina. com. cn/o/2012 – 10 – 22/051325409354. shtml；社会福利：https://kns. cnki. net/KCMS/detail/detail. aspx? dbcode = CJFD&dbname = CJFDLAST2021&filename = MIZN202012015&v = MDEyMzdXTTFGckNVUjd1ZlllUnN GeWptVWI3TUt DVFJZ-TEc0SE5ITnJZOUVZWVI4ZVgxTHV4WVM3RGgxVDNxVHI = 。

办费，增加到现在10万元，鼓励利用闲置的学校、社区等集体房屋，改造建设日间照料中心，购置灶具、桌椅板凳等必备物品，保障农村老年人吃饭有地方、娱乐有场所、关爱有保障。

二是村级主办，优化服务。将村委会作为日间照料中心直接组织者，量身定制老年食堂、生活照料、护理照料、娱乐活动等一条龙服务，吸引老年人入住日间照料中心。[1]

三是社会帮助，多方关爱。弘扬孝道文化，发展互助式养老服务，社会爱心企业先后帮助日间照料中心60余家，社会爱心人士累计捐赠冰箱、电暖、被褥、米面等物资价值200万元，形成了全社会关心关爱老年人浓厚氛围。

（2）在“投资”上下功夫，建立多元机制。

坚持“多条腿”走路，建立了“村里筹一点、老人交一点、县财政扶一点”的资金筹措机制，为日间照料中心日常运营提供了资金保障。一是政府补贴制度化。把公共资源配置的重点放在农村，县财政每年为每个日间照料中心预算资金2.4万元，主要用于服务护理人员的工资报酬、老人生活补贴。

二是集体补助多样化。村集体根据实际情况，采取了“四给”的多样化投入模式。给土地，划定一定数量的土地作为基地，建立小菜园，实现蔬菜需求补给；给资金，每年从集体经济收入中划拨1万元以上经费；给政策，支持日间照料中心从事经营性项目，如承担村内红白喜事餐饮工作，把增加的收入补贴到日间照料中心。

三是个人缴费协商化。因地制宜，通过协商，每人每月缴纳50—120元就餐费，荤素合理搭配，达到“四菜一汤+主食”水平”。[2]

（3）在“专业”上下功夫，培养专业队伍。

不断打造拥有专业服务能力的人才队伍，努力提高养老服务队伍的专业化水平。

---

〔1〕资料来源：《社会福利》，《山西平陆县：以“日间照料中心”为平台 蹚出农村留守老年人关爱服务新路》，https://kns.cnki.net/KCMS/detail/detail.aspx?dbcode=CJFD&dbname=CJFDLAST2021&filename=MIZN202012015&v=MDEyMzdXTTFGckNVUjd1ZllUnNGeWptVWI3TUtDVFJZTEc0SE5ITnJZOUVZWVI4ZVgxTHV4WVM3RGgxVDNxVHI=。

〔2〕资料来源：《社会福利》，《山西平陆县：以“日间照料中心”为平台 蹚出农村留守老年人关爱服务新路》，https://kns.cnki.net/KCMS/detail/detail.aspx?dbcode=CJFD&dbname=CJFDLAST2021&filename=MIZN202012015&v=MDEyMzdXTTFGckNVUjd1Zlll UnNGeW-ptVWI3TUtD VFJZTEc0SE5ITnJZOUVZWVI4ZVgxTHV4WVM3RGgxVDNxVHI=。

“一是严格从业标准。在本村内选取身体健康、责任心强、热爱老年事业、做饭可口、群众口碑好的人员从事日间照料工作，并对管理人员和服务人员定期开展考核，达到就餐有标准、服务有规范、运行有要求。

二是保证薪酬标准。保障厨师和管理员每月不低于1000元的工资标准，让服务人员安心工作。

三是建立工作人员培训制度。定期对日间照料中心管理人员和服务人员进行体检，开展心肺复苏、卫生安全、沟通技巧等专业培训，确保服务健康化、专业化、规范化。”[1]

（4）在“优化”上下功夫，健全管理体系。

科学制定发展规划，优化养老服务内容，不断加快农村社区化养老服务体系建设。

一是丰富内容，提升服务品质。坚持老人自愿申请原则，为有经济支付能力和服务需求的老人提供“有偿服务”，实现从基本生活照料向医疗康复、专业护理、精神慰藉、心理疏导等方面延伸，最大化满足广大农村老人的养老需求。

二是定期评估，健全监督机制。制定日间照料中心管理办法和分类达标评比标准，对已建成的日间照料中心进行综合评比检查，根据服务质量、服务人数发放补助资金，不搞平均分配，充分调动建立日间照料中心的积极性。同时，对达不到标准的，督促村委会调整人员，直到老年人满意为止。

三是精准发力，确保可持续发展。每年建设10个示范点，增加补助2万元，树立样板，示范带动，全面推动农村老年人日间照料中心高质量发展。”[2]

（5）在“娱乐”上下功夫，丰富精神生活。

坚持把关心关爱老年人精神文化生活触角延伸到农村老年人日间照料中心，让农村老年人享受到更多更好更幸福的晚年生活。一方面，积极开展文体

---

〔1〕资料来源：《社会福利》，《山西平陆县：以“日间照料中心”为平台 蹚出农村留守老年人关爱服务新路》，https：//kns. cnki. net/KCMS/detail/detail. aspx？ dbcode = CJFD&dbname = CJFDLAST2021&filename = MIZN202012015&v = MDEyMzdXTTFGckNVUjd1 ZlllUnNGeW-ptVWI3TUtDVFJZTEc0SE5ITnJZOUVZWVI4ZVgxTHV4WVM3RGgxVDNxVHI = 。

〔2〕资料来源：《社会福利》，《山西平陆县：以“日间照料中心”为平台 蹚出农村留守老年人关爱服务新路》，https：//kns. cnki. net/KCMS/detail/detail. aspx？ dbcode = CJFD&dbname = CJFDLAST2021&filename = MIZN202012015&v = MDEyMzdXTTFGckNVUjd1Zlll UnNGeW-ptVWI3TUtDVFJZTEc0SE5ITnJZOUVZWVI4ZVgxTHV4WVM3RGgxVDNxVHI = 。

娱乐活动。在配齐象棋、扑克牌、笔墨纸砚、乐器等文娱设施的同时，根据老人身心特点、文化水平、兴趣爱好，鼓励引导老人参加锣鼓队、蒲剧社、健身舞蹈队等业余民间文艺团体，先后组建农村社区老年协会、文化团体269个，常年组织老人开展丰富多彩的文体娱乐活动，丰富老年人的精神文化生活。另一方面，定期提供身心关爱帮助。组织技术精湛的医生分批次下乡，对农村"空巢老人"进行身体检查、心理疏导和精神关爱，真正让农村留守老人、孤寡老人"离家不离村、离亲不离情、养老在社区、享乐家门口"。[1]

（6）在"普惠"上下功夫，力求全面覆盖。

平陆县坚持"村""人"两手抓，尽力而为、量力而行，力争把老年日间照料中心做成普惠性民生事业。一手抓"村"普及，在覆盖167个村的基础上，力争3—5年再建30个，实现全覆盖。一手抓"人"普及，坚持自愿原则，凡是年满70周岁的老年人，全部纳入服务范围，不断增强老年人的获得感、幸福感和安全感。

（四）普惠性分配案例二：海南省海口市案例

1. 案例背景

本案例相关数据及资料内容来源于海口市民政局等相关部门，以及中国新闻网、海口网等相关网页。[2]

市领导对长者饭堂助餐服务试点工作多次作出重要批示，并亲自为社区长者饭堂启动讲话、揭牌。市委、市政府督查室建立督办通报制度，每周通报情况，推动社区居家养老服务改革和长者饭堂有序开展。市民政局先后组织三批次民政、街道及社区相关人员赴内地省市学习借鉴成功经验，各区委、区政府

---

〔1〕资料来源：《社会福利》，《山西平陆县：以"日间照料中心"为平台 蹚出农村留守老年人关爱服务新路》，https：//kns. cnki. net/KCMS/detail/detail. aspx？dbcode = CJFD&dbname = CJFDLAST2021&filename = MIZN202012015&v = MDEyMzdXTTFGckNVUjd1Z lllUnNGeW-ptVWI3TUtDVFJZTEc0SE5ITnJZOUVZWVI4ZVgxTHV4WVM3RGgxVDNxVHI = 。

〔2〕海口市人民政府：http：//www. haikou. gov. cn/pub/root9/0112/201907/t20190711 _ 1420804. htm；海口市人民政府：http：//www. haikou. gov. cn/zxfw/smfw/sb/shfl/lnrfl/201911/t20191118_1465217. html；中国新闻网：http：//www. chinanews. com/sh/2018/10 – 17/8652140. shtml；搜狐网：https：//www. sohu. com/a/260220061 _ 778961；海口网：http：//szb. hkwb. net/szb/html/2018 – 10/18/content _ 345717. htm；http：//www. hkwb. net/news/content/2018 – 10/18/content _ 3605093. htm 南海网：http：//www. hinews. cn/news/system/2019/01/14/032015944. shtml；新浪新闻网：http：//news. sina. com. cn/o/2012 – 10 – 22/051325409354. shtml；海口新闻网：http：//haikou. hinews. cn/system/2018/10/15/031539471. shtml。

主要领导亲自抓落实，通过主持召开现场推进会，深入街道、社区、助餐点进行现场督导，强力推动长者饭堂助餐服务试点工作的落实。同时，省市慈善总会也积极参与，对长者饭堂试点运营前期的调研提出大量宝贵的意见建议，特别是为美兰区首批6家长者饭堂试点募集善款150万元，并为龙华、琼山、秀英三家长者饭堂试点募集了价值30万元的设施设备，对长者饭堂的建设给予了大力支持。初步形成上下贯通、左右联动、同心协力助推长者饭堂建设的良好局面。

2. 主要做法

（1）助餐普惠，吃出幸福感。根据海口市人口统计数据分析，截至2018年底，全市60岁以上户籍老年人口已达27.71万人，占全市总人口15.6%。其中80岁以上高龄老人有4.07万人，占老年人口总数14.69%。“十三五”期间该市人口老龄化、高龄化、空巢化趋势加强，形势严峻，养老问题十分突出，尤其是吃饭问题当属首位。试点社区长者饭堂正是适应老年人的实际需求，把解决老年人“做饭难、吃饭难”提升到体现党和政府关心民生、提高群众幸福指数的高度大力推进，不断加大规划、建设力度，打造温馨适老、营养丰富、安全便捷的长者饭堂。

同时，长者饭堂以广覆盖、保基本、可持续为基本原则，坚持面向全体常住老年人提供多样性助餐服务，培养老年人花钱吃好的意识，提高老年人生活质量；以保障纯老、独居、孤寡、高龄、失独、失能等特殊困难老年群体为重点，[1] 充分体现党和政府的关心及兜底保障作用，打造出一张属于老年人的幸福饭桌，确保老年人吃好吃饱、吃得舒心安心，全面提升老年人幸福感。

（2）经济实惠，增强获得感。根据海口市实际和老年人的需求，出台针对老年人的助餐补贴方案和运营补贴方案，为试点工作提供资金保障，全面提升老年人生活质量。试点期间长者饭堂为老年人提供午餐服务，标准为“两荤（含半荤）一素一饭（粥、面）一汤”套餐，价格16元/份，企业让利1元，实际价格15元/份。补贴对象为居住在试点社区及街道区域具有海口户籍的60岁（含60岁）以上老年人，其中60岁（含60岁）以上海口户籍老年人政府补贴3元，实际支付12元；60岁（含60岁）以上城市低保家庭老人、失独家庭老人、优抚对象和城市孤寡困难老人政府补贴10元，实际支付5元；

〔1〕 资料来源：中国新闻网，《海口“长者饭堂”温暖老人心扉 为60岁以上老人服务》，http://www.chinanews.com/sh/2018/10-17/8652140.shtml。

60岁（含60岁）以上特困老人免费享用。行动不便和失能老人还可以采取订餐、送餐服务，企业让利后每份老年套餐递送餐费为4元，特困及困难群体老人递送费用由政府补贴，其他老年人递送费用个人支付。非本市户籍的老年人不享受政府财政助餐补贴。[1][2]

助餐补贴充分体现市政府对老年人的关心和兜底保障作用，科学的定价和合理的助餐补贴为居家老年人提供健康、营养、方便的助餐服务，全面提升老年人的获得感，让老年朋友们共享该市经济社会发展和改革开放成果。

（3）严守监管，提升安全感。让老年人吃到安全营养的午餐是办好长者饭堂的基本宗旨。一方面建立健全长者饭堂的安全监管机制，落实各类食品在生产、销售、配送等各个环节的安全监督。市区民政、食药监部门和街道、社区等单位加强协同合作，建立管理和督导检查常态化机制，同时建立助餐服务准入退出机制，委托第三方服务评估，确保助餐质量，坚决守护好老年人“舌尖上的安全”防线。另一方面长者饭堂，将助餐配餐服务与特殊群体老年人，如失独老人、空巢老人的探访和关爱服务有机结合，以助餐配餐服务网络为基础，对于行动不便和失能老人采取订餐的方式，安排居家养老服务人员送餐上门，陪老人聊聊天，及时了解掌握他们的精神状况，确保老人生活质量和健康，这也起到探望和监管作用，避免出现老年意外伤害无人知晓、影响老年人健康的突发性问题。

（4）多元参与，助餐多样化。探索建立政府、企业（社会组织）、社区共同推进老年助餐服务的合作机制和符合海口实际的老年助餐服务体系，采取“政府补一点、企业让一点、个人出一点、慈善捐一点”的方式，让长者饭堂以“保本微利”的标准，实现自我造血和可持续发展，逐步实现助餐服务的专业化、市场化、规模化发展，达到互利共赢。[3]

通过公开招标引入社会力量运营长者饭堂，引入品牌餐饮连锁企业参与助餐配餐服务，依托临近社区的连锁餐饮企业参与长者饭堂或老年餐配送，社区居家养老服务中心、日间照料服务中心等养老机构也可自主聘请厨师、专业餐

---

〔1〕资料来源：中国新闻网，《海口“长者饭堂”温暖老人心扉 为60岁以上老人服务》，http：//www.chinanews.com/sh/2018/10-17/8652140.shtml。

〔2〕资料来源：《海口日报》，《上半年海口将新增10个社区长者饭堂》，http：//www.haikou.gov.cn/zfdt/hkyw/201902/t20190225_1286685.html。

〔3〕资料来源：《海南日报》，《机器人炒菜、可做护理……海口这个长者饭堂有点“潮”》，http：//www.hinews.cn/news/system/2019/01/11/032014175.shtml。

饮人员，自行采购食材、现场烹制，为老年人提供助餐服务。同时探索“中央厨房＋中转配送＋社区就餐、送餐、助餐”等试点形式，为社区老年人提供便捷助餐服务。[1]

（5）因饭结缘，打造老年人的专属生活“朋友圈”。社区长者饭堂的设立开启了该市居家和社区养老服务新的模式、丰富了新的内容。从更深层次来讲，长者饭堂不仅仅是为老年人提供便利的助餐服务，解决了吃饭难的问题，还为居家社区养老服务提供必要支撑，激活社区日间照料中心等配套资源，搭建起邻里交流、志愿服务平台，并以此为“桥梁”，使长者饭堂成为老年人社会交流的公共空间，让越来越多的老年朋友们在享受合口饭菜的同时，定时定点走出家门、走进社会，广交朋友，进入日间照料中心聊聊天、谈谈心、包饺子、做汤圆等，接受社区老年人日间照料中心等养老服务机构提供的舒适、温馨、多样化的养老服务，享受丰富多彩的社区文化生活，打造出属于老年朋友的生活“朋友圈”。

（6）探索“长者饭堂＋X”模式，为老服务更加贴心。开展社区长者饭堂助餐服务适应了该市老龄化形势发展的必然要求，也是政府持续抓好的一项民生工作。各级各部门切合自身实际，发挥比较优势，突出区域特色，试点探索符合本地老年人需求的发展模式，打造具有城市特色的经验和做法，为广覆盖、可持续、可复制发展提供依据。同时，通过整合社区为老服务资源，从老年人的生活特点入手，探索融入其他文化娱乐类服务内涵，让长者饭堂发挥更多的功能，打造为拓展社区居家养老服务的重要阵地、推进医养结合的重要平台、助力老年人幸福生活的重要抓手，让老人们在吃上可口的热饭菜的同时也能享受到丰盛的“精神食粮”，解决好健康养老问题，更好地满足老年人多元化养老服务需求。

三、案例分析

在本章的案例分析部分，分选择性分配与普惠性分配两个方面，具体描述上述五个典型案例的主要特点，分析不同分配基础下各种农村贫困老年人照护服务模式的优势与可能存在的不足。

---

〔1〕资料来源：海口新闻网，《海口多处长者饭堂重阳节开业！政府补贴 可以外卖》，http://haikou.hinews.cn/system/2018/10/15/031539471.shtml。

（一）选择性分配模式

关于农村贫困老年人照护服务选择性分配模式，本章选取了山东省菏泽市单县“周转房+幸福院”集中养老新模式、山东省潍坊市峡山区四化联动满足失能老年人养老需求和四川省宜宾市珙县创新“四方合约”助老巡访模式三大典型案例进行分析。

案例一是山东省菏泽市单县“周转房+幸福院”集中养老新模式。该案例最大的特点是推行三个优先，解决“用”的问题，整合七类资金，落实统一设计、统一标准、统一建设、统一管理，完善相关配套设施。“入住坚持“三个优先”条件，即建档立卡贫困老人、分散供养特困人员、贫困残疾人家庭、低保老人优先；家中房屋为危房且本人确实无能力改造的优先；没有子女或只有女儿且已出嫁或虽有子女但子女确无赡养能力的优先”（穆杰，2019）。入住老年人生活费用由法定赡养人承担，经济条件好的村（居），由村集体承担或适当补助。[1] 贫困老人入住前签订孝赡协议，入住后法定赡养人履行赡养义务，照顾好老人日常生活。该模式最大的优势在于集中各种资源、力量，优先保障分散供养特困人员、贫困残疾人家庭、低保户等困难老年人入住，集生活居住、日间照料、休闲娱乐等功能于一体的新型农村幸福院，安置贫困老人780余人，保障了农村困难老年人住房安全，提高了养老保障水平。最大程度上方便老年人，解决房屋改造资金不足的难题，保障养老服务供给质量。其可能存在的不足主要是精准识别存在一定难度。识别、帮扶的原则与标准仍需进一步界定、明确，真正做到精准识别、精准帮扶。

案例二是山东省潍坊市峡山区四化联动满足失能老年人养老需求。该案例最大的特点是面向特困供养、留守、独居空巢等特殊困难老年人，制度化设计、市场化运作、信息化支撑、专业化服务。将重心放在解决所有特困老人上，多种方式解决不同情况的失能老年人养老问题。引入市场、社会力量，减轻政府管理负担，提高养老服务管理规范化水平。峡山区打造了一套适合本区养老特点、突出居家照料服务管理的智慧化管理平台。该模式可能存在的不足主要是对地方政府的管理协调水平提出了较高要求。没有充分利用社会化募捐力量，当地政府财政压力过大，项目运营面临资金不足的风险。

---

〔1〕 资料来源：《中国社会报》，《养老周转房成了幸福温暖的家》，http：//www. mca. gov. cn/article/xw/mtbd/202008/20200800029006. shtml。

（二）普惠性分配模式

关于农村贫困老年人照护服务普惠性分配模式，本章选取了山西省运城市平陆县编密织牢农村老年人关爱服务网和海南省海口市强力推动社区长者饭堂助餐服务试点两大典型案例进行分析。

案例一是山西省运城市平陆县编密织牢农村老年人关爱服务网。该案例最大的特点是坚持自愿原则，凡是年满70周岁的老年人，全部纳入服务范围。建立资源来源多元化机制，培养拥有专业服务能力的人才队伍，健全管理体系。平陆县坚持“村”“人”两手抓，尽力而为、量力而行，力争把老年日间照料中心做成普惠性民生事业。一手抓“村”普及，在覆盖167个村的基础上，力争3—5年再建30个日间照料中心，实现全覆盖。一手抓“人”普及，坚持自愿原则，凡是年满70周岁的老年人，全部纳入服务范围，不断增强老年人的获得感、幸福感和安全感。该模式最大的优势在于实现了养老服务全覆盖，惠及所有70周岁以上老年人。在资金方面，平陆县建立了“村里筹一点、老人交一点、县财政扶一点”的资金筹措机制，为日间照料中心日常运营提供了坚实的资金保障，提升养老服务供给质量与综合管理水平。其可能存在的不足主要是养老服务供给专业化、层次化略显不足，当前平陆县针对老年人提供的养老服务以基本生活照料服务为主，较难满足老年人对于医疗康复、专业护理、精神慰藉、心理疏导等发展型的养老需求。

案例二是海南省海口市强力推动社区长者饭堂助餐服务试点。该案例最大的特点是助餐普惠，坚持面向全体常住老年人提供多样性助餐服务，培养老年人“花钱吃好”的意识，提高老年人生活质量。党委、政府高度重视，科学定价，提供合理的助餐补贴。同时建立长者饭堂安全监管机制，多元参与，借机打造老年人的专属生活朋友圈。同时，长者饭堂以广覆盖、保基本、可持续为基本原则，坚持面向全体常住老年人提供多样性助餐服务，提高老年人生活质量；以保障纯老、独居、孤寡、高龄、失独、失能等特殊困难老年群体为重点，充分体现党和政府的关心及兜底保障作用。该模式最大的优势在于提供差异化助餐服务，有利于全面提升老年人生活质量。高位推动有利于落实优惠政策，经济实惠提升老年人的获得感，吃的放心提升老年人的安全感。一方面，面向全体常住老年人提供多样性助餐服务，体现普惠性；另一方面，以保障纯老、独居、孤寡、高龄、失独、失能等特殊困难老年群体为重点，体现差异性。其可能存在的不足主要是老年食堂盈利空间狭小，离开政府补贴便难以为继，对党委与政府的重视和支持程度依赖性较强，不能实现自我“造血”与可持续发展。

本章基于上述分析结果，绘制社会分配基础要素下农村贫困老年人照护服务模式一览表，如下表2－1所示。

表2－1　分配基础要素下农村贫困老年人照护服务模式

分配基础	案例	主要特点	优势	潜在的不足
选择性	山东省菏泽市单县“周转房＋幸福院”集中养老新模式	1. 入住坚持“三个优先”条件 2. 坚持因地制宜与“四靠近”原则 3. 整合七类资金 4. 落实统一设计、统一标准、统一建设、统一管理 5. 完善相关配套设施	1. 集中各种资源、力量，优先保障特殊老人，体现社会公平正义 2. 最大程度方便老年人 3. 解决房屋改造资金不足的难题 4. 保障养老服务供给质量	1. 精准识别可能存在难度 2. 周转房建设可能需要较大资金
选择性	山东省潍坊市峡山区四化联动满足失能老年人养老需求	1. 面向特困供养、留守、独居空巢等特殊困难老年人 2. 制度化设计 3. 市场化运作 4. 信息化支撑 5. 专业化服务	1. 精准识别＋精准帮扶 2. 提高养老服务管理规范化水平 3. 引入市场、社会力量，减轻政府管理负担	1. 给地方政府带来一定的财政压力 2. 对地方政府的管理协调水平提出了较高要求
普惠性	山西省运城市平陆县编密织牢农村老年人关爱服务网	1. 凡是年满70周岁的老年人，全部纳入服务范围 2. 建立资金来源多元化机制 3. 培养拥有专业服务能力的人才队伍 4. 健全管理体系	1. 实现养老照护服务的广覆盖 2. 为日间照料中心日常运营提供了资金保障 3. 提升养老服务供给质量与综合管理水平	1. 养老照护服务的专业化、层次化不强 2. 以基本生活照料为主，难以满足老年人发展型需求
	海南省海口市强力推动社区长者饭堂助餐服务试点	1. 面向全体常住老年人 2. 党委、政府高度重视 3. 科学定价，提供合理的助餐补贴 4. 建立长者饭堂安全监管机制 5. 借机打造老年人的生活朋友圈	1. 有利于全面提升老年人生活质量 2. 高位推动有利于落实优惠政策 3. 经济实惠，提升老年人的获得感 4. 吃的放心，提升老年人的安全感	1. 老年食堂盈利空间狭小，运营可持续性较差 2. 比较依赖于党委与政府的重视与支持

第三章　农村养老服务的分配内容

本章主要依据养老照护服务整合性分析评估框架，将农村贫困老年人照护服务分配内容划分为现金、物品与服务三个要素，每个分别选取若干中国农村贫困老年人照护服务典型案例进行分析，在此基础上，得出各个典型案例的主要特点，并进一步分析该典型案例在各个要素上表现出的优势与可能存在的不足，最终形成可供借鉴的经验。

一、理论阐述

在吉尔伯特社会福利政策分析框架中，社会福利的类型主要分为现金和实物两种基本形式，并且在每个类别中还可以有不同的选择，例如物品福利可以包括食品、衣物和庇护所，所提供的现金也可以数量微薄或数量慷慨。通常而言，为了实现平衡状态，社会福利将通过混合的方式进行提供。

当前我国农村经济困难老年人照护服务分配模式以分配物品为主，分配服务次之，分配现金最少。其中，分配物品以老年人助餐服务最为普遍，各地因地制宜，打造诸如免费午餐、老年食堂、农村老饭桌等助餐平台，让农村贫困老年人吃的放心，吃的实惠。分配服务方面各地围绕医养结合做出了有益的探索，通过医疗资源与养老服务相结合，并积极注入服务、文化等新鲜元素，切实满足农村贫困老年人多元养老服务需求。分配物品方面目前主要体现为以房养老与以地养老两种模式，通过房租地租转化为现金提高老年人收入，帮助农村老年人拜托贫困，增加收入，从而有更好的物质条件安享晚年。

本章从分配内容这一要素出发，分配现金方面选择广西钦州市探索农村“以房养老”模式与云南省昆明市晋宁区探索农村“以地养老”模式两个典型案例；分配物品方面选择福建省泉州市“免费午餐”平台、浙江省温州市洞头区老年食堂建设、浙江省温州市“方便吧”农村老年人供餐服务体系与宁夏回族自治区农村“老饭桌”筑牢社会保障“压舱石”四个典型案例；分配服务方面选择山东省德州市庆云县东辛店镇卫生院与上海市奉贤区探索宅基睦邻模式，打造“四堂间”农村互助式养老模式两个典型案例，从三个方面共计八个农村经济困难老年人照护服务典型案例进行介绍与分析。

二、案例介绍

（一）分配现金案例一：广西省钦州市案例

1. 案例背景

本案例相关数据及资料内容来源于钦州市民政局等相关部门，以及广西日报网、广西新闻网等相关网页。[1]

钦州市农村特困人员有 2 万人，集中供养率仅为 18%。分散供养的特困人员是供养对象管理服务工作中最需要关注却又最容易被忽视的群体。大多分散供养对象居住环境和生活条件较差，多为年老体弱或是残疾，加之无人照料，遇到突发急重病不能及时就医。分散供养对象的住房难、养老难问题已经成为全市农村养老的瓶颈问题。

通过实施“以房养老”新模式，一方面可以大大改善散居特困老人的居住条件，提升他们的生活质量；另一方面可以采取房产继承的方式，激励散居特困老人亲属或村民对其生活照料服务的热情，解决散居特困老人的后顾之忧；同时，也减轻了民政部门和乡镇政府集中供养的工作压力，一举多得。

2. 主要做法及成效

（1）为分散供养的农村特困老人新建住房。从 2014 年开始，“每年由县、区民政部门对住房困难的散居特困老人开展摸底排查并登记造册，制定建房计划报市民政局统筹安排补助资金，通过市财政专项配套资金、农村危房改造资金、上级因灾倒房重建资金、农房政策性保险赔付资金、公益慈善资金各一点的办法筹集建设资金，分期分批为住房条件差的农村分散供养五保对象新建一间钢筋混凝土结构的约 40 平方米住房。7 年时间全市累计为散居特困老人新

---

〔1〕 广西日报网：http：//gxrb. gxrb. com. cn/html/2020 – 11/30/content_ 1732575. htm；百度网：https：//baijiahao. baidu. com/s？ id = 1684774618082008086&wfr = spider&for = pc；https：//baijiahao. baidu. com/s？ id = 1590819965523448490&wfr = spider&for = pc；广西新闻网：http：//www. gxnews. com. cn/staticpages/20130918/newgx5238ef98 – 8565501. shtml。

建住房 672 户。"[1]

（2）"以房养老"专项资金纳入财政预算。为确保"以房养老"的工作的可持续性，民政部门将解决散居特困老人住房问题配套经费纳入部门预算，全市每年安排 130 万专项资金，用于为住房困难的农村散居特困老人新建住房。[2] 前期按照城区每户 1.5 万元、县每户 1 万元的标准补助，其余资金通过农村危房改造资金、农房政策性保险赔款、倒房重建资金、县区财政配套资金等解决。截至 2021 年 9 月，全市共投入散居特困老人"以房养老"财政专项补助资金 870 万元，补助标准统一提高到每户 3 万元。

（3）完善政策保障"以房养老"顺利实施。项目实施过程中，针对危改资金无法和其它资金整合使用的难题，钦州市专门制定政策，对符合规定标准的住房困难的分散供养特困人员，通过配租公共租赁住房，发放住房租赁补贴，整合本市财政补助资金、上级倒房重建资金和农村危房改造资金新建或维修住房等方式给予住房救助。有效解决了资金整合使用的政策难点问题，确保了散居特困老人"以房养老"项目持续推进。

（4）探索搭建照料服务新机制。散居特困老人房屋建成后，经征求特困老人意愿，近亲属或邻居有人愿意照料其日常起居的，"在县（区）民政局指导下，由镇民政办牵头，村干部和村民代表作为见证人，组织有意愿照料散居特困老人的亲属或其他村民与特困老人签订照料服务协议。协议约定提供服务一方负责散居老人日常生活起居的照料服务，老人的基本生活费、医疗费等仍由政府提供的供养金和医疗救助金支出。老人去世后，其住房的房产归服务者所有，由服务者自行支配，房屋归属权转移到为其提供照料服务的亲属或村民名下。"[3]

（5）积极做好农村特困人员的后续服务。对于签订"以房养老"的散居特困老人，民政部门将其作为重点对象进行跟踪管理，由镇、村一级社会救助

---

〔1〕 资料来源：《广西日报》，《改善特困老人居住条件 激发村民照料服务热情 钦州探索"以房养老"模式》http：//ssw. gxrb. com. cn/json/interface/epaper/index. php？ name = gxrb&date = 2020 - 11 - 30&code = 011&xuhao = 8。

〔2〕 资料来源：《广西日报》，《改善特困老人居住条件 激发村民照料服务热情 钦州探索"以房养老"模式》http：//ssw. gxrb. com. cn/json/interface/epaper/index. php？ name = gxrb&date = 2020 - 11 - 30&code = 011&xuhao = 8。

〔3〕 资料来源：《广西日报》官方网站：http：//ssw. gxrb. com. cn/json/interface/epaper/index. php？ name = gxrb&date = 2020 - 11 - 30&code = 011&xuhao = 8。

经办人员定期上门巡查访问，实地了解服务提供方是否按照协议约定的服务内容提供照料服务，是否有虐待老人的行为等。发现服务方存在问题立刻责令整改；如若问题严重需撤换服务提供方，从而保证“以房养老”供养模式形成长效机制。

（二）分配现金案例二：云南省昆明市晋宁区案例

1. 案例背景

本案例相关数据及资料内容来源于昆明市晋宁区民政局等相关部门，以及人民日报海外网、百度网等相关网页。[1]

昆明市晋宁区晋城镇孙家坝村委会坐落在滇池南岸的盆地中央，总人口1916人，分6个村民小组，全村60岁以上老人362人，占总人口的19%。其中80岁以上的高龄老人67人，无儿无女的鳏寡孤独者5人，老龄化程度高于全区18.13%的平均水平。晋宁区探索农村“以地养老”模式，解决了农村老年人入住养老机构资金、提升农村老年人生活质量、解决了农村土地闲置的问题。

2. 主要做法

（1）党建引领，整合土地增收益。1982年，人均土地不到一亩的孙家坝村和全国一样“包产到户”，分田的原则是“肥瘦搭配，远近都有”。按照这个分田原则，每家每户分到的土地相当零碎。2003年10月，孙家坝村党总支带领群众开始调整整合土地，按“生增死减、尽量集中”的原则实施，整合后，一是土地集中便于管理，降低成本；二是粮、菜分开，便于耕种，减少矛盾；三是解决碎地不便耕种、撂荒、租不上价的难题；四是水、电、路通的新地块便于机耕作业，地价大涨；五是零变整过程中，大量的路、沟、埂、边角变成土地。如数分完群众的土地后，每个组都多出几十亩土地，村里把这些土地集中统一出租，增加集体收入，有了办公益事业的钱，为民服务办实事的底气更足。

（2）地租支撑，探索“以地养老”模式。土地整合后，孙家坝村土地租

---

〔1〕 昆明市人民政府：http：//www.km.gov.cn/c/2017－12－25/2386755.shtml；人民日报海外网：http：//m.haiwainet.cn/middle/3542291/2018/0813/content_31374012_1.html；民政部：http：//www.mca.gov.cn/article/gk/jytabljggk/rddbjy/201911/20191100021120.shtml；百度网：https：//baijiahao.baidu.com/s？id＝1610006491499726171&wfr＝spider&for＝pc。

金升值到每亩年均7000～10000元，加上集体分配，每个人都有不菲的收入，把每位老人的土地租出去，用租金赡养老人绰绰有余。孙家坝村迈出了“以地养老”的第一步。

2017年，孙家坝村成为云南省首批“四位一体”项目试点村，在省市各级支持下，投资799万元建起一栋3000平米的大楼和3000平米的文化广场。该村把二楼1000平米辟为居家养老服务中心，设食堂、阅览室、活动室、康养室、棋牌室、休息室，解决了场地问题，该村迈出以地养老的第二步——老人自愿集中养老。村“三委”决定，“以地养老”基础不动摇，60岁以上老人可以带地入伙养老，地由集体出租，租金扣除伙食费后发还老人当零花钱，老人去世后，土地归还继承人。不愿出租土地的人家，老人入伙自愿申请，由家人为老人每月支付260元伙食费，并签订承诺协议。村、组以地租等集体资金分别补贴每位老人每月60元、90元，合计150元。居家养老服务中心供餐标准为：每餐两荤两素、公勺公筷分菜、菜式两天不重样、不吃剩菜，生病凭医生证明退钱，“缺席早退”不退钱，每15天由村医免费称体重、测血压。

3. 工作成效

（1）更新了农村养老观念。孙家坝村“以地养老”属全省首创，使农村养老从传统的完全依靠子女的“养儿防老”观念，转变到靠自己也能实现有尊严养老的新观念。

（2）提高了老年人生活质量。孙家坝村委会紧紧围绕“老有所养、老有所医、老有所为、老有所学、老有所乐”目标，开展农村养老工作，探索创新农村养老新模式，满足老龄化形势下农村养老需求，促进农村经济社会持续发展。经济发展好，农村老年人的生活质量也会得到提高，老年人及其子女获得感、幸福感、安全感显著增加。

（3）分担了家庭照管老人之忧，促进村民致富。解决好了村里老人养老问题，村里年轻人没有了后顾之忧，可以专心发展农村经济。村委会广寻门路，发动村民搞运输、做生意、贩蔬菜、办企业、帮人打工，增加非农劳动力。大力发展农村经济，实现农民致富，进一步壮大集体和村民经济，结合实际创新发展经济。

（4）弘扬了敬老爱老文明之风。尊老敬老孝老是中华民族的传统美德。随着村集体经济的壮大，村民生活的富裕。为了让老年人能够共享改革发展成果，让全村老年人生活有保障，促进全村经济和社会的协调发展，村“两委”

在全村积极营造爱老敬老孝老之风，向老年人及其家人、子女广泛普及和宣传社会保障相关的各类知识，解释参保的重要意义与作用，动员子女为老年人购买农村新型合作医疗、新型农村社会养老保险、失地养老保险和城乡居民养老保险等，做到养老问题长远谋划，使老有所医、老有所养有了质的保障。

（三）分配物品案例一：福建省泉州市案例

1. 案例背景

本案例相关数据及资料内容来源于泉州市民政局等相关部门，以及中国文明网、泉州网等相关网页。[1]

永春县地处福建省东南部，是典型的山区县，全县总人口约60万人，60周岁以上老年人9.26万人，占总人口的15.43%，人口老龄化明显。其中，农村老年人占比高达80%（李革荣等，2021）。近年来，永春县瞄准山区农村居家养老服务短板，通过搭建“免费午餐”平台，推进农村居家养老“互助互养”新模式，逐渐形成“免费午餐助养、半耕伴读乐养、邻里守望互养”的山区养老格局，打造农村养老的“永春样板”。

2. 解决的问题

（1）解决“老无所养”。随着外出务工经商和创业的青年增多，造成农村留守、“空巢”老人越来越多。通过实行“免费午餐”，为老人们提供热饭热菜，解决老人们“煮一锅吃三餐”等厌煮、饮食不规律问题，又解决外出子女的后顾之忧。

（2）解决“老无所乐”。通过“免费午餐”平台，把老人聚在一起，同耕、同煮、同娱乐，既解决老人长年缺乏亲人陪伴、无人依靠，心理得不到慰藉、不良情绪找不到宣泄等问题，又解决老人娱乐无去处等难题，破解家庭养老功能弱化的瓶颈。

（3）解决“老无所为”。整合资源，完善设施，创建更加舒适安心的养老环境，不断丰富养老服务内涵，创新推进“半耕伴读”“邻里守望”等农村居

---

〔1〕中国文明网：http：//www. wenming. cn/dfcz/fj/201908/t20190829_ 5236971. shtml；中国政府网：http：//www. gov. cn/xinwen/2020 - 12/17/content_ 5570397. htm#1；泉州文明网：http：//qz. wenming. cn/wmcb/202011/t20201103_ 6793361. shtml；福建省民政厅官方网站：http：//mzt. fujian. gov. cn/yw/mzdt/202011/t20201105 _ 5428891. htm；台海网：http：//www. taihainet. com/news/fujian/shms/2020 - 11 - 03/2443130. html；泉州网：http：//www. qzwb. com/gb/content/2016 -02/28/content_ 5284359. htm。

家养老“互助互养”模式，在满足山区老人养老服务需求的同时，更进一步激发老人们参与乡村治理的热情。

3. 主要做法

（1）主要做法。一是试点先行。2014 年 8 月，永春县以苏坑镇嵩溪村居家养老服务站为试点，多元主体筹措资金、镇村运营补助建立“爱心厨房”，在全省率先推出农村养老“免费午餐”，解决留守老人中午用餐。运营至今，日用餐人数已达 300 多人（李革荣等，2021）。

二是政府支持。2016 年 12 月，永春县人大十八届一次会议将《关于创建居家养老活动中心的议案》列为一号议案，提出“每年新建提升 50 个以上居家养老服务站，政府给予每个补助 5 万元”。作为完善配套，政府对有开展“免费午餐”活动的居家养老服务站（农村幸福院），给予 2 万元的一次性经费补助。多举措从政府层面推广“免费午餐”养老模式。

三是机制保障。县、乡、村三级建立联席会议制度，定期会商，研究对策，整合资源，充分利用闲置的村部、校舍、旧茶厂等打造更多的“免费午餐”平台。同时，制定《免费午餐厨房管理制度》《老年人营养与膳食指南》等办法，实行“挂牌报膳制”“老人自我管理”模式，规范“免费午餐”运营（李革荣等，2021）。

四是交流促进。定期组织交流活动，一方面落实“请进来”，增进交流，邀请养老管理做得好的村进行传经送宝，提升老人自我管理水平；节假日组织高甲戏、木偶戏等乡村汇演。另一方面力促“走出去”，参加联谊赛、南音汇演等，扩大老人朋友圈。

（2）创新点。一是借力慈善，推广互助养老。发动乡贤、社会慈善组织等开展捐资帮建活动，近 5 年县慈善总会共投入 1764.09 万元用于养老，对启动“免费午餐”的给予 2 - 8 万元的资金支持和不定期粮油食品供应（李革荣等，2021）；倡导德行孝道，发动各界慷慨解囊、捐资捐物投劳，形成“居家养老人人有责、人人参与”的氛围；设立“乡村养老基金会”，将筹集的款项存于金融机构，让“基金生财”，保障食堂长效运转。

二是选出管家，推行“自我”养老。推荐德高望重、热心公益事业的老人担任居家养老服务站负责人，落实“免费午餐”管理、“老人服务老人”等日常事务。“管家”根据老人特长，进行分组，轮流负责食堂事务，既吃上可口饭菜，又节约运营成本（李革荣等，2021）。

三是半耕伴读，推动快乐养老。由村（居）出资，租种周边田地，开辟“共享菜园”，鼓励老人发挥耕作特长，力所能及种植蔬菜瓜果，既活动筋骨又丰富餐桌（李革荣等，2021）。同时，发挥乡村文化人作用，组织开展门球、书法等各类文娱活动，丰富生活。如，蓬壶西昌村每周末由退休老教师组织读书会等，实现“老幼同乐”。

四是增设分点，推进“家门口养老”。针对山区居住分散，建于村部周边的居家养老服务站辐射服务范围有限的情况，探索在人员相对聚集的自然村，设立分点，复制“互助养老”模式，实现老人“家门口养老”。如：苏坑镇熙里村在距村部10公里左右的湖格角落增设分点，就近满足养老需求。

4. 工作成效

（1）“互助养老”全面铺开。目前，有52个村开设“免费午餐”，受惠及的农村留守老人比例高达96%，逐渐实现老人“免费吃、有人管、有事做、享乐趣”目标。2020年底将实现236个村（居）居家养老服务设施100%全覆盖。

（2）发挥老人“余热”，参与乡村治理。在养老无忧的基础上，老人们凭借德高望重的优势和丰富的人生经验，积极参与乡村治理，反哺乡村振兴。如，湖洋镇吴岭村老人开展“邻里守望”乡村志愿服务，参与邻里调解，化解基层矛盾纠纷，促进农村社会和谐稳定。

（四）分配物品案例二：浙江省温州市洞头区案例

1. 案例背景

本案例相关数据及资料内容来源于洞头区民政局等相关部门，以及浙江新闻网、温州网等相关网页。[1]

洞头区地处浙南沿海，由168个岛屿和259座岛礁组成，区域面积2862平方公里，其中陆地面积153.3平方公里，辖5街道1镇1乡，92个村居（社区）。2015年9月完成撤县设区，成为温州市第四区。

截至2020年5月，全区户籍人口15.47万人，其他60周岁以上老年人达2.95万人，占户籍总人口的19.06%，户籍老年人口中，农村户籍老人2.37

---

〔1〕 温州市民政局：http：//wzmz. wenzhou. gov. cn/art/2018/11/19/art_ 1213022_ 25304656. html；浙江新闻网：https：//zj. zjol. com. cn/news/1548998. html；温州网：http：//news. 66wz. com/system/2018/08/17/105106632. shtml。

万人，占老年人口总数的80.3%。自2009年启动老年爱心食堂建设以来，全区已建各类老年食堂51家，每天平均用餐人数达到2000余人次。2019年实施老年食堂智慧系统建设，通过精准化补助、规范化管理、大众化参与、载体化激励等方式，提升老年食堂规范化管理水平，农村老年食堂建设完成了迭代升级，依托老年食堂建设，洞头区农村养老服务供给侧结构性改革全力推进。

2. 主要做法

在解决农村老年人吃饭难问题上，坚持问题导向和需求导向，从供给侧和需求侧同时发力，构建符合洞头农村实际的助餐服务模式。

（1）以老年食堂建设为载体，坚持政策助力，增强老年食堂运营保障能力。

一是建立健全老年食堂保障机制。先后出台《洞头区居家养老服务照料中心老年食堂开展一元用餐服务实施办法（试行）》《关于在居家养老服务照料中心老年食堂开展“爱心+”活动的通知》《洞头区老年食堂规范化管理办法（试行）》等政策文件，通过完善资金补助办法、实行“爱心+”（“爱心+志愿服务”“爱心+共建结对”“爱心+助老奉献”“爱心+冠名捐赠”）系列活动、提高居家养老公益性岗位开发比例等手段，增强老年爱心食堂长效运营能力。

二是逐步扩大老年食堂覆盖面。2017和2018年连续2年将老年爱心食堂建设任务纳入区政府民生实事项目，建立区、街镇、村居三级联动工作机制。设置中央厨房、村居自办食堂、助餐点、与餐饮企业合作提供助餐服务等四类老年食堂，进一步扩大老年助餐覆盖面，重点保障高龄、失能、失智、空巢、独居等老年人的助餐服务，助餐配送餐覆盖38个村居，平均每日用餐近2000人次。

三突出做好特殊群体保障。建立对特困、低保等困难群体80周岁以上老人就餐补助政策，每天用餐补助最高达到10元，做好兜底保障对象的就餐服务保障工作。

（2）以智慧食堂建设为突破，坚持智能服务，提升老年食堂管理水平。

一是建成“e养食堂”智慧系统。2019年，启动老年食堂迭代升级工作，建立老年食堂智慧管理信息系统，实现数据化管理，及时掌握各老年食堂运营情况，对存在的问题做到早发现早处理。在每个老年食堂入口处设立人脸识别设备，老人通过刷脸实现就餐。

二是提供线上点餐服务。针对农村留守老人居多的实际情况，设立老年助餐服务在线点餐功能，方便异地居住子女为父母在线点餐，提升助餐服务有效供给能力。对订制半年以上套餐的老人，给予8折的优惠。

三是实行资金线上、线下共管。依托智慧养老系统，加强资金使用监管，对资金使用严格在老年食堂和智慧系统上进行公示。及时公布爱心捐赠和志愿服务情况，充分发动群众、赡养人、网友等力量对食堂运营情况进行监督。2017年以来，全区老年食堂累计获得捐款捐物折价达人民币270余万元。

（3）以社会广泛参与为重点，坚持爱心接力，激发社会爱老助老参与热情。

一是推行老年食堂"爱心+"系列活动。自2018年起，推出老年食堂"爱心+"系列活动，大力引导社会力量参与，助力老年食堂长效运营。有效整合党员、志愿者、社会组织、部门单位、爱心人士等社会力量加入爱心队伍，通过"主题党日""两地双评议""五四竞赛"等载体积极帮助老年爱心食堂规范、长效、有序发展，累计开展各类爱心接力活动500次，平均每天参与老年食堂运营的志愿者等社会爱心力量达到150人次以上，有效保障了老年人送餐服务和走访关爱工作。

二是注重发动乡贤的力量。积极动员乡贤和在外商反哺家乡，探索企业和个人以冠名捐赠、指定捐赠的形式支持老年爱心食堂运营，截至2021年，9家老年爱心食堂已得到社会力量冠名认捐，冠名捐赠金额累计达49万元。

三是建立10分钟服务圈。通过集中用餐和配送餐的形式，确保老年人吃到热菜热饭。针对行动不便的老人，开展营养餐配送服务，减轻失能老人家庭赡养负担。依托送餐服务，建立"叩门探望"机制，及时掌握独居、空巢、孤寡等老人生活身体情况，减少突发事件发生。

（4）以老人需求为导向，坚持价值体现，让农村老人老有所为。

一是挖掘农村老人潜力。积极发挥农村老人主人翁意识，鼓励活力老人通过在自家宅基地种植蔬菜供应老年食堂的方式解决食堂蔬菜供应问题。探索推行时间银行制度，对于在老年爱心食堂参与志愿活动的人员，建立服务交换机制，提高志愿服务积极性，减轻老年爱心食堂运营负担。

二是推广"劳养结合"。在北岙街道打水鞍社区老年食堂、东屏街道蓝港社区老年食堂、等引入电子产品配件组装、圆珠笔配件组装等项目，采用"劳养结合"方式为老年人创造力所能及的劳动条件，既能增加老年人之间的交流，又能延缓老年人身体机能退化。

三是注重培育老年文化。依托老年食堂，定期开展老年人讲述海洋故事、洞头民间传说等活动。培育老年人渔民画、老年舞蹈等活动载体，让更多的农村老年人安享晚年。

（5）以督促赡养人履行义务为核心，弘扬孝亲敬老，提升老年人幸福感。

一是督促子女履行家庭养老责任。强化制度保障和引导，在村规民约、文明户评选标准等制定中，突出了孝亲敬老的内容。“开展家庭养老护理人员培训，定期为有需求的子女提供照顾失能、半失能老人护理技能培训。对于有需要提供长期照料的重度失能老年人的家庭照护者，通过政府购买服务形式，为照护人员提供喘息服务”（张静，2021）。

二是建立健全惩处机制。村居及时督促子女履行《中华人民共和国老年人权益保障法》的看望义务和《中华人民共和国婚姻法》的赡养义务，真正使家庭养老功能得以重生。对于主观上不赡养父母的人员，在工作聘用、生产经营、集体经济分红等方面予以限制，建立有效的惩处机制，督促子女履行赡养义务。

三是全力营造助老爱老敬老的良好社会氛围。鼓励和引导社会力量参与居家养老服务，通过物质和精神的双重激励激发广大群众从事为老服务。“动员乡贤、企业家、知名人士以及企业、单位参与居家养老服务”（张静，2021），通过指定捐赠、冠名捐助、慰问帮扶、挂钩结对等方式为农村居家养老服务增加活力。

3. 工作成效

近年来，洞头区老年助餐服务从实际需求出发，在保障重点群体的基础上，丰富养老服务内涵，使养老服务成为基层社会和谐治理的重要组成部分。老年人助餐服务受益群体日益扩大，相关做法在民政部微信公众号、中国广播之声中报道。取得的成效主要有：

（1）农村老年人用餐刚需得到保障，老年食堂长效运行。

老年爱心食堂建设主体为村居委员会或街道（乡镇），重点保障本村（社区）高龄、失能、失智、五保、低保、低边、空巢、独居等困难老人。自2009年第一家老年爱心食堂开设以来，已建成各类老年食堂38家，平均每天接待用餐老人达到2000余人次。通过分类设立老年食堂、确定成本指导价等手段控制食堂运营成本，扩大受益群体覆盖面。结合老人实际需求及社会发展实际，不断完善老年食堂扶持政策，将“80周岁以上老人享受一元用餐补助”转变为“政府根据用餐人数、用餐时间等因素精准补助”，通过政府适当补助撬动社会力量参与的杠杆，减轻食堂运营负担，确保长效运营。

（2）社会力量广泛参与助力服务，敬老孝老氛围日益浓厚。

发动党员、志愿者等力量参与助老服务并形成制度，建立困难老人关爱机制，确保“老有所助、弱有所扶”。先后培育了海霞妈妈志愿服务队、微动立志愿服务队、百岛长者社工服务中心等社会组织，全方位参与为老服务，注重对敬老、爱老先进典型的挖掘。

（3）围绕中心工作，发挥养老服务在基层和谐治理中的重要作用。

洞头区农村养老服务紧紧围绕“海岛振兴”及促进服务业健康发展等中心工作，通过用心服务老人、激发老人活力、发动老人参与社会治理等方式，使乡风、民风淳朴发展，爱老敬老蔚然成风，社会和谐治理永续发展。洞头区连续十五年达到浙江省平安建设标准，并于2020年4月获得浙江省首批一星“平安金鼎”。已建的76个居家养老服务照料中心中35个与企业结对，为老年人提供轻体力劳动岗位，从业人员达到150余人，实现了“劳养结合”，延缓了老年人身体机能衰退时间，促进家庭和社会和谐发展。

4. 经验启示

农村养老不同于城市养老，应在充分尊重农村老人养老实际需求的基础上，从吃、助、医、融、孝等方面着手，真正提升农村老年人的养老服务水平。相关工作的启示主要包括：

（1）以老年食堂建设为基础，完善农村居家养老服务体系。

一要丰富老年食堂内涵，凝聚老人情怀。通过老年爱心食堂建设及推广，逐步解决高龄、家庭困难、独居、孤寡等老人吃饭问题。建立老年人互帮互助机制，增进老人情感交流，减少意外事故发生。

二要保障重点群体，开展送餐服务。针对行动不便的老人，有偿开展营养餐配送服务，减轻失能老人家庭赡养负担。结合送餐服务，建立“叩门探望”机制，及时掌握独居、空巢、孤寡等老人生活身体情况，减少突发事件发生。

三要培育示范点，促进农村居家养老服务水平提升。加大政策扶持和资金保障力度，因地制宜引导村居着力培育功能辐射型、家园融合型、医养结合型等适合农村实际的居家养老服务照料中心，提升农村居家养老服务水平。

（2）以互助养老为根本，深化农村养老服务内涵。

一要构建互助服务网点。以村为单位，设立为老服务网格，形成老年人互帮互助格局，定期开展邻里互助、串门走访、情感交流等活动，有效化解老年人意外事件发生的风险。强化社会参与，深化时间银行和志愿服务时间登记制度，实现服务常态化和可持续化。

二要建立困难老人关爱机制。村委会发挥主体责任，对空巢、孤寡、独居等老人开展关爱活动，提升特定群体老人的幸福感和获得感。

三要培育社会组织。按照每村至少有一支为老服务社会组织的要求培育和引导社会组织开展专业的为老服务，在满足老年人基本需求的基础上进一步培育养老服务市场，形成农村养老服务供需平衡的格局。

（3）以医疗服务提升为重点，完善农村养老健康服务保障。

一要开展医养合作，延伸服务触角。促进医疗卫生服务向居家老年人延伸，以家庭责任医生签约服务形式提供上门医疗卫生服务，建立老年人健康信息档案，实现与专科、综合医院转诊。

二要搭建服务平台，实现数据共享。搭建区乡村三级信息服务平台，提供紧急呼叫、家政预约、健康咨询等服务。通过养老及健康综合服务平台，将政府、医疗机构、老年人及其家庭等多元主体紧密连接在一起。

三要以物联网技术为突破，实现老人安康保障。以“互联网＋物联网”理念，加快智慧医疗应用开发，配置电子传感卡片，老人生病可通过服务终端呼叫、一键求助，及时就诊。

（4）以老人情感融合为目标，丰富农村养老服务需求。

一要搭建农村幸福院平台。以村为单位，整合农村集体房产或个人闲置房产，建设农村幸福院，重点解决空巢、独居、行动不便等老人的集中照护问题。

二要鼓励家庭式养老方式。对于子女外出的独居老人，通过委托邻居照顾的方式解决就近养老问题。

三要引导老年人参与力所能及的劳动。依托居家养老服务照料中心、文化礼堂等平台，由村或乡镇为主体，加强与企业合作，引入来料加工类项目，引导有劳动能力的老人参与劳动，既延缓老年人机体衰退进程，又促进老年人之间的情感交流，适当增加老年人经济收入。

（5）以督促子女尽孝为核心，提升农村养老服务本质。

一要督促赡养人履行赡养义务。村委会要督促子女按照《中华人民共和国老年人权益保障法》的内容履行赡养义务，对外出人员，要督促其定期返乡探望老人或通过手机、电脑等渠道与老人进行情感交流。

二要强化对不履行赡养老人行为的惩处。要建立孝亲敬老红榜和虐待老人黑榜制度，及时对不履行赡养义务的人员进行惩处，在村集体经济分配、文明户评选、单位录用审查等方面予以限制。

三要建立正面的宣传引导机制。加大对孝亲敬老、敬老爱老先进人物、先进事迹的宣传，促进全社会敬老、爱老、助老氛围的形成。

（五）分配物品案例三：浙江省温州市案例

1. 案例背景

本案例相关数据及资料内容来源于温州市民政局等相关部门，以及新华网、温州网等相关网页。[1]

近年来，平阳县老年人口持续快速增长，呈现增速快、空巢化趋势，加快迈入超老龄社会。按户籍人口统计，截至2015底，该县老龄人口达148860人，占全县人口16.87%，其中65岁以上人口达99542人，占比11.28%，80岁以上高龄老人达到2万人以上。60岁以上人口占比在过去五年大约以平均0.4个百分点增长，预计到2021年全县老年人人口占比将达到18.87%，这意味着将近5个人中就有一个老年人，老年人口社会抚养负担进一步加重，将给该县经济社会发展带来严峻挑战。

2. 主要做法

打造多维度支撑的老年人供餐服务良性生态体系是解决当下、立足长远的必经之路。从老年人日常实际供餐需求出发，以政府主导、市场驱动、社会参与、全民行动、家属重视的方向，以弘扬孝亲敬老、养老助老优秀传统文化，实现不分年龄，人人共建共享的原则打造此体系。“三个中心一个平台”即数字指挥中心、食材配送中心、居家照料中心、智慧为老“方便吧”平台。

---

〔1〕温州市民政局：http：//wzmz. wenzhou. gov. cn/art/2018/11/19/art_ 1213022_ 25304656. html；新华网：http：//www. xinhuanet. com//caipiao/2017 - 10/30/c_ 1121876439. htm；温州新闻网：http：//news. 66wz. com/system/2018/10/17/105120594. shtml。

（1）养老供餐数字指挥中心。以现有妈咪家会议室（80 平方米）省级养老供餐数字指挥中心，对全县老年人就餐数据采集、日常生活购买、子女关注互动、日常基础体增检测、日常家政服务、第三方为老服务公司点评等一系列为老服务大数据智能分析呈现，设立老年人公共服务客服平台即应急求助通道。

（2）县级食材配送中心。平阳县育农农业科技有限公司已建设集农产品分拣、净菜生产流水线、全自动气调包装、检测中心、冷链仓储为一体的农产品加工中心（占地面积约 3500 平方米），对全县各种居家养老中心提供净菜配送上门服务，同时收购定向低龄老人种植的农作物。

（3）居家养老照料中心。以村集体名义通过改造升级，以老人助餐为基础，其他为老服务为共建，日常基础体增检测等为老服务为公益，市场化方式向全村群众提供净菜、日常生活品等生活业态类的便捷有偿经营，产生的部分利润来填充本村困难老人的衣、食、住、行，形成良好长续机制，真正体现养老为老、人人参与、共建共享。

（4）“方便吧”智慧平台。以温州方便吧网络科技公司专业团队专属开发为老服务线上平台，实行以助餐为根本，其他为老服务逐步融入的智慧点单服务平台。方便子女线上远程点单，老人线下居家照料中心服务的养老新格局，初步设定为 12 大板块，板块内容包括餐饮美食、生活超市、家政服务、托养服务、临终服务、康复医疗、创业就业、公益帮扶、旅游咨询、政策信息、老有所乐、远程关爱。

3. 组织实施

明确各级政府领导、部门的责任落实是本体系成败的关键，政府、村集体、企业三位一体形成协同有效的工作机制是这体系的重要保障，责任明确、分工详细、奖惩分明，建立有效鼓励机制。

（1）体系架构。以政府引入第三方平台公司（温州方便吧网络科技公司）为载体，以年限维护服务项目形式购买，审查整合各养老为老第三方专业服务公司入驻平台，给各村老人提供一站式便捷服务，开展以居家照料中心为主的养老为老服务。

（2）分工落实。以政府为主导，村居照料中心为主体，企业为依托，市场为驱动，公益为辅助，多方联动推进落实。

第一，县级及以上政府：

A：制定试点补助政策，包括供餐对象补贴、村集体运营补贴、中心提升打造、县级配送中心打造、数字指挥中心建设、第三方运营公司补贴。

B：成立领导工作小组，制定网格化责任制，包括县级、镇级、村级责任制。

C：协调各机关部门，丰满体系建设，包括组织部、农业局、商务局、市场监督管理局、妇联组织、金融机构等。

第二，乡镇政府：

A：制定试点补助政策，包括供餐对象补贴、村居照料中心提升打造、村集体运营补贴、第三方运营公司补贴。

B：落实网格化责任制、制定宣传推进方案，包括组织以村集体为单位实施宣传、评比、社会公益组织参与，定向种植帮扶等辅助提升事项。

C：选定试点中心，包括具备市场化运营空间，养老为老服务氛围浓厚的村居，不低于10个，不超20个。

第三，村居：

A：落实网格化责任制，包括以村两委主要负责人为主，按具体事项、时间强抓落实。

B：发动全村人员人人参与的氛围，包括老人子女系统登记、推荐有能力合适的中心实际运营人，创造各种机会宣传。

第四，村居照料中心：

A：公益为老服务，包括公益体增检测（血压、体温、体重、身高），线下帮扶下单、上门帮扶下单、困难老人上门送餐送物、政策宣导、老年人信息回馈子女。

B：数据采集帮扶，包括老人系统登入注册、村民下单注册、售后调查、服务平台推广。

C：有偿经营项目，包括熟制老人餐烧制、全区域净菜售卖、食油调料、生活日用品售卖、为老服务第三方公司销售佣金。

第五，平阳县育农农业科技有限公司：

A：县级净菜配送中心打造，包括定向种植、规范生产标准建设、安全配送方案、食材源头追溯体系。

B：中心品牌升级打造，包括中心整体VI设计、加盟体系制定、中心硬件设施建设、中心文化打造、中心制造标准化打造、人员培训。

第六，方便吧网络科技公司：

A：县级数字指挥中心建设，包括APP智能养老平台开发，以家属子女全程掌控，线上线下同步交易、数字化运营（包含熟餐、净菜、粮油调料、日用品、家政服务、助老设备租赁、旅游、医疗、临终服务、远程监控交流、应急救助、公益募捐、政策发布、文体建设、培训、在线咨询、企业帮扶、义工义社）；数字指挥中心建设（包括各种数据采集、汇总、动态展示、智能分配、分析，数据传递、数据接口对接、在线解答、应急对接处理、第三方公司接入）。

B：中心终端智能打造，包括终端点单系统、公益体增测量接入，中心人员培训、日常维护。

各方应相互协调合作，同心协力做好此项工作的落实。

4. 工作成效

（1）差异化定价为长续发展提供保障。老年公益餐每位收费8元，主打“每星期不重样”的口号，为老人用餐提供安全及营养保障。惠民餐每位收费12元（向全社会开放的低价营养餐），体现市场化特色，为长续经营提供保障。通过“个人掏一点、企业让一点，政府补一点，慈善捐一点”的多方支撑，多元参与方式，拓宽资金保障渠道，让老年人愿意吃，吃的好，让企业愿意运营，能运营，既满足老年人的需求，又兼顾助餐企业利益，实现助餐企业利益，实现助餐配餐互利共赢，可持续发展。

（2）引入阳光厨房理念。妈咪家引入阳光厨房理念，于居家养老照料中心设置厨房监控摄像头，让每个用餐人员及其亲属皆可实时监看厨房卫生及操作，真正做到食品安全了然于心。

（3）净菜配送服务满足不同层次、不同需求的老年群体。平阳县育农农业科技有限公司利用自身的食材溯源基地资源，为老人提供低于市场价的蔬菜肉类等净菜配送服务，满足多样化的用餐需求。

（4）反哺农村，实现创收。面向农业集体合作社或自栽自收的老年群体进行农产品（蔬菜、肉类）收购；从传统服务商辐射到服务个体（村姑等），在实现养老服务业年均1亿元创收的同时，更为农村待业群体提供了就业创收机会，直接带动农村创业就业至少10000人。

5. 经验启示

以村庄为依托，将居家养老做实做细。村庄是农村老人获得养老资源的最重要载体。一是要借助熟人社会、乡土文化的力量，让老年协会等民间组织发挥力量，同时培育和发展志愿服务队伍；二是链接和整合乡村闲置资源，加强农村地区养老服务的相关基础设施建设，满足老年人在吃饭、休闲等方面的基础养老需求；三是关注农村老人的精神文化需求，不断丰富老年人精神文化生活（李越，2020）。

（六）分配物品案例四：宁夏回族自治区案例

1. 案例背景

本案例相关数据及资料内容来源于宁夏回族自治区民政局等相关部门，以及中央人民政府门户网站、新华网等相关网页。[1]

宁夏现有农村老年人35.26万人，占老年人口的37%，其中，农村留守老人3265人，散居孤寡老人4091人。该区每年赴外务工创业人员较多，农村留守等老人大多年事已高、身体欠佳、无人照顾，特别是受农村“不离乡、不离土”传统生活习俗的影响，农村特殊困难老年人的就餐、生活照料、心理慰藉等突出问题已然成为社会兜底、社会保障的主要课题。对此，该区积极探索农村养老服务新模式，创新实施农村老饭桌建设项目，从2015年开始逐年建设农村老饭桌项目并列入民生计划，目前农村老饭桌已达568个，每个农村老饭桌建筑面积100平米左右，使农村留守、孤寡等困难老人定点定时吃上热乎饭，并提供日间照料、心理慰藉等服务。目前，该区农村养老服务设施覆盖率已达到82%，有效满足了农村老年人基本养老服务需求。

2. 主要做法及成效

农村老饭桌既有政府养老的特征，又有居家养老的性质，契合了传统养老习俗，实现了“为父母解忧、让儿女放心、促和谐社会”的目标，成为社会保障的“压舱石”。

（1）创新机制，构建农村养老服务新体系。

各地积极探索总结出农村老饭桌“12345”的工作机制。一是条件成熟的县区成立一个老饭桌慈善基金，以社会捐助资金为初始启动资金，每年产生的

---

〔1〕宁夏回族自治区人民政府：http：//www. nx. gov. cn/zwxx_ 11337/sxdt/201907/t20190716_ 1607408. html；中央人民政府：http：//www. gov. cn/xinwen/2018 - 12/14/content _ 5348881. htm；新华网：http：//www. xinhuanet. com/2018 - 12/14/c_ 1210015772. htm；百度网：https：//baijiahao. baidu. com/s? id = 1656296559383501423&wfr = spider&for = pc；固原日报网：http：//szb. gyxww. net/html/1/2020 - 07/21/4/202007214_ pdf. pdf。

收益均用于老饭桌的运营补助。

二是成立专业化社会组织，如泾源县成立两个专业管理协会，一是县老年慈善协会，主要负责农村老饭桌社会资金的募集和运营；二是村级老年协会，主要负责就餐老人的评定和农村老饭桌的日常管理。

三是发挥三支队伍功能，即老饭桌服务员负责基本就餐服务；村卫生保健员负责基础卫生保健；村老年协会管理员负责日常运营及管理。

四是健全四项档案，即每个农村老饭桌建立健全个人基本信息等管理档案。

五是服务五类重点老年群体，即为农村留守、孤寡、特困、残疾、建档立卡等老年群体提供就餐等服务，努力实现农村特殊困难老人“老有所帮、老有所助、老有所安”。[1]

（2）强化保障，优化农村养老服务新环境。

按照“政府引导、乡村兴办”的工作思路，全力推进农村老饭桌建设与运营管理。一是坚持规划先行。该区前期在充分调研论证的基础上，制定农村老饭桌建设项目规划方案，统筹推进全区农村老饭桌建设，做到统一标准、统一步骤、统一实施。各地成立了以政府分管领导为组长的工作领导小组，坚持规划引领并将农村老饭桌建设纳入当地目标责任考核，层层压实责任，形成了齐抓共管的工作格局。[2]

二是健全制度保障。自治区制定了《宁夏回族自治区农村老饭桌管理暂行办法》，对农村老饭桌建设、管理、运营、扶持、监督等方面做出了明确要求。各地老饭桌运营主体相应“制定了食品安全、资金管理、信息公开等制度，明确了对象、内容、权利义务等，对老饭桌的支出、就餐情况每天登记，月月汇总公示，自觉接受群众监督”。[3]

三是实行定期监督管理。各地健全完善农村老饭桌管理运营办法和分级管理考核细则，实行按月督查通报制度，并与乡村两级责任人员经济待遇挂钩。

---

〔1〕 资料来源：《固原日报》，《履行民政职能 决胜脱贫攻坚》，http：//szb. gyxww. net/html/1/2020 - 07/21/4/202007214_ pdf. pdf。

〔2〕 资料来源：《固原日报》，《履行民政职能 决胜脱贫攻坚》，http：//szb. gyxww. net/html/1/2020 - 07/21/4/202007214_ pdf. pdf。

〔3〕 资料来源：《固原日报》，《履行民政职能 决胜脱贫攻坚》，http：//szb. gyxww. net/html/1/2020 - 07/21/4/202007214_ pdf. pdf。

固原市创新引入农村老饭桌星级评定管理机制，促进规范运营。[1]

（3）传承美德，倡导农村养老服务新风尚。

老饭桌搭建了政府引导和社会帮扶的平台，成为弘扬孝道、传递亲情、传播正能量的有效载体，营造了尊老、敬老、爱老的浓厚氛围。各地积极探索建立全新的孝亲敬老机制，将农村老饭桌服务与子女尽孝道挂钩，由村老年协会与老年人及其子女签订孝亲敬老协议，要求老人的子女需定期回村看望老人，并为老人提供力所能及的生活帮助。发挥先进典型的引领示范作用，大力开展“好媳妇”、“好女婿”等先进评选活动，进一步强化了道德底线，增进老人与子女之间亲情、感情。目前，“常回家看看”已经成为农村年轻人的口头禅，“尊老尽孝”新风尚蔚然成风。

（七）分配服务案例一：山东省德州市庆云县案例

1. 案例背景

本案例相关数据及资料内容来源于庆云县民政局等相关部门，以及搜狐网、东方网等相关网页。[2]

庆云县东辛店镇卫生院建于2009年，是政府创办的公益事业单位，集医疗、预防保健、中医康复理疗、健康教育、特色医养为一体的现代信息化综合性医院。

卫生院坐落在庆云和乐陵交接点，毗邻315省道，是庆云的西大门。东辛店镇卫生院始终坚持“以人为本”的特色发展观，践行以“病人”为中心，以“质量”为核心的服务理念，不断深化医院改革，加大科学管理力度，提高医疗服务质量，展示行业文明新风，推动和促进实践便民、高效、廉洁、规范的服务宗旨。先后获得了“全国敬老文明号”“山东省医养结合示范单位”“德州市医养结合示范单位”等荣誉称号。2019年12月东辛店镇卫生院—“坚定服务理念、创建医养服务新模式”入选国家卫生健康委员会发布全国

〔1〕资料来源：《固原日报》，《履行民政职能 决胜脱贫攻坚》，http://szb.gyxww.net/html/1/2020－07/21/4/202007214_ pdf. pdf。

〔2〕齐鲁网：http://dezhou.iqilu.com/dzminsheng/2016/0319/2724566.shtml 网易新闻网：http://sd.news.163.com/19/0720/09/EKH305SL04378ENJ.html；搜狐网：https://www.sohu.com/a/416942022_ 711562；东方网：http://news.eastday.com/eastday/13news/auto/news/china/20191213/u7ai8969080.html；德州新闻网：http://www.dezhoudaily.com/p/1524993.html。

200 例医养结合典型经验名单。

2. 主要做法

（1）探索“医疗与特色养老联动”管理模式。

庆云县东辛店镇卫生院积极探索机构养老服务途径，自 2015 年重阳节以来，启动了以病房楼为基础改建的老年医养中心项目，并成功总结出两个模式：一是“医疗机构新办养老机构”，二是“养老机构 + 医疗服务整体外包”。

庆云县东辛店镇卫生院自建成以来，由于距离县城近、周围村庄少、医疗服务基础差等原因，一直处于亏损状态，为改变现状，于 2015 年 6 月启动医养结合项目。将院内病房楼改建成养老区和住院区，率先走医养结合“两院一体”模式，并在当年承担了庆云县医养结合的试点工作。改建完成后，养老区设置养老床位 50 张，2015 年年底成功入住 12 位老人。

用“小创新”助推“大发展”。本着“走出去，请进来”的学习原则，提高护工人员业务技能和专业水平，选派拔尖人才到省级医院进修学习，开拓医疗资源与养老资源相结合，实现社会资源利用的最大化。由于入住老人身体状况和心理状态存在着差异，为提高服务质量，提升老年人幸福感指数，庆云县东辛店镇卫生院开创个案管理和归类管理的方法。建立动态健康状况评估制度，对入住老人进行定期评估，定性、定量测量入住老人的照顾能力，从而分配照顾任务，发挥老人自主能力，提升老人个人人生价值的同时，营造了互帮互助、相亲相爱的“家”的氛围。

“养老机构 + 医疗服务整体外包”型医养结合，是一种向其他机构嵌入式提供医疗服务的模式。东辛店镇卫生院医养中心项目稳步有序推进的同时逐渐成饱和状态，东辛店镇卫生院为求更高层次发展，突破自我，成功创建“医托养”模式。2018 年 6 月，东辛店镇卫生院与庆云县幸福苑养老服务中心签订托管协议，成立东辛店镇卫生院东院形式入驻幸福苑养老服务中心。庆云县常家镇幸福苑养老服务中心占地 20 亩，设计住养床位 206 张，住养老人 102 人，其中政府供养的鳏寡孤独老人 32 人。“养老机构 + 医疗服务整体外包”型医养结合项目稳步有序推进了“农村养老”工作，得到了政府的认可，获得了人们广泛的赞誉。

（2）开发“居家养老 + 智能养老”的医疗服务模式。

东辛店镇卫生院辖区居民 65 岁以上的老年人有 2804 人，入户体检时发现，生活不能自理的失能老人生活条件很差，因病卧床或者因为生理功能改失卧床后，由于没有专业人士指导，衍生出很多问题，严重影响了老人的生存质量和期望寿命。最常见的比如压疮、便秘、尿潴留、三管置换等必要医疗服务根本无法满足老人需求，家属不具备专业医疗知识，乡医对于这些技能也的掌握程度有限，加上治病不断往返医院和家庭之间，给老人的家庭带来很大的困难，经济承受能力差也局限了老人对入住机构养老的选择。

东辛店镇卫生院为了解决这些问题，让居家养老和社区养老的居民都享受到医养结合服务，依托靠近居民小区的优势，积极开发居家养老和智能养老的医疗服务模式，培训乡医和家庭医生团队养老护理服务技能，为居家失能失智老人提供居家服务。在 2019 年下半年启动“培训乡医和家庭医生服务团队养老护理基本技能”计划，使他们能够掌握居家养老护理技能，采取卫生院购买服务的方式给重度失能老人每周做一次专业医疗护理服务，为辖区失能老人提供上门医养结合服务。

（3）统筹“国道中医＋护理养老”健康保障模式。

中医疗法，可以有效保障入住老人身体健康，为此东辛店镇卫生院大力发展传统服务中医，以安全、奇效之力，造福一方百姓。坚持养老与治病相结合，将中医药养生保健理念融入养老和医疗全过程，利用中医药技术全面提升老年人身心健康和医疗保障。

中医药服务和以中医为基础的医养结合服务，已成为东辛店镇卫生院特色。2017 年东辛店镇卫生院医养结合项目已基本成型，紧密型“两院一体”模式也得到成功实施。基本养老、安全防范、医疗护理和急救预案等 24 项工作制度也得以完善，适合基层卫生院的老年人住院指征逐渐明确，住院医保问题和医保主管部门达成共识，截至 2017 年下半年，东辛店镇卫生院入住率已经达到了 100%。医养中心的医疗收入突破 20 余万元，收支达到良性循环。

（八）分配服务案例二：上海市奉贤区案例

1. 案例背景

本案例相关数据及资料内容来源于奉贤区民政局等相关部门，以及搜狐网、东方网等相关网页。[1]

---

〔1〕 民政部：http：//www. mca. gov. cn/article/xw/mtbd/202101/20210100031563. shtml 搜狐网：https：//www. sohu. com/a/442638481 _ 120207619；东方网：http：//shzw. eastday. com/shzw/G/20190912/u1ai12828012. html；百度网：https：//baijiahao. baidu. com/s? id = 1652797148040574447&wfr = spider&for = pc。

奉贤区作为上海远郊区，老龄化程度严重且农村老年人占比非常高，但养老机构、社区日托等养老资源难以覆盖农村偏远地区，使得农村老年人在生活照料、精神慰藉等方面的诸多需求难以满足，面临着人口老龄化和农村偏远地区养老服务发展不平衡的双重矛盾。为此，奉贤区将宅基地盘活与农村公共服务建设融合，探索宅基睦邻点建设，为区域内老年人提供助餐、学习、联谊、休养、议事、健康保健及文化娱乐等服务，满足城市远郊地区农村老年人“原居地”养老的需要。[1]

2. 主要做法及成效

奉贤区以农村老年人实际养老需求为导向，探索建立“政府牵头、社会赞助、村委负责、老年自愿”的机制，充分利用农村地区闲置宅基房屋，进行基础设施“再改造”，逐步形成了颇具奉贤特色的宅基睦邻“四堂间”农村社区居家养老服务新模式。[2]

（1）突出精准化，“四堂”设计探索1.0版。

奉贤区结合当地养老服务水平和本地农村老年人传统养老观念的实际情况，探索推出宅基睦邻“四堂间”，为农村地区的老年人打造“吃饭的饭堂、聊天的客堂、学习的学堂和议事的厅堂”。

一是便民饭堂，实现小圈子用餐。“四堂间”设置厨房、餐间，配备消毒柜、冰箱、净水器等设施设备，为农村老人提供荤素搭配、营养美味的午餐。对卧床、行动不便或临时有突发情况的老年人，工作人员还会提供上门送餐服务，满足老年人的不同需求。

二是休闲客堂，实现小邻里联系。“四堂间”的设置为邻近的老年人提供一个相互沟通交流的温馨场所，邻里关系更加和睦，乡情乡音更聚人心。

三是快乐学堂，实现小班化学习。针对农村老年人的特点，在师资配备上以本地人为主，授课的选题上以图文、故事、视频等老人易于理解的方式为主，为老人开展惠民政策宣讲、健康养生咨询、安全防范讲座等课程学习。

四是自治厅堂，实现小区域议事。通过对涉及本宅基土地征用或流转方案、宅基地建设使用方案、老年人综合津贴发放等村民关心的热点、重点问题

---

〔1〕 资料来源：《中国民政》，《上海奉贤区 打造“四堂间”养老服务新模式》，http：//www.mca.gov.cn/article/xw/mtbd/202101/20210100031563.shtml。

〔2〕 资料来源：《中国民政》，《上海奉贤区 打造“四堂间”养老服务新模式》，http：//www.mca.gov.cn/article/xw/mtbd/202101/20210100031563.shtml。

进行讨论、发表意见，参与村委决策，保障老年人的知情权、参与权、决策权，使“四堂间”成为农村老年人议事和自治的重要平台。”[1]

（2）突出规范化，星级评价打造2.0版。

2018年起，奉贤区着重加强对“四堂间”服务形式的探索，进一步规范睦邻“四堂间”的运营管理，提升服务质量。

一是制定基本标准。研究出台《奉贤区扶持农村宅基睦邻“四堂间”发展实施方案》，推出“四堂间”创建和运营的基本标准，明确每个点位的服务半径原则上以6个村民小组为主，每个点位的服务对象不少于50人；建筑面积不少于60平方米，设有厨房、餐间、客堂、卫生间、室外活动等场所。按照标准要求创建并通过验收的“四堂间”新创建点位，给予一次性创建补贴5万元；按照标准要求运营并通过考核的“四堂间”，每个点位给予每年5万元的运营补贴。

二是明确评估办法。出台《奉贤区农村宅基睦邻“四堂间”创建和运营评估办法》，结合国家和市有关机构养老和社区养老标准方面的具体规定，从“四堂间”基本硬件建设状况、设施配备状况和选址的合理性三个方面规定创建的评估标准和具体指标；从四堂功能、日常管理、服务状况、安全保障、助餐服务、多元主体参与六大方面规定运营的评估标准和具体指标。

三是开展星级评价。结合创建评估和运营评估结果，对睦邻“四堂间”开展星级评价，划分合格、三星、四星、五星4个等级。根据定期检查和评估情况动态，相应调整星级评价结果，并对不同的星级等级状况给予相应的奖励资金，鼓励村级组织和其他社会组织更积极地参与“四堂间”的建设和运营。”[2]

（3）突出多元化，社会参与迈向3.0版。

以推进“互联网+三社联动”工作为契机，积极引导社会组织参与“四堂间”的运营管理，通过整合资源，将医疗、服务、文化元素注入“四堂间”，着力建立“志愿帮扶、邻里守望、乡情关怀”的新型邻里关系。

一是社会力量参与。积极引入第三方社会组织上海新途社区健康促进社，对首批试点的50家“四堂间”进行专业化运营管理。建立健全“堂长制”，

---

〔1〕 资料来源：《中国民政》，《上海奉贤区 打造“四堂间”养老服务新模式》，http://www.mca.gov.cn/article/xw/mtbd/202101/20210100031563.shtml。

〔2〕 资料来源：《中国民政》，《上海奉贤区 打造“四堂间”养老服务新模式》，http://www.mca.gov.cn/article/xw/mtbd/202101/20210100031563.shtml。

每间“四堂间”招募一批“堂主”、健康大使、文娱大使、自治大使，并由专业社工定期召集堂主和大使团队聚会，开展专题培训。

二是课程设置新颖。由第三方团队配送的手指操、健康舞、凳之舞等广受欢迎，防跌倒训练、记忆力训练、智力训练等课程也让老年人受益匪浅。各村还结合本村老年人的兴趣和需求设置特色课程。

三是服务项目多样。村民志愿者为出行不便的老年人代缴水电费、电话费，定期安排理发、修皮鞋、配钥匙、修理小五金等便民服务。社区卫生服务中心定期为老年人开展量血压、测血糖、健康咨询等服务。社区文艺团队等每季度开展文体活动，进行主题汇演，大大丰富农村老年人的生活。“四堂间”成为代办事务、便民服务、义诊等志愿服务的有效载体。”[1]

目前，奉贤已累计创建“四堂间”422 家，服务老年人 9000 余人。2019 年 12 月，奉贤区农村睦邻“四堂间”成功入选首批 18 个全国农村公共服务典型案例。

三、案例分析

在本章的案例分析部分，分现金、物品和服务三个方面，具体描述上述八个典型案例的主要特点，分析不同分配内容下各种农村贫困老年人照护服务模式的优势与可能存在的不足。

（一）分配现金模式

关于农村贫困老年人照护服务分配现金模式，本章选取了广西省钦州市探索农村“以房养老”模式和云南省昆明市晋宁区探索农村“以地养老”模式两大典型案例进行分析。

案例一是广西省钦州市探索农村“以房养老”模式。该案例最大的特点是政府直接出资盖房，贫困户以房养老。对符合规定标准的住房困难的分散供养特困人员，通过配租公共租赁住房，发放住房租赁补贴，整合本市财政补助资金、上级倒房重建资金和农村危房改造资金新建或维修住房等方式给予住房救助。该模式最大的优势在于通过实施“以房养老”新模式，一方面可以大大改善散居特困老人的居住条件，提升他们的生活质量；另一方面可以采取房

[1] 资料来源：《中国民政》，《上海奉贤区 打造“四堂间”养老服务新模式》，http：//www.mca. gov. cn/article/xw/mtbd/202101/20210100031563. shtml。

产继承的方式，激励散居特困老人亲属或村民对其生活照料服务的热情，解决散居特困老人的后顾之忧；同时，也减轻了民政部门和乡镇政府集中供养的工作压力，一举多得。其可能存在的不足主要是“以房养老”模式主要解决了特困老人养老的基本资金问题，但是对老年人的其他养老需求关注不够，例如生活照料、医疗保健、精神慰藉等方面的服务供给仍有缺失，另外房产继承转让时可能会出现纠纷。

案例二是云南省昆明市晋宁区探索农村“以地养老”模式。该案例最大的特点是地租支撑，探索“以地养老”模式。党委引领，整合土地增收益，土地整合后，土地租金得到升值，加上集体分配，用租金赡养老人绰绰有余。该模式最大的优势在于更新了农村养老观念，提高了老年人生活质量，分担了家庭照管老人之忧，促进村民致富。孙家坝村“以地养老”属全省首创，有了稳定的收入来源，农村老年人的生活质量得到提高，老年人及其子女获得感、幸福感、安全感显著增加。其可能存在的不足主要是整合土地困难重重，后续土地收益能否持续存疑，并且需要政府投入巨额经费支持，每家每户土地相当零碎，农村老年人由于受固有传统观念影响，参与“以地养老”意愿普遍偏低。

（二）分配物品模式

关于农村贫困老年人照护服务分配物品模式，本章选取了福建省泉州市“免费午餐”平台、浙江省温州市洞头区老年食堂建设、浙江省温州市方便吧农村老年人供餐服务体系和宁夏回族自治区农村老饭桌筑牢社会保障“压舱石”四大典型案例进行分析。

案例一是福建省泉州市“免费午餐”平台。该案例最大的特点是借力慈善，选出管家，推行互助养老与“自我”养老，半耕半读，增设分点，推动快乐养老与家门口养老。发动乡贤、社会慈善组织等开展捐资帮建活动；推荐德高望重、热心公益事业的老人担任居家养老服务站负责人，落实“免费午餐”管理、“老人服务老人”等日常事务。该模式最大的优势在于建立老年人之间的互助关系，主要面向特殊困难老人，解决了资金难、管理难的问题，充分调动与利用社会组织、农村老年人的力量，减轻了政府财政压力与工作负担，较好地满足老年人多元化养老服务需求。其可能存在的不足主要是“免费午餐”模式制度化、规范化建设仍需进一步加强，调动老年人参与互助养老、自我养老的积极性较难，需要进一步重视厨房管理制度、老年人营养与膳食指南、食品安全与卫生等方面的制度建设，规范“免费午餐”运营。

案例二是浙江省温州市洞头区老年食堂建设。该案例最大的特点是以智慧食堂建设为突破，坚持智能服务，提升老年食堂管理水平。一是建成“e养食堂”智慧系统，实现数据化管理，及时掌握各老年食堂运营情况。二是提供线上点餐服务，方便异地居住子女为父母在线点餐，提升助餐服务有效供给能力。三是实行资金线上、线下共管，依托智慧养老系统，加强资金使用监管，对资金使用严格在老年食堂和智慧系统上进行公示。该模式最大的优势在于助餐形式多样化，引入智慧管理平台和统一的食材配送中心，实现老年食堂智能化管理，大大提升了管理效率与水平。同时，洞头区以老年食堂建设为载体，坚持政策助力，增强老年食堂运营保障能力；以社会广泛参与为重点，坚持爱心接力，激发社会爱老助老参与热情；以老人需求为导向，坚持价值体现，让农村老人老有所为；以督促赡养人履行义务为核心，弘扬孝亲敬老，提升老年人幸福感。其可能存在的不足主要是支持政策的连续性、可持续性存疑，智慧食堂平台建设对农村老年人的考虑关怀仍有欠缺，不少农村老年人对操作智能系统仍不熟练，仍需进一步优化系统建设，并做好针对老年人的智能平台操作指导与教学工作。

案例三是浙江省温州市“方便吧”农村老年人供餐服务体系。该案例最大的特点是差异化定价为长续发展提供保障，净菜配送服务满足不同层次、不同需求的老年群体。同时开放惠民餐，体现市场化特色，为长续经营提供保障。该模式最大的优势在于以助餐为契机，激发社会爱老助老参与热情。满足老年人多样化的用餐需求，反哺农村，带动农村创业就业。通过“个人掏一点、企业让一点，政府补一点，慈善捐一点”的多方支撑，多元参与方式，拓宽资金保障渠道，既满足老年人的需求，又兼顾助餐企业利益，实现可持续发展。其可能存在的不足主要是方便吧农村老年人供餐服务体系涉及多方合作，包括县级及以上政府、乡镇政府、村居、村居照料中心、平阳县育农农业科技有限公司、方便吧网络科技公司等多个主体，可能出现各方之间难以协调、合作不力的现象，同时社会力量参与不足，主要靠政府推动。

案例四是宁夏回族自治区农村老饭桌筑牢社会保障“压舱石”。该案例最大的特点是健全制度保障、实行定期监督管理。自治区制定了《宁夏回族自治区农村老饭桌管理暂行办法》，对农村老饭桌建设、管理、运营、扶持、监督等方面做出了明确要求。各地老饭桌运营主体相应制定了食品安全、资金管理、信息公开等制度，明确了对象、内容、权利义务等，对老饭桌的支出、就餐情况每天登记，月月汇总公示，自觉接受群众监督。[1] 该模式最大的优势在于强化制度保障，优化农村养老服务新环境。按照“政府引导、乡村兴办”的工作思路，全力推进农村老饭桌建设与运营管理。在监督管理方面，各地健全完善农村老饭桌管理运营办法和分级管理考核细则，实行按月督查通报制度，并与乡村两级责任人员经济待遇挂钩。专业化社会组织参与，提高养老服务专业化水平，营造尊老敬老的浓厚氛围。其可能存在的不足主要是本质上仍然依赖政府的资金投入，持续性存疑。各地老饭桌建设标准不一，农村老饭桌数量仍然不足，农村养老服务设施覆盖率偏低，不能完全满足当地农村老年人的养老服务需求。[2]

（三）分配服务模式

关于农村贫困老年人照护服务分配服务模式，本章选取了山东省德州市庆云县东辛店镇卫生院和上海市奉贤区探索宅基睦邻模式，打造“四堂间”农村互助式养老模式两大典型案例进行分析。

案例一是山东省德州市庆云县东辛店镇卫生院。该案例最大的特点是开发“居家养老＋智能养老”的医疗服务模式，探索“医疗与特色养老联动”管理模式。东辛店镇卫生院让居家养老和社区养老的居民都享受到医养结合服务，依托靠近居民小区的优势，积极开发居家养老和智能养老的医疗服务模式，培训乡医和家庭医生团队养老护理服务技能，为居家失能失智老人提供居家服务。该模式最大的优势在于医养结合从机构辐射到居家。其可能存在的不足主要是医疗专业人才较为欠缺，医养中心的医疗收入仍然较低，收支难以达到良性循环，较大程度上依赖于政府财政支持，运营模式可持续性较差。

案例二是上海市奉贤区探索宅基睦邻模式，打造“四堂间”农村互助式养老模式。该案例最大的特点是包含助餐、学习、联谊、休养、议事、健康保健及文化娱乐多项服务。突出精准化，结合当地养老服务水平和本地农村老年

---

〔1〕资料来源：《固原日报》，《履行民政职能 决胜脱贫攻坚》，http：//szb. gyxww. net/html/1/2020－07/21/4/202007214_ pdf. pdf。

〔2〕资料来源：《固原日报》，《履行民政职能 决胜脱贫攻坚》，http：//szb. gyxww. net/html/1/2020－07/21/4/202007214_ pdf. pdf。

人传统养老观念的实际情况。突出规范化，对四堂间开展星级评价，着力建立“志愿帮扶、邻里守望、乡情关怀”的新型邻里关系。该模式最大的优势在于以奖代补，激活社会资源，引入专业力量，拓展服务范围，让老年人享受多样化、专业化服务。其可能存在的不足主要是需要专业社工参与，可推广性存在难度。针对卧床、行动不便或临时有突发情况的老年人，“四堂间”暂时没有设计并提供相应的养老服务，不能很好满足老年人诸如上门送餐、入户送药体检等服务的需求，养老资源不能覆盖农村偏远地区。

本章基于上述分析结果，绘制分配内容要素下农村贫困老年人照护服务模式一览表，如下表 3－1 所示。

表 3－1　分配内容要素下农村贫困老年人照护服务模式

分配内容	案例	主要特点	优势	潜在的不足
现金	广西钦州市探索农村“以房养老”模式	1. 以房养老 2. 探索搭建照料服务新机制 3. 积极做好农村特困人员的后续服务	1. 改善散居特困老人的居住条件 2. 采取房产继承的方式，激励散居特困老人亲属或村民对其生活照料服务的热情 3. 减轻了政府集中供养的工作压力	1. 只能满足老年人基本的照料需求，其他需求的满足仍然依赖政府 2. 房产继承转让时容易出现纠纷
	云南省昆明市晋宁区探索农村“以地养老”模式	1. 以地养老 2. 党建引领，整合土地增收益	1. 更新了农村养老观念 2. 提高了老年人生活质量 3. 分担了家庭照护老人之忧	1. 需要政府投入巨额经费支持 2. 土地整合存在困难，后续土地收益能否持续存疑
物品	福建省泉州市“免费午餐”平台	1. 借力慈善，推广互助养老 2. 选出管家，推行自我养老 3. 半耕半读，推动快乐养老 4. 增设分点，推进家门口养老	1. 建立老年人之间的互助关系 2. 主要面向特殊困难老人 3. 较好地满足老年人多元化养老服务需求	1. 制度化、规范化建设仍需进一步加强 2. 调动老年人参与互助养老、自我养老的积极性较难

续表

分配内容	案例	主要特点	优势	潜在的不足
物品	浙江省温州市洞头区老年食堂建设	1. 以智慧食堂建设为突破，坚持智能服务，提升老年食堂管理水平 2. 以老年食堂建设为载体，坚持政策助力，增强老年食堂运营保障能力 3. 以社会广泛参与为重点，坚持爱心接力，激发社会爱老助老参与热情 4. 以老人需求为导向，坚持价值体现，让农村老人老有所为 5. 以督促赡养人履行义务为核心，弘扬孝亲敬老，提升老年人幸福感	1. 助餐形式多样化，引入智慧管理平台和统一的食材配送中心 2. 引入社会力量参与，减轻政府压力 3. 需求导向，满足老年人多元化养老服务需求 4. 营造社会孝亲尊老的良好氛围	1. 智慧食堂平台建设对农村老年人的考虑关怀仍有欠缺，不少老年人对操作智能系统仍不熟练 2. 支持政策的连续性、可持续性有待完善
	浙江省温州市“方便吧”农村老年人供餐服务体系	1. 差异化定价为长续发展提供保障 2. 净菜配送服务满足不同层次、不同需求的老年群体	1. 以助餐为契机，激发社会爱老助老参与热情 2. 满足老年人多样化的用餐需求 3. 反哺农村，带动农村创业就业	1. 涉及多方合作，可能出现各方之间难以协调、合作不力的现象 2. 社会力量参与不足，主要靠政府推动
	宁夏回族自治区农村老饭桌筑牢社会保障“压舱石”	1. 健全制度保障、实行定期监督管理 2. 创新机制，构建农村养老服务新体系 3. 传承美德，倡导农村养老服务新风尚	1. 强化制度保障，优化农村养老服务新环境 2. 专业化社会组织参与，提高养老服务专业化水平 3. 营造尊老敬老的浓厚氛围	1. 本质上仍然依赖政府的资金投入，持续性存疑 2. 各地老饭桌建设标准不一
服务	山东省德州市庆云县东辛店镇卫生院	1. 开发“居家养老＋智能养老”的医疗服务模式 2. 探索“医疗与特色养老联动”管理模式	1. 医养结合从机构辐射到居家 2. 将中医纳入医养结合	1. 本质上仍然过度依赖政府支持 2. 医疗专业人才较为欠缺
	上海市奉贤区探索宅基睦邻模式，打造“四堂间”农村互助式养老模式	1. 包含助餐、学习、联谊、休养、议事、健康保健及文化娱乐多项服务 2. 突出精准化，结合当地养老服务水平和本地农村老年人传统养老观念的实际情况 3. 突出规范化，对四堂间开展星级评价	1. 引入专业力量，拓展服务范围，让老年人享受多样化、专业化服务 2. 以奖代补，激活社会资源 3. 鼓励村级组织和其他社会组织积极参与四堂间的建设和运营，提升服务质量	1. 需要专业社工参与，可推广性存在难度 2. 养老资源不能覆盖农村偏远地区

第四章　农村养老服务的输送系统

本章主要依据养老照护服务整合性分析评估框架，从农村贫困老年人照护服务输送系统这一维度出发，分为互助、社会组织、机构和志愿者四个要素，每个要素分别选取两个中国农村贫困老年人照护服务典型案例进行分析，在此基础上，得出各个典型案例的主要特点，并进一步分析该农村养老服务模式的优势与潜在的不足，最终形成可借鉴的经验。

一、理论阐述

社会福利的输送系统。对社会服务输送系统设计的考察主要集中于两个层面的选择：（1）广义的私营化问题，即服务是由政府机构直接提供，还是以签约方式由私人提供者（志愿或盈利机构）间接提供；（2）狭义的商业化问题，涉及营利和非营利提供者之间的选择问题（李强，2015）。基于政府机构在提供服务领域中的一系列缺陷和私营化假定的竞争市场优势，服务安排中的第三方购买取得了长足发展。更进一步，对营利或非营利机构的选择也存在很多争议。营利机构虽然效率相对较高，但其营利动机在道德上却与社会福利的特质水火不容。比较而言，非营利机构就具有一些明显的优势，例如拥有更大的社会责任感，且对服务者的需求更为敏感等。在选择营利还是非营利提供者时，基本问题不是要选择一个完全优越的组织形式，而是在具体条件下决定是营利还是非营利机构能更好地输送服务。

当前我国农村贫困老年人照护服务输送系统主要以农村互助养老为主。在广大经济欠发达的农村地区，贫困老年人照护服务系统比较依赖农村互助养老，外部社会组织的照护作用明显不足。在经济较为发达的地区，近几年来多元化的趋势显著，社会组织、机构和志愿者作为不同输送系统主体均有一定程度的介入，对农村互助养老形式具有明显替代效应。

本章从输送系统的基础这一要素出发，从互助、社会组织、机构和志愿者四个要素选择农村贫困老年人照护服务典型案例进行介绍与分析。

二、案例介绍

（一）互助作为输送系统案例一：湖南省株洲市荷塘区案例

1. 案例背景

本案例相关数据及资料内容来源于荷塘区民政局等相关部门，以及腾讯网、百度网等相关网页。[1]

荷塘区总面积 143 平方公里，总人口 29.64 万人，60 岁以上的老年人约 5.1 万人，人口老龄化程度达 17%，其中农村老年人口 0.92 万人。近年来，荷塘区将优化养老服务工作纳入“幸福荷塘”系列民生行动，作为区委重点工作推进，该行动取得一定成效并在全市复制推广。特别是在推进居家养老服务的过程中，采取政府购买服务的方式，为城区特困老人提供 200－400 元/月的居家养老服务补贴，让 127 名城区特困老年群体享受到了更为专业的居家上门养老服务。

然而，这一举措在农村地区推进时，由于“农村地处偏远、居住不集中、服务半径长，存在养老服务配送上门难的问题”。[2] 为破解这一难题，荷塘区于 2019 年探索实施了“友邻帮”农村互助养老服务模式，以政府购买服务的方式，在老人周边聘请若干名与老年人熟悉、有爱心和意愿且具有生活照料能力的邻居、亲属作为服务员，将其纳入居家养老服务信息平台进行统一培训、监督、管理，为农村托底保障老人提供上门服务，产生了良好效果。

2. 主要做法

（1）精准确定服务对象。

磨刀不误砍柴功，在试点之初，荷塘区开展了长达半年的走访调研，到辖区各村孤寡、失独等困难老人家中逐户了解情况，通过三级审批，最终将 6 个镇（街道）、24 个村的 70 位困难老人确定为“友邻帮”服务对象，并按实际情况分成 ABC 三类——A 类老人：年满 70 周岁的五保老人、失独低保老人和

---

〔1〕 中国老年报：http：//cnsf99.com/Detail/index.html？id = 456&aid = 90931；腾讯网：https：//xw.qq.com/cmsid/20210414A06S6D00；百度网：https：//baijiahao.baidu.com/s？id = 1696998008840033720&wfr = spider&for = pc 中国国际养老院院长协会网：http：//www.ylyyzxh.cn/newsitem/278392471。

〔2〕 资料来源：《中国老年报》，《株洲市荷塘区：“友邻帮”走出农村养老服务新路子》，https：//baijiahao.baidu.com/s？id = 1696998008840033720&wfr = spider&for = pc。

获市级以上劳模称号的低保老人；B类老人：日常生活需要半护理或全护理的五保老人、失独低保老人；C类老人：独居、高龄、失能（日常生活需要半护理或全护理）的低保老人。同时，还明确A、B、C三类老人每月分别可享受400元、300元、200元的服务补贴，做到了对象全覆盖、分类有依据、服务有重点。[1]

（2）精细制定服务内容。

“为保证帮到点子上，民政部门和各镇（街道）多次上户沟通，收集服务需求，最后敲定“六助”为主要服务项目，即助餐、助洁、助急、助医、助护、助农，具体内容包括生活照料、家政服务、医疗协助、康复服务、精神慰藉、安全访视、紧急救助及农活帮扶等。”[2] 截止到2020年4月，共计产生服务7135单，服务金额达19.25万元，其中“助餐”与“助洁”是主要服务大项，分别占到服务总量的49%和32%，“助农”则是帮助老人种田、砍柴、挑水、种菜等特色帮扶，占到服务总量的16%。通过逐步完善老年人周边、身边、床边的“三边”服务，得到了农村困难老人的高度赞赏和社会各界的广泛好评。

（3）精心组建服务团队。

“友邻帮服务人员是保证服务质量的关键，在服务人员的遴选上，本着就近、自愿、低偿的原则，通过走访、宣传以及面对面地沟通审查，遴选出了25位敬老爱老、富有爱心、有工作时间和服务能力的村民，组成了友邻帮服务队，与服务对象进行“1对1”或“1对多”的结对服务。友邻帮服务队纳入荷塘区居家养老服务信息平台进行统一管理、定期培训、考核评价，并不定期开展团建、沟通交流、激励表彰，促进了服务人员队伍结构不断优化，服务水平不断提高。”[3]

（4）科学制定服务流程。

运用“互联网+”现代科技手段，依托荷塘区居家养老服务信息平台，“采取线上、线下相结合的方式，实现养老服务和老人需求的精准对接。由老

---

〔1〕 资料来源：《中国老年报》，《株洲市荷塘区：“友邻帮”走出农村养老服务新路子》，https://baijiahao.baidu.com/s?id=1696998008840033720&wfr=spider&for=pc。

〔2〕 资料来源：《中国老年报》，《株洲市荷塘区：“友邻帮”走出农村养老服务新路子》，https://baijiahao.baidu.com/s?id=1696998008840033720&wfr=spider&for=pc。

〔3〕 资料来源：《中国老年报》，《株洲市荷塘区：“友邻帮”走出农村养老服务新路子》，https://baijiahao.baidu.com/s?id=1696998008840033720&wfr=spider&for=pc。

人提出服务需求，‘友邻帮’服务人员在规定时间上门为老人提供相应服务，”并通过手机操作将工单的服务时间、服务前后照片等信息上传至“株洲荷塘养老”小程序，居家养老服务信息平台通过后台能查看所有工单的完成情况，并回访了解老人满意度及工单服务质量，最后进行工单结算，“智慧养老”逐步成为荷塘区养老服务特色品牌。[1]

（5）健全服务监管体系。

以村干部为中心，成立居家养老服务监督组，定期对居家服务进行随机性抽查监督。区民政局制定考核细则，对平台日常管理和服务人员服务情况随机上户调查和回访。将“友邻帮”服务情况纳入荷塘区养老服务大数据监管平台，启用“爱老卡”，定制老人专属二维码，服务实时拍照，自动上传服务地点与服务时长，确保“友邻帮”农村互助养老服务帮到关键、帮出成效。

3. 工作成效和启示

党的十九届四中全会提出要坚持和完善共建共治共享的社会治理制度，加强和创新社会治理。荷塘区发扬首创精神，在全省率先推行“友邻帮”农村互助养老模式，做到了将自治、法治、德治有机结合，不仅破解了农村养老难题，还为推进乡村基层社会治理提供了有益借鉴。

（1）倡导“自治”，激发村民活力。“友邻帮”农村互助养老是在政府引导下，由农村居民开展互帮互助的“自－治”行为，在“友邻帮”服务人员选择上，由村干部和村民推荐，从本村富有爱心、热衷于公益事业的志愿者中挑选，服务人员均为本村居民，有效激发了村民参与自治的积极性，这也是坚持农民在新农村建设中的主体地位，变动员式参与为主动性参与农村基层社会治理的一种积极探索。[2]

（2）依靠“法治”，促进制度完善。“友邻帮”农村互助养老模式的实施，实质上是对农村居家养老服务制度的完善。“通过充分结合中央、省、市有关养老服务工作的文件规定和要求，出台一系列管理制度，统一服务标准，对服务质量进行监管，以及对养老服务信息平台等“互联网＋”技术的应用，不仅保证了各个环节公开透明，确保了老人个人信息安全，还有效保障了“友

---

〔1〕资料来源：《中国老年报》，《株洲市荷塘区：“友邻帮”走出农村养老服务新路子》，https：//baijiahao. baidu. com/s? id = 1696998008840033720&wfr = spider&for = pc。

〔2〕资料来源：《中国老年报》，《株洲市荷塘区：“友邻帮”走出农村养老服务新路子》，https：//baijiahao. baidu. com/s? id = 1696998008840033720&wfr = spider&for = pc。

邻帮”服务机制规范高效运行。”[1]

（3）发扬“德治”，树立文明乡风。通过实施“友邻帮”行动，不仅有效解决了农村困难老人的基本生活问题，还发扬了农村熟人社会的优势，弘扬了邻里守望、互帮互助、敬老爱老的传统美德，[2] 带动“友邻帮”服务人员更加积极投身养老互助服务。

（二）互助作为输送系统案例二：黑龙江省齐齐哈尔市泰来县案例

1. 案例背景

本案例相关数据及资料内容来源于泰来县民政局等相关部门，以及凤凰网、搜狐网等相关网页。[3]

农村养老服务是推进养老服务体系建设的重中之重，也是社会各界关注的重大社会问题。2017 年，泰来县借助纳入齐齐哈尔市第一批农村养老服务体系建设试点单位的有利契机，将农村养老同脱贫攻坚相结合，采取政府购买服务方式建立农村互助服务队，摸索出了一条具有泰来特色的农村互助养老模式，实现了农村贫困老年家庭生活质量提高和贫困户增收的双赢目标。目前，全县共建立互助服务队 90 支，队员 653 人，累计提供服务 10 万余次农村互助养老覆盖村比率 100%。[4]

2. 主要做法及成效

（1）党政支持，提供“三道”保障。

泰来县委县政府坚持从政策、组织、投入等方面，努力为农村互助养老工作提供坚实保障。一是提供政策保障。在大兴镇东方红村先行试点的基础上总结经验，制定《泰来县组建互助服务队推进互助养老助残工作方案》和《泰来县互助服务工作考评细则》，组建以贫困户为主的互助养老服务队，并通过现场观摩学习、常态化培训后，查找不足，形成经验，而后在全县推广，为农

---

〔1〕 资料来源：《中国老年报》，《株洲市荷塘区：“友邻帮”走出农村养老服务新路子》，https://baijiahao.baidu.com/s?id=1696998008840033720&wfr=spider&for=pc。

〔2〕 资料来源：《中国老年报》，《株洲市荷塘区：“友邻帮”走出农村养老服务新路子》，https://baijiahao.baidu.com/s?id=1696998008840033720&wfr=spider&for=pc。

〔3〕 凤凰网：https://ishare.ifeng.com/c/s/7jBCtD1TbBe；搜狐网：https://www.sohu.com/na/432676215_100267014；网易新闻网：https://www.163.com/dy/article/FRPLGS1P0534HYZM.html。

〔4〕 资料来源：齐齐哈尔新闻网，《真心换真情 合力奔小康》，https://www.qqhrnews.com/a/19257.html。

村贫困老人提供互助养老服务。

二是提供组织保障。县乡村三级分别成立农村互助养老领导组织，县委书记亲自挂帅、统筹推进；各乡镇党委书记作为第一责任人，一线指挥、亲自推进，并安排一名副科级领导主抓；村支部书记和村长为具体责任人，村妇女主任主抓；驻村工作队参与监督检查，形成了自上而下完备的组织、监督和考核体系。

三是提供经费保障。县乡村三级克服财力不足的困难，共同承担互助服务队队员每月基本工资，其中村级承担 20%、镇级承担 30%、县级承担 50%。县财政每年为全体服务队员办理人身意外伤害保险，为村级保障助洁服务工具、助医医疗器械及常用药品等日常经费支出，确保互助服务队高效运转。

（2）精准定位，明确“四个”关键。

互助养老是一项系统工作。面对众多群体，泰来县坚持科学谋划，努力实现服务对象“精准化”、服务内容“人性化”、服务手段“便捷化”。一是明确服务对象。依靠村级组织、驻村工作队力量，对建档立卡贫困老年人、残疾人和农村特困人员（五保户）三类重点服务人群进行摸底，认定需要提供服务的人员，经村民代表大会和公示程序后，确定为重点服务对象，享受政府提供的无偿服务。对重点服务对象以外的老年人群和其他有服务需求的居民，确定为一般服务对象的，提供有偿服务。

二是明确服务内容。根据服务对象实际需求，确定了饮食、居住、庭院管理、健康、代办等 5 大项、37 个小项的基本服务内容，同时确定了有偿低偿的 14 个服务项目，内容紧贴农村实际，包含打扫庭院卫生、室内卫生、换洗衣被、助浴、助行、代购、打理小园、扫雪等服务项目。服务与被服务双方签订协议，每周一、周二为集中服务日，其他时间服务对象可随时联系服务队员，30 分钟之内上门开展服务。

三是明确服务队员。在互助队员聘任上，以村为单位，按重点服务对象人数、所需基本服务工作量和服务距离，本着“就近熟悉、自愿互助”原则，选择有爱心、讲卫生、能吃苦、尊敬老人且有奉献精神的贫困户或低收入家庭户，作为互助养老服务队员，让他们以“服务换收入”，既提升了贫困老人生活质量，又增加了贫困服务队员的收入，实现了养老与扶贫互惠。

四是明确服务酬劳。所有服务队员和重点服务对象按照确定好的服务内容签订服务协议，开展结对互助。互助服务队员每月工资标准为300元，另外，给予队长劳心费每月100元，另外，给予服务队队长劳心费每月100元，并全员办理人身意外伤害保险。目前累计发放队员工资457万元，309人依托服务队实现脱贫。

（3）提升质量，建立“三项”机制。

为扎实有效推进互助养老工作，推动队员尽职尽责服务，泰来县通过加大考核、奖励、培训三个方面，来促进服务质量提升。一是建立监管机制。县委、县政府印发《泰来县互助服务工作考评细则》，明确考核对象、考核内容、奖惩细则、评分标准和工作要求，相关部门成立考核组，采取“听、看、查”等方式，进行严格考核。建立县乡村三级互助服务微信群，通过微信发布服务动态，了解服务情况，促进工作交流“零距离”，实现服务监督“常态化”、工作考核“有依据”，提升服务“有借鉴”。

二是建立奖励机制。表彰奖励分为互助服务队和服务队员奖励，服务队员奖励比例为互助服务队员总数的20%，奖励标准为每人1000元；服务队奖励比例为每个乡镇1个，按每个服务队各1000元标准进行奖励。对年末考核排名前两名的乡镇，每个乡镇奖励5万元；对排名靠后的乡镇给予通报批评，起到了鼓励先进、鞭策后进的作用。

三是建立培训机制。为提高服务队员服务技能，定期组织民政局、养老服务中心、爱心护养院、龙妹家政服务中心等部门专业人员，围绕老年人生活照料、卫生保健、家政服务等内容，对乡镇主管领导、村妇女主任和服务队长，进行专题培训，不断提升互助队员的服务水平。

（三）社会组织作为输送系统案例一：黑龙江省哈尔滨市平房区案例

1. 案例背景

本案例相关数据及资料内容来源于平房区民政局等相关部门，以及黑龙江新闻网、搜狐网等相关网页。[1]

地处哈尔滨城乡结合部的高潮村，属于平房区平盛街道农村社区，人口老龄化带来的养老问题日趋突出。高潮村存在养老设施短缺、社区养老功能不完

〔1〕哈尔滨市人民政府：http：//www. harbin. gov. cn/art/2020/7/26/art_ 98_ 929259. html；黑龙江新闻网：http：//www. hljnews. cn/msw/content/2021 -04/22/content_ 523044. html；黑龙江日报网：http：//epaper. hljnews. cn/hljrb/20190128/405535. html。

善、养老模式单一等诸多问题，成为制约平盛街道农村社区治理的短板和弱项。

自2018年以来，哈尔滨市平房区民政局、平盛街工委和黑龙江省希望社会工作服务中心通过深耕实践，逐步探索出以政社协同，以党建引领，以社工专业力量为支撑（专业力量），以邻里关爱互助点为载体（公共空间打造），以村民互助养老协会（社区社会组织）为主体，以“互助养老志愿服务时间银行”为运行方式的“1（政社协同）+4（社工+互助点+互助协会+时间银行）”农村互助养老新模式。

2. 主要做法及成效

（1）坚持党建引领，筑牢互助养老根基。

不断增强基层党组织的创造力、凝聚力和战斗力，充分发挥基层党员先锋模范作用，为农村老年人互助养老模式的探索和实施提供了坚强保障。一是抓联结，城乡党建“促”起来。实施“城市社区与村屯牵手”，城乡社区党建互相联结，促进资源共享、优势互补、协调发展，城乡社区党建的组织优势、人才优势和资源优势转化为助推农村互助养老的强劲动力。

二是抓基础，工作落实“带”起来。党建工作与对美化环境、增进邻里关系这些基础性工作为抓手，花心思思考、下功夫推动，带动各项工作的开展，如组织村民设计门牌、街牌，极大带动起村民关心家乡建设的热情，街牌投票时村委会差点被挤破门槛儿。

三是抓骨干，先锋员作用“显”起来。积极发动党员骨干，成立党员志愿服务队，以实际行动向村民展示共产党员的风采。高潮村王家屯老党员王亚珍率先接受了“互助养老志愿服务时间银行”派出的第一单志愿服务任务，顶着炎炎烈日帮助村民种地。

（2）引入专业力量，形成互助养老“社工方案”。

社会工作作为一种专业力量，在营造互助养老文化社区、挖掘社区能人、培育农村社区社会组织、设计与运行互助机制中都具有特殊的专业优势；在“后扶贫时代”智志双扶中可以发挥独特作用。引入专业社会工作服务机构，是高潮村互助养老模式形成的关键力量，更是这一模式能否推动并可持续进行的重要力量。

“平盛街工委以政府购买服务为主要方式，率先在全省引入专业的社会工作服务机构——黑龙江省希望社会工作服务中心，共同策划、实施党建引领的

“农村互助式养老”创新模式”,[1] 借力专业力量和智库力量，回应农村养老难题的挑战。两年里，“希望社工团队先后近40名专家、专业社工、志愿者投入到王家屯互助养老探索实践。持续开展的“美好乡村”社区平台培育、“希望乡伴”脱贫攻坚三留守人员关爱、“幸福乡村”社会组织培育、“温暖乡情”农村困难家庭支持、“时间银行”互助养老志愿服务五大计划，大大小小的服务活动200余场，受益人次达5000，搅动了高潮村“互助养老”的一池春水，形成了互助养老社工方案”。[2]

（3）营造公共空间，打造互助养老参与载体。

“邻里关爱互助点”是根据农村传统生活习惯和现实情况建立的新型村落养老公共空间，是农村实现互助养老的重要载体。在综合考虑高潮村的老年人需求、服务资源、经济状况、文化特色等要素后，遵循因地制宜，遵循就近、主动、安全、舒心的原则，选择村民闲暇时的聚集地，如村民家中、小卖店等地，共建立5个“邻里关爱互助点”，解决农村社区服务设施短缺、缺乏公共空间的问题。家门口养老的服务场所接地气、受欢迎，满足农村老年人日常交往、生活照料、参与社区公共事务及精神文化活动等需求。

（4）培育社会组织，激活互助养老内生动力。

培育社区社会组织，加强村民自治组织建设，是激活村民内生动力，形成互助养老可持续机制的主要途径。一是深耕服务，精准评估。驻村社工与村民同吃同住同工作，田间聊家常、村头逐户走访，评估人员结构、居住状况、社会支持等基本情况，摸清社会组织发展基础条件。

二是找准突破点，精准发力。以对农村原有文娱性社会组织加强对其服务性功能的培育为突破点，在社会组织培育、激活农村社区的内生活力上精准发力。社会组织成员的主动性、归属感得到增强，村民参与的热情也空前高涨，文娱性社会组织逐渐由自娱自乐转向为在激发和培养互助意识、增强农村社区凝聚力、振兴乡村文化等方面发挥作用的重要力量。在此基础上，以屯为单位成立了“互助养老协会”，协会成为互助养老的核心力量，互助养老的日常运作都通过“互助养老协会”自主完成。

---

〔1〕 资料来源：《黑龙江日报》，《请看“新王家屯”》，http：//epaper. hljnews. cn/hljrb/pad/con/202104/22/content_ 23986. html。

〔2〕 资料来源：《黑龙江日报》，《请看“新王家屯”》，http：//epaper. hljnews. cn/hljrb/pad/con/202104/22/content_ 23986. html。

(5) 建立“时间银行”，健全互助养老志愿服务机制。

以“互助养老、邻里守望、人人为我、我为人人”为宗旨，弘扬敬老、爱老、助老的传统美德，推行“互助养老志愿服务时间银行”。“互助养老志愿服务时间银行”服务菜单共计7大类44项服务，根据村民养老服务的需求征集而来，包括日常生活照料服务、农村特色服务、医疗保健服务、精神慰藉服务、代办服务、文化娱乐服务。“时间银行”采取积分制，积分的累计、兑换，都由互助养老协会民主选举的工作组来完成，并随时公示，积分可以兑换物资、互助养老优先服务，还作为表彰的重要依据。

“时间银行”不仅让互助养老志愿服务双向流通起来，也有助于形成互助养老长效机制。新型冠状病毒肺炎疫情发生后，黑龙江省希望社会工作服务中心和平盛街道高潮村王家屯互助养老志愿服务“时间银行”工作小组成员通过电话、短信方式，反复讨论，召开线上会议，修改完善了互助养老志愿服务“时间银行”积分内容，在原有7大类44项服务的基础上，加入6项内容助力疫情防控，对加入“时间银行”的村民的正能量行为奖励相应积分。

社工在高潮村推行的“互助式养老服务”，从“邻里守护与探望等基础服务到日常生活照护服务，延伸到院落卫生、协助代办、农村特色、精神慰藉、文体娱乐、医疗保健等养老深层服务内容，形成了具有地方特色的渐进式互助养老发展模式”。[1] 该模式实行两年多来，在推进农村社区治理创新、探索农村居家互助养老模式方面取得了初步成效，在一定程度上解决了农村养老资源不足，满足了村民居家养老的服务需求。

(四) 社会组织作为输送系统案例二：福建省永安市案例

1. 案例背景

本案例相关数据及资料内容来源于永安市民政局等相关部门，以及新浪新闻网、中国老年网等相关网页。[2]

永安市现辖4个街道、11个乡镇，有228个建制村、33个社区，总人口

---

〔1〕 资料来源：《黑龙江日报》，《请看“新王家屯”》，http：//epaper. hljnews. cn/hljrb/pad/con/202104/22/content_ 23986. html。

〔2〕 中国文明网：http：//www. wenming. cn/syjj/dfcz/fj/201604/t20160429_ 3327651. shtml；新浪新闻网：http：//www. hljnews. cn/msw/content/2021 –04/22/content_ 523044. html；中国老年网：https：//www. sohu. com/a/238433681_ 99949562；凤凰资讯：https：//news. ifeng. com/a/20141112/42450277_ 0. shtml。

约33万人，截至2019年底，永安市60周岁以上人口6.1万人，占全市总人口的18.5%。其中，农村60岁以上老年人2.63万人，占全市老年人43.1%，因农村基层设施和服务配套落后，发展农村养老服务困难重重。

2. 主要做法

针对矛盾问题，结合永安实际，积极探索适合农村开展的“三自三助”互助养老模式，以缓解农村养老存在的问题。

（1）模式简介。

该市农村“三自三助”是介于传统家庭养老和机构养老之间的一种新型的互助养老模式，强调养老服务的集中与互助，突出为空巢老人提供吃住、娱乐等基础生活服务。主要有以下三个特点：一是自助运作。乡村老年协会负责管理，通过老年协会的自我管理和自我服务来取代炊事员和管理人员职责，由子女及老人“自愿申请、自负费用、自担风险”，入住老人“生活自理自助、邻里之间互帮互助、争取多方力量提供帮助”；

二是发挥个性。充分结合村级现有经济基础和老人需求，逐步形成了三种形式：“食宿照料（提供一日三餐和住宿）、日间照料（提供午餐和午休）和邻里互助（结对帮扶上门服务）模式，服务内容基本涵盖食宿照料、日间照料、文化娱乐、安全巡视、医疗保健、代购维修、洗衣保洁、精神慰藉等项目，”[1] 伙食可统一开办、也可分组开小灶，有按月结算、也有按天按餐等方式结算，形式多样；

三是弘扬孝道。倡导志愿服务，坚持“百善孝为先”，身体力行孝老爱亲，动员老年人参与，听取老年人意见，切实把好事办好、实事办实；倡导“奉献、友爱、互助、进步”的志愿服务精神，开展互助养老、抱团养老；争取政府、企业、爱心人士等各方力量为农村养老提供帮助。

（2）运营保障。

一是推进设施建设，“2011年启动农村居家养老试点工作，摸索投资少、见效快的农村居家养老发展路子，积极推广“三自三助”互助养老模式，并列为市委、市政府为民办实事项目，”[2] 推动将旧学校、祖祠翻新腾空作为服

---

[1] 资料来源：《社会福利》，《福建永安市：创新农村幸福院管理服务新模式》，https：//mall.cnki.net/magazine/Article/MIZN201709010.htm。

[2] 资料来源：《中国老年报》，《福建着力构建养老服务体系发展养老服务业系列报道之三——山区农村的作为：三自三助 快乐养老》，https：//www.sohu.com/a/238433681_99949562。

务场所；每年安排15个村，每村安排补助5万元，推进养老服务设施建设，全市共有228个行政村，已建成“三自三助”颐老院和农村幸福院145所，占建制村的63.6%；

二是争取资金保障，根据“三自三助”的运营规则，积极采取“五个一”办法进行筹措，即：向上级争取一些、本级配套一些、乡镇街道承担一些、社会捐赠一些、项目单位自筹一些，共同保障农村互助养老经费到位、运营管理顺畅。

3. 工作成效

经过多年的工作推动和经验摸索，逐渐形成具有本村特点的互助养老模式。其中，运营管理成效较好的有：

（1）西洋镇下洋村。

第一，合理选址、整合资源。利用村里闲置小学校舍，将老人体育活动中心、康乐家园等资源进行整合，建立“三自三助”颐老院，内设厨房、餐厅、宿舍、图书阅览室、老年活动室及多媒体教室等，[1] 并引入村卫生所配备医生1名、床位2张，组织开展老年人免费体检、健康讲座、及时就诊等服务，与家居维修、应急救助等经营单位签订服务协议，为老人提供全方位、多层次的服务；

第二，建立制度、规范服务。由村老年协会以及入住老年人共同进行管理，充分发挥老年人自我负责和管理的积极作用，设置炊事、采购、保管、种菜、卫生和宣传、监督等岗位，实现互助养老；建立“一访”制度即村干部定期走访老年人，及时发现并解决老人的生理、心理问题；建立“四查”制度。即查看现有12名入住老年人的吃饭、穿衣、起居、医疗情况，通过建立院内结对帮扶来缓解部分老人存在饮食起居等困难；

第三，突出志愿、弘扬孝道。组建助老志愿者服务队伍，定期联合辖区内学校、卫生院、企业开展打扫卫生、文体表演、健康义诊咨询、上门慰问等主题志愿服务活动，利用春节、母亲节、重阳节开展“评选好人榜”“为老人洗脚”“登高望远”等向上向善的孝老爱亲活动，营造尊老、敬老、爱老氛围。

（2）燕西街道吉山村。

第一，科学定位、合理设置。该村地处城郊，60周岁以上老年人110余

---

[1] 资料来源：《中国老年报》，《福建着力构建养老服务体系发展养老服务业系列报道之三——山区农村的作为：三自三助 快乐养老》，https：//www.sohu.com/a/238433681_99949562。

人，根据活动需要建成建筑面积650平方米的“三自三助”颐老院，设置设有老年学校、老年活动室、老年互助食堂、老人休息室、阅览室等设施和志愿服务队伍、助老服务网络，具备老年活动中心（老年学校）、老人生活照料中心和居家养老服务平台三大功能，基本满足老年人从物质养老到精神养老的需求；

第二，自助互助、相互照料。采取“三自三助”规范运作，老人可以自愿申请搭伙入住、共同生活互助养老，按月缴伙食费200元，每10天结算一次、余额自动结转到下个月，对临时搭伙施行当天结算。院内共有老人宿舍4间16个床位，现有搭伙入住生活老人11人，互助食堂菜地2畦，由老人自己动手种菜管理或志愿者给予帮助，减轻老年人的生活费用；依托村级组织建立党员、干部、青年、妇女等志愿助老服务队伍，开展邻里结对或专项助老服务，引进水电、理发等专业服务志愿者开展助老服务；

第三，丰富活动、提升品质。充分利用老年人生日、春节、母亲节、重阳节等重要节日，开展“百善孝为先”、猜谜语、发奖状、“为母亲洗脚”等有益于老年人生活愉悦的孝老爱老活动，同时积极营造尊老、敬老、爱老氛围。

（五）机构作为输送系统案例一：河北省秦皇岛市抚宁区案例

1. 案例背景

本案例相关数据及资料内容来源于抚宁区民政局等相关部门，以及新华社网、搜狐新闻网等相关网页。[1]

秦皇岛市抚宁区特困人口供养中心（以下简称“中心”）于2008年5月投入使用，总投资近3000万元，占地面积54亩，建筑面积16362平方米，共有226个房间，最多可容纳400名老人同时入住，中心配有餐厅、医务室、理发室、图书室、洗衣房、娱乐休闲场所等。院内还修建了草坪，广场、花廊，栽种了各种花草树木，为老人创建了一个舒适、幽雅、恬静的花园式生活环境。目前，中心供养的农村特困老人276名，在院职工95名。

2. 具体做法与成效

今年以来，中心严格按照省民政厅下发的《2018养老院服务质量建设专项行动》、《关于开展民政服务机构服务质量排查整治行动的紧急通知》的文件要求，再次展开大规模自查及整改，在省、市、区各级领导的大力支持与有

〔1〕 新华社网：https：//baijiahao. baidu. com/s？ id = 1646920104388799118&wfr = spider&for = pc；搜狐新闻网：http：//news. sohu. com/20060906/n245198543. shtml。

力指导下，不断完善各项软硬件措施，在不断实践中摸索经验，实行了一系列的精细化管理制度：

（1）精细化管理之一：开放式服务平台。

在老人每一个公共活动区域内打造开放式服务平台，要求服务人员做完常规工作后在服务台坐班服务，能够随时掌握老人动态，有效避免各种日常纠纷与事故隐患，同时增加了服务透明度，也拉近了员工与院民之间的感情距离。

（2）精细化管理之二：数字化激励制度。

对员工工作质量进行打分评比，每天随时抽查，每星期全院必查一次卫生，平时留下数据，年底汇总评优。评比时由班子成员、员工、院民分三个层次打分，评分内容包括：环境及老人个人卫生、老人纠纷处理是否及时妥当、心理疏导是否及时到位、遵守院内各项规章制度情况、是否服从领导工作安排、是否受到老人投诉、管辖的老人是否发生事故等。

每个服务区楼道内安装意见箱，老人或者员工可以随时向箱内投入意见书，定期开箱整理，加入评分数据库，年底汇总评出名次，奖优罚劣，评分排名领先的工资上调，分数低的维持原状，有效调动了全体职工的工作积极性。

同时，实施轮岗制度以提高护理服务质量，设置卫生考核提高卫生环境质量，并通过例会制度对日常工作进行监督、总结，从而提高整体服务质量。

（3）精细化管理之三：责任制。

所有工作任务责任到人，将每项工作都要落实到个人头上。例如，在每个房间门口、卫生区、消防设施上都贴上责任人名字，服务对象的所有照料、护理责任均由责任人承担，同时明确每个岗位由谁负责，每天干什么、怎么干，遇到问题如何处置等细则。

（4）精细化管理之四：护理、保洁分家。

为了使护理员有更多的精力照顾、护理老人，为了更进一步提升院内环境卫生水平，对保洁和护理工作做出“分家”的决定。

成立独立保洁队伍，将所有公共区域卫生交由保洁组负责，保洁组仅负责保洁，不再参与老人护理工作。护理人员只负责老人房间卫生、老人个人卫生、安全及心理疏导等护理工作。这样，保洁人员减掉了护理工作量，单纯做保洁工作，心理压力减轻了。护理人员减掉了大部分公共区域卫生责任，可以把更多精力投入到老人的护理工作中来。

此外，还增加了夜间照料工作。对夜间值班护理员提高要求，对老人的各项护理工作如送餐、打水、喂药、泡脚、心理疏导、洗漱、洗澡、查房、检查安全设施等工作均做出细化要求。

（5）精细化管理之五：初步实现网络化管理。

充分利用网络微信平台，建立多个工作群，要求各个岗位上的员工将工作实时动态发至工作群以便领导检查以及员工互通信息。

（6）精细化管理之六：高度重视老人的心理疏导工作。

中心建立了严格的心理疏导机制，强调员工对老人的心理疏导工作的重要性，对每一位服务员提出明确要求并狠抓落实，形成全院关注老人心理动态、注重人文关怀的氛围。

首先是针对性疏导，要求员工每天安排出一定时间陪老人聊天，了解其心理动态，发现问题及时疏导，解决不了的难题必须立即上报领导，有效避免老人因心理或情绪问题发生纠纷或意外事故。

建立常态化娱乐活动机制，以娱乐为疏导。机构精心设计了多项适合老年人的丰富多彩的文娱活动方案，把娱乐活动渗透到每天的工作中。通过充分利用院内3000平米的四季厅，设置了五个功能区（手工区、文艺区、棋牌区、健身区、阅览室）（照片），投放大量娱乐和健身器材。由员工每天定时带领老人进行娱乐表演、扫盲班识字、游戏、绘画、树叶粘贴、布贴、捏泥、折纸、击鼓传花等老人喜闻乐见的活动。

同时，开展了专业心理辅导工作。目前，中心已经与黑龙江省三院进行正式对接，邀请专业精神科医生为院内老人做评估，对有疑似精神类疾病或抑郁症的患者进行筛查和治疗。正式启用心理治疗室，邀请专业心理医生，对心理方面存在问题的老人或员工进行心理治疗及干预。定期为老人和员工开展心理咨询和讲座，教会他们如何调节和管理自己的情绪。

（7）精细化管理之七：餐饮管理科学化、民主化。

中心制定了严格的膳食服务制度，具备卫生部门颁发的卫生许可证，膳食的采购、处理、储存、烹饪、供应等环节全程可控。同时，邀请院民代表参与伙食管理，伙食标准不断得到提高，营养搭配科学合理。

（8）精细化管理之八：入院协议个性化，合理规避风险。

新入住老人先签订试入住半个月的协议，试住期内对老人进行全面评估，同时也为老人提供了适应时间。试住期满后，如果老人对中心满意，敬老院也认为其符合入住条件，再签定正式入住协议。同时根据老人自身特点与其监护人签订不同的入院协议，以规避日后有可能出现的不必要的麻烦。

（9）精细化管理之九：引进专业医疗组织，初步实现医养结合。

与区中医院合作，由中医院在中心设立医务室，派驻专业主任医师长期坐诊，每日定点查房，对慢性病进行针对性地跟踪治疗，对急重病老人 24 小时专车免费接送至中医院治疗，医院承担所有医疗责任。为每位老人建立完善的健康档案，每类档案相对独立又密切相关，信息互为补充又互为制约，相关之处必须高度统一，老人身体状况可以一键了然。

（10）精细化管理之十：细化消防管理制度，最大限度规避安全风险。

中心不断完善安全设施，于 2017 年 8 月初开始对消防设施进行改造以符合最新消防规范要求，目前工程已顺利完成并投入使用。老人房间内的自动应急呼叫设备、楼道及卫生间的防摔扶手、院内路灯、防丢手环等一一配备到位；老人每次外出购买物品及亲属探望所带物品需进行严格检查登记方可拿入房间，执行严格的药品管理制度、请销假制度，出佩戴定位手环制度。从各个细节上最大可能减少老人意外事故发生。

火源、电源及危险品管理上，在老人活动的公共场所设置公共吸烟区，严格禁止室内吸烟。老人房间内插座电源定点给电，既能掌控老人用电时间，又能杜绝私接电源、私用电器行为。每周派专职人员排查老人房间是否有私藏电器以及危险物品，随时收缴，杜绝安全隐患。

同时，设置值班制度，在白班中要求消防员负责全院消防安全及安全管理工作。做好每天巡查、每周检查工作。夜班实行全院总动员，轮流接力式值班，保证夜间任意时段内都有值班人员巡岗。同时严格执行领导带班制度。另外每年至少两次消防演练、员工和老人的防火培训、逃生小常识培训。

此外，还细化夜间照料，对夜间值班护理员的各项护理工作如送餐、打水、喂药、泡脚、心理疏导、洗漱、查房、检查安全设施等工作均作出细化要求，有效避免了夜间突发事件的发生。

（六）机构作为输送系统案例二：新疆生产建设兵团案例

1. 案例背景

本案例相关数据及资料内容来源于新疆生产建设兵团民政局等相关部门，

以及搜狐新闻网等相关网页。[1]

奇台农场康复中心居家养老院始建于 2016 年 6 月。总建筑面积 960 平方米，共有床位 45 张，房间 14 间，是智障残疾人托管服务的试点单位。

奇台农场康复中心居家养老院的设置，满足了老年人和残疾人日益增长的物质和精神文化需求，尤其是保障高龄老年人和特困、低保、空巢等特殊老年人群体，充分开发日常生活服务、休闲娱乐、精神慰藉等全方位服务，从而满足老年人在地养老的要求。同时，也减轻了家庭成员的精神压力和生活负担，为老年人、残疾人、智障人提供了周到、便捷、体贴的专业化服务。

2. 主要做法

（1）日间生活照料。由经过专业培训的服务人员，为托管在康复中心的、基本自理或不能完全自理的老年人、无子女或子女不在身边的空巢老人提供日常照料服务。

（2）食堂型养老托管。空巢老年人以及残疾人最基本的一日三餐问题得到解决，食堂型养老托管不仅可以解决空巢老人和智障残疾人一日三餐，又可以为老年人和智障残疾人提供相互间交流感情的平台。

（3）医疗看护类服务。为老年人和智障残疾人提供疾病防治、康复护理和医院住院老人配餐等服务，由养老院承担看护、照顾、送餐等任务。

3. 工作成效

奇台农场颐心园康复中心开设服务项目较全面，形式丰富多样，开启了农场居家养老和智障残疾人托管的先河，为农场居家养老和智障残疾人托管提供新模式，得到老人和智障残疾人监护人的一致好评和认可，已成为奇台农场居家养老和智障残疾人托管典范。经过三年的运行，共解决了 60 个家庭的居家养老的问题，累计入住老人 380 人次。2018 年服务活动已覆盖全农场和周边乡镇，康复中心开展的爱心餐桌、日托养老和智障残疾人托管服务将服务更多家庭。

---

〔1〕 搜狐新闻网：https：//www. sohu. com/a/42514619_ 123753。

（七）志愿者作为输送系统案例一：浙江省舟山市案例

1. 案例背景

本案例相关数据及资料内容来源于舟山市民政局等相关部门，以及搜狐新闻网、百度网等相关网页。[1]

浙江省舟山市是我国首个建在群岛上的城市，1390 个大小岛屿星罗棋布，岛际交通不便，养老服务资源分散且不均衡。湖泥岛是该市普陀区虾峙镇所属的 5 个“住人岛”之一，距离舟山本岛约 20 多公里，陆域面积 1.51 平方公里，地处偏隅，全岛常住人口仅 600 余人，60 周岁以上老年人占 65% 以上，岛上老人缺少专业的医疗、理发、生活设施设备维修等服务，日常生活用品大多靠船员捎带，但因每日船班少，且受天气影响较大，突发意外时缺少紧急处置能力，养老服务保障问题突出，其中独居老人精神十分空虚。

为此，舟山市加强政策设计、完善服务内容，加大资金投入，努力探索出一条政府积极行动、群众志愿帮扶、各界踊跃参与的偏远海岛养老服务体系建设新路，逐步破解了湖泥岛等一批偏远海岛老人的基本养老难题。目前，岛内养老服务需求基本满足、公共医疗服务得到保障，商品物流配送逐步完善，文化娱乐方式更加多样，群众幸福感与满意度逐年提升。

2. 主要做法及成效

（1）加大政策保障力度，凝聚政府“向心力”。

自 2017 年 5 月起，舟山市在省内首创“守护夕阳”——偏远海岛养老服务项目。通过政府购买专业社会组织服务，每月出海巡航，为湖泥岛等偏远海岛留守老人提供理发修脚、家电维修、精神慰藉、健康保健、文化娱乐等基本养老服务。

制定出台了规范性文件，明确海岛为老服务的内容频次、价格补贴标准，每位海岛老人年享受服务补贴 740 元，年财政投入 50 多万元。自 2017 年起，主要承接湖泥岛的 3 家社会组织已累计上岛 50 余次，服务老人 1300 余人次。

---

〔1〕 宁波市民政局：http：//nbmz. ningbo. gov. cn/art/2020/5/15/art _ 1229061598 _ 46145229. html；搜狐新闻网：https：//www. sohu. com/a/283214622 _ 100193006；百度网：https：//baijiahao. baidu. com/s？ id = 1696727867635774422&wfr = spider&for = pc；浙江日报：https：//baijiahao. baidu. com/s？ id = 1643004744493936301&wfr = spider&for = pc。

因地制宜在岛上建设“健康小屋”，部署远程会诊视频系统，配备心电图机，开展远程会诊、远程心电诊断；配备血压、血糖检测仪等自助检测仪器设备，让离岛老人在乡村医生指导下，进行一站式自助检测；购置AED（自动除颤仪），用于抢救心源性猝死患者。目前，岛上医疗服务水平已基本能满足老人们的日常需要。2020年起，舟山市还将探索在偏远海岛上建设多功能“海岛驿站”，将原本分散在岛内各处的民生服务站点的设施和功能集中整合，为海岛老人提供更便捷更多样的民生服务。

（2）充分激荡各界力量，形成社会“聚合力”。

构建“博爱家园”服务体系，进一步加强邻里关系，凝聚社会群团、志愿服务力量助力养老。以小老助大老，组织50－60岁的健康、低龄老人成立银铃互助帮扶小组，按照“志愿互助、量力而行”的原则，为空巢、独居高龄老人提供简单服务。

受地理位置和老年群体身体等因素限制，对互助帮扶无法解决的养老服务、需求对象，由村（社）推出公益服务岗位，招聘专职人员开展为老服务。同时，发挥共青团、妇联、工会等群团组织的号召力，作为社会各界参与“博爱家园”建设的主力军，定期开展各类志愿帮扶活动。加大与岛内外各种社工义工志愿者的联系，在“博爱家园”建设中充当生力军，以形式多样的活动填补村（社）帮扶空白。组织村（社）的民间民俗文艺团队，作为“博爱家园”建设的辅助力量，定期开展文娱活动，丰富群众生活。组织热心公益企业主在重大节假日开展赠米送油等慰老活动，支持本村（社）的老年群体的保障事业，为“博爱家园”建设添砖加瓦。

2019年，湖泥岛上的各类服务团队共为岛内老人维修电线故障80余户、搬运煤气150余家、理发350余人次，免费发放药品100余人次，收集问题110余件。

（3）大力发展智慧养老，发挥科技“辐射力”。

整合开发老人最熟识的电视屏，开通舟山智慧养老服务频道，并辅以VOLET可视电话，老人可通过视频主动发起与志愿者、子女等人的可视交流，也可与志同道合、兴趣相投的老人一起互动。

开通智慧养老热线“8189316”，24小时提供人工服务，老人可拨打热线电话进行咨询求助，由热线平台将老人诉求分配给各服务团体，并尽快为老人提供生活照料、护理、物业、送餐、医疗和家政等所需服务。

为符合条件的岛内老人免费发放老年“一键通”终端，提供 SOS 紧急求助、亲情通话、定位帮助等基础性服务，可实时追踪老人心跳、血压、活动轨迹等信息，实现“1 人 1 机”跟随式安保功能。截至 2021 年，“智慧养老”平台已承接湖泥岛讯办 800 余人次，完成各类养老服务订单 300 余笔，找回走失老人 9 人次。

（八）志愿者作为输送系统案例二：重庆市奉节县案例

1. 案例背景

本案例相关数据及资料内容来源于奉节县民政局等相关部门，以及民政部门户网站、搜狐新闻网等相关网页。[1]

奉节古称夔州，距今有 2330 余年建制史，是重庆市人口大县、移民大县、农业大县、资源大县和国家扶贫开发工作重点县。全县幅员面积 4098 平方公里，辖 3 个街道 29 个乡镇、314 个村 76 个社区，户籍人口 107 万人。

近年来，奉节县围绕老有所养目标任务，坚持“政府搭台、群众唱戏、网格管理、供养失能”工作思路，大力实施“老有所养行动计划”，解决了农村养老服务体系不健全、养老服务供给不足等问题。

2. 主要做法

（1）政府搭台，构建三级服务平台。

坚持政府主导，整合学校、厂房等闲置资产，以社区养老服务设施全覆盖为目标，着力构建“一个中心、两级站点”的三级养老服务平台。一是以乡镇为单元建养老服务中心。设置服务接待、生活照料、托养护理、健康管理、文化教育、人文关怀、休闲娱乐、运营管理等服务功能区，以辖区特困人员、困难群众和留守老人等为重点，开展政府供养、低偿托养和日间照料等综合养老服务，指导辖区养老服务工作。

二是以村社区为单元建立养老服务站，以村庄院落为单元建立农村幸福院或养老互助组。开展农村老人文化娱乐、精神慰藉、亲情陪伴、聚餐送医等日

---

〔1〕奉节县人民政府：http：//www. cqfj. gov. cn/zwgk _ 168/zfxxgkmls/zdjcygk/202104/t20210410 _ 9116454. html；民政部：http：//www. mca. gov. cn/article/xw/mtbd/202011/20201100030395. shtml；搜狐新闻网：https：//www. sohu. com/a/337201824_ 715477；奉节网：http：//www. xfjw. net/2020/10/145605. shtml。

间照料服务，鼓励引导农村老人开展自助和互助养老。[1]

（2）群众唱戏，培育三支服务队伍。

坚持社会参与，以党员干部、医生、教师、学生、社工、企业主、邻里等干部群众为主体，培育农村养老服务队伍，让老人服务需求有人应、有人管。一是培育壮大志愿者队伍。营造“人人敬老、人人为老”文化氛围，让敬老爱老成为社会风尚。

二是培养壮大社工队伍。推进文化娱乐、精神慰藉等专业社工服务进农村、进家庭。

三是建立完善网格责任队伍。落实包乡、包村、包社、扶贫工作队等党员干部的网格服务责任，让养老服务成为网格责任人的日常工作和社会责任。”[2]

（3）网格管理，开展五项关爱服务。

依托志愿者、专业社工、网格责任人三支队伍，“建立“1+1+1+1”关爱服务体系，即1个老人+1个党员干部+1个联系医生+1个专业社工，开展“健康档案、慢病干预、文化娱乐、日间照料、居家关怀”五项养老服务，”[3] 坚持“四访四议”工作法，推行农村养老结对帮扶和网格服务，解决农村养老的堵点、难点和痛点等问题。

（4）供养失能，为贫困家庭劳动力“松绑”。

2014年新一轮脱贫建档时，奉节县有贫困村135个，建卡贫困户34185户、贫困人口124425人。其中失能贫困人员948户1013人，因残致贫比例超过51%，因病致贫比例达到12.3%。2015年脱贫攻坚以来，该县确定“供养失能、释放有能”基本工作思路，并从民生工程和公益事业的视角，对特困、低保和建卡贫困户三类贫困家庭失能人员实行集中供养、兜底保障，释放家庭劳动力，破解脱贫攻坚的难中之难、困中之困。政府投资5000余万元，建成3所县级失能供养机构、1000张供养床位，做到“对象精准、照料精细、陪伴精心”，实现贫困家庭失能人员应养尽养。集中供养、科学护理，构筑了失能

---

〔1〕资料来源：《社会福利》，《探索多层级农村养老服务 着力破解服务供给不足难题》，https：//mall. cnki. net/magazine/Article/MIZN201909015. htm。

〔2〕资料来源：《社会福利》，《探索多层级农村养老服务 着力破解服务供给不足难题》，https：//mall. cnki. net/magazine/Article/MIZN201909015. htm。

〔3〕资料来源：《社会福利》，《探索多层级农村养老服务 着力破解服务供给不足难题》，https：//mall. cnki. net/magazine/Article/MIZN201909015. htm。

人员的“避风港”、“安乐窝”。

三、案例分析

在本章的案例分析部分，分为互助、社会组织、机构、志愿者四个要素，具体描述上述八个典型案例的主要特点，分析在不同输送系统下，农村贫困老年人照护服务模式的优势与潜在的不足。

（一）互助作为输送系统

关于以互助作为输送系统的农村贫困老年人照护服务模式，本章选取了湖南“友邻帮”走出农村养老服务新路子和泰来县农村互助服务队两大典型案例进行分析。

案例一是湖南“友邻帮”走出农村养老服务新路子。该案例的最大特点在于邻里互助。在老人居住周边环境中聘请若干有生活照护经验且有意愿参与的邻居、亲戚为老年人提供服务，以政府购买服务的方式将其纳入居家养老服务信息平台进行统一培训、监督、管理，重视乡风文明建设，科学定制服务流程，为农村托底保障老人进行上门服务，实现农村互助服务新模式。该案例的最大优势在于老人不脱离原有熟悉的生活圈，精准确定服务对象；精心组建服务团队，促进服务人员队伍结构不断优化、服务水平不断提高。其潜在的不足是服务人员的专业性可能存在不足，由富有爱心、有工作时间和服务能力的村民组成，照护服务可能无法形成长效机制。

案例二是泰来县农村互助服务队。该案例的最大特点在于邻里互助，建立以贫困户为主的服务队。将农村养老同脱贫攻坚相结合，“采取政府购买服务方式建立农村互助服务队，实现了农村贫困老年家庭生活质量提高和贫困户增收的双赢目标”。[1] 政府为互助服务队提供了坚实保障，通过政策保障、组织保障和经费保障，确保互助服务队高效运转；该案例的最大优势在于降低养老照护服务成本，实现养老与脱贫的结合。县乡村三级分别成立农村互助养老领导组织，实现完备的照护服务体系。该案例潜在的不足是过于依赖政府推动和提供支持，内生动力发展可能存在不足。另外，互助队成员都由本村村民组成，照护服务专业性可能存在不足。

---

〔1〕 资料来源：齐齐哈尔新闻网，《真心换真情 合力奔小康》，https：//www.qqhrnews.com/a/19257.html。

（二）社会组织作为输送系统

关于以社会组织作为输送系统的农村贫困老年人照护服务模式，本章选取了哈尔滨市平房区政社协同“1+4”农村互助养老模式和福建省永安市“三自三助”农村互助型养老服务模式两大典型案例进行分析。

案例一是哈尔滨市平房区政社协同“1+4”农村互助养老模式。该案例的最大特点在于政府向社会组织购买服务，建立互助养老志愿服务机制，实行政协协同的组织形式。政府通过向社会组织购买服务，以党建引领为基准，通过政社协同的方式，充分发挥社会组织主体作用，实现基层党组织的外部统领与社会组织内生动力发展相结合，借助营造公共空间和打造时间银行的手段，建立互助养老志愿服务机制，形成了具有地方特色的渐进式养老方案。该案例的最大优势在于以以社工专业力量为支撑，养老照护服务体现出一定的专业性；以“互助养老志愿服务时间银行”为运行方式的农村互助养老新模式。提高了积极性，实现了互助养老长效机制；通过党建引领和政社协同的方式完善了组织建设，充分发挥制度优势。该模式实行两年多来，在推进农村社区治理创新、探索农村居家互助养老模式方面取得了初步成效，在一定程度上解决了农村养老资源不足，满足了村民居家养老的服务需求。其潜在的不足是乡村内生组织需花费精力进行培育，而且需要专业社工参与，可推广性难度较大。

案例二是福建省永安市“三自三助”农村互助型养老服务模式。该案例最大的特点在于以乡村内生社会组织为主，由老年协会自助运作，重视制度建设、规范服务。通过乡村老年协会进行自我管理和自我服务，由子女及老人“自愿申请、自负费用、自担风险”，入住老人“生活自理自助、邻里之间互帮互助、争取多方力量提供帮助”。该模式最大的优势是乡村内生社会组织敬老院由村老年协会和入住的老年人共同管理运作，实现互助养老，减轻政府负担，推动道德建设。其可能存在的不足是乡村内生组织需花费精力进行培育，老年协会发展不均衡、名存实亡、村民认同感不强。

（三）机构作为输送系统

关于以机构作为输送系统的农村贫困老年人照护服务模式，本章选取了秦皇岛市抚宁区特困人口供养中心和新疆生产建设兵团第六师奇台农场居家养老服务两大典型案例进行分析。

案例一是秦皇岛市抚宁区特困人口供养中心。该案例最大的特点在于管理精细化、主要面向农村特殊老人、重视安全设施建设。秦皇岛市抚宁区特困人口供养中心主要面向全区特困人口，通过打造开放式服务平台，实行数字化激励制度与责任制、将护理与保洁分家、增加夜间照料、初步实现网络化管理、高度重视老年人心理疏导工作与安全工作、力求餐饮管理民主化、科学化、签订入院协议个性化、引进专业医疗组织、细化消防管理制度、不断提升业务素质。该案例的最大优势在于院舍设施较好、照护服务专业性强、提供的照护服务全面、针对性强，能够兼顾入住老人基本需求和发展需求。其潜在的不足是政府投资较大，运营成本较高，对护理员专业性要求较高。

案例二是新疆生产建设兵团第六师奇台农场居家养老服务。该案例最大的特点在于管理精细化，主要面向农村特殊老人，实行陪伴式服务。以保障老年人群体中的高龄老人和特殊群体为重点，充分利用农场资源，实行居家养老服务，充分满足老年人地缘心态的要求，大力发展生活照料、文化娱乐、体育健身、精神慰藉、紧急求助等各种服务项目，为老年人和残疾人提供全方位和专业化的服务。该案例最主要的优势在于院舍建设较好，照护服务专业性较强，提供的照护服务全全面，能够兼顾入住老人基本需求和发展需求，陪伴式服务兼顾了机构与家庭的不同职能。其潜在的不足是政府投资较大，运营成本较高，对护理员专业性要求较高。

（四）志愿者作为输送系统

关于以志愿者作为输送系统的农村贫困老年人照护服务模式，本章选取了浙江省舟山市：巧解“散居偏远海岛留守老人养老难题”和重庆市农村养老服务典型案例两大典型案例进行分析。

案例一是浙江省舟山市：巧解“散居偏远海岛留守老人养老难题”。该案例最大的特点志愿者类型多样，包括低龄老人、党团组织、社区组织等，志愿者与其他主体联系紧密，提供了多样化志愿服务。充分激荡了社会各界力量，构建“博爱家园”服务体系，发挥共青团、妇联、工会等群团组织的号召力，作为社会各界参与“博爱家园”建设的主力军，定期开展各类志愿帮扶活动，加大与岛内外各种社工义工志愿者的联系。该案例最大的优势在于弘扬了敬老爱老的社会风尚，志愿者作为输送系统主体更具有热情与积极性，能够提供多样化服务，满足不同老年人需求。探索出了一条政府积极作为、群众志愿帮扶、各界踊跃参与的偏远海岛养老服务体系建设的路子，逐步破解了偏远海岛老人的基本养老难题。其潜在的不足是需要建设志愿服务的长效机制，志愿者的专业能力和服务水平可能存在一定缺陷。

案例二是重庆市农村养老服务典型案例。该案例的最大特点在于实现政府主导，充分发挥群众主体作用，实现志愿者与其他主体紧密结合的组织形式。由政府搭台，群众唱戏，倡导多元社会主体的参与，党员干部、社工、邻里、师生等均参与其中，培育农村养老服务队伍，培育壮大志愿者队伍，培养壮大社工队伍，建立完善网络责任队伍，让老人服务需求有人口应、有人管理。该案例的最大优势在于降低了养老照护服务成本，弘扬了敬老爱老的社会风尚，发挥了社会合力，扩大了照护服务供给范围。其潜在的不足是需要建设志愿服务的长效机制，志愿组织内生发展具有局限，需要依赖政府。

本章基于上述分析结果，绘制输送系统维度下农村贫困老年人照护服务模式一览表，如下表4－1所示。

表4－1　输送系统要素下农村贫困老年人照护服务模式

资金来源	案例	主要特点	优势	潜在的不足
互助	“友邻帮”走出农村养老服务新道路	1. 邻里互助 2. 重视乡风文明建设 3. 科学定制服务流程	1. 老人不脱离原有熟悉的生活圈 2 发扬敬老爱老的传统美德 3. 实现养老服务和老人需求的精准对接	1. 照护服务的专业性可能存在不足 2. 照护服务可能无法形成长效机制
	泰来县农村互助服务队	1. 邻里互助 2. 建立以贫困户为主的互助服务队 3. 政府提供了坚实保障	1. 降低养老照护服务成本 2. 实现养老与脱贫的结合 3. 照护服务体系完备	1. 照护服务的专业性可能存在不足 2. 过于依赖政府推动和提供支持，内生动力发展可能存在不足

续表

资金来源	案例	主要特点	优势	潜在的不足
社会组织	哈尔滨市平房区政社协同“1+4”农村互助养老模式	1. 政府向社会组织购买服务 2. 建立互助养老志愿服务机制 3. 实行政社协同的组织形式	1. 养老照护服务体现出一定的专业性 2. 提高积极性，实现互助养老长效机制 3. 完善组织建设，发挥制度优势	1. 乡村内生组织需要花费精力进行培育 2. 需要专业社工参与，可推广性难度较大
	福建省永安市“三自三助”农村互助型养老服务模式	1. 以乡村内生社会组织为主 2. 社会组织自助运作 3. 重视制度建设，规范服务	1. 有效解决了农村养老人才匮乏的问题 2. 乡村内生社会组织能够更精准、更接地气的识别老人的需求并提供相应的服务 3. 自助照护服务推动了道德建设	1. 老年协会分布不均衡、名存实亡、村民认同感不强 2. 乡村内生组织需要花费精力进行培育
机构	秦皇岛市抚宁区特困人口供养中心	1. 管理精细化 2. 主要面向农村特殊老人 3. 重视安全设施建设	1. 院舍建设较好，照护服务专业性强 2. 提供的照护服务全面，能够兼顾入住老人基本需求和发展需求 3. 实行针对化服务，兼顾了不同老人服务需求	1. 老年协会分布不均衡、名存实亡、村民认同感不强 2. 乡村内生组织需要花费精力进行培育
	新疆生产建设兵团第六师奇台农场居家养老服务。	1. 管理精细化 2. 主要面向农村特殊老人 3. 实行陪伴式服务	1. 院舍建设较好，照护服务专业性强 2. 提供的照护服务全面，能够兼顾入住老人基本需求和发展需求 3. 陪伴式照护服务兼顾了机构与家庭的不同职能	1. 政府投资较大，运营成本高 2 对护理员专业要求较高

续表

资金来源	案例	主要特点	优势	潜在的不足
志愿者	浙江省舟山市：巧解“散居偏远海岛留守老人养老难题”	1. 志愿者类型多样，包括低龄老人、党团组织、社区组织等 2. 志愿者与其他主体紧密结合 3. 提供多样化志愿服务	1. 弘扬敬老爱老的社会风尚 2. 志愿者更加具有热情与积极性 3. 照护服务多样满足了老年人不同需求	1. 需要建设志愿服务的长效机制 2. 志愿者的专业能力与服务水平可能存在一定欠缺
	重庆市农村养老服务典型案例	1. 志愿者与其他主体紧密结合 2. 充分发挥群众主体作用 3. 政府主导	1. 降低养老照护服务成本 2. 弘扬敬老爱老的社会风尚 3. 发挥社会合力，扩大照护服务供给范围	1. 需要建设志愿服务的长效机制 2. 志愿者组织内生发展具有局限，需要依赖政府

第五章　农村养老服务的资金来源

本章主要依据养老照护服务整合性分析评估框架，从农村经济困难老年人照护服务资金来源这一角度出发，分政府直接拨款、以地/房养老、政府购买服务、农村集体经济收入、多元资金来源五个要素，每个要素分别选取两个中国农村贫困老年人照护服务典型案例进行分析，在此基础上，得出各个典型案例的主要特点，并进一步分析该农村养老服务模式的优势与潜在的不足，最终形成可借鉴的经验。

一、理论阐述

社会福利的资金来源，很大程度上受制于资金的获得方式。“社会福利政策设计的资金维度有两套相互关联的基本选择，包括资金的来源以及转移支付系统。社会福利资金主要有三种基本的获得途径——税收、自愿捐款和收费”（李强，2015）。当前我国农村经济困难老年人照护服务资金来源以政府直接拨款为主，近几年资金来源也逐渐呈现多元化的趋势。在大多数经济欠发达的农村地区，经济困难老年人照护服务比较依赖于政府的财政支持，社会力量参与较少，也给当地政府财政背负了沉重负担。在经济较为发达的地区，农村老年人养老资金来源呈现多元化趋势，通过以地养老、以房养老、政府购买服务、村集体资金等多种方式保障经济困难老年人养老服务。

本章从资金来源这一要素出发，从政府直接财政拨款、以地/房养老、政府购买服务、村委会提供、多元资金来源五个方面选择农村贫困老年人照护服务典型案例进行介绍与分析。

二、案例介绍

（一）以政府直接拨款为资金来源案例一：河北省衡水市案例

1. 案例背景

本案例相关数据及资料内容来源于衡水市民政局等相关部门，以及澎湃新闻网、搜狐新闻网等相关网页。[1]

衡水市在创新试点的基础上，在全市建立起了“以农村特困供养服务机构为主体、专业医疗机构为辅助、民办养老机构为补充的贫困失能半失能人员集中供养模式，”[2] 解决特殊困难群体的生活照料问题，释放家庭劳动力，助力消除“一人失能、全家致贫”的困境。目前已有2051名符合条件的人员集中供养，受到人民群众广泛赞誉。

2. 主要做法

（1）开展精准摸底，强化现有资源整合。

据2019年数据显示，衡水市共有未脱贫农村贫困失能人员6043人，其中分散供养特困人员2074人、重度残疾人3471人、无儿无女人员498人，[3] 他们是农村养老和脱贫攻坚工作的难中之难、重中之重。同时，对全市特困人员供养机构、社会办养老机构及县、乡医疗机构现状进行了摸底，为制定贫困老年人集中供养提供依据。

按照统一机构名称、统一建设标准、统一功能设置的思路，着眼保障院民基本生活、医疗康复、文娱休闲和机构消防安全需要，对集中供养中心的房屋布局、设施配套、人员配备、服务内容和护理标准进行了统一和规范，全面提升供养服务中心服务保障能力。2019年全市投入4500多万元，提升改造或改建贫困人员供养中心59处，整合床位7500余张。

一是盘活现有农村特困供养服务机构资源，建设集中供养中心。对全市农村特困人员供养中心院民生活、医疗康复、文娱活动、消防安全等设施进行统一改造提升，规划贫困老年人集中供养区域。

二是发挥医疗机构康复护理优势，建设集中医养中心。充分利用县、乡（镇）卫生院土地、设施、空闲床位和康复医疗的资源优势，对其进行改造提升或新建医养结合机构，建设覆盖辖区的医养结合集中供养中心。

三是在社会办养老机构中建设经济困难老年人集中供养中心。通过对社会

---

〔1〕 澎湃新闻网：https：//m. thepaper. cn/newsDetail_ forward_ 4817223；搜狐新闻网：https：//www. sohu. com/a/414169947 _ 548607；中国经济网：http：//city. ce. cn/news/202008/19/t20200819_ 7280257. shtml。

〔2〕 资料来源：《河北日报》，《“在这里，吃穿住医都有人管”》，http：//hbrb. hebnews. cn/pc/paper/c/201908/05/c144777. html。

〔3〕 数据来源：新华网，《衡水扎实推进精准扶贫精准脱贫纪实》，http：//m. xinhuanet. com/he/2020 - 6/23/c_ 1126149495. htm。

办养老机构改造提升，整合利用空余床位。通过政府购买服务的方式，将经济困难老年人托养到社会办养老服务机构。

四是整合政府闲置设施，建设养老服务中心。冀州区困难人口集中供养中心就是利用乡镇闲置学校设施提升改造而成，改造各类房屋110间，增加床位200余张。

（2）整合保障资金，提升管理服务水平。

在运营保障方面，“按照不低于农村特困供养服务机构供养人员的基本生活、照料护理及机构运行费用标准，整合社会救助、扶贫产业农户收益等资金，不足部分由县市区财政负责统筹安排，市级财政综合入住率、照护质量等情况，采取以奖代补的方式予以补贴。”[1]

在管理服务方面，民政部门组织开展了供养机构管理人员培训，提升他们的政治站位和管理水平。“通过政府购买服务的形式，配齐配强照料护理队伍，建立全护理、半护理分级照料护理制度”,[2] 为贫困老年人提供基本生活照料服务。

（3）完善管理机制，建立健全运行管理办法。

一是完善分类供养机制。各集中供养中心根据老年人实际状况，按照专业对口、分级护理的原则，采取不同方式予以供养。具体而言，“半失能人员由贫困人口供养中心进行供养；完全失能或患传染病、精神类疾病人员，由贫困人口供养中心委托医疗机构医养中心，依托医疗机构的专业照料护理力量进行供养，提供健康检查、疾病诊治和护理、大病康复以及临终关怀服务；集中供养中心和医疗机构床位有效供给不足时，由中心通过购买服务的方式，委托民办养老机构进行供养。对自愿分散生活的人员，明确委托照料护理人，签订委托照料护理协议，落实照料服务责任，确保“平日有人照应，生病有人看护”，形成了全面覆盖、多样供给、尊重自愿、各取所需的照护体系，满足了老年人的多样化照护需求。”[3]

二是完善监督管理机制。“规范精准识别流程。按照政策要求，由扶贫和

---

〔1〕 资料来源：河北省民政厅，《河北省衡水市积极探索农村贫困失能半失能人员集中供养新模式》，http：//www. mca. gov. cn/article/xw/dfdt/201905/20190500017458. shtml。

〔2〕 资料来源：《河北日报》，《“在这里，吃穿住医都有人管”》，http：//hbrb. hebnews. cn/pc/paper/c/201908/05/c144777. html。

〔3〕 资料来源：衡水晚报，《我市2300余名农村贫困失能人员实现集中供养!》，https：//www. sohu. com/a/362970265_ 100014961。

民政部门负责开展农村经济困难失能、半失能特殊群体信息调查，排查产业收益、供养需求、赡抚养人的情况、自理能力等，建立个人信息台账；规范协议入住流程。经个人申请、乡镇和部门审核，符合条件的由家庭、集中供养中心以及医疗机构签订协议，安排入住；规范检查监督流程。由民政、卫健等部门牵头，完善监督检查机制，实现集中供养与监管无缝对接。”[1]

三是完善康养服务机制。“参照国家《养老机构服务质量基本规范》要求，建立健康档案，根据人员自理能力实施分级护理，提供基本医疗、康复训练、饮食照料、养老护理、临终关怀等基本照料护理服务。一是医疗康复服务。建立定时查房制度，24 小时全天服务，制定失能人员个性化康复训练计划，开展定期体检、健康咨询和医疗服务。二是生活护理服务。开展清洁照料、睡眠照料、饮食照料、排泄照料、病情照料服务，保障基本生存安全和生命尊严。三是亲情关爱服务。开展文体娱乐活动，进行情绪安抚、心理疏导、精神慰藉服务；建立亲情探望制度，加强与亲属沟通，为亲属提供相关信息。四是临终关怀服务。开展安全照料，对坠床、跌倒、误服药、感染等情况进行风险干预；开展陪伴交流，进行心理干预，减缓住院人的孤独感、恐惧感。”[2]

（4）实现“四个延伸”，夯实集中供养落脚点。

一是延伸“精准”理念，彰显专业性。精准识别和区分农村贫困失能半失能老年人，再进行集中供养，实现了识别“精准”和救助“精准”，是对农村养老服务体系建设的创新举措。

二是延伸农村贫困人口保障链条，彰显公益性。农村贫困失能半失能人员“两不愁”已基本解决，但缺乏照料护理保障问题仍是“三保障”的薄弱环节，实施集中供养不但破解了这一难题，而且提高了供养机构床位利用率。

三是延伸健康扶贫政策，彰显社会性。农村贫困失能人员主要由家庭或亲属供养，有的家庭出现了“一人失能，全家贫困”的状况。集中供养解放了家庭劳动力，“照顾一个人，改变一个家”，社会效益突出。

四是延伸医养结合模式，彰显普惠性。解决了农村贫困失能人口的特困之

〔1〕资料来源：衡水市人民政府，《衡水市政府新闻办召开“农村贫困失能人口集中供养”新闻发布会》，http://www.hengshui.gov.cn/art/2019/12/27/art_101_203769.html。

〔2〕资料来源：衡水市人民政府，《衡水市政府新闻办召开“农村贫困失能人口集中供养”新闻发布会》，http://www.hengshui.gov.cn/art/2019/12/27/art_101_203769.html。

需，让贫困失能人员家庭真正感受到党和政府的关怀和温暖。

（二）政府直接拨款为资金来源案例二：江苏省太仓市案例

1. 案例背景

（1）高龄化为农村养老带来压力。

案例来源于“中国农村养老服务典型案例”活动征集过程中地方政府部门或相关机构提供的案例原文，考虑到部分案例曾被地方媒体等媒介报道，为严谨考虑，对相关报道、介绍的网页来源进行标注，详见正文文字部分对应处脚注。

本案例相关数据及资料内容来源于太仓市民政局等相关部门，以及苏州市人民政府门户网站、搜狐新闻网等相关网页。[1]

作为富裕型长寿之乡，太仓市的老龄化发展一直呈现出增长速度快、高龄化显著的特点，截止到2019年底，全市户籍内60周岁以上老年人口占比31.09%，其中80周岁以上占老年人口比例达17%，百岁老人共179人，平均人口预期寿命84.27岁。多年来，太仓市党委政府大力构建了“城乡一体全覆盖，均等优质高标准”的养老服务体系，极大满足农村老年人服务需求。但随着劳动年龄段人群向城市流动，导致农村老龄化率显著高于城区，部分农村镇区老龄化率已接近50%，农村地区“居家为基础、社区为依托、机构为补充”的养老服务体系面临着新的供给压力。

（2）“离家不离村”与家庭养老功能弱化的冲突。

作为经济领先发展地区，太仓市经济快速发展带来家庭结构的演变，传统家庭养老功能日趋退化，农村地区空巢、独居、高龄老年人越来越多，而农村老年人依旧保留着“离家不离村、家门口养老”的传统观念，迫切需要政府、社会、家庭共同搭建“邻里相帮、银龄相扶”的互助养老模式。

2. 主要做法

（1）搭建“三运行、三指导”发展模式。

太仓市坚持依靠老年人自身力量与政府推动相结合来推动互助养老发展，

---

〔1〕江苏省人民政府：http://www.jiangsu.gov.cn/art/2018/6/13/art_34168_7680614.html?gqnahi=affiy2 太仓市人民政府：http://www.taicang.gov.cn/taicang/zfgzbg/201901/f35431c753c44ccbb8f939cde89f9685.shtml 苏州市人民政府：http://www.suzhou.gov.cn/szsrmzf/lnrfw/202006/e6f2f8cac03946eb9f8d0c61da9005a3.shtml；搜狐新闻网：https://www.sohu.com/a/411592689_120059680。

通过政府购买服务方式，依托市、镇、村三级老年协会组织，搭建互助养老“三级运行”管理体系，充分吸纳有能力、有活力的低龄老年人作为“互助小组”管理者、组织者、推广者。依托市民政局、镇民政办、村委会搭建互助养老“三级指导”体系，为互助养老提供服务指导与监督管理。目前，太仓市9个镇区、157个村社区全面建立了互助养老“三运行、三指导”监管体系，300多名低龄退休老年人在互助养老管理工作中实现“再就业”，有力推动互助养老的可持续发展。

（2）“两个奖补”激发基层组织人员活力。

太仓市的互助养老是民间自发形成并经政府推广而发展起来的，基层两委、社区工作者、村民小组长在互助养老工作中发挥重要作用。为激发基层组织、人员积极性，太仓市民政局从2015年开始，每年开展全市“互助养老”工作考评，召开全市互助养老推进大会，对成效明显的互助小组、突出的先进个人进行表彰；2017年，太仓市进一步明确市级财政对互助养老组织有力、活动有序、成效明显的村（社区）给予每年奖励。

（3）以需求为导向，构建“点阵结合”服务网。

太仓市坚持以老年人需求为导向，因地制宜、量力而行试点推广互助养老工作，根据每个村老年人分布、居住情况、照料需求设置互助小组服务点，分组时不完全按居民小组划分，老人可以根据自身意愿参加任何一个小组的活动，同时，在每个村老年人日间照料服务中心设置互助小组服务中心，打造“1+N”模式的互助养老“点阵结合”服务网络。

（4）依托一个中心，探索“银龄伙伴”品牌服务。

2017年，为进一步探索互助养老长效机制，太仓市开始推动“银龄伙伴计划”试点，依托全市169家老年人日间照料中心，发挥30余家专业养老社会组织和近200名老年社工作用，在积极开展老年人需求调研的基础上，广泛链接农村医疗、餐饮、文化以及社会志愿者等为老资源，探索建设“银龄餐桌”“银龄互助协会”“银龄加油站”“助老大联盟”等“银龄伙伴”服务品牌，为农村高龄、空巢、独居老人老年人提供系列照料关爱服务。

3. 取得的成效

经过6年发展，太仓市已实现农村地区互助小组全覆盖，全市建成互助小组500多个，参与老年人超5000人，“村级主办、群众参与、专业帮扶、互助服务、政府支持”的互助养老服务体系全面建成，为农村老年人搭建了低成本、可持续的非正式照顾网络，有效缓解农村地区养老服务供给不足的压力。通过组建互助小组、搭建“银龄伙伴”服务品牌，为农村老年人提供了助餐、助行、助浴，陪同就医、购物、精神关爱等基本保障服务，解决了空巢、独居、留守老年人生活困难与服务痛点，缓解了子女的生活压力，得到广大老年人的普遍欢迎。

通过实施银龄伙伴计划，太仓市打造了146家“银龄餐桌”和数十家“银龄加油站”“银龄互助协会”“银龄志愿团队”等“银龄伙伴”互助养老品牌，惠及老人数万人，加快了太仓养老服务体系品牌化发展进程。通过借助社会公共资源、志愿力量以及低龄老年人，在减轻政府资金投入压力的同时，建立了低成本、高效率、可持续的农村互助养老发展路径，增强了太仓市养老服务保障的能力水平。

（三）以地/房养老作为资金来源案例一：湖北省赤壁市案例

1. 案例背景

本案例相关数据及资料内容来源于赤壁市民政局等相关部门，以及湖北网、云上咸宁网等相关网页。[1]

赤壁市面临着中伙铺镇官庄村留守老人多，部分老年人生活贫困、无劳动能力等实际情况。

2. 主要做法

（1）主要思路。赤壁市曙光种植专业合作社是赤壁市中伙铺镇官庄村人余曙光联合赤壁市供销社及107名农户于2013年入股成立的。该合作社在官庄村日间照料中心的基础上，依托合作社场地，投资30万元进行改扩建，开办了“幸福之家互助养老中心”。

中心占地20亩，包含农业生产基地和活动场所，拥有养老住房15间，床位30张，设有厨房、洗衣间、晾衣间、洗浴室和公共卫生间以及医疗室、娱乐室、图书室等，院内环境优雅，有室外健身器材和1000m^2的绿化休闲场所。中心于2019年9月开始收住老人，目前已入住7人，其中6人采取将闲置土

---

〔1〕江苏省人民政府：http：//www. jiangsu. gov. cn/art/2018/6/13/art_ 34168_ 7680614. html? gqnahi = affiy2 赤壁市人民政府：http：//www. chibi. gov. cn/bmlb/czj/zwgk_ 5772/czzj_ 5778/202105/t20210531 _ 2330354. shtml 湖北网：http：//news. hbtv. com. cn/p/1103572. html；云上咸宁网：http：//xianning. cjyun. org/p/112168. html；幸福老年网：https：//www. xingfulaonian. com/ylzx/yldt/58956. html。

地交给合作社进行流转和托管的方式来抵付养老费用，1人自付费用。该合作社以200元/亩/年的价格流转老人的土地。

（2）运作方式。官庄村幸福之家互助养老中心目前正处于起步阶段，收住的7位老人都为60－70岁的自理老人，每月每人费用800元“包干”，并针对不同对象采取不同支付方式：一是针对4名留守老人，用以地养老的方式抵交入住费用，实行多退少补。二是针对2名建档立卡的经济困难老人，用以地养老的方式抵交入住费用后，差额部分由曙光种植专业合作社负责兜底。三是针对有劳动能力的老人，在中心养老的同时，返聘其在养老中心务工，做些力所能及的田园耕作、打扫卫生、洗菜做饭等工作，赚取劳动报酬，用以抵付入住费用。四是针对全额自费老人，每月按时收取入住费用。

3. 取得的成效

（1）盘活了闲置土地。老人把闲置土地流转给合作社，既解决了田地严重抛荒的问题，又能拓展合作社为农服务功能，有助于合作社可持续发展，从而推动养老中心可持续健康发展。

（2）解决了农村留守老年人照护问题。随着人口老龄化程度加剧，农村外出务工青年人数增加，关爱农村留守老人已成农村社会治理的重点内容，同时也是脱贫攻坚的一项重要任务。通过把留守老人集中在养老中心，丰富了老年人的物质和精神文化生活，既有效解决了老人照护问题，也能解决老人精神生活贫乏的问题。

（3）解决了农村老人养老金不足的问题。养老中心通过以地养老、返聘老人务工发工资等方式，补贴老人养老金，减轻了老人和子女的经济压力。同时对建档立卡的贫困老人减免养老金，助力精准扶贫。

（四）以地/房养老作为资金来源案例二：上海市松江区案例

1. 案例背景

本案例相关数据及资料内容来源于松江区民政局等相关部门，以及东方网、环球网等相关网页。[1]

---

〔1〕 搜狐新闻网：https：//www. sohu. com/a/406020159 _ 680303；东方网：http：//sh. eastday. com/m/20191018/u1ai20076855. html；环球网：https：//china. huanqiu. com/article/9CaKrnJTNxN；新浪网：http：//sh. sina. com. cn/news/m/2015－10－06/detail－ifximrxn8218901. shtml？from＝wap。

上海远郊农村老龄化程度高，子女较少在家，老年人独居缺少陪伴，已成为普遍现象。如何在充分利用农村土地和自然生态的基础上，打造配套设施相对健全的农村新型“养老社区”，让农村老年人“足不出村”享受专业的养老服务，解决农村老年人的就近养老需要成为政策实践的重点。为破解这一问题，松江区叶榭镇探索“幸福老人村”养老模式。

2. 主要做法及成效

（1）盘活农村闲置宅基地，开展“不离村”养老服务。

幸福老人村是国内最早通过盘活农村宅基地介入农村老人养老的养老机构。不同于其它专业化养老机构，幸福老人村利用农村现有房屋改造而成。幸福老人村现共租用堰泾村房屋 9 户 10 幢，占地面积 8000 平方米，建筑面积 1600 平方米。经过适老性改造后，设有长者照护之家（49 张床位）、老年人助浴点、老年人日间照料点、老年助餐点、乡村老年大学等。

老年人“不离村”、延续最熟悉生活方式的同时，养老条件也得到很大程度改善。幸福老人村自 2016 年 2 月开始运营，目前已有 38 名常住老年人和 106 名日间照料对象。入住老年人“多是本村或邻村村民，由于高龄、独居或需要照护搬迁到此，大多距离自家房屋不远。同时，幸福老人村不是封闭的院落，不少老年人原本就住在这片区域内，有的老年人将房屋部分出租给幸福老人村，就近成了“福利”共享者”。[1]

（2）打造田园式养老生活。

幸福老人村嵌入乡间，与乡村生活融为一体。房屋改造时，完整保留农村老宅的生态结构，并整治周边的环境，留住了农村的自然气息。整修一新的村舍被小桥、流水、涵养林包围，成为老年宜居社区、新农村的一道风景线。

幸福老人村恢复自然村落的养老功能，改善农村的生活环境。通过“把房屋附近部分闲置村民自留地规划种植绿化和农家小菜园等，按时令进行季节性播种，为老年人提供力所能及的“田园劳作”场地，耕作物兼具观赏性和实用性。村屋四围原有的河道、竹林等也被保留，规划成景，供老年人散步休闲。”[2]

---

〔1〕 资料来源：上海观察，《松江“幸福老人村”里的幸福事》，http：//city. eastday. com/gk/20160901/u1a12043455. html。

〔2〕 资料来源：《解放日报》，《农村老人足不出户享专业养老》，http：//shzw. eastday. com/shzw/G/20151006/u1a9054467. html。

（3）一站式综合养老服务助力农村养老服务升级。

幸福老人村提供一站式综合养老服务，尽可能满足农村地区老年人的养老需求。项目启动时，幸福老人村就规划为本村、邻村的老年人提供24小时照顾护理、日间照料托养、居家养老等服务，并吸引已享受政府居家养老服务补贴的农村老年人在此集中养老。“房屋内部设施是按照本市养老机构建筑设计标准进行设置，包括无障碍设施、智能呼叫系统、一键式电话、公共空间安装有红外线监控设备等，以确保老年人活动安全。”[1] 幸福老人村通过将长者照护之家、老年人日间照料中心、综合为老服务中心、助餐点、助浴点、卫生服务机构等整合设置或邻近设置，优化养老服务资源配置，打造成为链接机构服务与居家服务、专业服务与辅助服务的资源配置枢纽和推送中心，形成了以点带面的农村养老服务格局（贾倩，2019）。

（4）专业运营，链接整合资源，实现持续发展。

幸福老人村的运营主体是有养老运营经验、居家养老服务经验的社会组织和企业，引进养老公益项目，打造培育“孝文化”，探索农村地区嵌入式综合养老新路径。一是通过社会组织专业运营，分摊运营成本。长者照护之家为社会组织创办，由社会组织专业运营，自负盈亏。除了发起人投入外，政府给予了政策、经费等大力扶持，包括市政府一次性建设费补贴和三年运营补贴（共计258万元）、各种社会养老项目补贴、社会慈善捐助等。据测算，幸福老人村的床位收费标准为2160－3200元，入住40人时，可保证运营持平（目前入住38人）。在人工、设施维修等费用不断增加的情况下，幸福老人村能够生存发展的关键是功能升级、服务范围拓展和社会公益力量介入。通过与本地社会公益组织合作，引入更多社会资源参与其中，进而分摊运营成本。

二是通过公益项目运作，提升专业养老服务水平。幸福老人村面向农村老年人，提供涵盖机构照料、社区照护、居家护理的一站式综合性养老服务，实现了功能叠加、设施综合和资源辐射。大量公益项目的运作丰富了农村养老内涵。通过公益养老项目培育、带动，吸引更多社会公益组织参与养老、助老活动，鼓励较为专业的志愿者介入关爱老年人的生活陪护、精神陪聊等全过程，使农村老年人享受到更加专业的高品质服务。

三是通过培育“孝文化”基地，带动社会志愿者参与。“孝文化”基地是

[1] 资料来源：《解放日报》，《农村老人足不出户享专业养老》，http://shzw.eastday.com/shzw/G/20151006/u1a9054467.html。

幸福老人村打造的文化牌，吸引了各类社会公益组织、爱心企业、学校和志愿者开展以志愿服务为主的“微孝项目”，以聚合社会资源，激活社会“微力量”践行孝文化。

（五）政府购买活动作为资金来源案例一：四川省宜宾市珙县案例

1. 案例背景

本案例相关数据及资料内容来源于珙县民政局等相关部门，以及百度网、四川在线网等相关网页。[1]

珙县地处四川盆地南缘，位于川、滇、黔三省结合部，县域面积1149.5平方公里，地形南北狭长，属典型山区县。截至2020年3月，珙县户籍总人口42.9万人，其中60周岁以上人口7.44万人，占全县人口17.3%；60周岁以上农村人口5.35万人，占全县60周岁以上人口71.97%；65周岁以上人口5.6万人，占全县人口13.05%。老年人中有特困供养老人1399人（其中集中供养580人），独居老人294人，留守老人1530人。全县有养老机构16个（其中福利中心1个、农村敬老院12个、民办养老机构3个），有养老床位1481张（其中公办敬老院1093张、民办养老机构388张），入住老人723人（其中公办敬老院597人、民办养老机构126人），机构养老的老人占1%。目前居家养老是该县绝大多数老人的养老方式。

珙县从2014年起开展政府购买居家养老服务，其中采取过两种方式：第一种方式是按照300元的服务费，规定服务项目和次数，第二种方式是不规定服务项目和次数，提供菜单式服务，老人根据自身需求点单，享受满300元视为完成服务。通过5年的探索实践，并委托第三方机构评估，总结发现：没有频率和时间的保障，服务的效果和满意度都难以提高。

同时，珙县民政局在脱贫攻坚部门联系村——洛亥镇油岭村，根据本村外出务工青壮年多、家中留守老人多、老人安全隐患多的情况，从2016年开始探索由低龄老人（老村干部、老党员）组建巡访工作队，巡访员每周坚持开展“一对一”上门巡访或电话巡访2－3次，工作内容包括三个方面：一是安

---

〔1〕 宜宾市民政局：http：//mzj. yibin. gov. cn/sy/gzdt_ 8715/202010/t20201029_ 1369668. html；珙县新闻网：http：//gx. ybxww. com/content/2020 －6/22/20206221038571448938. htm；百度网：https：//baijiahao. baidu. com/s？ id =1675273495810063752&wfr = spider&for = pc；四川在线网：https：//sichuan. scol. com. cn/ggxw/202008/57878023. html。

全排查，熟知老人的健康状况、精神状态及养老需求，检查水电气等安全情况，消除安全隐患；二是爱心陪伴，陪老人聊天，或帮助老人与在外务工的子女通过手机视屏通话，陪患病老人就诊看病等，满足老人的情感和健康需求；三是助老服务，帮助老人剪指甲、换灯泡，帮助腿脚不方便的老人代买米、面、油等生活物资。“油岭村这种低龄老人巡访帮助高龄老人的互助养老模式，就好比“时间银行”，等待他们成为高龄老人的时候，就可以从新产生的低龄老人那里获得帮助，形成一种良性循环，减轻家庭养老的负担以及降低社会养老的成本，油岭村的巡访助老模式实行三年，取得较好的效果”（黄瑶，2019）。

2. 主要做法

（1）“四方合约”助老巡访模式的主要做法。

珙县根据老年人需求，调整居家养老服务的服务项目，参照洛亥镇油岭村探索的模式，2019 年在洛亥镇油岭村、巡场镇三合村、汾洞村开展“四方合约”巡访助试点工作，村委会、村老协、老年人、助老巡访员“四方”签订《助老巡访爱心合约》，明确相关权责，探索推进农村助老巡访工作机制。

在宜宾市开展全国第三批居家和社区养老服务改革试点工作中，珙县创新开展“四方合约”助老巡访工作，得到民政部的肯定，2020 年 4 月 25 日在《中国社会报》头版刊载珙县做法，并在《宜宾市民政局关于开展全国居家和社区养老服务改革试点“宜宾经验”推广活动的通知》（宜民政〔2019〕162 号）中作为经验在全市推广。

2020 年，为进一步贯彻落实《四川省民政厅等 9 部门关于加强农村留守老年人关爱服务工作的实施意见》（川民发〔2018〕104 号）、《宜宾市民政局关于建立农村留守老年人定期巡访制度的通知》（宜民政〔2019〕30 号）和《宜宾市民政局关于开展全国居家和社区养老服务改革试点“宜宾经验”推广活动的通知》（宜民政〔2019〕162 号）要求，加快建立健全农村留守老年人等特殊困难老年人关爱服务体系，构建敬老、养老、孝老、助老的社会氛围，决定在全县进一步推行“四方合约”开展特殊困难老年人助老巡访工作。

第一，确定助老巡访服务对象。巡访服务对象包括 60 岁以上的散居特困对象、独居困难留守老年人、残疾失能老年人、计划生育特殊家庭老人、子女有重度残疾不能照顾的高龄老人等在内的特殊困难老人，要准确掌握特殊困难老年人的经济来源、家庭结构、健康状况、照料情况、存在困难及监护人联系方式等基本信息。享受巡访对象老人须经过村（社区）民主评议和公示等程序后由乡镇（单位）审核确定。2020 年，全县 5700 名特殊困难老人享受了“四方合约”助老巡访服务。

第二，建立特殊困难老年人助老巡访制度。建立村（居）民委员统筹指导，村老年人协会以及各类社会组织参与协助实施的特殊困难老年人助老巡访制度。村委会、村老协或其他社会组织、老年人、助老巡访员“四方”签订《助老巡访爱心合约》。

村（居）委会：主要负责对接乡镇政府及民政部门，保障提供巡访工作经费，确定巡访受助对象，宣传并落实相关优惠政策，协调解决巡访助老工作中出现的问题，监督指导村老协及社会组织开展巡访工作等。

村（居）老协或社会组织：负责推选身体健康、积极性高、服务意识强、家人支持的适龄志愿者担任助老巡访员，实行动态管理，定期组织培训；做好巡访员安全工作；建立特殊困难老人台账，了解掌握老年人的养老服务需求；以户为单位，根据需要选派合格合适的助老巡访员；管理和考核助老巡访员并兑现巡访工作经费。

老年人：向助老巡访员提供真实信息，以礼相待，客观评价，不提无理要求。

助老巡访员：每周上门巡访 1 次，有条件地增加电话巡访 1 次，提供代购、代办、助医等服务，收集老人的养老服务需求，宣传相关养老服务政策，提示注意遵守安全事项等。

（2）监督管理及保障工作。

珙县采取四项措施加强对“四方合约”助老巡访工作的监督管理和保障工作：

第一，县民政局统一印制“四方合约”助老巡访记录本，巡访员在巡访过程中如实记录老年人情况。

第二，县民政局专门开发一个监督管理微信小程序，设立四级账户，巡访员巡访老人，实时上传巡访图片，对老年人情况进行文字描述；村、镇级审核员审核服务图片，了解老人情况，发现问题及时解决，同时审核是否有不良信息或涉密信息；县级管理员监督管理和统计全县巡访数据，并根据服务数据划拨服务费。

第三，适时开展第三方评估。

第四，为保障巡访工作的顺利开展，珙县民政局按照巡访对象老人300元/人/年，保障巡访服务费，按季度支付。

第五，为了减少巡访员在工作过程中的风险，珙县民政局统一为巡访员购买一份意外伤害保险。

3. 取得的成效

（1）有效解决了农村散居特困供养、留守、独居空巢等特殊困难老年人的精神慰藉、生活帮助等实际困难。

（2）解决了外出务工人员的后顾之忧，助推了珙县经济社会发展。

（3）弘扬了孝老敬老的社会风气，助力城乡社会治理。

（4）为老年协会及其他社会组织提供了服务社会的机会。

（六）政府购买活动作为资金来源案例二：江苏省宿迁市沭阳县案例

1. 案例背景

本案例相关数据及资料内容来源于沭阳县民政局等相关部门，以及中国文明网、百度网等相关网页。[1]

沭阳县是劳动力输出大县，每年有22万人外出务工。进城务工和陪伴子女进城接受教育的农民数量逐年大幅增加，青壮年农民不断向城镇转移，农村留守老年人越来越多。截至2020年3月末，全县拥有农村留守老年人约3万人，约占全县60岁以上老年人数量的10%。受传统“故土难离”观念影响和养老消费能力限制，很多农村老年人不愿意进入养老机构。[2] 农村留守、空巢、独居老年人缺乏关爱照料的问题十分突出。

2. 主要做法

（1）明确建设要求。沭阳县民政局印发了《沭阳县农村“日间照料幸福小院”实施方案》。明确幸福小院要具备“五室一场所”功能：“五室”即居

---

〔1〕江苏省民政局：http：//mzt. jiangsu. gov. cn/art/2019/11/18/art_ 55087_ 8817148. html；中国文明网：http：//jssq. wenming. cn/wmcs/201911/t20191118_ 6156894. shtml；大众网：http：//paper. dzwww. com/dzrb/content/20200629/Articel04003MT. htm 百度网：https：//baijiahao. baidu. com/s? id = 1650499921680308474&wfr = spider&for = pc；网易网：https：//www. 163. com/dy/article/FL4ORCHA0512C3L0. html。

〔2〕资料来源：《新华日报》，《沭阳：“幸福小院”飘出养老幸福味道》，http：//xhv5. xhby. net/mp3/pc/c/201912/19/c725772. html。

室、助浴室、餐厅、厨房、娱乐室，“一场所”即室外（或室内）活动场所。规定幸福小院面积不超过300平方米，必须完成适老化改造，配备简易喷淋、燃气报警器、灭火器、安防监控等安全设施设备，取得食品经营许可证。可设置10张床位，就近为本村及附近村庄老年人提供居住、托养、照料、助餐、助浴、娱乐等服务。幸福小院建成后完成登记注册即可开展服务，运营满半年即可获得一次性建设补贴5万元，并从运营之日起享受每年3万元的运营补贴。[1]

（2）留守妇女带头创办。“邻里养老幸福小院”最早由沭阳县塘沟镇东渡村的留守妇女发起。县民政局大力支持，积极指导帮助，通过实施消防和适老化改造，于2019年建成并接收留守老年人，并获得了民政局的建设补贴和运营补贴。

（3）强化全程安全监管。为确保幸福小院安全运营，县民政局从控制规模、加强指导等方面不断强化事前、事中、事后监管。限定幸福小院建设规模不得超过300平方米，留宿照料床位控制在10张以下。申请人在筹建时必须要向县民政局进行申报，通过实地考察，对房屋质量、周围环境、建设规模进行核查，民政局认定基本符合条件后才能同意建设。在建设过程中，县民政局对适老化改造和消防安全改造进行跟踪指导，明确消防安全标准，列出必备的消防设施清单。建成后对负责人进行安全知识培训，并纳入养老机构统一管理，每月上门一次进行业务考核和安全检查，将考核结果作为运营补贴发放依据。

3. 取得的成效

农村幸福小院是农村老年人养老传统观念、消费能力与现实养老需求相碰撞的结果，符合苏北地区乃至全国经济欠发达地区农村养老现状。一方面，这种居家式养老模式完全符合当前农村老年人“故土难离”、不愿入住养老院的心理，另一方面，幸福小院入住费用平均不超过每人每月1000元，符合农村老年人的经济现状；面积300平方米以下的小型养老设施，在消防设施设备的要求方面相对简化，降低了举办经营养老机构的改造成本，能够吸引更多的社会力量参与农村养老服务发展。

项目实施以来，深受广大人民群众欢迎，半年时间已经初步建成10家

---

〔1〕 资料来源：《新华日报》，《沭阳：“幸福小院”飘出养老幸福味道》，http：//xhv5. xhby. net/mp3/pc/c/201912/19/c725772. html。

“农村幸福小院”，可提供约20个就业岗位，为空巢留守老年人提供约100张日托或护理床位。

（七）村委会作为资金来源案例一：北京市“金手杖”案例

1. 案例背景

本案例相关数据及资料内容来源于北京市民政局等相关部门，以及搜狐新闻网、百度网等相关网页。[1]

北京市人民政府（2000年第63号）颁布的《北京市养老服务机构管理办法》中，“鼓励企业事业单位、社会团体、其他组织和个人以多种形式兴办养老服务机构”。在这一指导精神启发下，为了缓解公办养老机构压力，为政府分忧，2010年，经郑各庄村“两委”提议、村民代表讨论，决定兴建一所民办老年公寓，首先为本村村民提供福利养老保障，同时兼顾解决周边区域养老问题。2010年金手杖养老公寓开始开工建设，2013年金手杖养老公寓正式开业运营。

2. 主要做法

（1）建设规模及配套设施。金手杖养老公寓占地面积3.6万平方米，土地性质属于集体建设用地。建筑面积近15万平方米。共计1495套房间。房间内统一风格精装修，温泉入户，生活设施、紧急呼叫系统一应俱全。餐厅、图书馆、剧场、影视厅、书画室、声乐室、康复室、健身房、文化长廊、空中花园等共享设施配套齐全。

（2）投资方式及运营模式。“金手杖”项目由北京宏福投资管理有限公司和郑各庄村民（参股）共同出资兴建，委托北京金手杖养老股份有限公司运营。北京金手杖养老股份有限公司按年度向郑各庄村委会交付土地租金。

运营模式采取多种形式并存，有三十年期会员、五年期会员、一年期会员、体验会员及候鸟旅居会员等五种模式。

（3）金手杖养管理服务特色亮点。第一，创新养老服务理念，引领养老服务实践。“金手杖”把“家”的概念根植于服务之中，根据老人切实需求，探索出“游住养生、旅居养老”的新模式，在“医”“食”“住”“行”“乐”

---

〔1〕 搜狐焦点网：https：//house. focus. cn/zixun/f48bfeadb0404d26. html；搜狐新闻网：https：//www. sohu. com/a/240548477_ 100216044；百度网：https：//baijiahao. baidu. com/s? id = 1667280418782647056&wfr = spider&for = pc。

五个方面提供全方位专业、细致、周到的爱老服务。针对老人普遍关心的医疗、饮食及精神慰藉等方面的需求，在公寓内部设立了社区医疗服务站，并设置了24小时值守的120急救站，满足老人日常就医和突发急病救治的需求；饮食方面在公寓内部设立两个不同模式的餐厅，可提供自助餐、自选餐及聚餐服务；为解决老人空虚寂寞的困惑，组织老人开展喜闻乐见的专题讲座及丰富多彩的文化娱乐活动，每年活动场次在3000次左右。入住的1500位老人平均年龄为80岁，百岁以上老人有3位。

第二，周边成熟的社区及配套设施。金手杖养老公寓坐落于温都水城景区内，景区环境优美，让老人足不出户就可享受自然风光；紧邻大型商超——水城广场，为老人购物、娱乐带来了便利条件；金手杖还引进社区医院作为医疗服务支撑，为老人健康保驾护航。金手杖满足了老年人从退休一直到离世的全过程在生理和心理上的需求：退休后的社区养老，即居家养老，可在自己熟悉的环境内足不出户的享受到社区的各种助老服务；老人的一日三餐由金手杖养老公寓按照营养需求提供，卫生保洁、丰富的各种文化活动和社会交流以及候鸟式旅游；85岁以后或失能老人享受金手杖护理中心提供需各种生活、医疗以及心理看护的全天候服务。

第三，整体建筑实现了无障碍链接，餐饮、娱乐区域集中。金手杖养老公寓五栋塔楼通过连廊及一层大厅实现了无缝连接，一层公共区域汇集了自助餐厅、自选餐厅、电影院、书画室、音乐室、健身房、形体室、社区医院、图书馆、上网室、花园剧场、温泉室及理发室等配套服务设施，无论春夏秋冬雨雪季节，老人都嫩而过在恒温下享受生活。

第四，老人入会模式多样化，满足不同群体需求。金手杖养老公寓在创立之初通过对老年市场的调查研究，发现老人对养老模式的选择上存在一定差异，因此在前期设定会员模式时采取了多种形式并存，按照房间条件及资金配置需求设置各种模式销售比例，这样既满足了不同客户群体的需求，同时也为公司前期资金投入回报、后期运营成本覆盖提供了资金保障。

第五，以养老大社区为依据，以活力老人为主体，植入丰富多彩的文化娱乐活动。为打造老有所乐、解决老人空虚寂寞的困惑，金手杖养老公寓专门成立了艺术团，充分发挥老人余热，由金手杖牵头、老人自发组织开展多种老人喜闻乐见的专题讲座及丰富多彩的文化娱乐活动，每年活动场次在3000次左右。

（4）金手杖承担郑各庄村老人养老服务。金手杖养老公寓还承担起了郑各庄村 75 岁以上老人的养老住宿、用餐、护理等费用。包括百岁老人每年 10 万元的一次性护理费。开业至今金手杖养老公寓直接服务郑各庄村村民老人共计 50 人，每年支付村民老人养老食宿、护理等费用共计约 355 万元。

3. 经验启示

（1）做好开源节流，尽早实现盈利。金手杖养老公寓自 2018 年起，在运营了第 5 年时实现了盈利，养老机构经济效益主要来自两方面，即收入与成本的比较。节约成本上金手杖采取依托社区医院资源，既保证服务又减少了成本投入；再有做好前期定位与设计，减少不必要的返修；在增加收入方面考虑吸引社会老人消费，金手杖早在 2014 年就率先提出了“游住养生、旅居养老”的口号，通过让老人购买旅居卡的形式，即灵活入住又带动了集团外地酒店产业的发展。

（2）整体设计及配套。金手杖养老公寓建筑面积近 15 万平米，公寓一层汇集了全部餐饮、娱乐休闲场所，有总服务台、健身房、康复室、中医理疗室、托儿所、形体室、活动室、上网室、图书室、音乐书画室、会员餐厅、温泉室等服务设施。根据养老服务的特点，设立了以专业医护人员 24 小时全天候服务为中心的服务部门，同时还设有管家部、膳食部、物业部、安保卫部、工程等部门专业服务人员为入住的老人提供全方位“爱心”服务。在前期设计上实行了“量身定做”，以人为本，实现人性化设计。内部设备全部采用适老化设施。

（3）管理水平与服务标准。金手杖养老公寓运营近 7 年时间，一直按照民政部门及老龄委的相关规定经营。其提供的服务得到了老人及家属的认可与好评。用爱心和责任心在养老行业树立了良好的口碑。

（八）村委会提供作为资金来源案例二：贵州省铜仁市案例

1. 主要做法

（1）实行“院会合一”，打造“家园型”幸福院。

本案例相关数据及资料内容来源于铜仁市民政局等相关部门，以及搜狐新闻网、贵州网等相关网页。具体来源见脚注。[1]

“院会合一”即“将村老年协会和互助幸福院进行合并，对入院老年人依法签订入院协议，明确家庭、协会、个人和幸福院之间的相关责任，做到管理规范有序”（赵邦艳，2018）。

思南县邵家桥镇鱼溪沟村的互助幸福院，就是“以村办的“弱保中心”为载体，将村里近30名留守老年人聚集在幸福院里，由协会统一管理，每天统一吃饭、集体劳作、集中娱乐，并设置30张床位，供老年人休息”（赵邦艳，2018）。与此同时，村委会统一协调经费为每名入院老年人缴纳新农合费用，购买意外伤害保险，并接受村里的几名困难留守儿童到幸福院用餐、住宿和学习。

（2）探索“以劳促养”，打造“授渔型”幸福院。

互助幸福院会“按照入住老年人的身体情况，合理安排老年人从事力所能及的劳动，让老年人的社会价值得到认可，也让老年人过得更加充实。江口县闵孝镇的鱼良溪村，村支两委兴办了名为“黔馨家园”的村级经济实体，村里对幸福院的老年人统一安排食宿和活动，根据入住老年人的劳动能力和特长技能，因人而异分别安排他（她）们从事养猪、理发、看鱼池、守葡萄园、值守办公室及打扫卫生等工作，并安排有能力的老年人对失能老年人进行照顾，每月视每个人的劳动量，给老年人发放800－1800元不等的工资。这种方式不仅能让老年人发挥余热，更重要的是，老年人过得更有尊严，也为农村互助幸福院持续发展提供了不息的内生动力”（赵邦艳，2018）。

（3）推进“医养结合”，打造“康乐型”幸福院。

铜仁市是“全国首批医养结合试点示范市，为补齐短板，提高农村养老服务水平，实现基层养老服务机构的提质增效，铜仁市委市政府制定了完善的医养结合发展机制。在基层医疗机构和养老机构之间，通过乡镇医院与互助幸福院等养老服务机构签订医养结合协议的模式，明确了老年人在优先看病、定期巡诊和合作医疗报销等具体内容”（赵邦艳，2018）。对入住幸福院的残疾困难老年人，安排由身体健康的老年人专门值守照料，保证老年人的饮食

---

〔1〕 铜仁市人民政府：http：//www. trws. gov. cn/wsfw/ggfw/ylff1/202006/t20200617_ 61144923. html；贵州网：http：//zhuanti. gywb. cn/content/2019 －01/29/content_ 6002781. htm；搜狐新闻网：https：//www. sohu. com/a/213692812 _ 610793；搜狐视频网：https：//www. sohu. com/picture/213692812。

起居。

（4）实施“双阳工程”，打造“春晖型”幸福院。

“为发挥老年教育的示范作用，引导老年人与儿童的良性互动，铜仁市各级关工委、共青团等组织充分利用农村互助幸福院平台，把“春晖社”建在幸福院里，组织开展相应的尊老爱幼活动，形成夕阳托朝阳、双阳共生辉的良好互动氛围”（赵邦艳，2018），有效推进了基层的乡风文明建设。

（5）推动“文化融合”，打造“书香型”幸福院。

“农村互助幸福院的学习场所，大多都是与村里的道德讲堂、农家书屋及老年学校资源共享，是老年人获取知识、相互交流和传承民族民间文化的重要场所，也是幸福院的文化后院”（赵邦艳，2018）。

2. 取得的成效

“五型”农村互助幸福院的建设，“不仅效解决困难和留守农村老年人的养老服务问题，提升了农村老年人的养老质量，也为其他部门在基层开展助老惠民活动提供了良好的对接服务平台”（赵邦艳，2018），同时还为易地搬迁对象留住了乡愁、创建了新“家”。目前，铜仁市村（居）共有2930个，建成农村互助幸福院1463个，幸福院占有率达50%，初步搭建了农村养老服务网络架构。

（九）多元资金来源案例一：浙江省杭州市桐庐县案例

1. 案例背景

本案例相关数据及资料内容来源于桐庐县民政局等相关部门，以及搜狐新闻网、浙江新闻网等相关网页。[1]

截至2019年底，我国65周岁以上人口约1.76亿，占总人口的12.6%，已步入老龄社会，养老工作成为全社会的重点工作。党的十九大报告明确提出“积极应对老龄化，构建养老、孝老、敬老政策体系和社会环境，推进医养结合，加快老龄事业和产业发展”，为新时代加快养老工作指明了方向。为有效破解农村养老难题，杭州市积极探索农村“家院一体”养老机构建设，成效

---

〔1〕桐庐县人民政府：http://www.tonglu.gov.cn/art/2018/7/13/art_1229247108_3772262.html；浙江新闻网：https://zj.zjol.com.cn/news.html?id=1494515；搜狐新闻网：https://www.sohu.com/a/418375251_100020953；民生浙江网：http://ms.zjol.com.cn/201702/t20170210_3061192.shtml。

显著。

"以杭州市桐庐县为例，截至2019年底，该县60周岁以上老人10.13万人，占总人口的24.2%。其中，农村老人占老年人口总数的70%以上，普遍存在以下四个方面问题：一是大部分农村老人收入偏低，难以支付入住养老机构的费用；二是农村老人恋乡情结浓厚，不愿离家养老；三是农村一些老人疾病缠身，特别是失能、失智老人，缺乏专业照护服务；四是公办养老机构空置率高，农村居家养老服务照料中心服务范围狭窄，易建设难运营。基于这一现状，桐庐县于2015年在全国率先推出"家院一体微型养老机构"模式，实现"垂暮不离亲，养老不离家"的"家门口"幸福养老"。[1]

2. 主要做法

"家院一体"微型养老机构，指10－30张床位的规模较小的具有独立法人资格的养老院，一般同时具有居家养老照料服务功能，是通过与医疗机构、居家养老服务照料中心、社工等进行组织融合、信息融合、功能融合、情感融合构建起来的全新服务平台。在老年人不离开家乡的熟悉环境下，提供专业化、多样化的养老服务，具有规模小、成本低、功能全、费用低等特点，既能使老年人就近养老，又能满足专业照护的需求，适合老年人"原居安老"的愿望。

（1）健全政策保障，支撑"体制机制"。

一是规范管理运营。桐庐县民政局联合10部门出台《关于进一步优化部门服务促进微型养老机构规范发展的指导意见》（以下简称《意见》），该《意见》从微型机构设立条件、消防审验、房屋产权等方面出台系列配套政策，通过开展部门集中服务，大力简化证照审批手续，做到"降规模不降标准"。

二是精准给付补贴。出台《桐庐县养老服务业综合改革试点方案》，对民办养老机构给予每张床位4000元的一次性建设补助和100－400元每人每月的床位运营补助。[2] 县财政每年还设立30万元专项资金，重点用于微型养老机构建设和运营等补助，资金采取专项专用年度结余资金结转滚动使用。鼓励养老机构投保各项社会保险，对养老机构参加政策性责任保险的，县财政按保险

---

〔1〕 资料来源：《杭州》，《"家院一体"让农村老人幸福"不掉队"》，https：//www.sohu.com/a/418375251_100020953。

〔2〕 资料来源：《杭州》，《"家院一体"让农村老人幸福"不掉队"》，https：//www.sohu.com/a/418375251_100020953。

金额1/3给予补助。实行贷款贴息扶持，对入住率达50%以上的养老机构，以每床1万元，最高贷款额不超过50万元，给予50%贷款利息的贴息。

三是培育护理精英。由县民政局牵头，联合县财政局、县人社局等部门，“实施微型养老机构专业人才招引计划、微型养老机构从业人员教育培训计划、微型养老机构年度星级评定。对持有高级养老护理员及以上级别证书的养老护理人才来该县微型养老机构工作，签订三年以上劳动合同且服务满一年、按规定缴纳社会保险费或意外保险的，按每人每年1万元给予补助”。[1]

四是实现智慧运营。依托“智慧+养老”系统，“建立60岁以上农村老人数据库，收集整理基本信息，进行信息数据分析，为开展养老服务提供数据支撑”。[2] 建设视频监控系统，实现“家院一体”微型养老机构视频信息调看、查询、管理。

（2）聚焦专业照护，瞄准“服务刚需”。

一是强化机构专业照护。该县微型养老机构12家，护理型床位（含医疗床位）330张，占比100%，为长期需要照护的农村失能老人家庭提供替代专业服务。护理员与入住老人比例为1：3.5，保障机构内老人得到充分照顾。

二是突出居家照料阵地。全县共有镇街级示范型居家养老服务中心9家，其中依托微型养老机构建设的5家。将养老服务辐射周边村（社区），提供生活照料、康复护理、家庭支持、社会工作、器具租赁等功能，面向失能老人家庭开展“喘息服务”，实现了机构养老和居家服务的有机统一，减少运营成本、满足老人需求。

三是医养结合持续提升。建立村（社区）卫生服务站、镇卫生院、县级医院为基础的三级诊疗机制，解决微型养老机构医疗服务难题。镇街级卫生服务中心推行的签约服务，为周围的老人提供便利服务。同时，该县作为浙江省康养体系建设首批试点单位，选取桐君街道、城南街道、百江镇、分水镇等4个镇街探索个性化康养联合体建设。在桐庐县百江镇颐养老年公寓、桐庐县阳光养老服务中心等微型养老机构开展以物理康复、中医理疗康复、医养结合为主的特色为老康复服务，实现“最后一公里”有效覆盖。

---

〔1〕资料来源：《杭州》，《“家院一体”让农村老人幸福“不掉队”》，https：//www.sohu.com/a/418375251_100020953。

〔2〕资料来源：《杭州》，《“家院一体”让农村老人幸福“不掉队”》，https：//www.sohu.com/a/418375251_100020953。

（3）拓宽社会资源，壮大“运营力量”。

一是“微机构＋村建民营”。“整合农村居家养老服务照料中心资源，引入第三方运营，实现村建民营市场化运作。如桐庐县百江镇颐养老年公寓、桐庐县阳光顺馨养老服务中心等微型养老机构由村集体建设交由第三方机构运营，解决了社会力量参与养老服务找不到场地的尴尬”。[1]

二是“微机构＋连锁化运营”。构建完善的服务体系，打造特色养老服务品牌。如第三方社会组织君山之家为老服务中心通过推进连锁化运营，将东辉和后河两家机构进行连锁运营，并承接分水镇五保供养中心，促进农村微型养老机构快速发展。

三是“微机构＋长期护理险”。“依托长期护理保险试点契机，将农村微型养老机构认定为长期护理保险服务定点机构，提高了养老院的入住率。探索出符合该县农村实际的医养结合模式，有效促进民办养老机构运营”。[2] 全县现有享受长护险入住养老机构老人共有269名。

四是“微机构＋慈善基金”。引导社会力量建立公益性基金，减轻微机构运营压力。如百江镇慈善人士为百江镇联盟村捐献200万元，建立村级慈善基金，钟山乡大市村由企业老板筹集250万元基金，村老年协会负责运作，收益用于老年事业及微型养老机构。

3. 取得的成效

截至2021年，桐庐县已经运行的12家“家院一体”微型养老机构，覆盖全县14个镇街中的8个，实现了老年人、微型养老机构、政府三方共赢，得到省、市各级领导批示肯定。

一是社会化、接地气。整合照料中心、示范型居家养老服务中心、残疾人之家、老年食堂等设施资源，实现资源集约、整合利用最大化。护理人员以接受过培训的本村村民为主，充分发挥熟人社会的优势，老人更有意愿进机构养老，符合农村养老现实情况。

二是投入少、门槛低。盘活“三改一拆”农村空余房屋，实现了农村资源的有效整合。充分挖掘社会资源，降低运营成本，节约政府投入。降低微型

---

〔1〕 资料来源：《杭州》，《“家院一体”让农村老人幸福“不掉队”》，https：//www. sohu. com/a/418375251_ 100020953。

〔2〕 资料来源：《杭州》，《“家院一体”让农村老人幸福“不掉队”》，https：//www. sohu. com/a/418375251_ 100020953。

养老机构准入门槛，为开办和推广创造了有利条件。

三是规模小、功能全。满足居家养老新需求，不仅服务于微型养老机构内老人，对周边有需求的老人，提供助餐、助浴、康复等日常生活照料类型的上门服务。规模小，但集养老服务、日间照料、老年食堂、医疗服务为一体，功能齐全，满足了农村养老个性化需求。

4. 经验启示

在桐庐探索“家院一体微型养老机构”模式的实践中，总结出以下经验：

（1）加大投入，鼓励引导，是调动“微机构”积极性的重要举措。将养老服务经费补助资金纳入县级财政预算安排，每年安排专项经费用于养老服务及综合改革试点项目，重点扶持农村微型养老机构，对微型养老机构进行床位建设经费、运营经费补贴、税费减免、贴息等。

（2）整合资源，多元发展，是促进“微机构”发展壮大的有效途径。鼓励社会力量利用闲置的集体房屋、医院、学校、商业设施及各类可利用的社会资源开办微型养老机构。鼓励社会力量承接已完成“居家机构化”升级改造的农村居家养老服务照料中心，推行机构养老和居家养老服务融合发展。

（3）加强协作，规范管理，是维系“微机构”健康发展的必要保证。坚持指导与督查相结合，政府与机构相结合，破解政策壁垒，为规范发展微型养老机构提供政策保障。整合民政、市场监管、卫健、人社、消防等部门相关职能，对微型养老机构备案、服务质量、餐饮卫生、医疗服务、消防安全等进行联合监管，提升养老服务质量。

（十）多元资金来源案例二：四川省绵竹市案例

1. 案例背景

本案例相关数据及资料内容来源于绵竹市民政局等相关部门，以及搜狐新闻网、腾讯视频网等相关网页。[1]

鹤童绵竹市东北镇敬老院（以下简称“东北院”）位于四川省绵竹市东北镇谷王村，建筑面积 4463 平方米，规划床位 180 张，实际运营床位 142 张，

---

〔1〕 新浪微博网：https：//weibo. com/2086535315/Kfi34pJCE? type = comment #_ rnd1624349432861；搜狐新闻网：https：//www. sohu. com/a/466224724_ 121119268；腾讯视频网：https：//v. qq. com/x/page/g3136wqvmoj. html；搜狐新闻网：https：//www. sohu. com/a/459884312_ 120056182。

由三幢三层建筑组成。该院是 2008 年“5. 12”汶川大地震后，由天津鹤童老年公益基金会（以下简称“鹤童”）承接的，中国红十字基金会援助四川灾区项目之一，由江苏省张家港市人民政府无偿援助兴建。该院 2009 年竣工后由绵竹市东北镇政府委托鹤童运营管理，2009 年 12 月 26 日起开始接收第一批孤寡、残疾老年人。截止到 2019 年底，“东北院”先后入住老人 679 人，其中“三孤”供养人员 168 人，社会代养老人 511 人，平均年龄 80. 9 岁。

“东北院”规模较大，实际困难较多，在托管运营该院的过程中，鹤童主要面临着五大困难：

第一，政府相关部门的工作配合问题。农村敬老院应由当地的民政部门主管，但当时公建民营这一模式在当地属于新鲜事物，很多相关工作如证照、医保、税收等缺乏实施范例与相应的管理制度，致使相关部门职责落实上实施不到位，导致实际工作推进缓慢。

第二，硬件设施不完善，运营安全隐患大。由于援建项目施工方缺乏经验，项目在规范性和实用性等多方面都达不到要求，比如走廊、卫生间等处无障碍通道不规范；部分适老化设备与医疗康复设备缺失等等。这些错误与缺失，会降低照护服务的整体品质，更重要的是会造成实际运营中的安全隐患。安全隐患不容忽视，错误与缺失急需整改，但整改就意味着投入，需要一定的资金支持。

第三，专业人员严重缺乏。由于农村养老的服务体系不健全，导致绝大部分的农村敬老院服务形式单一，且服务质量低下。鹤童接手“东北院”后，立刻面对了巨大的用工缺口，原有从业人员缺乏培训，专业照护技术几乎为零，需重新培训方可上岗。

第四，缺乏外界互动互助机制。城市中的养老院，会有大量的志愿者和社会力量的支持。他们不但能够带来人财物，更重要的是弥补养老机构精神文化供给的缺失和不足。通过丰富的志愿活动，可以为机构住养老人提供精神慰藉的平台，减少他们的孤独感和失落感。农村敬老院多数地处偏远，可达性差，志愿者及社会力量很难长期坚持服务。

第五，住养老人不良习惯难改变。农村相对封闭和独立的环境及精神文化活动的缺失，致使农村敬老院的住养老人严重缺乏关爱。他们的性格孤僻，养成了很多不良生活习惯，而且积习难改，一方面影响自身健康，另一方面为其照护工作的实施增加了难度。

2. 主要做法

（1）应对困难的五大举措。

鹤童秉持“帮天下儿女尽孝，为党和政府分忧”的办院理念，结合自身丰富的运营管理经验，迎难而上，总结实施了对应困难的五大举措，从而取得了良好的效果：

第一，积极寻求多方支持，共同摸索创新之路。与绵竹市和东北镇两级党委、政府，以及民政、老龄、慈善、残联以及红十字会等多个部门积极沟通研讨，共同完善制度设计。鹤童多次组织专题会议，向政府相关部门进行工作汇报，同时专题研究“东北院”养老服务发展方向和发展举措，建立了良好的沟通机制。

第二，快速落实硬件改造。首先，鹤童引入中国红十字会 5.12 灾后重建项目资金 280 万元，解决了改造资金来源问题。随后，鹤童利用其引入欧美先进的养老机构规划设计理念，以问题为导向，确定了 50 余项基础指标，围绕设施条件、设备配置和安全管理等 3 方面实施改造。设施设备重大安全隐患全部清除，照护服务设施，医养结合服务能力得到切实提升。

第三，注重人才培养，利用“本土化”解决用工不足问题。鹤童注重对于护理人员“手把手、面对面、一对一”的培养。建院之初，鹤童即从天津总部抽调了 7 名骨干到“东北院”，重点培训当地的专业护工和管理人员。培训合格后，开始上岗，随后定期进行实际操作的在职培训，直到最终合格。如今，不仅全院护理服务人员全部实现“持证上岗”，领导团队也早已实现“本土化”。

第四，积极引入外部资源，推动助老慰老。鹤童利用自身的公益平台与品牌号召力，广泛嫁接社会资源，并通过推广志愿服务“时间银行”等有针对性的举措，积极培养和发展志愿者团队，为院内老人提供内容丰富、形式多样、有针对性的关爱服务。

第五，用心关爱老人，托起幸福晚年。在机构内，鹤童针对每个老人的实际情况，量身定制了护理计划，同时从老人的心理和生理两个方面开展工作，生理方面主要是指最基础的，对老年人饮食、起居、清洁、睡眠甚至体位移动等日常生活的照料；心理方面主要由社工来完成，通过组织一系列的文娱、康乐及志愿者活动，让老人们真正感受到老有所养、老有所乐。

（2）鹤童模式成功的核心要素。

第一，专业化人才的培养是成功的基础和保证。针对机构运营对养老护理员的实际需求，鹤童通过系统的培训机制，快速建立起一支具有崇高职业道德和娴熟业务技能的专业化、职业化、年轻化的养老服务人才队伍，这是“东北院”成功的基础。除护理人员之外，还有为机构中层骨干护理人员能力提升的职业培训：通过培训使学员掌握现场管理、疑难照护问题管理、员工管理、物料管理及安全及风险管理等知识，提高学员综合管理能力及执行效力，满足机构带班组长、护理主管等职务的岗位需求。此外，还包括机构高层管理者的赋能培训，培训内容引入高效战略管理工具——“平衡计分卡”，通过“实现战略制导”的绩效管理理念，帮助机构高层管理者解决制定战略和实现战略脱节等的问题，使学员具备战略规划与决策、机构运营、文化建设等方面的综合能力。

第二，标准化建设与严格的管理是成功的关键要素。一是机构整体设计的标准化，整体布局和设施配备均要求以老人为本，公共空间设计首先满足功能性，同时要求舒适性与安全性；老人居室设计风格现代化，环境温馨而舒适。二是服务评鉴的标准化，以“每日、每周、每月、每年”为时间节点，实时监控考核，定期回访，确保老人满意，家属放心。为确保鹤童各连锁机构的服务质量，设置标准化检查与评鉴系统，同时注重对老年人及其家人满意度的回访与调查，并分春、秋两次组织家属座谈会，旨在征求院中所奉养老人及家属对鹤童服务的意见和建议。

3. 取得的成效

自建院以来，在各级政府领导的关怀指导下，在社会各界的大力支持下，“东北院”已经成为绵竹市养老机构中的标杆型机构、长期照护的优质品牌院，同时也赢得了良好的社会声誉。总结“东北院”的成功经验，其优势与特点有三：

（1）优势互补，奉养孤老，减轻政府财政负担。

传统意义的农村敬老院，奉养的都是“三无”或“五保”老人，每年因此而带给政府的财政负担很大。“东北院”在奉养“三无”“五保”、孤寡与残疾老人的同时，充分利用鹤童自身20余年的专业长期照护经验，面向社会招收高龄、失能、失智老人入住，以收费的社会老人，来平衡院中奉养的基本免费的“三无”“五保”、孤寡与残疾老人。

“东北院”运营十年以来，除政府支付的入住五保老人每人每月 100 元补贴外，从未向政府寻求任何的资金支持，真正意义上实现了为基层政府减轻财政负担，极大地减少了因为需要安置和照护这些老人而带来的巨大财政压力。同时还收到了良好的社会效益与经济效益，保持了机构的可持续性发展。

（2）非营利运营、专业化照护，让孤寡老人享有尊严晚年。

鹤童作为国内一线连锁照护品牌旗下的长照机构，“东北院”带给院内老人，特别是“三无”“五保”老人与国际社会接轨、国内领先的照护标准、照护流程与照护理念，得到了当地政府的充分认可和老人的高度好评，也得到了社会各界的一致称赞。

在“东北院”里，在鹤童员工的精心照护下，孤寡、残疾、贫困老年人的生活质量有了极大的提高，他们的晚年尊严得以保持，健康得以保障，生命得以延长。令这些老人真正实现了老有所养、老有所依。

（3）安置本土化稳定就业，缓解社会矛盾。

“东北院”在鹤童老人护理职业培训学校的大力支持下，积极招收绵竹市和东北镇的下岗失业人员、待业青年和失地农民，通过培训，让他（她）们掌握到照护失能、失智老年人的基本技能，在家乡实现了长期、稳定和体面地就业。

在此基础上，鹤童还为四川全省培育出千余名合格的养老护理员。鹤童的培训，不仅令大批农村失地妇女和待业青年实现了本土化就业，其中的职业道德教育更是让他们深刻了解了自己所从事的工作，重新认识了养老行业，从而更新了广大乡镇就业者的择业就业观。

4. 可复制性

（1）积极推广“东北院”模式，推动农村养老事业发展。“东北院”的成功，是农村敬老院运营的典型案例。十年来，有全国近千家农村敬老院院长及各地方政府来院“取经”，学习先进经验。鹤童也积极地结合自身经验，先后到四川、青海、新疆、甘肃、河南、山西、云南、西藏、安徽、江西、广西、陕西、河北、黑龙江、内蒙古、宁夏、海南、湖北、吉林、重庆等 20 多个省区市开展农村敬老院支教指导试点，对我国农村敬老院、特别是中西部地区农村敬老院人才队伍的建设、运作模式的建立、工作流程的建立，起到了重要的推动作用。

（2）聚焦农村养老，传递长照力量。2019 年 5 月 12 日，由鹤童牵头和全国8家养老机构共同发起成立了一家集机构养老、社区养老、居家养老以及医养结合为一体的全国性连锁养老产业集团公司——中国长照·盛世华龄健康养老产业（集团）股份有限公司。该公司成立的初衷是秉承与坚持养老公益为先的理念，践行服务老人，为政府分忧，积极探索并参与农村养老实践。

公司成立后，项目组迅速带队与政府对接，利用约6个月的时间，对8个省市的农村敬老院项目进行了考察、分析和洽谈。截止到2020年春节前（疫情爆发前夕），公司已正式签约位于安徽、江西等地的农村敬老院项目6个，总床位数近2000张。该公司的目标是积极参与探索中国农村养老，践行普惠性养老。计划用五年时间，发展成为规模超过20000张床位的全国连锁养老企业，成为集居家养老、机构养老、社会养老为一体的规范化、专业化、连锁化的养老企业，为中国的养老事业特别是农村养老事业贡献长照力量。

三、案例分析

在本章的案例分析部分，以政府直接财政拨款、以地养老、政府购买服务、村委会提供、多元资金来源为主，具体描述上述十个典型案例的主要特点，分析不同资金来源下各种农村经济困难老年人照护服务模式的优势与潜在的不足。

（一）政府直接财政拨款模式

关于以政府直接财政拨款为资金来源的农村贫困老年人照护服务模式，本章选取了河北衡水市养老服务体系和江苏省太仓市：农村互助养老五位一体“新发展”两大典型案例进行分析。

案例一是河北衡水市养老服务体系。该案例的最大特点是通过政府直接财政拨款，在全市建立以农村特困供养服务机构为主体、专业医疗机构为辅助、民办养老机构为补充的贫困失能半失能人员集中供养模式。重视管理与监管机制建设，实现资源整合利用。该案例的最大优势在于盘活了农村现有特困供养服务机构资源，建设集中供养中心；发挥了医疗机构康复护理优势，建设集中医养中心；引入了民办养老机构，建设贫困老年人集中供养中心；整合了政府闲置设施，建设养老服务中心。其潜在的不足是可能会对政府财政带来较大的压力，后续的管理与监管需要持续投入精力。

案例二是江苏省太仓市：农村互助养老五位一体“新发展”。该案例的最大特点是政府直接建设集中供养机构，形成层次化照护服务体系建设，明确对成效明显的互助小组、突出的先进个人进行表彰，通过“两个奖补”激发基层组织人员活力，实现农村地区互助小组全覆盖。该案例的最大优势在于保证了农村养老照护的资金需求，也具有较强的稳定性。激发了社会多元力量，多层次对接老年人需求。全面建成“村级主办、群众参与、专业帮扶、互助服务、政府支持”的互助养老服务体系，搭建低成本、可持续的非正式照顾网络，有效缓解农村地区养老服务供给不足的压力。其潜在的不足是政府通过奖补型的方式为农村地区互助小组提供财政支持，需要通过专业、精确和公平的评估为基础，有可能给政府财政带来一定压力。

（二）以地/房养老模式

关于以地/房养老为资金来源的农村贫困老年人照护服务模式，本章选取了湖北省赤壁市实施“农户 + 专业合作社 + 养老”新模式和上海市松江区：叶榭镇打造生态养老家园两大典型案例进行分析。

案例一是湖北省赤壁市实施“农户 + 专业合作社 + 养老”新模式。该案例的最大特点是将闲置土地交给合作社进行流转和托管的方式来抵付养老费用，选择专业合作社作为服务桥梁机构，根据不同能力老年人提供不同服务。通过以地养老作为资金来源，依托专业合作社，对农村老人实施多种照护服务方式。该案例的最大优势在于盘活了闲置土地，解决了农村留守老年人照护问题与农村老人养老金不足的问题。其潜在的不足是对于专业合作社的运营要求较高，从长远发展角度存在一定风险。此外，长期来看，土地收益能否持续也存在一定的风险，可能会出现产权、收益等方面的法律纠纷。

案例二是上海市松江区叶榭镇打造生态养老家园。该案例的最大特点是通过盘活农村闲置宅基地，改造农村现有房屋，建设开放型院落，建设内嵌型养老服务体系，实现养老与生态的有机结合。打造“孝文化”基地，开展“不离村”养老服务，打造嵌入型田园式养老生活，实现一站式综合养老服务助力农村养老服务升级。该案例的最大优势在于盘活农村闲置资产，降低养老照护服务成本，解决农村老年人养老费用不足的问题，通过美丽乡村的方式提供养老服务，扩大了福利供给范围。其潜在的不足是可能存在老年人房屋产权、收益等方面的风险。此外，对房屋等基础设施要求较高，可推广性存疑。

（三）政府购买服务模式

关于以政府购买服务为资金来源的农村贫困老年人照护服务模式，本章选取了四川省珙县创新“四方合约”助老巡访模式和江苏省沭阳县：留守妇女创办“幸福小院”助力脱贫攻坚两大典型案例进行分析。

案例一是四川省珙县创新“四方合约”助老巡访模式。该案例的最大特点在于想农村内生力量购买服务，明确购买内容和相应的标准，重视评估。通过精准识别助老巡访服务对象，建立四方合约，明确各方职责。以签订合约为方式，调动多元主体力量，明确相关权责，建立特殊困难老年人助老巡防制度，健全农村留守老年人等特殊困难老年人关爱服务体系，构建敬老、养老、孝老、助老的社会氛围。该案例的最大优势在于引入农村内生力量，减轻政府负担。通过优先保障农村地区特殊困难老年人的养老需求。其潜在的不足在于政府购买服务项目制可能不够稳定，部分高龄老人可能会提一些不合理的要求，给巡访互助员的工作带来困难。

案例二是江苏省沭阳县留守妇女创办“幸福小院”助力脱贫攻坚。该案例的最大特点在于由留守妇女带头创办，政府提供支持，建设符合农村老年人经济收入现状的，小而精的幸福小院，并强化全程安全监管。该案例的最大优势在于引入社会力量，减轻政府负担。通过释放社会力量，解决农村留守妇女与低龄老人就业问题。该案例潜在的不足在于“幸福小院”的发展可能会过于依赖政府的资金支持，幸福院建设标准需要同农村贫困地区经济发展水平和老年人需求相匹配。

（四）村委会提供资金模式

关于以农村集体经济收入为资金来源的农村贫困老年人照护服务模式，本章选取了北京市金手杖养老公寓和贵州省铜仁市打造“五型”农村互助幸福院两大典型案例进行分析。

案例一是北京市金手杖养老公寓。该案例的最大特点在于投资公司和村民（参股）共同出资兴建，委托专业公司经营，承担郑各村老人养老服务，并按年度向村委会提供土地租金。金手杖养老公寓致力于提高管理水平与服务标准，强调其风险规避和控制措施，较早实现了盈利。村级经济实体为老年人提供经济支持，实现服务精细化、个性化。该案例的最大优势在于运用乡村内部资源、降低建设成本，减轻了老年人养老照护负担。同时，服务细致精细，满足不同老年人群体的养老需求。同时老年人的入会模式多样化，按照房间条件及资金配置需求设置各种模式销售比例，既为公司前期资金投入回报，也为后期运营成本全覆盖提供了资金保障。该案例潜在的不足是对专业机构持续运营能力提出了挑战，对选址以及配套设施要求高，前期投入资本量大，消费高，存在一定经营性风险。

案例二是贵州省铜仁市打造“五型”农村互助幸福院。该案例的最大特点在于探索“以劳促养”，打造“授渔型”福利院，具有浓厚的自助养老色彩。互助幸福院按照入住老年人的身体情况、劳动能力和特长技能合理安排老年人从事力所能及的劳动，并安排有能力的老年人对失能老年人进行照顾，每月视每个人的劳动量，给老年人发工资（赵邦艳，2018）。村委会用集体经济收入，每年为全村老年人缴纳农村合作医疗经费，对住在幸福院里的老年人统一购买伤害保险，建立相应的照顾照务制度。该案例的最大优势在于运用乡村内部资源，降低建设成本。发掘老年人群体自助能力，减轻老年人养老照护负担。让老年人的社会价值得到认可，帮助老年人发挥余热，过得更有尊严，为农村互助幸福院持续发展提供了不息的内生动力（赵邦艳，2018）。该案例潜在的不足是对村庄集体经济实力有较高要求，对专业机构持续运营能力提出了较高要求，可复制性较低。

（五）多元资金来源模式

关于以多元资金来源的农村贫困老年人照护服务模式，本章选取了杭州桐庐“家院一体”微型养老机构建设和四川省鹤童绵竹市东北镇敬老院两大典型案例进行分析。

案例一是杭州桐庐“家院一体”微型养老机构建设。该案例最大的特点在于服务力量多元化，实行居家养老建设，服务人员以本村村民为主。政府对民办养老机构给予一次性建设补贴、床位运营补助和专项资金；鼓励社会力量利用闲置的集体房屋、医院、学校、商业设施及各类可利用的社会资源开办微型养老机构；引导社会力量建立公益性基金，减轻微机构运营压力，由村老年协会负责运作，收益用于老年事业及微型养老机构。该案例的最大优势在于护理人员以受过培训的本村村民为主，充分发挥熟人社会优势，符合农村养老现实情况；通过盘活“三改一拆”农村空余房屋，实现了农村资源的有效整合，降低了微型养老机构运营成本和准入门栏；充分利用其规模小、功能全的优势，满足了农村养老个性化需求；降低了政府财政压力，撬动了社会资源。其潜在的不足是来自社会的资金可能不稳定，需要探索新的模式，保证资金来源的稳定。同时，村老年协会负责运作公益性基金专业性不足，存在一定风险。

案例二是四川省鹤童绵竹市东北镇敬老院。该案例最大的特点是政府牵头，多元化社会力量有序参与，实行公建民营的运营方式。由中国红十字基金会援助，由江苏省张家港市人民政府无偿援助修建，竣工后由绵竹市东北镇政委委托鹤童运营管理，鹤童利用自身的公益平台与品牌号召力，合理对接社会资源，并通过推广志愿服务“时间银行”等有针对性的举措，积极培养和发展志愿者团队。该案例最大的优势在于减轻政府的财政负担，充实了农村养老照护服务资金，凝聚社会各方面的力量。鹤童积极寻求多方支持，与绵竹市和东北镇两级党委、政府，以及民政、老龄、慈善、残联以及红十字会等多个部门积极沟通研讨，共同完善制度设计。其成果经验具有可复制性，受到了积极推广，对我国农村敬老院、特别是中西部地区农村敬老院人才队伍的建设、运作模式的建立、工作流程的建立，起到了重要的推动作用。该案例潜在的不足是多元资金、资源的使用给运营能力提出了挑战。此外，以上来自社会的资金稳定性较弱，对后续机构的稳定运作易产生风险。

本章基于上述分析结果，绘制资金来源要素下农村贫困老年人照护服务模式一览表，如下表 5－1 所示。

表 5－1　资金来源要素下农村贫困老年人照护服务模式

资金来源	案例	主要特点	优势	潜在的不足
政府直接财政拨款	河北衡水市养老服务体系	1. 政府直接建设集中供养机构 2. 重视管理与监管机制建设 3. 实现资源整合利用	1. 保证了农村养老照护的资金需求，也具有较强的稳定性 2. 能够盘活社会资产，激发社会养老活力 3. 养老照护服务具有专业保障	1. 大规模投资可能会对政府财政造成一定压力 2. 后续的管理与监管需要持续投入精力
	江苏省太仓市：农村互助养老五位一体“新发展”	1. 政府直接建设集中供养机构 2. 通过奖补提供支持 3. 形成层次化照护服务体系建设	1. 保证了农村养老照护的资金需求，也具有较强的稳定性 2. 激发了社会多元力量，多层次对接老人需求 3. 照护服务多样，覆盖面广	1. 大规模投资可能会对政府财政造成一定压力 2. 奖补需要以精确的评估作为基础

续表

资金来源	案例	主要特点	优势	潜在的不足
以地/房养老	湖北省赤壁市实施“农户+专业合作社+养老”新模式	1. 将闲置土地交给合作社进行流转和托管的方式来抵付养老费用 2. 选择专业合作社作为服务桥梁机构 3. 根据不同能力老人提供不同服务	1. 盘活农村闲置资产，降低养老照护服务成本 2. 解决农村老年人养老费用不足的问题 3. 实现养老与脱贫的结合	1. 土地收益的持续性存在一定风险 2. 可能会出现产权、收益等方面的法律纠纷
	上海市松江区：叶榭镇打造生态养老家园	1. 将房屋出租给养老服务机构 2. 建设内嵌型养老服务体系 3. 实现养老与生态的有机结合	1. 盘活农村闲置资产，降低养老照护服务成本 2. 解决农村老年人养老费用不足的问题 3. 通过美丽乡村的方式提供养老服务，扩大了福利供给范围	1. 可能会出现产权、收益等方面的法律纠纷 2. 对房屋等基础设施要求较高，可推广性存在一定不足
政府购买服务	四川省珙县创新“四方合约”助老巡访模式	1. 向农村内生力量购买服务，明确购买内容和相应的标准、重视评估 2. 精准识别助老巡访服务对象 3. 建立四方合约，明确各方权责	1. 引入农村内生力量，减轻政府负担 2. 优先保障农村地区特殊困难老年人的养老需求 3. 各方权责分明，工作效率较高	1. 不少巡访员年纪较大，身体状况不佳，实施助老巡访服务存在诸多困难 2. 少部分高龄老人可能会提一些不合理的要求
	江苏省沭阳县：留守妇女创办“幸福小院”助力脱贫攻坚	1. 向农村内生力量购买服务，明确购买内容和相应的标准、重视评估 2. 明确建设幸福院要求 3. 留守妇女带头创办 4. 强化全程安全监管	1. 引入社会力量，减轻政府负担 2. 统一建设标准，完善相应服务设施 3. 释放社会力量，解决农村留守妇女与低龄老人就业问题 4. 保障入住幸福院老年人的安全问题	1. 比较依赖于政府财政的支持 2. 幸福院建设标准需要同农村贫困地区经济发展水平和老年人需求相匹配
村庄	北京市金手杖养老公寓	1. 直接投资兴建养老机构，委托专业公司运营 2. 村级经济实体为老年人提供经济支持 3. 服务精细化、个性化	1. 运用乡村内部资源，降低建设成本 2. 减轻了老年人养老照护负担 3. 服务细致精细，满足不同老年人群体需求	1. 对村庄集体经济实力有较高要求，可复制性不强 2. 为专业机构持续运营能力提出了挑战
	贵州省铜仁市打造“五型”农村互助幸福院	1. 具有浓厚自助允许色彩 2. 村级经济实体为老年人提供经济支持 3. 实行“以劳促养”的幸福院建设	1. 运用乡村内部资源，降低建设成本 2. 减轻了老年人养老照护负担 3. 发掘老年人群体自助能力	1. 对村庄集体经济实力有较高要求，可复制性不强 2. 以劳促养需要考虑老年人的体力与身体状况

续表

资金来源	案例	主要特点	优势	潜在的不足
多元资金来源	杭州桐庐“家院一体”微型养老机构建设	1. 服务力量多元 2. 实行居家养老建设，服务人员以本村村民为主 3. 统筹整合资源	1. 降低了政府的财政负担 2. 充实了农村养老照护服务资金 3. 充分发挥熟人社会优势	1. 来自社会的资金可能不够稳定，需要探索新的模式，保证资金来源的稳定 2. 需要加强引导，建设管理有序的社会组织建设体系
	四川省鹤童绵竹市东北镇敬老院	1. 政府牵头 2. 社会力量多元 3. 实行公建民营的运营方式	1. 降低了政府的财政负担 2. 充实了农村养老照护服务资金 3. 凝聚了社会各方面力量	1. 来自社会的资金稳定性较弱，需要探索新的模式，保证资金来源的稳定 2. 多元资金、资源的使用对运营能力提出了挑战

第六章　研究结论与政策建议

本章的目标在于综合分析评估上文农村经济困难老年人养老照护服务典型案例，从福利生产到分配，系统地提出中国农村经济困难老年人养老照护服务的关键要素，形成一个完整的要素组合库（如表6－1所示），旨在为条件不同、模式各异、改进重点异质的各地方探索农村贫困老年人养老照护服务发展模式提供具有手册性质的一揽子关键要素参考，为世界农村贫困老年人养老照护服务提供中国方案，贡献中国智慧。

一、分析结论

（一）“要素组合库”总结

该部分将对以上中国农村经济困难老年人养老照护典型案例的分析进行总结，提炼出整个过程系统各个维度的要素组合，并对相应的要素组合进行总结、归纳和评析，以形成可供借鉴的“要素组合库”。

1. 主导者维度

依据从农村经济困难老年人养老照护服务体系建设主导者维度选取的典型案例的分析，本研究共提炼出以政府主导、社会组织主导、市场主导、机构主导和多元主体共同主导的五个要素。

第一，政府主导要素。在政府主导要素中，本研究选取的典型案例表现出的主要特点是政府将党建嵌入到农村老年人养老照护服务体系建设；政府“一把手”领导直接牵头，把农村老年人养老照护服务体系纳入政府工作重心；建立县级直管模式，各项业务均由县民政局直接管理。政府主导有利于政府领导人将更多的注意力分配到农村贫困老年人养老照护服务体系建设中，各项措施有利于稳定高效落实；由政府主导，有利于撬动农村更多的养老服务资源，促进养老服务资源的统筹利用。其潜在的不足在于，领导的更替可能会对农村贫困老年人养老照护服务体系建设的持续性构成挑战；政府主导意味着农村经济困难老年人养老照护服务体系建设资金主要由政府承担，可能会加大政府的财政负担。

第二，社会组织主导要素。在社会组织主导要素中，本研究选取的典型案例表现出的主要特点是社会组织为农村老年人养老照护服务体系建设提供资金支持；通过乡村内部老年协会，农村老年人实现自我管理、自我服务；通过政府向社会工作购买服务，由专业社工培育农村养老互助人才队伍建设。社会组织主导有利于激发社会力量参与农村贫困老年人养老照护服务体系建设，减轻政府财政压力；促进农村老年人自我服务，弥补农村养老人才匮乏的不足；有效地解决了农村养老人才短缺匮乏、专业性不足的难题。其潜在的不足在于，目前大部分县域社会组织力量发育不成熟，老年协会在全国范围内分布不均衡，部分老年协会“空壳”运行，村民对老年协会缺乏认同，这就导致部分地区难以通过社会组织主导农村贫困老年人养老照护服务体系建设；政府购买社工服务往往以项目制方式进行的，项目制的特点决定了购买服务缺乏连续性，因此，在农村经济困难老年人养老照护服务体系建设中，社会工作的作用发挥可能存在一定的限制。

第三，市场主导要素。在市场主导要素中，本研究选取的典型案例表现出的主要特点是在政府的引导下引入市场运营方，对农村养老服务机构进行连锁化的运营，并把区域内的养老照护服务资源进行统筹利用。市场主导有利于形成规模化发展格局，优化人力、物力资源，降低管理成本，提升专业化服务能力；有利于通过养老机构辐射社区居家养老的老年人，实现社区、居家和机构养老的融合。其潜在的不足在于，连锁化经营对运营方的运营能力有较高的要求，需要选取有一定知名度和品牌影响力、长期深耕养老服务的市场力量来运营。面对市场力量介入，农村经济困难老年人养老照护服务体系建设可能存在市场与公益如何平衡的问题。

第四，机构主导要素。在机构主导要素中，本研究选取的典型案例表现出的主要特点是在乡村养老机构中，将消费型养老、互助型养老和政府资助性养老结合起来，形成了“生意 + 公益”的养老照护模式；养老机构积极引入慈善资源，以慈善助力养老；养老机构转型升级，拓展服务人群和服务内容，实现一体多样化运行。机构主导有利于将乡村养老机构定位于区域养老服务照护资源统筹的枢纽，将生意与公益结合，引入慈善资源，拓展养老服务机构功能，更好地满足老年人多层次的需求。其潜在的不足在于，乡镇养老机构前期建设投资巨大，需要政府大力支持；机构内生意与公益的边界可能难以把握；目前，在养老机构内慈善助力养老的相关政策支持与监管尚不健全；与其他消费型老年人相比，机构内经济困难老年人可能无法获得统一的养老照护服务。

第五，多元主体共同主导要素。在多元主体共同主导要素中，本研究选取的典型案例表现出的主要特点是在理念上大都秉持政府主导、社会参与（社会组织和慈善力量）、市场运作的理念；在邻里互助养老服务机制中采用政府购买服务、专业机构承接服务、养老互助员按协议服务、第三方机构评估服务的多元合作机制。多元主体共同主导有利于明确多元主体定位，形成合力，统筹农村养老照护资源，实现养老照护服务资源的有效利用；有利于充分挖掘、动员农村的养老照护资源，包括乡贤资源，提升农村养老服务的广度和深度，促进医养结合。其潜在的不足主要在于，由于在农村养老照护服务体系中，各主体地位并不平等，如何建立各主体间的平等、高效的合作机制存在一定的难度；此外，建立政府引导、激发其他主体的参与积极性的长效机制尚未建立。

2. 分配基础维度

依据从农村贫困老年人养老照护服务体系建设分配基础维度选取的典型案例的分析，本研究共提炼出选择性和普遍性两个要素。

第一，选择性要素。在选择性要素中，本研究选取的典型案例表现出的主要特点是农村老年人养老照护服务体系主要面向农村特殊困难老年人群体，包括特困供养、留守、独居空巢等。选择性要素有利于在一定程度上克服农村养老照护服务资源不足的难题，集中有限的资源，优先满足特殊困难老人的养老照护服务需求，体现社会公平正义；有利于精准识别特殊困难老年人的养老照护服务需求，并对提供精准养老照护服务。其潜在的不足在于，对特殊困难老年人的困难识别可能存在一定难度；由于主要资源集中于满足特殊困难老年人的养老照护服务需求，那么其他普通老年人的养老照护服务需求可能在一定程度上被忽略。

第二，普惠性要素。在普惠性要素中，本研究选取的典型案例表现出的主要特点是农村老年人养老照护服务体系面向农村所有老年人群体，老年人只要达到一定年龄就可以享受相应的养老照护服务。普惠性有利于实现农村养老照护服务的全覆盖，让所有老年人享受养老照护服务，从而全面提升农村老年人的生活质量。其潜在的不足之处主要在于，如果地方农村老年人养老照护服务资源有限，普惠性的养老照护服务体系可能会稀释养老照护资源，在一定程度上影响了特殊困难老年人享受养老照护服务；同样，由于农村养老照护服务资源的有限，普惠性的模式可能只能保障老年人基本的生活照料，难以兼顾老年人的发展型需求，也导致养老照护服务的专业化、层次化水平较低。

3. 分配内容维度

依据从农村经济困难老年人养老照护服务体系建设分配内容维度选取的典型案例的分析，本研究共提炼出现金、物品和服务三个要素。

第一，现金要素。在现金要素中，本研究选取的典型案例主要表现为地方探索以房养老和以地养老模式，即农村老年人以房产价值或土地价值来交换养老照护服务资源。以地/房养老有利于充实农村贫困老年人养老照护服务资源，改善改善散居特困老人的居住条件，激励散居特困老人亲属或村民对其生活照料服务的热情，减轻了政府集中供养的压力，提高了老年人生活质量，分担了家庭照护老人之忧。其潜在不足之处在于，从目前地方实践来看，以地/房养老只能满足农村老年人基本的照料需求，难以兼顾老年人其他需求的满足，而且土地或者房产的价值能否长期保持下去也存在不确定性。

第二，物品要素。在物品要素中，本研究选取的典型案例表现出的主要特点是以助餐为主，强调农村老年人的自助和互助。从典型案例中可以看出，以助餐为主的物品要素表现为助餐形式的多样化以适合不同地方实际情况；引入智慧管理平台和统一的食材配送中心，提升管理效率；能够优先满足特殊困难老年人的养老照护需求；有利于建立老年人之间的互助关系，同时能够以助餐为契机，激发农村社会爱老助老参与热情。其潜在的不足之处在于，以助餐为主的物品要素在本质上仍然依赖政府大量的资金投入，既对地方政府带来较沉重的财政负担，又给这种模式的持续性带来挑战。此外，老年人助餐互助关系的长期维系可能存在一定困难。

第三，服务要素。在服务要素中，本研究选取的典型案例表现出以医养结合为主要特征，或者将助餐、学习、联谊、休养、议事、健康保健及文化娱乐多项服务融合起来的综合性服务。服务要素有利于使农村老年人享受医疗服务；有利于农村老年人享受专业化、层次化的养老照护服务；能够激活社会资源，充实农村养老照护服务资源。其潜在的不足之处主要在于，服务要素在本质上仍然过度依赖政府支持，政府财政压力较大；同时，提供专业性、多样化的养老照护服务需要专业组织，尤其是专业社工的参与，这在农村地区存在一定的难度。

4. 输送系统维度

依据从农村贫困老年人养老照护服务体系建设输送系统维度选取的典型案例的分析，本研究共提炼出互助、社会组织、机构和志愿者四个要素。

第一，互助要素。在互助要素中，本研究选取的典型案例表现出的主要特点是强调邻里互助，建立以贫困户为主的互助服务队。互助要素能够使老人不脱离原有的熟悉的生活圈；有利于充分利用农村社会资源，从而降低养老照护服务成本；有利于将脱贫工作与养老工作结合起来，实现双赢。其潜在的不足之处主要在于，由于主要由老人或其他村民提供照护服务，照护服务的专业性可能存在不足；虽然强调互助，但是仍然过于依赖政府推动和提供支持，内生动力发展可能不足。

第二，社会组织要素。在社会组织要素中，本研究选取的典型案例表现出两种类型：一是政府向社会组织购买服务，由承接服务的社会组织为农村老年人提供养老照护服务；二是以乡村内生社会组织为主，比如老年协会等，由其负责提供养老照护服务。政府向社会组织购买服务有利于为老年人提供较为专业的服务；乡村内生社会组织能够更精准、更接地气地识别老人的养老照护服务需求，降低递送成本。其潜在的不足之处主要在于，政府向社会组织购买服务需要专业社会组织参与，在农村的推广存在一定难度；乡村内生社会组织想要真正发挥养老照护的作用，需要花费大量精力进行培育。

第三，机构要素。在机构要素中，本研究选取的典型案例表现出的主要特点是养老机构主要面向农村特殊困难老年人；强调管理的精细化，以降低运营成本。在典型案例中，养老机构的院舍建设较好，照护服务专业性强，入住老年人能够享受高质量的照护服务；机构提供的照护服务全面，能够兼顾入住老人基本需求和发展型需求。其潜在的不足之处主要在于，机构院舍建设主要由政府投资，前期建设和后期运营成本都较高；对护理员专业性要求较高，需要花费较大的人力和物力对护理员进行专业培训。

第四，志愿者要素。在志愿者要素中，本研究选取的典型案例表现出的主要特点是乡村志愿者类型多样，包括低龄老人、党团组织、社区组织等；志愿者团体与农村老年人养老照护服务其他参与者紧密配合，共同递送养老照护服务。通过志愿者递送养老照护服务有利于充分利用农村内生社会资源，降低养老照护服务成本；也能够激发乡村内部养老参与热情，弘扬敬老爱老的社会风尚。其潜在的不足之处主要在于，需要建立志愿服务的长效机制，避免志愿服务“昙花一现”；志愿者照护服务的专业性可能存在不足。

5. 资金来源

依据从农村经济困难老年人养老照护服务体系建设资金来源维度选取的典型案例的分析，本研究共提炼出政府直接财政拨款、以房/地养老、政府购买服务、村庄和多元资金来源五个要素。

第一，政府直接财政拨款要素。在政府直接财政拨款要素中，本研究选取的典型案例表现出的主要特点是政府直接投资建设面向农村特殊老人的集中供养机构；通过奖补的方式支持农村老年人养老照护服务体系建设。政府直接财政拨款有利于保证农村老年人养老照护服务体系建设的资金需求，避免资金不足的问题；政府的财政拨款也能够盘活社会资产，引导更多的市场和社会资金进入农村养老服务。其潜在的不足之处主要在于，大规模财政拨款可能会对政府财政造成一定压力，这种投入能否持续下去存在一定的不确定性；通过奖补的方式支持农村老年人养老照护服务体系建设需要以精确的评估作为基础，而评估存在一定的困难。

第二，以地/房养老要素。在以地/房养老要素中，本研究选取的典型案例表现出的主要特点是将农村老年人闲置土地交给合作社进行流转和托管的方式来抵付养老费用；将房屋出租给养老服务机构来抵付养老费用。通过以地/房来筹集养老照护资金能够盘活农村闲置资产，降低养老照护服务成本，缓解农村老年人养老照护服务费用不足的问题。其潜在不足之处主要在于，土地收益的持续性存在一定风险；以房养老可能会出现产权、收益等方面的法律纠纷。

第三，政府购买服务要素。在政府购买服务要素中，本研究选取的典型案例表现出的主要特点是政府向农村内生社会组织，比如老年协会购买服务；在购买使明确购买内容和相应的标准，通过第三方评估来保证服务落到实处。政府购买服务要素有利于激活社会资源；由承接服务的内生社会组织提供养老照护服务效率可能更高，从而有利于提升政府资金的使用效率。其潜在不足之处主要在于，政府购买服务项目制形式可能不够稳定，进而影响养老照护服务资金的稳定性。

第四，村庄要素。在村庄要素中，本研究选取的典型案例表现出的主要特点是由村庄直接投资兴建养老机构，委托专业公司运营；村级经济实体为老年人提供经济支持。由村庄投资养老照护服务体系建设有利于充分运用乡村内部资源，降低建设成本；有利于瞄准农村老年人的需求，提供“接地气”的养老照护服务；也能够减轻老年人养老照护负担。其潜在不足之处主要在于，由村庄自身筹集养老照护资金对村庄集体经济实力有较高要求，如果村庄经济实力较弱，则难以复制。

第五，多元资金来源要素。在多元资金来源要素中，本研究选取的典型案例表现出的主要特点是在多元资金来源中，需要由政府牵头；多元资金来源包括市场、社会等多中主体。多元资金来源极大地减轻了政府的财政负担，充实了农村养老照护服务资金，有利于构建“多元共服”地农村贫困老年人养老照护服务体系。其潜在不足之处主要在于，来自社会的资金可能不够稳定。

表 6－1　农村贫困老年人养老照护服务典型案例“要素组合库”

维度	要素	特点	优势	潜在的不足
主导者	政府主导	1. “党建＋养老” 2. “一把手工程” 3. 业务直管	1. 撬动社会资源 2. 资源统筹利用 3. 落实稳定高效	1. 与领导个人特质密切相关，可持续性存疑 2. 基层政府财政负担和压力大
	社会组织主导	1. 提供资金支持 2. 老年协会促进自助 3. 社工助力养老互助人才队伍建设	1. 减轻政府财政压力 2. 促进老年人自我服务 3. 有效地解决了农村养老人才短缺匮乏的问题	1. 社会组织力量不强、持续性存疑 2. 老年协会分布不均衡、部分老年协会“空壳”运行、村民认同感不强 3. 政府购买社工服务项目连续性存疑
	市场主导	1. 连锁化运营 2. 资源统筹利用	1. 促进了养老照护服务的专业化、管理的规范化 2. 提升运营效率、控制成本 3. 有利于实现社区、居家和机构养老的融合	1. 市场与公益的平衡可能难以平衡 2. 对运营方的运营能力有较高要求
	机构主导	1. “三养合一”农村养老新模式：生意＋公益 2. 慈善＋养老 3. 乡镇养老院转型升级，一体多样化运行	1. 以社会企业的方式使生意与公益相互促进 2. 慈善助力养老照护 3. 拓展了乡镇养老机构的服务功能，有利于满足老年人多样式、多层次、个性化的养老服务需求	1. 生意与公益的边界问题、前期投入巨大 2. 慈善助力养老的相关政策支持与监管尚不健全 3. 机构贫困老年人可能无法享受与其他老年人一样的照护服务
	多元主体共同主导	1. 理念：政府主导、社会参与、市场运作 2. 慈善＋政府＋市场 3. 邻里互助养老服务机制：政府购买服务、专业机构承接服务、养老互助员按协议服务、第三方机构评估服务的	1. 多元主体明确定位，形成合力，统筹养老照护资源 2. 充分挖掘、动员农村的养老照护资源，提升农村养老服务的广度和深度，促进医养结合 3. 动员乡贤反哺农村养老事业	1. 建立各主体间的平等、高效的合作机制存在难度 2. 尚未建立激发非政府主体的长效机制

续表

维度	要素	特点	优势	潜在的不足
分配基础	选择性	面向特困供养、留守、独居空巢等特殊困难老年人	1. 精准识别 + 精准照护 2. 集中各种资源、力量，优先保障特殊老人，体现社会公平正义	1. 精准识别可能存在难度 2. 可能会在一定程度忽视其他老年人的养老照护服务需求
	普惠性	面向全体老人，或者一定年龄以上的全体老人	1. 实现养老照护服务的全覆盖 2. 有利于全面提升老年人生活质量	1. 可能会在一定程度上影响特殊老年人养老照护服务资源的获得 2. 以基本生活照料为主，难以满足老年人发展型需求 3. 养老照护服务的专业化、层次化不强
分配内容	现金	1. 以房养老 2. 以地养老	1. 改善散居特困老人的居住条件 2. 采取房产继承的方式，激励散居特困老人亲属或村民对其生活照料服务的热情 3. 减轻了政府集中供养的压力 4. 更新了农村养老观念，提高了老年人生活质量，分担了家庭照护老人之忧	1. 只能满足老年人基本的照料需求，其他需求的满足仍然依赖政府 2. 需要政府投入巨额经费支持 3. 土地整合存在困难，后续土地收益能否持续存疑
	物品	以助餐为主，强调自助和互助	1. 助餐形式多样化，引入智慧管理平台和统一的食材配送中心 2. 建立老年人之间的互助关系 3. 主要面向特殊困难老人 4. 以助餐为契机，激发社会爱老助老参与热情	1. 本质上仍然依赖政府的资金投入，持续性存疑 2. 老年人互助关系的长期维系可能存在困难
	服务	1. 医养结合 2. 包含助餐、学习、联谊、休养、议事、健康保健及文化娱乐多项服务	1. 医养结合从机构辐射到居家 2. 将中医纳入到医养结合 3. 引入专业力量，拓展服务范围，让老年人享受多样化、专业化服务 4. 以奖代补，激活社会资源	1. 本质上仍然过度依赖政府支持 2. 需要专业社工参与，可推广性存在难度
输送系统	互助	1. 邻里互助 2. 建立以贫困户为主的互助服务队	1. 老人不脱离原有的熟悉的生活圈 2. 降低养老照护服务成本 3. 实现养老与脱贫的结合	1. 照护服务的专业性可能存在不足 2. 过于依赖政府推动和提供支持，内生动力发展可能不足

续表

维度	要素	特点	优势	潜在的不足
输送系统	社会组织	1. 政府向社会组织购买服务 2. 以乡村内生社会组织为主	1. 养老照护服务体现出一定的专业性 2. 乡村内生社会组织能够更精准、更接地气地识别老人的需求，降低递送成本	1. 需要专业社工参与，可推广性存在难度 2. 乡村内生社会组织需要花费精力进行培育
	机构	1. 管理精细化 2. 主要面向农村特殊老人	1. 院舍建设较好，照护服务专业性强 2. 提供的照护服务全面，能够兼顾入住老人基本需求和发展型需求	1. 政府投资较大，运营成本较高 2. 对护理员专业性要求较高
	志愿者	1. 志愿者类型多样，包括低龄老人、党团组织、社区组织等 2. 志愿者与其他主体紧密结合	1. 降低养老照护服务成本 2. 弘扬敬老爱老的社会风尚	1. 需要建立志愿服务的长效机制 2. 志愿者提供的照护服务的专业性可能不足
资金来源	政府直接财政拨款	1. 政府直接建设集中供养机构 2. 通过奖补提供支持	1. 保证了农村养老照护的资金需求 2. 能够盘活社会资产，激发社会养老活力	1. 大规模投资可能会对政府财政造成一定压力 2. 奖补需要以精确的评估作为基础
	以地/房养老	1. 将闲置土地交给合作社进行流转和托管的方式来抵付养老费用 2. 将房屋出租给养老服务机构	1. 盘活农村闲置资产，降低养老照护服务成本 2. 解决农村老年人养老费用不足的问题	1. 土地收益的持续性存在一定风险 2. 可能会出现产权、收益等方面的法律纠纷
	政府购买服务	1. 向农村内生力量购买服务 2. 明确购买内容和相应的标准 3. 重视评估	1. 有利于激活社会资源 2. 有利于提升政府资金的使用效率	政府购买服务项目制形式可能不够稳定
	村庄	1. 直接投资兴建养老机构，委托专业公司运营 2. 村级经济实体为老年人提供经济支持	1. 运用乡村内部资源，降低建设成本 2. 减轻了老年人养老照护负担 3. 瞄准农村老年人的需求，提供接地气的养老照护服务	对村庄集体经济实力有较高要求，可复制性不强
	多元资金来源	1. 政府牵头 2. 社会力量多元	1. 降低了政府的财政负担 2. 充实了农村养老照护服务资金	来自社会的资金可能不够稳定，需要探索新的模式，保证资金来源的稳定

(二)"要素组合库"要素组合举例：基于地方经济发展水平

基于典型案例建构中国农村经济困难老年人养老照护服务"要素组合库"的目的在于为地方政府因地制宜地从这个组合库选择不同的要素组合，构建地方农村老年人养老照护服务体系提供参考。考虑到地方经济发展水平对农村贫困老年人养老照护服务体系建设的决定性影响，本研究将以"经济发展水平与养老照护要素组合"为例，为地方政府如何从"要素组合库"选择和组合适合本地的农村贫困老年人养老照护服务要素提供范例参考（如表6－2所示）。

1. 经济发达地区

第一，在主导者维度上，优先选择市场要素和社会组织要素。在经济发达地区，市场力量和社会组织力量通常也比较强大，它们有能力，也有意愿在农村贫困老年人养老照护服务体系建设中扮演更重要的角色。因此，政府应当从"台前退居幕后"，更多地扮演引导者的角色，引导市场和社会组织主导农村贫困老年人养老照护服务体系建设。

第二，在分配基础维度上，优先选择普惠性要素。在经济发达地区，由于养老照护资源相对较为丰富，能够为农村所有老年人提供养老照护服务，因此，政府可以选择建设一个普惠性的农村养老照护服务体系，将经济困难老年人的养老照护服务体系嵌入到该体系中，普通老年人和经济困难老年人都可以享受养老照护服务。

第三，在分配内容维度上，优先选择服务要素。在经济发达地区，相对较为丰富的养老照护服务资源既可以满足农村贫困老年人基本的养老照护服务需求，又可以满足他们的发展型需求，政府可以将分配内容中的现金和物品要素转化为服务要素，例如，政府购买服务等。

第四，在输送系统维度上，优先选择社会组织要素和机构要素。在经济发达地区，由于较为强大的社会组织力量，政府可以优先选择外部社会组织或培育乡村内生社会组织为农村经济困难老年人提供养老照护服务。此外，经济发达地区可以尝试建立县域养老服务联合体，县城或区域养老机构提供业务指导，以乡镇养老机构为中心辐射辖区内所有农村贫困老年人。

第五，在资金来源维度上，优先选择政府购买服务要素和多元资金来源要素。在经济发达地区，政府可以通过向企业和社会组织购买服务的方式，构建高效、专业的农村经济困难老年人养老照护服务体系。此外政府也可以通过政策引导的方式吸引多元主体投资农村贫困老年人养老照护服务体系建设。

2. 经济中等发达地区

第一，在主导者维度上，优先选择政府要素和多元主体要素。在经济中等发达地区，政府仍然是农村贫困老年人养老照护服务体系建设的主导者，其他主体虽然较经济欠发达地区相对成熟，但难以独自主导农村贫困老年人养老照护服务体系的建设，需要在政府的引导和培育下联合起来共同建设农村贫困老年人养老照护服务体系。

第二，在分配基础维度上，优先选择普惠性要素。在经济中等发达地区，政府应建设面向农村全体老年人的养老照护服务体系，但是，在这个普惠性的养老照护服务体系中，在资源分配上要重点保障贫困老年人的养老照护服务需求。

第三，在分配内容维度上，优先选择物品要素。在经济中等发达地区，农村老年人养老照护服务资源应首先满足经济困难老年人助餐需求，在此基础上，可以进一步满足经济困难老年人其他服务需求。

第四，在输送系统维度上，优先选择互助要素和机构要素。在经济中等发达地区，一方面仍然需要通过互助降低农村养老照护资源递送的成本；另一方面，也应探索通过养老机构整合和递送乡村区域养老照护服务资源。

第五，在资金来源维度上，优先选择政府财政直接拨款。在中等发达地区，由于农村养老照护服务资源并不充足，仍然依赖政府的财政资金支持。同时，政府也可以在此基础上探索其他养老照护服务模式。

3. 经济欠发达地区

第一，在主导者维度上，优先选择政府要素。在经济欠发达地区，养老服务市场和社会组织发育相对不成熟，可能不具备主导农村贫困老年人养老照护服务体系建设的能力，因此，仍然需要政府来承担主要的责任。

第二，在分配基础维度上，优先选择选择性要素。由于经济欠发达地区财政资金压力比较大，养老照护服务资源有限，为了体现社会的公平正义，应当优先满足农村贫困老年人的养老照护服务需求。

第三，在分配内容维度上，优先选择物品要素。从以上典型案例中可以看出，物品要素主要表现为助餐，而农村贫困老年人对助餐服务需求旺盛。因此，在欠发达地区，应优先将有限的养老照护服务资源用来满足贫困老年人的助餐需求。

第四，在输送系统维度上，优先选择互助要素和志愿者要素。由于经济欠发达地区社会组织力量相对薄弱，养老机构发育相对不够成熟，可能在递送养老照护服务资源时力有不逮，而互助要素和志愿者要素能够极大地节约农村贫困老年人养老照护服务递送成本，因此，互助要素和志愿者要素应在经济欠发达地区农村经济困难老年人养老照护服务递送中扮演重要角色。

第五，在资金来源维度上，优先选择政府财政拨款要素和多元资金来源要素。在经济欠发达地区，农村贫困老年人养老照护服务体系建设仍然主要依赖政府直接的财政拨款。同时，考虑到政府财政资金的有限，政府也应引导社会和市场多元主体积极投资农村贫困老年人养老照护服务体系建设，以弥补政府财政资金的不足。

需要说明的是，以上农村经济困难老年人养老照护服务体系的建设要素组合是在只考虑地区经济发展水平提出的理想类型，各地方仍然需要根据自身的发展实际，合理从“要素组合库”中选择不同的要素组合。当然，优先选择某种要素也并不意味着其他要素不重要，而是指该要素组合是符合该地区实际情况的选择。

表6-2　不同经济发展水平的地方农村贫困老年人养老照护服务体系要素组合

维度	主导者	分配基础	分配内容	输送系统	资金来源
经济发达地区	市场要素和社会组织要素	普惠性要素	服务要素	社会组织要素和机构要素	政府购买服务要素和多元资金来源要素
经济中等发达地区	政府要素和多元主体要素	普惠性要素	物品要素	互助要素和机构要素	政府直接财政拨款要素
经济欠发达地区	政府要素	选择性要素	物品要素	互助要素和志愿者要素	政府直接财政拨款要素和多元资金来源要素

二、研究启示

基于对以上典型案例的分析，从养老照护服务整合性分析评估框架出发，本研究将从制度环境、物质环境、人力环境和人文环境四个方面提出相应的研究启示（如表6-3所示）。

表 6－3　农村养老照护服务典型案例研究启示

环境系统	研究启示
制度环境	1. 地方政府需要认识到农村经济困难老年人照护的难点、重要性、特殊性
	2. 鼓励农村经济困难老年人养老照护服务多元主体参与
	3. 鼓励建立县域养老服务联合体
	4. 使互助养老规范化、制度化，建立互助养老的长效机制
	5. 鼓励地方进一步探索以房养老、以地养老等新型农村经济困难老年人养老照护模式
	6. 精准识别农村特殊困难老年人及其养老照护服务需求，将选择性与普惠性结合起来
	7. 明确政府的责任和边界
物质环境	1. 注意盘活农村各种闲置资产，降低养老照护成本
	2. 充分挖掘乡村内部志愿服务资源，让乡村成为农村贫困老年人养老照护服务体系建设的重要主导者
	3. 着力优先打造好助餐服务
	4. 鼓励发展嵌入式小微型和家庭式养老机构
	5. 推进农村经济困难老年人养老照护服务体系建设的精细化发展
人力环境	1. 为居家养老照护者提供喘息服务
	2. 夯实农村经济困难老年人养老照护服务队伍
	3. 强化医养结合
人文环境	1. 明确孝道文化当今的新内涵，加强宣传“新孝道”
	2. 通过制度建设将孝道落到实处

（一）制度环境方面

由于农村经济困难老年人养老服务照护体系建设存在较多的历史欠账，以及农村贫困老年人庞大的数量和强烈的养老照护需求，政府需要出台大量的政策支持农村贫困老年人养老服务照护体系建设。

第一，地方政府应在思想上认识到农村经济困难老年人养老照护的重要性，也要清醒地意识到这类人群养老照护的难点和特殊性，必须出台相应的政策来探索新的养老照护方式方能满足他们的养老照护需求。

第二，出台政策鼓励农村经济困难老年人养老照护服务多元主体参与，建设“多元共服”的养老照护服务体系。要进一步降低各主体参与农村养老照护服务准入门槛，引导各主体积极参与农村经济困难老年人养老照护服务事业。大力推进政府向社会组织和市场购买养老照护服务，尤其是向专业的社工机构购买社工服务。通过财政补贴、农村社会组织孵化、开发养老照护员岗位等方式挖掘乡村内生力量，例如老年协会、留守妇女、扶贫对象等，参与农村经济困难老年人养老照护服务。鼓励乡贤反哺农村养老照护服务事业，推动慈善力量参与农村养老照护服务。

第三，出台政策鼓励建立县域养老服务联合体。县域养老服务联合体能够将农村碎片化的养老照护服务资源统筹融合起来，提高资源的利用效率和照护服务的专业性。因此，政府应当出台政策鼓励各地探索县域养老服务联合体的建设，充分发挥县区和乡镇养老机构的辐射作用，整合县域养老照护服务资源。

第四，出台政策使互助养老规范化、制度化，建立互助养老的长效机制。互助养老已经成为当前中国农村经济困难老年人养老照护服务的重要方式，政府应当出台政策，探索不同形式的互助养老的规范化、制度化，建立互助养老的长效机制。

第五，出台政策鼓励地方进一步探索以房养老、以地养老等新型农村经济困难老年人养老照护模式。以房养老、以地养老等新型农村经济困难老年人养老照护模式可以在一定程度上解决农村养老照护服务资源不足的问题，政府应因地制宜积极探索这些新型的农村养老照护服务方式。

第六，政府出台的支持农村养老照护服务体系建设的政策应当将普惠性与选择性结合起来，在政策体系中应精准识别农村特殊困难老年人及其养老照护服务需求，明确这类人群所享受的政策支持。

第七，明确政府的责任和边界。目前中国农村经济困难老年人养老照护服务体系建设仍处在起步阶段，政府应当在养老照护服务资源生产、分配和递送中承担更多的责任。后期，随着中国农村经济困难老年人养老照护服务体系建设的逐渐成熟，政府应当逐渐转换角色，扮演引导者的角色，从“台前退居幕后”，通过政策支持、服务购买、规则制定等让市场和社会承担更多的责任。

（二）物质环境方面

总体来看，中国农村经济困难老年人养老照护服务体系的建设仍处于起步阶段，养老照护资源的生产、分配与输送离不开村庄的社区支持，同时，也需要现代科技，包括管理规范的提升，促进整个照护服务体系的转型升级。

第一，注意盘活农村各种闲置资产，降低养老照护成本。考虑到农村养老照护资源的有限性，有必要盘活农村各种闲置资产，例如闲置农房、闲置集体资产、闲置中小学校等，改造为养老照护服务设施，降低养老照护服务成本。

第二，充分挖掘乡村内部志愿服务资源，让乡村成为农村经济困难老年人养老照护服务体系建设的重要主导者。政府可以通过宣传倡导、服务购买、岗位开发、探索以房养老、以地养老等新型养老模式等方式培育乡村养老照护社会组织和社区领袖，开发乡村志愿服务团队，打造邻里微型养老照护共同体，参与农村贫困老年人养老照护服务。

第三，着力优先打造好助餐服务。从以上典型案例中可以看出，助餐服务几乎是农村经济困难老年人需求最迫切的养老照护服务，因此，各地应将助餐服务作为构建农村老年人养老照护服务体系的基础，优先为助餐服务提供资源支持，鼓励各地因地制宜探索不同的助餐模式，建立助餐服务可持续发展机制。同时，以助餐服务为基础，进一步拓展其他养老照护服务。

第四，鼓励发展嵌入式小微型和家庭式养老机构。小微型和家庭式养老机构的发展可以为老年人提供就近、收费低廉的养老服务，为老年人提供一种家庭式的养老氛围，能够根据老年人的特点提供更多的个性化服务（青连斌，2019），因此，应当在财政补贴、准入门槛、机构建设标准等方面为嵌入式小微型和家庭式养老机构的发展提供支持。

第五，推进农村经济困难老年人养老照护服务体系建设的精细化发展。由于中国农村经济困难老年人养老照护服务体系建设尚处于起步阶段，为了提升养老照护服务资源的有效利用，需要推进农村经济困难老年人养老照护服务体系建设的精细化发展：一方面，建立智能化、信息化管理平台，做到对农村经济困难老年人的精准识别与精准支持；另一方面，加强养老照护服务体系的制度和规范化建设，提升管理水平，建议成立县域养老照护指导中心，负责对全县农村养老照护服务进行业务指导和监测评估，鼓励城市养老服务设施对口指导和支持乡村养老服务设施发展，加快推进县域养老服务联合体建设。

（三）人力环境方面

人力环境是推进当前中国农村经济困难老年人养老照护服务体系建设的一

大障碍。总体上看，农村经济困难老年人养老照护人力资源数量不足，而且专业化水平不高，亟需改善。

第一，为居家养老照护者提供“喘息服务”。从民政部收集到的农村贫困老年人养老照护服务典型案例来看，几乎没有案例涉及如何为居家养老照护服务者提供“喘息服务”。事实上，农村老年人居家养老照护服务者对“喘息服务”有着强烈的需求（熊吉峰，2014）。因此，在农村贫困老年人养老照护服务体系建设中，不能忽略为居家养老照护者提供“喘息服务”。应鼓励和支持乡村养老机构、幸福院等农村养老服务设施将服务拓展到居家，优先解决助餐和日间托养问题；加快推进农村邻里养老共同体和“银龄互助”共同体的建设，通过乡村守望互助为居家养老照护者提供“喘息服务”；加快推进农村地区长期护理保险制度建设。

第二，夯实农村经济困难老年人养老照护服务队伍。重点推进农村养老互助服务队伍建设：一是培育以老年协会为代表的农村养老互助社会组织，为农村养老互助服务队伍建设奠定组织基础；二是充分挖掘农村志愿服务队伍资源，例如留守妇女、扶贫对象、低龄老人、邻里亲属等，充实农村养老互助队伍；三是通过政府购买社工服务、建立县域养老联合体、专业培训、连锁化经营等方式，加强对农村养老互助队伍照护服务专业化建设。

第三，强化医养结合。农村养老照护服务设施建设之初应当积极与卫健部门协调对接，将卫生医疗资源整合引入养老服务设施建设之中，联手共建农村医养结合场所设施。建立以乡镇卫生院为基础，以村医疗所或医务室为支撑的医养结合服务体系，将医疗资源延伸并覆盖至居家养老的老年人。鼓励农村开展远程看病问诊等服务，实现优质医疗资源下沉到农村。

（四）人文环境方面

作为中华民族的传统美德，在历史上，孝道文化在老年人养老中发挥了重要作用（黄健元、姜丽兰，2016）。由于农村养老照护资源不足，再加上大部分农村老年人选择居家养老，孝道文化在当前农村养老服务照护体系建设中发挥着更加重要的作用，甚至在很大程度上影响了养老照护服务的制度环境、物质环境与人力环境建设。本研究呈现的一些典型案例中也意识到了弘扬孝道文化和倡导爱老、敬老、风尚对构建农村老年人养老照护服务体系的重要性，把振兴孝道文化和营造助老、爱老、敬老的良好社会氛围作为推进农村养老工作的重要举措。

第一，明确孝道文化当今的新内涵，加强宣传“新孝道”。与传统孝道文化相比，新孝道“摒弃薄养厚葬，崇尚厚养薄葬；现实空间行孝与虚拟空间行孝并重；以父母需求为导向，量力而行行孝；摒弃权威性、无条件性孝道，崇尚平等性、互惠性孝道”（田北海、马艳茹，2019）。这种新孝道更符合当前的主流价值观，也更容易被年轻人接受。因此，加强“新孝道”的宣传力度，使新孝道成为农村养老照护服务体系建设的重要驱动力。

第二，通过制度建设将孝道落到实处。在村规民约、文明户评选标准等制定中要突出孝亲敬老的内容；建立健全惩处机制，将孝亲敬老作为在村集体福利享受、宅基地审批、党员评议、入党培养及村干部选拔等方面的重要依据。此外，一些地区正在探索将“行孝量化”的做法也值得观察和评估。

下　　篇

第七章　农村特困老年人救助供养的政策和实践

农村特困人员救助供养是新中国农村“五保”供养的延续和发展，是我国托底性社会保障的重要制度和实践创新。1953 年，毛泽东就曾要求，“一二百户的大合作社带几户鳏寡孤独”。[1] 1955 年，毛泽东在《〈湘潭县清风乡党支部帮助贫苦社员解决困难〉一文按语》中指出：“各省应当在自己的关于合作化问题的决议或者指示里面指出，一切合作社有责任帮助鳏寡孤独缺乏劳动力的社员（应当吸收他们入社）和虽然有劳动力但是生活上十分困难的社员，解决他们的困难。”[2] 1956 年 1 月，中共中央政治局通过的《1956 到 1967 年全国农业发展纲要（草案）》和同年 6 月 30 日第一届全国人大三次会议通过的《高级农业生产合作社示范章程》要求，农业生产合作社对于社内缺乏劳动力、生活无依靠的鳏寡孤独的农户和残废军人，应当在生产上和生活上给以适当的安排，做到保吃、保穿、保烧（燃料）、保教（儿童和少年）、保葬，使这些人的生养死葬都有指靠。之后，“五保”供养制度很快在全国普遍建立。集中供养“五保”对象的农村敬老院也迅速发展起来。1958 年 12 月，中共八届六中全会通过的《关于人民公社若干问题的决议》要求，要办好敬老院，为那些无人依靠的老年人（五保户）提供一个良好的生活场所。到 1958 年底，全国有农村敬老院 15 万所，收养 300 余万孤寡老人，约占当时 519 万五保对象的 57.8%。[3] 1962 年，全国敬老院减少到 3 万所，在院老人 55 万人，均比 1958 年减少了 80%。[4] 截止到 1978 年底，全国农村敬老院仅存

〔1〕 毛泽东：《毛泽东文集》（第 6 卷），人民出版社 1999 年版，第 303－304 页。

〔2〕 毛泽东：《中国农村的社会主义高潮按语选·建国以来毛泽东文稿》（第 5 册），中央文献出版社 1991 年版，第 531 页。

〔3〕 崔乃夫主编：《当代中国的民政（下）》，当代中国出版社 1994 年版，第 105－106 页。

〔4〕 崔乃夫主编：《当代中国的民政（下）》，当代中国出版社 1994 年版，第 105－106 页。

7175所，在院老人10多万人。[1] 1982年底到1984年初，民政部组织开展了全国第一次五保普查，此间全国新建敬老院3461所，增加收养人员3.18多万人，比原有数分别增长了33%和23%。1994年1月，国务院颁布了我国第一部关于“五保”供养工作的专门法规——《农村五保供养工作条例》，对五保供养的对象、内容、形式及财产处理和监督管理作出规定，其中，要求“五保”户所需的实物和经费从村提留和乡镇统筹中列支。1997年3月民政部发布了《农村敬老院管理暂行办法》。2006年3月1日，新修订的《农村五保供养工作条例》开始施行，其中，要求“五保”供养资金在地方人民政府财政预算中安排，中央财政对财政困难地区给予补助，自此，农村五保供养实现了从农民互助共济的集体福利事业向国家财政保障的现代社会保障事业的重大历史转型。2014年2月21日，国务院颁布了《社会救助暂行办法》，将农村五保供养、城市“三无”人员救济和福利院供养制度统一为特困人员救助供养制度。2016年2月10日，国务院出台了《关于进一步健全特困人员救助供养制度的意见》。各级各部门积极落实《社会救助暂行办法》（2014）和《关于进一步健全特困人员救助供养制度的意见》（2016）的要求，在落实和完善特困人员救助供养制度上进行了探索和创新，农村特困供养的规范化、标准化、人性化水平明显提升，中国农村社会救助工作又发生了一次历史性转型升级。通过分析已有的相关案例，我们能窥见中国农村这项兜底性社会保障制度走向现代化的基本轨迹和大致轮廓。

一、农村特困老年人供养的政策要求

针对农村特困老年人救助供养的政策要求，国家出台了一系列法规政策，如国务院颁布了《社会救助暂行办法》（自2014年5月1日起施行），对特困人员供养的对象、内容、方式、申请程序、退出机制和各方责任等作出原则性规定。国务院还印发了《关于进一步健全特困人员救助供养制度的意见》，进一步明确了特困人员救助供养的总体要求、基本原则、对象范围、供养内容和方式及标准、办理程序和保障措施等。国务院各相关部委和地方各级政府相继出台了一系列贯彻落实的政策措施、标准规范等。例如，民政部印发了《关于贯彻落实〈国务院关于进一步健全特困人员救助供养制度的意见〉的通知》、

---

〔1〕 崔乃夫主编：《当代中国的民政（下）》，当代中国出版社1994年版，第107页。

《特困人员认定办法》（民发〔2016〕178号），发布了《在全国开展农村特困人员供养服务机构社会化改革试点工作的通知》。住建部、发展改革委批准发布了《特困人员供养服务设施（敬老院）建设标准》（建标184－2017，自2017年12月1日起执行）。民政部下发了《关于加强分散供养特困人员照料服务的通知》（民发〔2019〕124号），就落实特困人员救助供养标准、全面签订委托照料服务协议、明确委托照料服务内容、强化照料服务资源链接、加强委托照料服务监督管理等作出规范。市场监管总局、国家标准化管理委员会于2019年12月27日正式批准《养老机构服务安全基本规范》（GB38600——2019）、民政部修订了《养老机构管理办法》（自2020年11月1日起施行），以及民政部近期公布的《养老机构服务标准体系建设指南（MZ/T170—2021）》、《养老机构老年人健康档案管理规范（MZ/T168—2021）》、《养老机构社会工作服务规范（MZ/T169—2021）》和《养老机构生活照料服务规范（MZ/T171—2021）》等等，这些关于养老服务的共性要求和通用标准，均适用于特困人员救助供养服务。各省（区、市）均出台了贯彻落实《国务院关于进一步健全特困人员救助供养制度的意见》的实施意见，制定了实施特困人员救助供养设施（敬老院）改造提升的三年计划。各省（区、市）均对加强特困人员救助供养制度与城乡居民基本养老保险、基本医疗保障、最低生活保障、孤儿基本生活保障、社会福利等制度的有效衔接作出规定。有的省份出台了敬老院等福利机构的福利政策和强化安全管理、提升特困供养服务质量的政策措施。

特困供养制度的总体要求是以解决城乡特困人员突出困难、满足城乡特困人员基本需求为目标，坚持政府主导，发挥社会力量，在全国建立起以城乡统筹、政策衔接、运行规范为主且与经济社会发展水平相适应的特困人员救助供养制度，将符合条件的特困人员全部纳入救助供养范围，切实维护他们的基本生活权益。主要的政策要求包含以下几方面。

（一）保障对象

根据《社会救助暂行办法》规定，特困供养对象是指：无劳动能力、无生活来源且无法定赡养、抚养、扶养义务人，或者其法定赡养、抚养、扶养义务人无赡养、抚养、扶养能力的老年人、残疾人以及未满16周岁的未成年人。民政部颁布的《特困人员认定办法》对特困供养对象的无劳动能力、无生活来源等认定条件作了具体规定。“无劳动能力”指下列情形之一：60 周岁以上的老年人；未满 16 周岁的未成年人；残疾等级为一、二、三级的智力、精神残疾人，残疾等级为一、二级的肢体残疾人，残疾等级为一级的视力残疾人；省、自治区、直辖市人民政府规定的其他情形。“无生活来源”指收入低于当地最低生活保障标准，且其财产符合当地特困人员财产状况规定，收入包括工资性收入、经营净收入、财产净收入、转移净收入等各类收入；中央确定的城乡居民基本养老保险基础养老金、基本医疗保险等社会保险和优待抚恤金、高龄津贴不计入在内。“法定义务人无履行义务能力”是指下列情形之一：特困人员；60 周岁以上的最低生活保障对象；70 周岁以上的老年人，本人收入低于当地上年人均可支配收入，且其财产符合当地低收入家庭财产状况规定的；重度残疾人和残疾等级为三级的智力、精神残疾人，本人收入低于当地上年人均可支配收入，且其财产符合当地低收入家庭财产状况规定的；无民事行为能力、被宣告失踪或者在监狱服刑的人员，且其财产符合当地低收入家庭财产状况规定的；省、自治区、直辖市人民政府规定的其他情形。

有的地方根据城市化进程发展的实际情况，适当扩大了特困人员救助供养的范围。例如江苏省太仓市，将享受特困供养保障的认定条件由“三无”放宽到“二无”。随着城镇化建设步伐不断加快，农村征地拆迁现象较为普遍，部分特困供养人员由于拆迁失地原因，也享受了失地农民退休金。苏州市按照原有特困人员认定办法，退休金一旦超过特困供养标准，这部分人员就应退出特困供养，但是，考虑到他们大多长期生活在福利机构，年老多病、生活不能自理且没有赡养义务人，如果退出政府托底的特困供养，只享受退休工资待遇，将对其医疗、住房等其他方面救助造成较大影响。部分入住机构的特困人员，由福利机构为其选定监护人，生活、就医等问题能及时解决，一旦退出特困供养，在发生危急情况时便难以迅速确定能提供帮助的监护人。鉴于这些原因，2017 年底，太仓市政府出台《太仓市困难“二无老人”救助办法（试行）》，将全市困难“二无老人”纳入社会救助保障体系。所谓“二无老人”是指 60 周岁以上、无生活自理能力，且无法定赡养、扶养义务人或者其法定义务人无履行义务能力的老年人，符合以下两个条件之一即可享受求助保障：一是家庭人均月收入在特困供养标准 1.5 倍以内的低收入家庭，二是申请救助前 12 个月内的家庭全部收入无力承担家庭必需支出，导致基本生活出现困难。太仓市还出台了《困难家庭收入弹性评定办法（试行）》，对四类特殊家庭

（其中之一是老年人完全无自理能力、无子女）的所有收入，在核算家庭收入时按照0.5－0.9倍的系数范围弹性扣减；对六类劳动者个人（其中包括男60周岁以上、女55周岁以上的人员）的劳动收入，在核算家庭收入时按照0.6－0.8倍的系数范围弹性扣减，尽量降低特困救助的收入条件，做到应保尽保。

（二）供养内容

《特困人员认定办法》对特困人员救助供养的主要内容作了原则性规定：提供基本生活条件；对生活不能自理的给予照料；提供疾病治疗；办理丧葬事宜。《国务院关于进一步健全特困人员救助供养制度的意见》作了进一步具体规定，“提供基本生活条件”内容包括供给粮油、副食品、生活用燃料、服装、被褥等日常生活用品和零用钱，可以通过实物或者现金的方式予以保障。“对生活不能自理的给予照料”内容包括日常生活、住院期间的必要照料等基本服务。“提供疾病治疗”内容包括全额资助参加城乡居民基本医疗保险的个人缴费部分。医疗费用按基本医疗保险、大病保险和医疗救助等医疗保障制度规定支付后仍有不足的，由救助供养经费予以支持。“办理丧葬事宜”内容包括特困人员死亡后的丧葬事宜，集中供养的由供养服务机构办理，分散供养的由乡镇人民政府（街道办事处）委托村（居）民委员会或者其亲属办理。丧葬费用从救助供养经费中支出。此外，对符合规定标准、住房困难的分散供养特困人员，通过配租公共租赁住房、发放住房租赁补贴、农村危房改造等方式给予住房救助。特困人员供养标准，由省、自治区、直辖市或者设区的市级人民政府确定并公布。特困人员供养应当与城乡居民基本养老保险、基本医疗保障、最低生活保障、孤儿基本生活保障等制度相衔接。在落实国家和省级政策的基础上，一些地方政府为特困供养对象增设专项福利。例如，武汉市要求有线电视网络经营者落实农村五保供养对象在服务机构有线电视和通信收费方面的优惠政策，免收以下费用：有线电视入户安装费；固定电话的装移机工料费、移机不改号一次性费用，过户费、业务办理手续费；手机的卡费、过户费、业务办理手续费；宽带、ITV的装移机工料费、装移机调测费、过户费、业务办理手续费。

（三）资金保障

特困供养的资金主要由地方政府承担。县级以上地方人民政府将政府设立的供养服务机构运转费用、特困人员救助供养所需资金列入财政预算。省级人民政府通过优化财政支出结构，统筹安排特困人员救助供养资金。中央财政给予适当补助，并重点支持特困人员救助供养任务重、财政困难、工作成效突出的地区。一些农村集体经营有较为稳定收入的地方，从中安排一部分资金用于特困人员救助供养工作。各地不断完善救助供养资金发放机制，保障了特困供养资金及时足额发放到位。截至2015年底，全国救助供养农村特困人员516.7万人，全年各级财政共支出农村特困人员救助供养资金210.0亿元；截至2019年底，全国共有农村特困人员439.1万人，全年各级财政支出农村特困人员救助养金346.0亿元，比2015年增长64.76%。2015年，全国农村特困救助对象的集中供养标准平均为每人每年6025.7元，比上半年增长12.2%；分散供养的平均供养标准为每人每年4490.1元；截至2020年底，全国农村特困人员救助供养的平均标准为每人每年8569元。

（四）承办主体

目前，特困供养的责任主体主要是县级政府和乡镇（街道）政府。在推进养老机构公办民营改革的过程中，许多特困供养机构以政府购买服务的方式，引入社会组织或民营企业经营管理。2015年，民政部要求在全国开展农村特困人员供养服务机构社会化改革试点工作。《民政部办公厅关于在全国开展农村特困人员供养服务机构社会化改革试点工作的通知》要求，通过开展供养机构社会化改革，进一步提升农村特困人员供养服务机构建设管理服务水平，探索解决特困供养机构供养能力不足与床位空置现象并存问题的可行办法，有效保障农村特困人员基本生活。

特困供养机构社会化改革的路径主要有两种：一是实行“公建民营”。供养机构特别是新建机构逐步通过公建民营等方式，鼓励社会力量运营。政府制定管理服务标准并进行经营监管，引入专业化、高水平的社会力量参与供养机构管理工作，借助其规范、专业、优质的管理服务模式和先进的管理理念，提升供养机构管理服务水平。政府通过运营补贴、购买服务等方式，支持公建民营机构发展。政府及有关部门加强监督管理，明晰权责关系，确保优先满足农村特困人员供养需求、兼顾社会养老需求，确保国有资产不流失、服务水平明显提高。二是实行“合建合营”。在供养机构建设和运营上积极引入“合建合营”（PPP）模式，按照政府主导、社会参与、市场运作、平等协商的原则，科学评估特困供养服务需求，充分利用现有供养机构的土地资源和房屋设施，探索运用 PPP 模式改扩建一批供养机构。政府可以通过减免土地出让金和其他税费等方式，鼓励、引导社会力量开展供养机构建设运营。社会力量在政府的监管下承担相应的建设运营工作，并通过"使用者付费"及必要的"政府付费"获得合理投资回报。2016 年，广东省出台了《特困人员供养服务机构公建民营社会化改革实施方案》（粤民发〔2016〕77 号），要求全省大力推进特困人员供养服务机构公建民营社会化改革，激发敬老院、福利院、养老院等特困人员供养服务机构活力，创新服务供给方式，强化管理服务能力，实现供养机构转型升级，切实保障特困人员尤其是生活不能自理特困人员的基本生活，使特困人员生存有尊严、生计有保障、生活有盼头，共享全面小康成果。从 2016 年起，已建成、在建或新建的区域性敬老院以及具备条件的其他公办民政供养服务机构，统一推行公建民营社会化改革，各级民政部门采取政府购买服务方式，明确民政部门监管职责，落实运营方服务责任，切实为特困人员等民政供养对象提供优质供养和护理服务。供养机构产权单位主管部门具体负责组织实施公建民营。其中，市级供养机构由市民政部门组织实施；县（市、区）级供养机构由县（市、区）民政部门组织实施；街道（乡镇）级供养机构在县（市、区）民政部门指导下，由街道（乡镇）组织实施。供养机构实施公建民营社会化改革，采取公开招投标与品牌机构连锁运营的方式推进。在确定试点阶段，原则上采取公开招投标方式确定运营管理机构；在实施改革阶段，可探索将符合条件的供养机构直接委托给在全省连锁运营 10 家以上且取得明显成效的运营管理机构，推动供养机构标准化、专业化、连锁化运营。运营监管主要包括资产管理、服务管理、定期考核、收费监管等等。

（五）服务标准

在硬件设施建设方面，自 2019 年起，民政部、发展改革委、财政部联合推动为期三年、针对特困人员供养服务设施（敬老院）的设施条件、设备配置和安全管理的改造提升工程。依据《特困人员供养服务设施（敬老院）建设标准》（建标 184－2017）、《老年养护院建设标准》（建标 144－2010）、《养老机构服务质量基本规范》（GB/T35796－2017）等标准规范，制定了《特困人员供养服务设施（敬老院）改造提升基础指标》，涵盖建筑标准、设施设备、院区场地、用房功能、照护型床位、消防安全等方面的指标和要求。在服务规范和服务质量方面，民政部、财政部、人力资源社会保障部联合出台《关于进一步加强特困人员供养服务设施（敬老院）管理工作的通知》，针对一些供养服务机构法人地位缺失、运营管理滞后、照护人员短缺、服务质量不高、管理工作亟待加强等问题，要求从协调落实法人登记、加强队伍建设、加强经费保障、推进社会化改革、提高服务质量和加强安全管理等方面加以改进。一些地方政府相继出台了关于特困供养机构的服务规范或标准。例如，河南省驻马店市制定了《农村特困供养服务机构建设标准和管理服务规范（试行）》，涵盖敬老院基本建设、服务护理、财务管理和安全保障等十个方面；该市还在全市敬老院中开展等级评定工作，确定了82项具体评比指标，按百分制打分，每年进行一次等级评定，分示范级、一级、二级、三级4个等级，对获得示范级和一级的农村敬老院，每年从福彩公益金中拿出专项资金作为奖励，对位次靠后的敬老院进行通报。甘肃酒泉市建立了农村特困供养人员监护人备案制度，将监护人分为第一责任人和第二责任人，全部列为备案对象，完善农村特困供养人员监护人的监护职责和监护协议。江西省安福县出台了《分散供养特困人员照料服务规范细则》（安民字〔2020〕31号），对照料护理标准和方式、护理费拨付方式、照料服务内容和服务要求、签订照料协议、探视巡访、监督管理等方面的要求做了细化、量化。内蒙古自治区开鲁县制定了《特困供养人员护理服务标准》（开民字〔2019〕76号）、《分散特困供养人员护理服务标准（试行）》。江苏省淮安市依据民政部颁布的《〈养老机构等级划分与评定〉国家标准实施指南》（试行），对全市特困供养机构开展等级评定，根据对特困供养机构的环境、设施设备、运营管理和服务等四个方面的综合评价，将养老机构综合能力划分为五个等级。通过等级评定，对机构入住率、服务提供、人员配比、硬件设施提出改进要求，进一步细化量化机构服务标准，建立易操作、可评价工作规范。

二、特困救助供养制度对农村“五保”供养制度的继承与创新

特困救助供养制度与农村“五保”供养制度的目标对象和目标取向是一致的，都是为了把无劳动能力、无生活来源、无法定赡养和抚养人等最困难、最脆弱、最需要关注的特殊困难群体的基本生活保障好，使他们能享受社会主义制度的温暖。特困供养制度延续了农村“五保”供养制度的一些基本要求，强化政府的托底保障职责，要求县级以上地方人民政府统筹做好本行政区域内

特困人员救助供养工作；坚持适度保障，立足经济社会发展水平，科学合理制定救助供养标准，加强与其他社会保障制度衔接，鼓励社会参与。同时，特困供养制度也有许多创新。

（一）制度层面实现了城乡统筹

特困人员救助供养制度对原来的农村“五保”对象供养、城市“三无”人员救济和福利院供养制度进行了整合，在政策目标、资金筹集、对象范围、供养内容、供养标准、经办服务等方面，均不再区分城乡，实现城乡统筹，确保城乡特困人员公平获得救助供养服务。这有利于解决城乡发展不平衡、相关政策不衔接、工作机制不健全、资金渠道不通畅、管理服务不规范等问题，切实保障特困人员基本生活。

（二）救助供养内容更加丰富

在疾病治疗方面，全额资助参加城乡居民基本医疗保险的个人缴费部分，医疗费用按基本医疗保险、大病保险和医疗救助等医疗保障制度规定支付后仍有不足的，由救助供养经费予以支持；特别是将日常照料和住院照料纳入其中，这对于失能、失智和生病特困人员至关重要。江苏省太仓市为特困人员照料护理提供六类服务，特困人员可根据需求，选择居家生活照护、医疗护理服务、机构生活照护、日间照料服务、临时住院照护、“五方”关爱服务。所谓“五方”关爱服务，就是服务对象与镇人民政府（区管委会、街道办事处）、党员或村（居）干部、亲属或其他村（居）民及第三方社会组织签订“五方”关爱照料服务协议书，按协议规定内容落实关爱服务。

（三）申办程序更加规范

在审核环节，《国务院关于进一步健全特困人员救助供养制度的意见》要求乡镇人民政府（街道办事处）应当通过入户调查、邻里访问、信函索证、群众评议、信息核查等方式，对申请人的收入状况、财产状况以及其他证明材料等进行调查核实，于20个工作日内提出初审意见，在申请人所在村（社区）公示后，报县级人民政府民政部门审批。在审批环节，要求县级人民政府民政部门应当全面审查乡镇人民政府（街道办事处）上报的调查材料和审核意见，并随机抽查核实，于20个工作日内作出审批决定。对符合条件的申请予以批准，并在申请人所在村（社区）公布；对不符合条件的申请不予批准，并书面向申请人说明理由。在终止程序方面，对于特困人员不再符合救助供养条件的，要求村（居）民委员会或者供养服务机构应当及时告知乡镇人民政府（街道办事处），由乡镇人民政府（街道办事处）审核并报县级人民政府民政部门核准后，终止救助供养并予以公示。从申请程序看，特困供养人员救助供养制度比五保供养制度增加了救助供养对象失能状况评估环节，评估指标有6个方面：能否自主吃饭、穿衣、上下床、如厕、室内行走、洗澡等，6项指标全部达到的，视为具备生活自理能力；有3项以下（含3项）不达标，视为部分丧失生活自理能力；有4项以上（含4项）不达标，视为完全丧失生活自理能力。有的地方规定，原则上把年龄在80周岁及以上或残疾等被评定为二级及以上的特困人员，认定为部分或完全丧失生活自理能力。

（四）服务标准更加精准

《国务院关于进一步健全特困人员救助供养制度的意见》规定，特困人员救助供养标准分为基本生活标准和照料护理标准两方面。基本生活标准以满足特困人员基本生活所需为原则，一般可参照上年度当地居民人均消费支出、人均可支配收入或低保标准的一定比例确定，原则上应不低于当地低保标准的1.3倍。照料护理标准根据特困人员生活自理能力和服务需求分类制定，体现差异性。依据特困人员生活自理能力和服务需求分档制定，一般可分为三档，参照当地日常生活照料、养老机构护理费用或当地最低工资标准的一定比例确定。特困人员救助供养标准由省（区、市）或设区市人民政府综合考虑地区、城乡差异等因素确定、公布，并根据当地经济社会发展水平和物价变化情况适时调整。民政部、财政部对特困人员救助供养标准制定工作予以指导。广东省要求，城乡特困人员基本生活标准分别按不低于当地城乡最低生活保障标准的1.6倍确定。天津市规定，特困人员基本生活保障标准原则上按照不低于城乡低保标准的1.5倍确定。湖南省规定，原则上按不低于1：6和1：3的比例为部分和完全丧失生活自理能力特困人员配备照料护理人员。照料护理费用标准可参照当地日常生活照料费用、养老机构护理费用和最低工资标准的一定比例确定。但原则上全自理、半护理、全护理特困人员照料护理费用不得低于当地上年度最低工资标准的十分之一、六分之一和三分之一。对于患精神病、传染病的特困供养人员，其照料护理标准将上浮一定比例。江西省规定，农村特困失能、部分失能人员生活费标准参照城市标准执行，并按照不低于当地月最低工资标准的 80%、20% 落实特困失能、部分失能人员照料护理经费。重庆市要求，建立失能特困人员护理补贴制度，并随特困供养标准动态调整，给予入住人员每月每人 350 元（全失能）、每人 250 元（半失能）的护理补贴。参照乡镇敬老院标准，建立失能特困人员集中照护中心运行经费和人员工资保障机制。完善绩效考核机制。江苏省无锡市为市区全自理、半护理、全护理的特困供养人员分别提供每人每月 8 工时、28 工时、48 工时的照料护理服务；江苏省太仓市将特困人员照料护理费标准细分为：居家生活照护标准、机构生活照护标准、医疗护理服务标准及临时住院照护护理标准，规定分散供养特困人员按照自理、介助、介护，每月分别最高可享受 4 小时、36 小时、48 小时政府援助服务；特困人员医疗护理服务标准按照该市长期护理保险办法实施；集中供养特困人员机构生活照护标准在发放基本生活救助供养资金基础上，实行定额包干，统一按照每人每月 2000 元结算；临时住院照护标准原则上不高于每人每天 200 元，照护天数原则上一年累计不超过 60 天。

三、农村特困老年人供养的服务方式和运行机制

各地依据国家有关政策对农村特困供养服务的管理体制、运行机制和供给方式等进行了改革创新，探索出了一系列既有本地特色，又有推广价值的成功模式。

（一）因地制宜地推进农村特困供养机构规划建设和改造提升

一是对乡镇敬老院进行分类改造。基本做法是根据老年人口规模和养老服务需求，对原有的乡镇敬老院进行了撤并重组，加强区域性中心敬老院建设，分类设置特困供养机构。例如，江苏省启东市从行政区划、老龄人口数、地理位置、交通条件等多方面考虑，推动发展区域性中心敬老院。要求每院规划床位 150－200 张、占地 20－40 亩标准，通过新建或改扩建的方式，将每所区域性中心敬老院，建设成为集公费、自费养老为一体，养老、娱乐、学习、康复、生产等多种服务功能于一身的现代化农村养老示范中心。湖北省孝感市应城市打破“一镇一院”格局和行政区划界限，按照“规模集中、交通便捷、风俗相近”的思路，将全市 18 家乡镇福利院整合成 8 所区域性养老服务中心，打造区域性、功能型的农村特困供养服务机构，按自理、半失能、失能的不同

需求新建或改、扩建敬老院，形成自理老人示范院、失智老人特情院、失能老人特护院，满足不同对象的集中供养需求。浙江省桐庐县分水康瑞养老服务中心，原为分水镇农村五保供养服务中心，改造后按楼层区分功能区，二楼为失智老人区域，墙壁为草绿色，这种生机勃勃的色彩可刺激老人的感官，提高感觉器官的阈值；三楼为失能老人区域，墙壁为浅砖红色，可缓解失能老人长期卧床而造成的压抑情绪。江西省赣州市兴国县田庄上养老中心设有医疗、生活、康复护理、文化娱乐、后勤保障五个区域。二是融入地域文化特色。河南省驻马店市在推进乡镇敬老院改造提升过程中，各县区因地制宜，按照全市统一的“十个规范”标准，以“设施配套化、室内宾馆化、环境花园化”为目标，打造“一乡一策”“一院一景”，主打地方特色，确保高标准打造，高质量提升。河南省信阳市按照“信阳范”“大别风”“江淮情”三种风格规划建设敬老院。兰考县统一14项改造基本标准，同时因地制宜，“一院一品”，在原有基础上进行完善，投入小、效果好；同时，吸收社会资金1.4亿元，新建8所高标准敬老院。河南省周口市太康县按照“政府扶得起、村里办得起、农民用得上、服务可持续”的要求，引导社会力量新建或改建居村联养点，基本实现了“尊重意愿、适应习惯、整合资源、就近供养”的目标。三是建设村级特困供养服务点。江西省吉安市遂川县在发挥县、乡（镇）敬老院作用的同时，多方筹措资金，在12个山区乡镇建设了29个村级“爱心公寓”。每个“爱心公寓”点新建老人保障房4—10套保障房，全县共建200余套，每套房间都统一规划、统一设计、统一施工、统一免费接通水电、统一免费配备家电家具，老人拎包就能入住。

（二）推动特困供养机构走“公建公营”的社会化改革路子

一是对农村敬老院实施分类改革。例如，安徽省马鞍山市对入住率在70%左右的农村敬老院和三个县级区域性养老服务中心实行托管，敬老院按照原省定三星级标准改造升级，完善生活服务、卫生服务和安全服务设施。对入住率较低的敬老院进行资源重组，实行社会化运营。重庆市万州区将辖区内28家敬老院委托南京银杏树养老服务有限公司运营。该公司对敬老院进行重新定位，对自理、失能、失智的机构进行分设。九池敬老院和柱山敬老院以招收自理老人为主，双河口敬老院根据区位和社会需求打造成嵌入型区域性养老服务综合体，郭村敬老院打造成万州区首个以失智老人为服务对象的机构；甘宁和高峰镇敬老院升级改造为区级失能特困人员集中照护中心。

二是委托社会组织和企业开展连锁经营。江苏省新沂市打破“一镇一院”模式，坚持“科学布局、合理规划、均衡配置”，按照区域人口分布，通过新建、改建、扩建等方式，规划建设7个区域性养老服务中心。对区域性养老服务中心统一建设标准，全部按照医养结合型养老机构设计建设，养老院内均有配套的卫生室或门诊，院内增设社区托养、日间照料、居家养老服务功能，形成社区、居家和机构“三位一体”养老综合体。建成后的养老服务中心不再是各镇（街）所属的事业单位，资产权属归市政府所有，由民政局直接管理，委托上海九如城等养老经验丰富的专业团队运营管理。

三是统一打包、委托营运。广东省将辖区内区域性敬老院、乡镇敬老院、公办养老机构等供养机构，统筹打包成为一个整体项目，通过公开招标的方式确定运营方，统一运营管理，并与运营方约定：不论特困供养机构条件好坏、规模大小，凡在属地内的，必须全部承接并升级改造，不得随意撤并。明确机构运营期限最长不超过30年，保证社会运营方有足够的时间实现平账、微利。约定特困人员免费入住，由政府将基本生活供养金拨付到集中供养机构；社会养老服务实行市场定价，大约收住1个社会老人可以弥补3个特困人员护理费用缺口，在特困人员和社会老人享受同等服务水平的情况下，实现机构微利。与社会力量合作的遴选机制是：综合评估各社会力量的专业资质、管理经验、财务实力等，按照持续投融资能力强、运营团队建设和标准化服务体系完善、护理和医疗资质齐全等条件择优选取社会力量提供运营服务。广西壮族自治区南宁市也采取“整片打包托管”的模式。浙江省杭州市萧山区依托区属国有企业——萧山老年颐乐养老服务有限公司（该公司原有颐乐园、紫荆园等2家样板养老机构），成立萧山区老年颐乐养老服务集团公司（隶属杭州市萧山区国有资产经营总公司，其在医疗、医药领域布局有浙江萧山老年医院、国投瑞康医学影像中心及老牌药企——萧山医药公司，同时有萧山农批市场等食品配送资源），18家镇、街的敬老院（五保供养服务中心）成为萧山区老年颐乐养老服务集团公司的分公司，集团化运营，实现管理标准统一、集团品牌、人员管理、财务采购和硬件配套统一，促进养、护、医、食良性循环。

（三）构建市、镇、村三级联动的困难老人养老服务体系

福建省晋江市要求市社会福利中心辐射全市，为全市半护理、全护理特困

人员提供兜底养老服务保障。镇、村两级构建完善区域化养老服务网络，为所属辖区特困人员提供优质的就近养老及照料服务。例如，该市东石镇坑园村敬老院现挂牌“东石镇敬老院第一分院”，主体建设总投资约660万，其中社会各界热心人士共捐资400多万元。开业前期，东石镇政府、慈善总会、坑园村委会投入30多万元对敬老院四周环境进行改造提升，并加装内部公共视频设备、新修敬老院围墙、增设文化及管理制度和办公、活动设备，添置了户外健身器材。敬老院内配备了符合老年人需求的医疗保健、食宿起居、文化娱乐等养老设施。参照东石镇敬老院的管理模式，坑园村敬老院委托东石镇慈善总会负责运营，主要收住的对象为东石镇特困、低保老人。东石镇慈善总会每月将给予每人300元的生活补助；福建南天普门慈善基金会也将给予每人300元的慈善帮扶。河南省周口市太康县推行“居村联养”点建设。对于不愿意离开老家、老友的特困老人，重点在2000人以上或特困人员30人以上的行政村设立居村联养点，推行“居村抱团养老”。投资人出资把村内闲置民居等进行改造为居村联养点，实现“十有”（有房间、有床铺、有空调、有电视、有厨具、有淋浴、有水冲厕所、有消防设备、有娱乐设施、有专职炊事员）。对社会力量新建的居村联养点，经验收合格且正常、稳定运营之后，按每入住一名特困人员1.5万元的标准给予一次性奖补；对利用旧村室、学校、闲置房屋改造的居村联养点，按入住人员每人1万元的标准给予一次性奖补。明确村“两委”一名成员主管，挑选热心养老、有一定威望和责任心强的村民作为村级联养点的负责人，负责日常管理服务，遇到生病等特殊情况及时送医救治。“爱心公寓”产权归村集体所有，现居住老人去世后由村委会收回再次安排给其他老人使用，避免房屋闲置和资产流失浪费。同时，“爱心公寓”离自家耕地、菜园较近，老人可以兼顾采茶、种菜等劳作。河南省南阳市采取“四集中”的方式为特困供养老年人、重度残疾老年人、重症慢性病老年人、失能和半失能老人以及建档立卡贫困户中事实无人照料、生活自理困难的老年人提供照料服务。一是村级幸福大院集中托管。二是乡镇敬老院集中供养。三是社会福利机构集中托养。四是卫生机构集中康复治疗。对无自理能力、半自理能力的重度精神病和病情稳定的重大疾病患者等人员，进行集中康复治疗。

这些创新举措，有利于农村敬老院的定位更加精准，资源分配和调整更加灵活，促进了敬老院集约化、专业化、精细化发展。

（四）创新对分散居住特困供养对象的服务供给方式

一是建立对分散供养对象的委托服务机制。江苏省江阴市全面建立“1+1+1+1”委托照料服务协议制度。各镇人民政府（街道办事处）与分散供养特困人员、照料服务人、村居干部或党员签订四方委托照料服务协议，明确协议各方权利义务和相关职责，为对分散供养特困人员提供日常看护、生活照料等服务。建立有效的定期探访制度，及时了解分散供养特困人员实际生活状况和委托照料服务协议落实情况，并通过满意度调查、邻里评价等方式对委托照料服务进行评价考核，及时更换不合格的委托照料人，对服务合格的委托照料人给予每月60元照料服务补贴，所需经费纳入各镇（街道）、园区财政预算。江苏省泰州市自2016年6月起建立五个“1”关爱制度，对分散供养的农村“五保”和城市“三无”老人，由乡镇（街道）民政办、一名党员或村（居）干部、一名供养对象的亲属（邻居或社区网格员）、一名镇村医务人员与供养对象签订“1+1+1+1+1”的关爱照料服务协议，开展关爱服务活动。

二是由政府为分散供养的特困人员购买上门服务。内蒙古自治区通辽市开鲁县向社会力量购买分散供养特困人员照料护理服务，购买的项目包括为分散供养的失能、半失能特困人员提供照料护理、送医陪护、社会融入、家政等服务。通过政府采购程序，确定承接主体照料护理服务项目全、专业人员比例高、承诺服务项目多、社会信誉好者中标，中标机构与民政局签订正式照料护理服务合同，按合同约定为分散供养特困人员提供相应服务。每季度末，民政局组织人员对中标机构提供的护理服务进行验收，验收合格（服务质量、满意程度），达到《开鲁县分散特困供养人员护理服务标准（试行）》要求，民政局按合同约定全额拨付本季度费用。如验收未达到《开鲁县分散特困供养人员护理服务标准（试行）》要求，按验收完成比例拨付本季度费用，余额作为中标方违约金不再支付。山东省菏泽市郓城县统筹照料护理费用，购买专业服务配备车辆和人员，为全县6000多名分散供养特困人员提供生活照料、家政服务等，打造“没有围墙”的敬老院。淄博市博山区为住在山区进出不便的特困老人提供主动上门服务。

三是引导近亲属赡养和邻里助养特困供养对象。河南省周口市对于身体健康、家中有财产、不愿入住居村联养点的特困人员，由村“两委”干部引导近亲属与特困人员签订协议，将老人接回家中“合锅合住”，一起生活。特困人员的供养费、责任田承包权、宅基地使用权等财产作为赡养人的报酬，并进行司法公证、村内公示，乡、村两级定期不定期对赡养情况进行走访，查看协议落实情况，建立健全走访档案，切实加强监管，确保特困人员与赡养人共同生活、安度晚年。河南省周口市对于不愿意离开家、无近亲属、但有邻居愿意照顾的特困人员，引导双方签订邻里助养协议，村新风协会监督。由助养人为特困人员提供洗衣做饭、打扫卫生、看护陪护等助养服务，周口市郸城县采取村委监督、邻里照顾的形式，将特困人员交由邻里帮助照顾；周口市沈丘县由特困人员户籍所在地乡镇人民政府牵头，将具备生活自理能力的特困人员，托养至亲戚家中；太康县将行政村保洁员、治安巡逻员等公益岗位优先向助养人倾斜，每月为其发放 200－300 元不等的报酬。

四是鼓励对特困供养对象开展社会关爱服务。主要是借助公益组织和志愿者为特困老人排忧解难。浙江省杭州市桐庐县彩虹公益服务中心（前身是成立于 2014 年 5 月 9 日的桐庐义工联盟）承接了杭州市福利彩票公益金资助项目——“农村散居特困人员照料服务”（2020），为桐庐县农村散居特困人员，提供医疗保健、精神陪护和家政服务类等系列个性化服务。志愿者与老人结对，每一位结对志愿者每周不少于 1 次家中探访活动。桐庐彩虹公益服务中心在递送服务的同时，开展为特困人员实现“微心愿”行动。经过征集、筛选，确定了 31 个“微心愿”，有的需要电风扇、电饭锅、订一份报纸或卫生大扫除，等。“微心愿”的认领将采取公开募捐的方式。捐赠资金或物品将由桐庐县慈善总会负责管理，全部用于帮助散居特困人员完成“微心愿”（若本次捐赠资金或物品未用完，将用于县散居特困人员帮扶活动），并接受社会监督和专业部门审计。2020 年 7 月至 8 月，桐庐彩虹公益组织为农村散居特困人员送关爱志愿服务活动，如，推拿按摩、健康监测、发放夏日清凉礼包、老旧电路和插座维修改造、用车辆接送老人参加体检，等等。山东省昌邑市推行党政干部和义工到机构、到特困老人家中定期“陪餐”；青岛市城阳区组建了志愿者“海鸥服务队”，寓意像海鸥一样围绕在特困人员的身边，帮助他们解决实际困难。青岛黄岛区和潍坊峡山区，将分散供养特困人员纳入当地养老服务平台，作为第一类对象重点服务，提供“6 助”（助餐、助医、助洁、助浴、助乐、助急），实行免费服务，实现了信息化服务管理、市场化运作、规范化化评估。

（五）支持为特困供养对象开展医养结合服务

一是特困供养机构内设医院或医务室。江西省吉安市探索建立失能老人集中护理新模式，将县（市、区）内所有敬老院划分为若干个集中护理片区，在每个片区内选定一所管理和基础设施较好的敬老院，建设改造一个标准化的护理部，统一配备护理设施设备，按1：3比例，采取政府购买服务方式配备专业护理人员，将片区内失能老人集中到护理部集中供养。江西省赣州市兴国县建设了田庄上养老中心、夕阳红老年公寓两个集中养老点，机构内设医院，给入住老人提供了疾病预防、诊断治疗、护理等医疗服务；构建“互联网＋健康管理”体系，建立健康与养老综合信息平台，由医生和护士将查房情况，通过信息平台发送给责任医生、护士部主任、后勤部长，为准确快捷救治创造条件。该县夕阳红老年公寓内设一级综合医院——谐和医院，田庄上养老服务中心内设慧博源医院、健康管理指导中心。田庄上养老中心还开设了中医馆，康复治疗师定期巡诊。这两个集中照护机构还提供临终关怀服务。广西壮族自治区南宁市上林县金桥养老服务中心与明亮镇卫生院合作在敬老院开设医疗室，开展对老人的防病、治病。卫生院的医生每周都定期来到敬老院给老人检查身体。

二是乡镇卫生院、农村福利院两院合一。河北省刑台市巨鹿县探索创建了“医养一体、两院融合”的养老服务模式。县政府于2014年出台了《“医养一体、两院融合”机构养老试行办法》（巨政〔2014〕7号）及其实施细则和服务承诺（政办字〔2014〕64号），探索推动农村养老院与乡镇卫生院、农村幸福院与村卫生室一体立项、联体建设或通过签订协议，医院与养老院融合一体，实现功能融合、资源共享。基本要求是，以乡镇卫生院为依托，新建和改扩建的养老院与乡镇卫生院合并建设，融为一体。在村庄规划中，按3000户左右为一个片区划分，集中规划建设卫生室和老年活动中心，完善老年活动中心的建设和服务，全县形成以县城为中心，乡镇卫生院（养老院）村卫生室（老年活动中心）为基础的城乡医疗、养老一体的新型布局。医疗机构申办的养老机构享有与政府公办养老机构、民营养老机构同等的政策待遇，同时，要承担政府养老服务职能，不仅面向社会开放养老服务，也要视能力接收农村和城镇特困人员。根据实际照顾政府应负担的特困救助供养对象的人数，由民政局定期拨付生活补助金和营运补贴。当入住老人需要住院治疗时，及时办理入住手续，提供基本医疗服务，同一张床位平日可以是养老床位，必要时可以变成医疗床位，入住老人可以不挪床，实现“一床两用”。安徽省亳州市于2018年初启动了乡镇卫生院托管敬老院试点，乡镇卫生院在敬老院设立医养结合服务中心。例如，蒙城县岳坊镇中心卫生院对镇敬老院实施托管，在敬老院内设立了医养结合服务中心，设置了失能五保老人护理室、康复训练室、输液观察室、化验室、B超室等十多个科室，医护人员24小时值班，为包括失能五保老人在内的全体入住老人提供医疗服务。河南省周口市太康县利用县域内民营医院、乡镇卫生院的医疗资源建设社会托养点，为失能、半失能和身体有慢性病的特困老人提供治疗期住院、康复期护理、稳定期生活照料，以及临终关怀一体化的社会托养服务。

三是送医上门。北京市大兴区长子营镇卫生院购置巡诊车，配备便携彩超、全自动三分类血球、尿分析仪、心电图机、除颤仪等设备，建立“流动医疗服务站”；民政部门通过政府购买服务项目为流动医疗服务站提供资金支持，用于设备运维、聘请专家巡诊、建立家庭病床购置可穿戴设备、系统升级兼容以及药物配送服务等，推动流动医疗服务站为辖区老年人提供基本公共卫生和上门巡诊医疗服务。流动医疗服务站还开通了移动支付设备，实现“流动医疗服务站”与医保系统对接，使农村健康养老服务更具可及性。

四是确定定点医院。福建省晋江市民政局与晋江市医院、晋南分院签订合作协议，指定其按照“先行救治、事后结算、政府兜底”的原则，为全市特困人员提供定点医疗服务，特困人员因意外、疾病住院，无需预交费用，医院先行救治；住院产生的医疗费用在扣除医保报销后，其医保范围内需个人自费的费用，在事后由市民政局与医院直接结算，实现了政府全兜底。

四、特困老年人供养服务改革创新的突出成效

从总体上看，我国特困救助供养制度基本上实现了城乡统筹协调，资金来源稳定，政策配套完善，工作机制健全，服务管理规范，救助程序便捷，与相关社会保障制度相衔接；农村特困人员救助供养工作正在转型升级，基本实现了“应养尽养”。截至2020年11月，全国共有农村特困人员482万人，其中生活不能自理的人数是122.5万人，占总人数的25.4%；在机构集中供养的人数有115.9万人，其中生活不能自理的人数是32.2万人。全国共有农村特困人员供养服务机构2.7万家，床位249万张。在民政部统计的养老机构床位总数701万张中，农村敬老院的近250万张床位，占35.6%。全国已办理法人登

记的农村供养服务机构 14680 所，法人登记率为 76%。

根据已有资料，我们可以得出基本判断：农村特困供养工作的条件、能力、水平和质量大幅跃进、全面提升，管理规范、服务优质、运行高效、竞争有序的发展局面加快形成，经费投入不足、床位供求不配、管理能力不强、专业含量不高等瓶颈正在被突破。

（一）特困人员供养服务设施（敬老院）的设施设备和生活环境焕然一新

根据 2017 年 11 月全国部分省份农村特困人员供养服务机构社会化改革座谈会上披露的有关数据，当时在“依法办理《食品经营许可证》”方面，全国敬老院不达标比例高达 49.4%；在“养老护理员经过专业技能培训合格或接受岗前培训”方面，全国敬老院不达标比例为 30.9%；有 1759 所农村敬老院使用易燃可燃装饰装修材料或者建筑材料不符合消防安全要求。从收集到的案例和资料看，近两三年这种状况已经明显改观。例如，江苏省新沂市通过对原来的农村敬老院进行改造提升，建设 7 个区域性养老服务中心，实现了软硬件设施配套齐全、功能完善，护理型床位占比达到 65%，每个房间配有独立卫生间、24 小时热水、数字电视、独立衣柜、呼叫系统，还设有配餐间、多功能厅、娱乐室、门诊康复室。河南省驻马店市对敬老院改造提升的环境要求是实现小花园、小游园、小果园、小菜园和小养殖园“五园合一”。福建省实施《加快乡镇敬老院转型升级（2020－2022 年）行动方案》，坚持实用适用原则，改造升级照护型床位，配齐“三厅八室”：会客厅、厨餐厅、多功能厅，评估室、起居室、洗衣室、卫浴室、康复室、健身室、棋牌室、阅览室等，完善无障碍化适老化设施。2016 年青海省开展了第二届特困供养服务机构星级评定，全省共 96 个特困供养服务机构被评为星级称号，其中，三星级 26 个，二星级 34 个，一星级 36 个，其中，大部分是农村敬老院，都达到了《青海省特困供养服务机构星级评定标准》的相关要求，基础设施实现了“五通”：通水、通电、通路、通暖、通电话，基本建设达到了标准化：符合国家建筑行业规范，生活设施完备，医务室、娱乐活动室、生产用地等基本配套设施完善，生产区和生活区分设，基本配置有生活用房、卫生保健室、文化娱乐用房、康复训练室、行政办公用房和附属用房，供养人员居住用房不小于 10 平方米，两人以上居住的人均使用面积不小于 6 平方米，屋内地面硬化或铺设瓷砖地板，室内装饰未采用易燃、易碎、化纤及散发有害有毒气味的建筑材料，房屋通风、干燥、无异味，备有供暖设施，冬季室温不低于18℃。居室配备至少有：单人床或双人床、床具、桌椅、衣柜、脸盆架、洗脸盆、窗帘、暖水瓶、痰盂等设施；设有开水房或烧水设施，每天定时供应开水；有洗涤、沐浴设施，设有公厕，保证正常使用；老年人室内活动场所面积不低于人均3m^2，绿化面积不低于10%，有衣物晾晒等场地等等。重庆市在推进农村特困供养机构（敬老院）改造提升中，将条件适宜的乡镇敬老院与乡镇养老服务中心统筹建设，设置托养护理、文体活动等7个功能区，223家乡镇养老综合体“全新开张”；围绕“热水供应常态化、生活寝具标准化、卫浴空间适老化”，重点对敬老院实施“三改”（热水供应系统改造、房间标准化改造、公共洗浴间适老安全化改造），398家乡镇敬老院“配置升级”，56家乡镇敬老院“更新迭代”，2018年至2020年乡镇敬老院达标率从40.6%提高到74.7%。重庆市璧山区从2016年起累计投入5000余万元，逐步对全区15所镇街敬老院实施达标升级改造，配齐配全了各类基础设施设备，按建筑防火等级，在每层楼配备了灭火器、消防栓、烟感器等消防设施；在院内各个角落，安装了视频监控，每个房间都配齐了应急呼叫设备，投入400余万元为每所敬老院加装电梯，还通过绿化建设、播放音乐等方式营造轻松愉快的生活环境，如该区健龙镇敬老院利用附近闲置土地打造了一个绿色花园，老人可以在里面种菜。

（二）管理和服务的专业化、标准化、规范化和精细化水平显著提升

在专业化方面，绝大多数农村敬老院在改革中引入了专业团队，例如，安徽省马鞍山市引进世界500强企业——江苏丰华集团整体运营该市的农村敬老院，福建省南安市将4所乡镇敬老院委托专业护理公司——泉州市伊护航家护理服务有限公司等等。这些营运方不仅投入了大量资金，也带来了专业化的理念、团队和技术手段，生护士、专业社工师、心理咨询师、营养师等人才比例明显提升，能为入住老人提供生活照料、治疗康复、心理疏导和社会工作等方面的服务。杭州市萧山区的农村敬老院，在社会化改革之前，基础设施相对落后，不同程度地存在房屋老旧、电器线路老化、消防设施陈旧、无适老化设施等问题；五保养老服务中心负责人平均年龄56.3岁，工作人员平均年龄51.5岁；不懂消防知识、不会使用消防器材的大有人在；护理员配备率低，缺乏专业护理知识；未配置医疗场所和专业医生、护士，护理型床位不足，慢病康复

缺乏专人指导，医疗设施设备短缺，难以满足中、重度失能失智特困人员的刚性照护需求。实施连锁化营运改革后，各农村五保供养服务中心分批纳入集团化运营，由区颐乐养老服务集团组建专业团队管理机构，建立统一的服务标准。依托国资经营总公司下属老年医院、医药公司等资源，做好医疗资源下沉，组织医疗团队向各农村五保供养服务中心提供日常医疗、巡诊服务、康复指导、药物配送等服务，探索双向转诊、双向转养可能性，切实保障入住老人医疗服务需求，提升了医养结合服务能力。内蒙古自治区鄂尔多斯市第一所公建民营特困供养服务机构改革前仅有服务人员 2 人，改革后，服务人员增加到 18 人，且都经过专业培训，持有人社部颁发的“养老护理员资格证书”。

在标准化和规范化方面，各地普遍确定了特困人员救助供养的基本生活标准和照料护理服务标准，对于分散供养人员，由乡镇人民政府（街道办事处）与分散供养特困人员、照料服务人签订三方委托照料服务协议，明确各方权利义务和相关职责；无民事行为能力的分散供养特困人员，由其监护人代为签订；委托照料服务协议文本由县级以上人民政府民政部门统一制定，包括特困人员和照料服务人基本信息、特困人员生活自理能力认定类别、照料服务内容、照料服务要求、照料服务权利义务以及违约责任、协议期限等内容。对于集中供养人员，普遍由乡镇人民政府（街道办事处）、特困人员、特困人员亲属代表与供养服务机构签订四方供养服务协议；有的地方要求签订五方协议：敬老院、特困对象、村民委员会、乡镇人民政府、特困人员的赡（助）养人。全国农村敬老院法人登记率 2019 年不到 75%，2020 年已超过 90%。2017 年 11 月，河南全省敬老院法人登记率仅为 49%，到 2020 年 11 月提高到了 98.9%。在敬老院社会化改革的过程中，政府与受委托方签订了合法合规、逻辑严密的委托经营协议书，受委托的营运方大多制定和实施了操作性很强的服务标准和规程。内蒙古自治区鄂尔多斯市农村敬老院等养老服务机构委托社会力量运营后，经营者制定了消费安全、食品安全、卫生管理、职工考核等一系列制度，并全部上墙。严格按照制度要求开展消防演习、执行 24 小时值班、食品留样、卫生督查、职工考核等工作，供养服务机构管理的规范化水平明显提升。

在个性化服务方面，各地普遍要求民政部门、乡镇人民政府（街道办事处）应为享受救助供养服务的城乡特困人员建立救助供养档案和台账，实行“一人一档案”；有的地方还要求对特困供养人员实行个性化服务，例如，福建省连城县新泉镇采取“个案帮扶、一人一策”的方式，帮助孤寡、独居、空巢、失能、半失能等困难群体，基本做法是：全面收集老年人各方面信息，通过整理、分析，组建个案服务小组，与乡镇、村委工作人员入户筛查老年人信息真实情况，为个案帮扶对象建立信息档案，包含：家庭信息、健康信息、居住情况、经济情况、个案分析等，详细了解个案服务对象的实际情况与帮扶需求，“一人一策”，精准匹配服务资源，提供精准服务。

（三）财政资金杠杆作用和国有、集体资源使用效益逐步显现

改革前，福建省乡镇敬老院大多由当地乡镇民政办主任兼职代管，服务力量薄弱，有的乡镇敬老院担心失能老年人入住后无力照护、安全风险大，不敢接收入住，乡镇敬老院床位使用率仅26%，有的地方甚至整体空置。通过提高集中供养标准、建立低保和计生特殊家庭完全失能老年人护理补贴制度、健全残疾人“两项补贴”动态调整机制、落实高龄和养老服务补贴等，并引进社会力量运营，在确保满足特困供养人员入住需求的基础上，免费低费收住低保、残疾、失能失智、留守等类老年人。截止到2020年底，全省乡镇敬老院平均床位使用率提升到60%。生活不能自理的特困人员集中供养率从2017年底的12.3%提升到2020年底的57.4%，实现有集中供养意愿的特困人员全部集中供养。内蒙古自治区鄂尔多斯市的4个改革试点机构总床位数670张，在改革前仅入住特困人员47人，空余床位623张，改革后将空余的床位向社会开放，特困人员和社会老人共入住320人，床位利用率从过去的7%提高到2020年的47.7%。广东省云浮市，以PPP方式实施农村养老机构改造提升，新建一张床位基建成本约为6万元，各级财政投入1万元，委托营运方投入5万元，这就发挥了财政资金的杠杆作用。安徽省马鞍山市在农村公办养老机构改制改革中对优化农村闲置土地、设施，整合并推动落实融资、税费优惠、财政补贴、人才培养等政策，发展“政府扶得起、民资愿意投、村民用得上、可持续发展”的农村养老服务，有效撬动民间资本和社会力量。该市花山区霍里敬老院，原有养老床位112张，入住老人43人，床位空置率62%，委托运营后，运营方将55张床位向社会开放，按照马鞍山新建1张养老床位分担成本10万元计算，等于撬动社会资本550万元。重庆市渝北、铜梁等区县42家乡镇敬老院通过委托本地城市养老机构运营，服务项目从13项增至46项，入住率从45.8%增长至68.3%。

（四）体制机制改革创新带来的发展活力和持续后劲不断迸发

将特困人员供养服务机构交由社会力量运营，倒逼营运者创新谋求发展、以特色赢得市场，从而强化了有序竞争，有利于形成公益性服务和市场性服务相互促进的良性循环，既有效解决原有公办供养服务机构资源条件受限、管理经验不足、服务水平不高等问题，又为社会力量进入这一领域和发挥优势作用提供了平台，有利于形成政府保基本、兜底线和市场主体满足多元化服务需求、取得合理利润的双赢局面。特困供养机构社会化改革，推动了政府与社会合作力量机制创新。广东省通过综合评估社会力量的专业资质、技术能力、管理经验、财务实力、信用状况、政策熟悉程度等，按照持续投融资能力强、运营团队建设和标准化服务体系完善、护理和医疗资质齐全等条件择优选取社会力量提供运营服务，以确保特困供养机构始终保持创新、可持续发展活力。广东省还通过“三合理”（合理设定政府供养床位比例、合理确定运营期限、合理制定机构养老服务价格）为运营企业实现微利提供支撑点，为其注入持续健康发展的动力和活力。四川省巴中市平昌县在推进敬老院公建民营的过程中，按照“四个优先”的原则：有专业养老服务管理经验优先、经营业绩突出优先、社会信誉良好优先、职业资格证书优先，采取社会化招标方式，公开征集敬老院管理运营业主，择优比选服务团队。在推进农村敬老院改革的过程中，政府部门之间的合作机制也得到了加强。农村敬老院实行统一规划、县级直管，建设区域性中心敬老院，这不仅需要加强县级政府部门与乡镇政府之间的合作，也加强了民政、财政、国土、规划、建设等部门共同参与、协调配合。这些创新不仅对于农村特困救助供养工作具有长远意义，也为农村社会化养老事业树立了标杆，对农村养老服务发展起到示范带动效应，有利于促进农村区域性养老服务的整体水平提升，吸引城市养老资源向农村流动。

（五）特困救助供养对象的生活水平、生命质量和幸福指数显著提升

根据 2020 年 11 月 17 日民政部召开的全国农村养老服务推进会议上的有关数据，当时全国农村有 1 亿多老年人，其中，有 367 万农村特困老年人，占城乡特困老年人总数的 95%。全国各地农村特困人员供养和护理标准逐年提升，实现了应养尽养。供养服务的内容不再局限于吃饱穿暖，而是向生活照料、康复护理、医疗保健、精神慰藉、安全援助等综合性救助、全方位服务方

式转变，基本实现了特困供养人员“安全有人关注、平日有人照应、生病有人看护”，“就餐有营养、休息有质量、活动有人陪、疾病有医治、精神有抚慰”。特困照护机构普遍为老年人提供文娱活动专门场所，组织开展各种文娱活动，为老人举办生日仪式；每逢重大节日集中开展过节活动；有的还为住院治疗的老人发放营养费。特困供养人员的健康水平和人格尊严也有了更好保障。例如，江西省赣州市兴国县田庄上养老中心接收了一位70多岁生活在兴江乡的失能女老年人吴某，这位老人在入住院养老中心之前，因中风瘫痪长期卧床，背部、臂部、腿部多处溃烂；入住后，医生根据她的病情制定治疗方案，护理员每天为她清洗伤口、包扎换药、推着她在庭院散步，很快得到了好转，后来老人又经历了几次病危，在工作人员悉心照料下身体状况逐渐好转。对身患绝症的老年人，该机构医护人员专门制定心理疗养方案，及时为其排遣肉体和精神上的双重折磨。该县埠头乡失能特困老年人钟某，8岁时患小儿麻痹症、风湿性关节炎，手脚严重萎缩，到了田庄上养老中心后，过上了衣食无忧的生活，不仅学会了用智能手机聊“微信”、看新闻，还把象棋下到了养老中心“高手”的水平，每天脸上都挂满了笑容。埠头乡年逾八旬的“独腿老人”杨某，29岁遭遇失能、丧妻、丧女三大不幸，一直过着“与世隔绝”的日子。入住集中照护点后，在工作人员和志愿者的撮合下，积极与另一名孤寡老人结成伴侣，相互扶持、相互鼓励。

总之，农村特困供养服务整体上在转型升级，加快向养老服务现代化迈进。湖北省应城市将其概括为“六变”：硬件设施变好，服务队伍变优，照护质量变高，人文关怀变浓，日常监管变强，老人心态变顺。辽宁省黑山县的体会是区域性中心敬老院的整合建设实现“八个改变”：改变了敬老院的基础设施，改变了供养对象的生活条件，改变了供养对象的医疗条件，改变了单一的服务模式，改变了完全依赖财政的窘境，改变了管理团队的年龄结构，改变了服务质量不高的状况，改变了管理不规范的缺点。[1] 福建省对这种转型升级的描述是：从2019年起实施为期4年的乡镇敬老院转型升级工程，通过改扩建、增加功能、引进专业化服务组织连锁化、品牌化经营的方式，推动乡镇敬老院从供养特困人员的1.0版转型升级为“特困供养+农村机构养老”的2.0版，并且逐步向“特困供养+农村机构养老+农村居家社区照料”的3.0版

---

〔1〕 辽宁黑山县民政局黑山县：《整合建设区域性中心敬老院改善农村特困人员供养条件》，载《社会福利》2019年5期，第24页。

农村区域性养老服务中心转变。

五、农村特困老年人供养的难题和对策

（一）突出难题

农村特困人员供养水平虽然呈转型升级的整体态势，但是，一些长期困扰特困供养工作的难题仍然不同程度地存在，突出表现在以下几方面。

一是特困供养的经费保障仍然存在诸多困难。资金短缺是目前困扰供养机构正常运行的共性问题。首先，有些地方政府的投入没有完全到位。各地特困人员供养的基本生活保障基本都能达标，但是，集中供养特困人员生活标准仍然偏低，医疗费支出遇到一些困难。例如，成都市部分区（县）供养机构（敬老院）的伙食存在荤少素多、搭配不合理、不符合特困人员饮食习惯等问题。[1] 有的地方分散供养对象的医疗费用报销遇到困难。并且，国家政策规定，特困人员的医疗费用可以实现全部报销，但是，有的地方附加了一些条件：需要在（定点）公立医院看病治疗，私立医院不予报销；需要先行自付一部分医疗费用（住院自付比例和门诊费用），然后携带医疗单据交由民政部门全部核销。这就会产生两个问题：第一，限制了分散供养的特困人员选择医疗机构的范围和自由，间接提高了医疗费用的报销开支或特困人员的自身开支。第二，先行垫付医疗费用提高了特困人员享受医疗救助优惠政策的门槛，分散供养的特困人员“有病没钱医”问题凸显。比如，浙江省一个镇上由原五保供养机构改制而来的“公建民营”养老服务中心，遇到了特困老人医药费补助较低问题。该中心通过分级诊疗措施，特困老人整体医疗费用正在逐年降低，2019 年度为 10.8 万元（每人约 2160 元），2020 年度为 9.9 万元（每人约 1900 元），较 2017 年度的 22 万元（每人约 3860 元）、2018 年度的 15.6 万元（每人约 2940 元）有明显下降。但随着物价上涨及在院特困老人年龄增大（60 岁以下 2 人，60－69 岁 12 人，70－79 岁 22 人，80－89 岁 7 人，90 岁以上 1 人），老人失能、失智情况日益严重，医疗费用压力仍比较大，已接近

---

〔1〕 张杰，张浩淼：《完善我国城乡特困人员救助供养制度的思考——基于成都市的调研》，载《长春理工大学学报》（社会科学版）2019 年第 5 期，第 74 页。

《协议》约定的补助上限[1]。其次，特困老人住院陪护补助也较低。公建民营后，特困老人的送医和住院陪护都由分水康瑞养老服务中心来负责，分水镇政府按照每年33200元的标准进行补助。但从实际陪护费用支出看，2020年度，中心特困老人住院总天数达450天，如按目前桐庐县陪护市场价每天150元计算，陪护费约6.75万元。住院期间特困老人和陪护人员的吃饭费用也需中心承担，按杭州市桐庐县第二人民医院餐标，一日三餐的伙食费按最低30元计算，特困老人和陪护人员一年间住院伙食费需约2.7万元。2020年特困老人就诊700人次左右，几乎每次需安排车辆接送，按院外叫车每趟30元的标准，车辆接送费需约2.1万元。2020年，该中心特困老人住院陪护费及因陪护产生的伙食费、车辆接送费等三项共计支出约11.55万元，与镇财政3.32万元的补助相比，缺口较大。最后，有的地方在推进特困供养机构社会化改革的过程中，委托方和营运方在特困供养对象的医疗费相关的支付责任不够清晰。杭州市萧山区出现了特困人员与医疗相关的费用报销责任不清问题。镇街一级负责特困人员属地管理职责，保障特困人员的日常慰问、福利、医疗等相关费用，承担护理特困人员相应的护理员工作经费（按照特困人员1万元/人计算，每三年递增20%）。实际操作过程中，特困老人入院治疗会产生陪护费、餐费等必要支出，由于陪护费、餐费不能从医保报销，个别镇街认为五保供养服务中心已委托区颐乐养老集团运营，特别是已移交所有资产，上述费用不应再由镇街承担，希望由区颐乐养老集团承担或者包干。但随着特困老人年龄增长，住院治疗的量会不断增加，所产生的陪护费和餐费等的数额势必增多，这方面的问题就必须由委托方和营运方共同协商解决。

二是特困供养机构的建设、运行和管理经费不足问题比较普遍。一方面有的地方特困供养资金保障机制不健全，基层政府的资金落实不到位，特别是供养服务机构运转费用不达标。例如，2017年11月22日，简阳市人民政府《关于进一步加强城乡特困人员救助供养工作的通知》，要求乡镇人民政府按照职责做好特困人员救助供养工作，强化资金保障，但该文件并未完全得到贯彻落实。以简阳市某敬老院为例，维持其日常运行的资金来源、员工工资（每

---

[1] 《协议》约定特困老人医疗费在一个年度内合计不超过12万元，由分水镇政府承担，12－20万（含）元部分分水镇政府承担比例为20%，分水康瑞养老服务中心承担80%；20－30万（含）元部分分水镇政府承担比例为30%，分水康瑞养老服务中心承担70%等以此类推。

人每月 1380 元）等均来自于简阳市民政和财政部门拨款。所谓乡镇政府补助，即没有实质性的资金支持。此外，敬老院没有院办经济，也没有市场化运营，敬老院的日常开支，包括水电、食物、燃料等都从供养资金（560 元/人/月）中支出，资金紧缺，属于典型的“体制性资金贫血”。[1] 有的对敬老院改造工程的费用预算不准，实际开支缺口较大。杭州市萧山区在对原有的农村五保供养服务中心（敬老院）进行改造时，执行的是 2018 年版的《老年人照料设施建筑设计标准》，需要对大部分机构加装医用电梯，对门、窗的规格和走廊宽度进行改造，建设无障碍设施，临浦、瓜沥、新街 3 家五保供养服务中心改造和设备购置投入资金达到 2400 万元，原定保留的 10 家五保供养服务中心改造提升的概算资金仅 3000 万元（区发改已立项），还有 7 家未改造。另有 8 家转型的五保供养服务中心需要区颐乐养老集团自筹资金，资金压力非常大。也有一些集中供养机构，因入住率低，经费按人头补贴，导致日常运转经费紧张。

另一方面，民间资本的投入动力和信心略显不足。主要是养老行业投资大、风险高、盈利慢，加之农村地域广、差异大、居住分散、服务成本高，农村老年人消费观念不强、购买能力不高，农村养老服务缺乏成熟稳定的盈利预期和模式；随着食品、消防、安全行业标准越加详细、规范，运营成本不断增加，一些承接委托营运者在初期投资未收回的基础上每年仍要投入大量资金，这些都会影响市场主体参与农村养老服务的积极性。政府的运营补助与实际开支差距较大。浙江省杭州市桐庐县分水康瑞养老服务中心共配备管理人员 5 名，护理员 10 名，兼职人员 4 名（出纳、会计、社工和电工），平均每月工资约 6 万元，每年工资费用支出高达 70 多万元。根据《桐庐县分水镇农村五保供养服务中心“公建民营”合作协议》约定，分水镇政府按照实际在职人员每人 1.66 万元/年的标准（2020 年桐庐县最低工资标准 1.99 万元/年），对中心进行工资补助。2020 年度前三季度共计收到工资补助 17.3 万元（全年预计 23 万元），平均每月 1.92 万元，计入补助人数不足 14 人（实际工作人员 19 人，兼职 4 人）。补助的金额与实际支出的差距过大。类似情况往往会导致有的地方政府难找到投资敬老院改造和运营的伙伴，也有的民营资本运营公办敬老院后因出现困难而终止合同。社会力量承接能力不足。此外，社会力量参与的能力和活力也略显不足，已经实行公建民营的农村特困人员供养机构，其承

---

[1] 张杰、张浩淼：《完善我国城乡特困人员救助供养制度的思考——基于成都市的调研》，载《长春理工大学学报》（社会科学版）2019 年第 32 期，第 73－78 页。

接单位大多为处于初创期的社会组织、小型养老企业和社会热心人士，其投资、管理和服务能力受限。

三是供养服务机构床位供需不匹配。根据2017年11月7日民政部召开的部分省份农村特困人员供养服务机构社会化改革座谈会的数据：当时，全国共有农村特困人员482万人，其中生活不能自理的122.5万人，占总人数的25.4%；在机构集中供养的有115.9万人，其中生活不能自理的32.2万人，也就是说还有90.3万失能或半失能特困人员未进入集中供养。当年，全国2.7万家农村特困人员供养服务机构共有床位249万张，相当于特困人员总数的51.66%，入住特困供养机构的生活不能自理特困人员只占失能或半失能特困人员总数的约26.29%。根据2020年5月26日《中国社会报》记者的数据，截至2019年12月底，全国农村共有特困供养人员439.3万人，其中，集中供养的生活不能自理特困人员107.3万人，占农村特困供养人员总数的约24.44%。根据2020年11月17日民政部召开的全国农村养老服务推进会的数据：当时，全国共有367万农村特困老年人，占城乡特困老年人总数的95%，全国2万多家农村地区养老机构共有养老床位194万多张。这说明，特困老年人的绝大多数在农村，农村地区养老机构的床位已占农村特困老年人总数的约52.86%，超过了《民政事业发展第十三个五年规划》确定的目标要求“到2020年底生活不能自理特困人员集中供养率要达到50%”。但是，分散供养人员的占比仍然普遍高于集中供养人员的占比，不少生活不能自理的老人未能入住特困人员供养机构。此外，农村特困供养机构一床难求和床位长期空置的现象同时存在。这其中有多方面原因，诸如受传统思想影响，一部分特困供养人员不愿意入住机构外的因素，直接原因就是床位的供求明显不匹配，护理型床位偏少。

四是供养服务的配套设施仍然不够健全。根据2016年发表的一份关于内蒙古农村牧区五保供养机构服务调查研究报告，被调查的五保供养服务机构中有近40%的没有配备基本医疗设备，没有文体娱乐设施的占17.74%，只有简单文体设施的占27.42%，调研的13个乡镇五保供养机构中，有8个存在相关配套基础设施不健全的问题，有的缺乏必要的医疗、康复、文体、娱乐器材，有的缺乏床头呼叫和院内监控设备，有的缺乏日常购买粮油、蔬菜和接送老人就医的交通工具等。[1] 2012年山东省的一项调查显示，山东中部AQ有18家

---

〔1〕 苏文、阿娜尔：《内蒙古农村牧区五保供养机构服务调查研究》，载《前沿》2016年第8期，第77－82页。

乡镇敬老院，部分乡镇敬老院居住环境简陋，老人居住的房屋内无独立卫生间，老人夜间如厕困难，也增加了跌倒等意外风险；敬老院内没有配置电热水器或太阳能等，老人洗澡困难；娱乐设施较少，大部分敬老院没有活动室，室内也未配置电视、收音机等。分散供养老人大部分独自居住，突发情况应急措施欠缺，如夜间突发疾病、坠床、跌倒等得不到及时照护与救治，生命安全得不到保障。[1] 经过近几年特困供养机构（敬老院）的大力改造提升，农村特困供养的设施设备普遍有明显改善，但是，部分乡镇敬老院基础设施不完善的问题尚未得到根本解决。一些特困人员供养机构仍然不同程度地存在消防设施不达标、房屋和设施陈旧、建筑结构不合理、文体娱乐器材不够用、基本医疗康复设备缺乏等问题。同时，以失能照护为主的县级养老服务中心尚未全面覆盖，乡镇养老服务设施不完善，村级互助养老服务覆盖率低，已有的机构设施多数陈旧简陋，县乡村统一衔接的三级服务网络尚未普遍建立，农村养老服务体系中设施总体不健全的状况也对特困人员供养服务有明显制约。

五是特困老年人的精神慰藉仍然存在短板。精神需求是指个人为消除负面情绪，以保持乐观、健康和尊严的良好心态而产生的需求，其实质是归属与爱的需求、尊重需求及自我实现需求的集合体。[2] 老年人的精神需求通常包括感情需求、娱乐需求、求知需求、交往需求和价值实现需求等。随着年龄的增长、身体健康状况的下降、基本生活能力的衰退，老年人容易产生一些消极情绪，如失落、孤独、疑虑、焦虑和抑郁等，这是全世界老年人普遍存在的现象。有国外机构调查显示，13.5%的老年人承认自身在养老机构中患有抑郁症或具有抑郁症倾向，而其中只有12%的老年人得到有效治疗。50%—80%的老年人因心理调节障碍或情感问题加重了疾病对机体的不良影响，通过进行情感交流，对老年人心理进行积极干预和精神慰藉，可以提升老年人健康水平。[3] 人们对老年人精神疾病的科学认识不够，专业心理医生提供的心理测试、抑郁症检测等的成本较高，老年人心理问题往往不能被及时发现和有效干预，容易导致不同程度的心理障碍或精神疾病，严重者可能出现自杀或伤人现

---

〔1〕 侯姗姗，侯聪，宋杰，方晓风，曲桂玉：《积极老龄化视域下农村特困老人供养现状调查及对策研究》，载《卫生职业教育》2021年第39期，第133-134页。

〔2〕 陈雄、刘雪婷：《老年人精神需求立法保障研究》，载《南华大学学报》（社会科学版）2019年第20期，第82-89页。

〔3〕 王希晨、吕欣桐、周令、朱莉萍、陈麒：《医养结合视角下养老护理员培训相关研究进展》，载《中国护理管理》2016年第16期，第1380-1384页。

象。从2015年至2017年，广东省共发生因五保老人打架斗殴致死恶性刑事案件3起，死亡6人。我国老年人的精神状态总体上是积极向上的。统计数据显示，中国老年人精神状态比较积极的占比达到69.8%，但是，精神状态消极的老年人为数不少。精神状态积极的农村老年人占比低于同类城市老年人的15%。在无亲友可求助的老年人中，精神消极的占50.2%，而可求助亲友数量高的老年人消极比例仅为27%。在无健在子女的老人中，精神消极的占46.8%，而在有健在子女的老年人中这一比例仅为30%左右。在有配偶的老年人中，精神状态积极的占75.1%，而在无配偶老年人中，这一比例仅为56.6%。[1] 特困老人通常会比社会上其他老年人有更多的精神苦恼，许多特困老人无配偶或丧偶、无子女或无健在的子女，亲情淡泊，社会交往欠缺，文化娱乐单调，情感需求得不到满足，常常产生孤独感、空虚感、压抑感，甚至产生悲观厌世的情绪，有人觉得自己没有后人而不愿修葺房屋，有的认为继续生存下去不过是“混吃等死”。这就需要心理疏导。近年来，敬老院的居住条件和物质生活得到明显改善，但是，精神文化生活仍然难以有效满足老年人的多方面要求，尤其缺乏专业的心理疏导服务。有些分散供养的特困老人担心在敬老院“没有人玩，没有地方玩，管束多”，不愿意入住敬老院。大约10年前，有人对四川省成都市W镇的五保老人做过调查，共走访了72名五保老人，对其中11名五保老人进行了深入访谈，其中，男性9人，女性2人；年龄最大的88岁，最小的63岁，平均年龄79.5岁；除1名分散供养的五保老人和妻子住在一起之外，其他10名五保老人都是单身，其中，有5人终生未娶，有3人曾有子女但子女已经去世；有3人不识字；其旁系亲属主要是自己的兄弟姐妹及其子女，但是，相互交往的频率不高，有的亲属在节日时会来探望，大约一年一两次，有的和兄弟姐妹关系不佳，多年互不来往；有的与村干部关系不好；住在敬老院的老人也时常因为生活琐事或性格不合而产生矛盾纠纷。敬老院内五保老人主要娱乐活动通常是到附近茶楼喝茶或打牌、打麻将，有时久坐会导致腰酸、背疼、腿肿；敬老院有专门的活动室和阅览室，有电视、棋类和报刊杂志，但是，他们的受教育程度较低，读书看报超出了其文化能力，看电视久会头晕，有的老人甚至不愿意和人聊天。除一位当过老师的老

---

[1] 李肖亚，孙金明：《老年人精神需求满足与社会支持的关系机制研究——基于中国老年社会追踪调查（CLASS）的数据》，载《山西大同大学学报》（社会科学版）2020年第34期，第20－24页。

人会下棋，其他老人都不会下棋，多数人也不会唱歌、跳舞，很少有人注意锻炼身体，敬老院的健身器材生锈蒙灰。[1] 这种状况在当今虽然有所好转，但也未从根本上得到改变。在民族偏远地区，这方面问题尤其突出。在贵州省黔东南州从江县一所镇中心敬老院内，老年人来自不同村寨，入院之前基本都不认识，彼此之间缺少感情基础，并且入院之前很多老人长期一个人生活习惯了，入院后，老年人之间缺乏交流、沟通的平台，虽然大家彼此之间基本都面熟，但相互交往的意愿和能力较低，很多老人并不知道对方名字，相互关心、相互帮助的意识较淡薄。该敬老院老人文化水平普遍偏低，很多老人处于文盲和半文盲状态，识字不多，有的老人仍然不会写自己的名字。同时，院内老人都属于苗族，以苗语交流为主，大多数老人无法用汉语表达、沟通，不利于老人与外界互动、联系。[2]

六是特困供养服务的专业人才普遍缺乏。人才缺乏是整个养老行业的痛点，这方面问题在农村特困供养机构（敬老院）尤为凸显。第一，一线养老护理员的数量和能力严重不足。推进“医养结合”、全面提升养老服务质量要求养老护理员必须具有更加专业的护理技术及一定的临床基本知识，掌握关注老年人心理变化、对重症老年人进行临终关怀等方面的技能，社会上一般的养老机构短时间还难以适应这些新要求，特困供养机构的护理员与这些新要求的差距就更大。养老护理人员大多年龄偏大，文化程度偏低，没有接受过老人护理方面的专业教育和培训，缺乏必要的护理专业知识和照护技能，难以满足失智失能老人的日常照护需求，对特困人员的精神慰藉、心理问题更是无能为力。2018 年 5－7 月有人对杭州市 18 家养老机构的 354 名从事养老护理工作者的抽样调查结果显示：从年龄分布来看：41－50 岁的 109 人，51－60 岁的 164 人，其中，60 岁以上的 2 人，50 岁以上的占 46.33%；从文化程度看：大专及以上学历的 29 人，约占 8.2%；中专或高中学历 57 人，约占 16.1%；初中学历 87 人，小学 141 人，文盲 40 人，初中及以下文化程度的占 75.7%；从培训情况看，未参加过培训的占 38.98%。[3] 一些中西部地区的乡镇敬老院的养老

[1] 苗艳梅：《从物质保障到精神保障——农村五保老人精神需求状况分析》，载《社会福利》（理论版）2012 年第 3 期，第 47－51 页。

[2] 田祥、潘续丹、雷欢欢、王家欢：《民族偏远地区集中特困供养老人存在的问题及对策研究》，载《劳动保障世界》2019 年第 27 期，第 31－32 页。

[3] 李莉：《医养结合视角下养老护理员核心能力调查与管理对策》，载《中医药管理杂志》2020 年第 28 期，第 32－34 页。

护理员大多是农村剩余劳动力，未取得相应的护理资质，没有经过专门的培训，通常是经过敬老院管理者口口相传的面授经验就直接上岗。加之，乡镇敬老院工作任务重、社会认可度低，致使护理员流动性大，有的护理员出现抑郁、焦虑等负面情绪，有的地方出现招人难、激励难、留人难的“三难”困境，很多工作人员尤其是护理人员在工作一段时间后会选择离职，更难以吸引有相应资质的养老护理员及老年专业护理毕业生。成都市四区（县）供养机构工作人员负担较重，其中高新区一敬老院工作人员与特困人员数量比高达1∶16。在成都市四区（县）11个特困供养机构中，由附近村（居）民、供养机构老人等非专业人员充当护理人员的情况占64.64%。[1] 第二，有专业资质的其他各类人才尤其匮乏。乡镇敬老院大多无专职医生和护士，周边医疗机构有能力治疗精神类、传染类疾病的医护人员凤毛麟角。社会工作者、康复治疗师、健康管理师、心理咨询师、营养师、体育指导员、财会人员、经营管理人才等严重不足。有一项对毕节市七星关区敬老院体育活动的调查显示，影响老年人举行体育锻炼的要素是多方面的，其中，设备制约占37%，缺少健身引导占45%，健身氛围不足占8%。由于缺少健身引导，参加体育锻炼的老年人都会面临着练什么、如何练问题，老年人希望有专业人士来指导其体育锻炼给予指导。七星关区敬老院的体育指导员数目严重不够，社会体育引导员的学历、引导实力偏低，在各种老年体育活动点中，大多数组织机构、引导者未受过专业的训练，不具备引导社会体育的资质。[2] 安徽省滁州市南谯区的一项调查显示，当地特困人员供养机构的财务人员业务能力较低。2019年，南谯区共有11所公办养老服务中心，分布在全区7个镇办，全区共有特困老人1670人，其中，在院特困老人1000余人，集中供养率超过60%。但是，养老服务中心没有设专门岗位的财务人员，均从餐厨、护理等工作人员中挑选相对文化素质较高的员工，从事财务收支和报账工作，有的镇养老中心财务报账员小学都未毕业，管理账目确实勉为其难，账簿记录不完整、不及时、账实不符的现象时有发生。[3]

---

〔1〕 张杰、张浩淼：《完善我国城乡特困人员救助供养制度的思考——基于成都市的调研》，载《长春理工大学学报》（社会科学版）2019年第32期，第73－78页。

〔2〕 孙言铭、常春芳、李克金：《毕节市七星关区敬老院体育活动的现状与对策研究》，载《内江科技》2018年第39期，第109－110、119页。

〔3〕 项右静：《特困人员供养机构财务管理问题与对策初探——以安徽省滁州市南谯区为例》，载《中国管理信息化》2019年第22期，第18－19页。

（二）对策建议

开启全面建设社会主义现代化国家新征程、向第二个百年奋斗目标迈进，实施乡村振兴战略和积极应对人口老龄化国家战略，推动生活性服务业向高品质和多样化升级以及构建居家社区机构相协调、医养康养相结合的养老服务体系，这些都为破解农村特困救助供养中的诸多难题提供了大好机遇，必须把农村特困供养工作放到国家发展的大局中来思考、谋划和推进。“十四五”时期，必须紧扣国家发展的一系列重大行动来推进，特别是要结合全面推进乡村振兴，实施乡村建设行动，实现巩固拓展脱贫攻坚成果同乡村振兴有效衔接；持续提升公民文明素养，完善公共文化服务体系；健全多层次社会保障体系，构建基层社会治理新格局，全面推进健康中国建设、深入推进医养康养结合，实施积极应对人口老龄化国家战略、推动养老事业和养老产业协同发展和健全基本养老服务体系，提高基本公共服务均等化水平、创新公共服务提供方式、完善公共服务政策保障体系等等，深入总结推广一些地方已有的有效做法和成功经验，着重在以下几方面取得突破。

一是多渠道解决特困人员救助供养工作经费不足问题。适应养老服务高质量发展的新要求，进一步健全救助供养的基本生活标准和照料护理标准自然增长机制，着重增加对特困供养机构设施设备继续改造提升和运行管理现代化的投入。加快补齐历史欠账，主动适应新时代的新要求。国家《“十三五”社会服务兜底工程实施方案》设定的到“十三五”时期末，特困供养机构的护理型床位占总床位数30%。《中华人民共和国国民经济和社会发展第十四个五年规划和2035年远景目标纲要》要求养老机构护理型床位占比提高到55%。有人测算，普通养老床位和养老护理床位配置的投入大约是3∶7；护理型床位提高20个百分点，意味着需要大量增加资金投入；建设医养结合的养老设施，推进特困机构的设施设备的适老化、信息化、智能化改造提升，这些也都需要大幅增加投入。需要按照既积极进取又量力而行的思路，科学测算所需资金的数量；坚持政府尽责和社会参与相结合的方向，总结推广行之有效的多方筹资机制，推广“政府保一块、公益基金助一块、民间资本投一块、社会爱心捐一块”的综合筹资办法。在政府方面，要优化财政支出结构，优先保障特困人员救助供养必须的资金，健全特困供养机构经费保障机制；制定特困人员救助供养的投入责任清单，明确和细化各级政府的支出责任和落实措施，加大中央和省级财政对基层政府提供特困人员救助供养的财力支持，继续将特困人员供养机构的改造提升纳入各级彩票公益金的重点范围、纳入社会服务兜底工程加大支持力度；完善相关的财政、融资和土地等优惠政策，加大政府购买力度；继续落实供电、供水、广电、电信等方面的价格减免或优惠措施。支持街道、乡镇政府统筹整合各类为老服务资金和资源，优先用于特困救助供养工作，加强对财政资金和公共资源的绩效评估。在集结社会资源方面，要探索吸引社会力量参与的有效途径和方法。例如，福州市长乐区对乡镇敬老院实施开业奖励补助，参照民办非营利性养老机构资金补助办法，对已建成并开业的乡镇敬老院由区财政给予开业奖励补助，有效吸引了民营资本的投入，该区古槐镇、湖南镇、漳港街道敬老院和梅花镇、玉田镇敬老院，均由企业家独资建设，采用公办乡镇敬老院和民营老年公寓两块牌子一个机构的模式；建立收住特困人员奖补激励机制，对收住特困人员且特困供养金又达不到协议收费标准的，由区财政给予补差；由区财政全额补助，支持各乡镇敬老院为入住特困人员投养老机构责任保险；对有入住特困人员的乡镇敬老院由区财政给予工作经费补助，调动了实行社会化运营的乡镇敬老院优先满足生活不能自理特困人员入住的积极性。该区还因势利导调动社会捐赠的积极性、加大集体经济的投入，例如，潭头镇敬老院总投资320万元，其中热心公益事业的企业家、华侨以及个人捐资230万元；首占镇敬老院，总投资1000万元，其中所在地村集体投资920万元。鼓励有条件的地方通过建立慈善基金、集体经济投入等办法解决农村敬老院的部分运行经费。福建省晋江市大埔村敬老院占地面积20余亩，建筑面积7000多平方米，由村集体投入1200多万元建成，共有101间房、220张床位，面向全村70岁以上老年人免费开放，以特困供养人员、低保老人等为重点接纳对象，已有130位老年人入住；村委会还筹集660万元设立敬老慈善基金，社会贤达捐资750万元，合计1400余万元，对这笔资金进行资本运作，年利息收入200多万元，作为敬老院日常运营和居家养老服务经费。

二是促进机构、社区和居家养老服务融合发展并向分散供养的特困老人覆盖。第一，鼓励农村区域性养老服务中心等机构为分散供养特困人员提供养老服务。可将此作为其参与等级评定的重要参数，给予相应的政策扶持。2018年7月12日，南通市民政局出台了《关于推进全市养老机构开展居家和社区养老服务的若干意见》，要求农村敬老院在满足兜底保障任务的基础上，结合区域性养老服务中心转型升级，增设日间照料中心职能，延伸服务范围，积极拓展日托照料、社区护理、助餐、助急、培训指导等居家养老服务功能，到2020年全部升级为区域性养老服务中心，居家养老服务要辐射所在镇（街）全部村（居）。同时，提出了政策扶持措施：将养老机构向所在区域辐射居家和社区养老服务的服务规模、服务项目及服务质量等纳入全市养老机构等级评定考核内容，经评定该项为“优秀”的社会化运营养老机构，当年养老机构运营补贴给予倾斜；对于投资兴办社区居家养老服务设施的养老机构，按现行政策享受社区居家养老建设补贴和运营补贴政策。对承接运营街道老年人日间照料中心、社区居家养老服务站的机构给予减免相应房租、水电费用；对上门开展居家养老服务的各类养老机构，符合基本照护保险服务机构准入条件的，按规定纳入照护保险协议管理范围；享受连锁品牌经营补贴，养老机构注册养老服务品牌，连锁运营街道日间照料中心、社区居家养老服务站、社区长者驿家等，按连锁运营数量给予一次性品牌扶助补贴。第二，进一步发挥农村社区居家养老服务照料中心对分散供养特困人员的照料服务功能。浙江省民政厅印发过《浙江省农村社区居家养老服务照料中心规范化建设指导意见》（浙民福〔2013〕246号），其中规定：照料中心的服务对象为居住在本社区需要服务的老年人，重点是高龄、空巢、独居、生活困难的老年人；服务内容包括老年人口信息登记，养老服务需求评估，生活照料，健康保健服务，文体娱乐服务，精神慰藉服务，法律维权服务，志愿服务等；服务形式包括提供集中式的日托照料服务和分散式的上门服务；对农村日间照料中心按省级地方标准《居家养老服务与管理规范》实行星级管理。截至2020年6月底，浙江省已建成城乡社区居家养老服务照料中心2.34万个，基本实现全覆盖；其中，衢州市建成农村居家养老服务照料中心1485个。这些日间照料中心理所当然具有照料特困老人的责任和能力。第三，发挥村（居）助老员对特困供养人员排忧解难的作用。福建省人民政府办公厅印发了《关于加快推进居家社区养老服务十条措施》（闽政办〔2017〕67号）。其中提出，“各县（市、区）政府可通过向社会组织购买服务的方式，在每个社区设置1－2个社区助老员，承担入户登记老年人基本信息和服务需求、提供应急联动服务、协助开展文化娱乐活动及信息化平台服务链接等事务。”2020年漳州市本级共安排就业补助资金820多万元，按当地最低工资标准每月1720元确定村（居）助老员的公益性岗位补贴资金，首批录用了444名村（居）助老员，已全部上岗，其主要职责是负责养老服务设施运行管理，采集本辖区老年人基础信息和服务需求，辅助开展居家社区养老服务，开展留守、空巢、孤寡等特殊困难老人巡访关爱。第四，探索为农村特困老人设立家庭养老床位。总结推广各地把专业照护服务延伸到特困老年人的家中、身边、床边的经验。例如，2017 年9 月8 日，南京市民政局、财政局联合出台了《南京市家庭养老床位试点实施办法（暂行）》。北京市海淀区民政局于2020 年5 月27 日出台了《海淀区家庭照护床位建设实施方案（试行）》，其规定的服务对象中有年满80 周岁及以上的孤寡（无子女、无配偶、无法定监护人）老人，无需进行失能或失智状况评估，享受适老化改造补贴或辅具租赁补贴、服务补贴（每月最高可享受300 元额度的居家养老服务）。徐州市经开区从2020 年6 月起免费为辖区内有户籍的分散供养特困人员等各类困难老年人免费提供尊重传统、契合习惯、降低成本、标准统一的“家庭养老床位”服务。为符合条件的老年人家庭进行必要的适老化和智能化家居改造，例如，安装网络信息服务系统和电子信息服务设备，包括紧急呼叫、语音或视频通话、生命体征监测以及门磁、烟雾、燃气感应报警等设备设施，进行安全扶手、地面防滑等居住环境适老化家居改造；同时，委托养老服务机构将家庭养老床位纳入每天24 小时动态管理和远程监护，实时掌握服务对象情况，并根据需求提供生活照料、个人护理、康复护理、医疗保健、精神慰藉、文化娱乐和定期巡访等六大类服务，做到“三入户”，即适老化改造入户、智能监测设备入户和专业护理服务入户。可以对各地家庭养老和医疗床位建设经验的基础上，制定优先为城乡特困供养对象设立家庭床位的政策措施。第五，发挥近亲属和邻里的作用。河南省周口市对于身体健康、家中有财产、不愿入住居村联养点的特困人员，坚持实行“两自愿”，即亲属自愿、特困人员自愿；对于个别不愿意离开家、无近亲属、但有街坊邻居愿意照顾的特困人员，坚持“双方自愿、政府辅助、村级引导、社会监督”的原则，由村“两委”引导双方签订邻里助养协议。第六，将特困老人纳入长期护理保险。浙江省杭州市桐庐县于2017 年1 月率先在全省启动建立长护保险制度试点工作。参加长护保险人员为全县职工基本医疗保险、城乡居民基本医疗保险的参保人员。2020 筹资标准为90 元/人年，由参保人员、医保基金和政府各承担30 元。低保对象、特困老人等城乡居民医保免缴的参保人员，可免缴长护保险个人承担部分。截至2020 年7 月，全县享受长期护理保险的失能人员共计1891 人，当月发放护理补贴123 万元。其中，养老机构护理人数为294 人，发放护理补贴41 万元。2018 年7 月，义乌市政府出台《义乌市长期护理保险制度实施意见》，规定特困人员、低收入家庭人员、支出型贫困家庭成员等困难群众发生的长期护理保险基金支付范围内的费用由基金 100% 支付。截至 2020 年 8 月，该市长期护理保险定点护理机构 33 家，其中养老服务机构 9 家（养老床位 4855 张，长护床位 1359 张），医疗护理机构 23 家（其中长护病房 150 张、家庭病床 206 张），上门护理服务机构 3 家。享受长护保障已达 5366 人，近 2000 人在享受人性化照护服务后，有尊严的走完了人生最后的历程。2018 年以来，河北省邢台市巨鹿县成立了巨鹿县祈康居家护理公司和巨鹿县荣瑗医养服务有限公司，负责承担长期护理保险上门服务工作。巨鹿县荣瑗医养服务有限公司服务团队有 15 个服务组，2 个巡诊组。服务组每组标配为 4 人，分别由 1 名医生、1 名康复师或护士、2 名护理员组成，进行每日的护理服务；巡诊组配有 1 名医生和 1 名护士，对服务组起到医疗帮扶和监督的作用。符合享受条件的长期失能参保人员，每月服务 5—8 次，服务时间 35—60 分钟，根据失能人员实际情况提供 10 项医疗服务、8 项生活护理服务，服务项目如下：上门巡诊，检测血压、观察生命各项指标；检查血、尿常规、血糖、心电图等基础项目；家庭日常生活健康指导（生活起居）；用药指导，代购药品；胃管、尿管、换药、口腔护理压疮预防和护理、会阴冲洗；中医保健（按摩、康复）；对危急病患者转诊联系急救心理咨询，进行心理干预；对终末期病人进行临终关怀，减轻痛苦，对症处理，维护尊严。助浴、擦浴、洁面、剃须；洗头；理发；洗脚；剪指甲；床单更换整理房间卫生。在进一步扩大长期护理保险试点中，需要对特困老年给予特别关爱，政策上给予适当倾斜。

三是推动老年健康服务体系建设的成果更多地惠及特困老年人。目前，国家正在着力构建包括健康教育、预防保健、疾病诊治、康复护理、长期照护、安宁疗护等综合连续、覆盖城乡的老年健康服务体系。这既是特困老年人的福音，也对特困人员救助供养工作提出了新的更高要求。“十四五”时期，要着重解决以下几方面问题。第一，广泛动员特困人员参加老年人健康促进行动。引导特困供养机构设计和开展适合供养对象特点、需求和接受能力的健康教育和疾病预防活动，普及老年健康科学知识和老年健康相关政策，帮助老年人树立“每个人是自己健康的第一责任人”的理念，促进入住老年人提高其健康素养，自觉养成健康的行为习惯和生活方式。动员分散供养特困老年人参加社区健康教育、健康查体和慢病管理等方面的活动。第二，解决特困人员在看病就医中遇到的实际困难。健全特困人员的定点医院选择、医疗费用报销、医疗救助适时结算等方面的政策制度，建立完善特困人员向医疗机构、医疗保险机构、社会救助部门适时结算医疗费用的信息化平台，既方便特困人员看病就医、减轻负担，又提高医疗资源的使用效益。第三，高度重视特困供养人员的心理健康问题。调查表明，城市老年人心理健康率为 30.3%，农村老年人心理健康率仅为 26.8%。特困老年人的心理健康问题尤为凸显。2019 年 3 月，国家卫生健康委启动了老年人心理关爱项目，要求 2019－2020 年在全国共选取 1600 个城市社区、320 个农村行政村开展项目工作。2019 年和 2020 年分别选取 50% 的项目点。建议在"十四五"期间，将这项工作优先扩展到城乡所有的特困人员供养机构。第四，探索符合特困供养对象特点和需求的医养结合模式。对于集中供养机构，主要是继续探索与基层医疗机构毗邻设置、签约服务、委托代管等医养合作模式；对于分散供养人员，重点是要发挥乡村医生特别是家庭签约医生的便利优势，通过适当的政策激励其更好地服务当地特困老年人；还要推动远程医疗服务向特困人员集中供养机构和农村医养结合机构辐射，探索为分散供养的特困人员建设家庭病床，打通了农村医养结合"最后一公里"。温州市瓯海区丽岙街道社区卫生服务中心探索"互联网＋健康养老"新模式，基本做法是建设医养融合信息化综合平台，将信息化管理系统、数字电视机顶盒、手机 APP、紧急呼叫仪、巡回医疗车等项目联成一体，当有需要时，与家庭医生签约的居民可以通过电视机顶盒、手机 APP、一键通呼叫仪等呼叫设备呼入平台，平台医生接听进行远程健康服务，如需上门服务则进行派单，医生通过移动终端获取服务任务订单，通过线下的医疗"巡回车"提供上门的医护服务，线上线下相结合，方便了居家老人特别是散居特困老年人看病就医。2018 年以来，浙江省嘉善县大云镇卫生院与知名的互联网医院——"好大夫在线"合作，建立远程智慧医疗平台——"云诊室"，连通了全国范围内 20 万知名专家，涵盖北京、上海以及浙江省内各大医院，有效破解了基层医疗机构医疗资源缺乏、医疗水平有限的瓶颈问题，解决了当地居民看病累、看专家难问题，包括特困老年人在内的所有老年人从中受益。这些经验值得深入总结、适时推广。

四是着力补齐特困供养人员精神慰藉的短板。首先，细化相关的规范和标准。就机构而言，需要落实国家标准《养老机构服务质量基本规范》（GB/T 35796—2017）对养老机构的文化娱乐服务、心理/精神支持服务的相关规定：关于文化娱乐服务，服务内容包括但不限于：文化、体育、娱乐、节日及纪念日庆贺活动，服务要求有：每日组织开展1项以上适合老年人生理、心理特点的文化娱乐活动，服务过程中密切关注老年人的身体情况，保障老年人安全地进行活动。关于心理/精神支持服务，服务内容包括但不限于：环境适应、情绪疏导、心理支持、危机干预，服务要求有：帮助入住养老机构的老年人熟悉机构环境，融入集体生活，了解掌握老年人心理和精神状况，发现异常及时与老年人沟通了解，并告知相关第三方。必要时请医护人员、社会工作者等专业人员协助处理或转至医疗机构。定期组织协调志愿者为老年人提供服务，促进老年人与外界社会接触交往倡导老年人参与力所能及的志愿活动。督促相关第三方定期探访老年人，与老年人保持联系。广东省地方标准《农村特困人员供养服务机构运营规范》（DB44/T 2200—2019）就文化休闲娱乐服务作出规定：服务内容包括但不限于书画、棋牌、健身、园艺、手工、观影、文艺表演、节日和特殊纪念等。服务要求包括：每日组织开展1项以上适合服务对象生理、心理特点的文化娱乐活动；服务过程中，应密切关注服务对象的身体健康，保障服务对象安全地进行活动；并对心理/精神支持服务提出要求，服务内容包括但不限于环境适应、情绪疏导、心理咨询、危机干预等；服务要求包括：对新入住的服务对象制定并实施入住适应计划，以帮助服务对象熟悉机构、融入集体生活；每日与服务对象进行十五分钟以上的交流并记录，掌握心理或精神的变化。发现异常，应及时报告。必要时，应由社工或心理咨询师参与进行心理干预并记录效果；制定心理咨询、危机干预、家属或相关第三方定期探访服务对象的工作机制；工作人员应掌握服务对象心理状况并及时采取应对措施；倡导服务对象参与力所能及的公益活动。《〈养老机构等级划分与评定〉国家标准实施指南（试行）》对养老机构（含特困供养机构）开展文化娱乐服务、心理/精神支持服务的内容、要求和分值作出规范。这些规范和标准需要在实施过程中不断细化、完善。其次，组织特色化的文化娱乐体育活动。社会文化指导员、社会体育指导员、在帮助组织特困老人开展文娱体育活动中的独特优势，组织人们喜闻乐见的活动。鼓励社会工作者根据老年人的实际需求、身体状况、兴趣爱好和特长技能制订活动计划并组织开展活动，对于老年人日常生活给予科学指导，使老年人学会科学、适度地安排日常活动。比如：科学合理地看电视、上网，适度进行棋牌活动，科学参与体育锻炼等，形成科学健康的生活方式。例如，福建省三明市宁化县为解决农村老年人精神寂寞问题，组织本土化的老年文化娱乐活动，让老人重拾乐趣，表演敲牌子鼓、拉二胡、吹唢呐等特色活动，传唱红色、客家原生态采茶山歌，开展讲述宗族名人和客家先贤迁徙史的“讲古”活动，传承玉扣纸制作、木活字印刷非物质文化；将老人生日、母亲节、重阳等主题体验与本土文化相融合，组织“我和我的祖国”主题快闪、“感恩母亲节”等主题活动，让老人全程参与活动的策划、准备、开展和成果分享，真正让老人参与其中、乐在其中，让敬老院和幸福院成为快乐大本营。再次，组织专业人员为特困老人开展心理疏导和精神慰藉。落实民政部制定的《老年社会工作服务指南》（行业标准）和《养老机构社会工作服务规范（MZ/T 169—2021）》。推动社会工作者优先为特困老人提供环境适应、休闲娱乐、老年教育、精神慰藉、危机干预、临终关怀等方面的专业化社会工作服务。在休闲娱乐方面，主要是组织开展适合老年人生理、心理特点的文艺、棋牌、手工、健身、参观游览、节日和特殊纪念等活动；为失能、失智老年人提供有助于恢复感知觉的文化乐活动；为卧床老人提供书报、广播、电视、电子设等文化娱乐项目。在老年教育方面，主要是组织开展适合老年人的文化、知识、技能、兴趣等教育活动，发挥老年人的能力，鼓励和支持老年人开展各种学习交流活动；在精神慰藉方面，主要是识别老年人的认知和情绪问题，必要时协调养老机构中的其他专业人士，或者其他机构的专业人士，进行认知和情绪问题的评估或诊断；为有需要的老年人提供心理疏导、情绪疏解、认知调节，帮助老年人减轻抑郁、焦虑、偏执、强迫症状、人际关系等心理问题的困扰。在危机干预方面，主要是识别并评估老年人所面临的危机，包括危机的急性程度、危机来源、可处理危机的资源、以往危机介入的服务记录等。推动开展老年人心理关爱行动。探索用团体心理辅导的方法提高敬老院老年人的自尊感水平、改变老年人的认知方式，改善其人际关系，增加对其社会支持，减轻其孤独感。青岛市城阳区引入一家专业的社会心理服务机构，建立三支阳光心理救助服务专业队伍：心理专家、心理顾问、心理志愿者，采取心理预警、需求服务、压力疏导、危机干预等措施，为特困老年人等提供心理救助服务，建立“物质救助 + 心理救助”的多元综合救助模式。这些措施值得进一步观察、总结。

五是建设更加适合特困老年人生活的宜居环境。关注特困老人对生活环境的具体要求，在推进老年友好型社区、老年友好城市建设中，强化其对特困老人的针对性和实效性。一是优先开展特困老年人需要的适老化改造。一方面，落实特困人员供养服务设施（敬老院）改造提升基础指标，推动在特困人员供养机构的出入口、门厅设置坡道，使平台、台阶、楼梯等设置符合供养对象使用要求，对入住老年人居住区的石坡道、轮椅坡道、公共出入口、扶手、走道、电梯等设施和部位实施无障碍改造，地面做防滑处理。同时，在实施老年人居家适老化改造工程中，注重对特殊困难老年人最急需的居家适老化改造项目通过财政补贴、社会捐赠等方式予以必要支持。将特殊困难老年人家庭居家适老化改造中符合条件的服务事项列入政府购买养老服务指导性目录，科学确定购买服务内容和购买费用，实施全过程预算绩效管理。鼓励和引导公益慈善组织、爱心企业等社会力量开展捐赠，支持特殊困难老年人家庭居家适老化改造。二是推动敬老爱老行动制度化经常化普及化。逐步建立完善养老服务时间银行系列标准。将特困老年人列入政府免费发放志愿服务时间的重点对象，明确其在接受志愿服务时享有的权利和义务以及提供和存储志愿服务的渠道和流程。将特困老年人纳入农村留守老年人探视巡访制度，作为重点关爱对象。三是着力开展特殊困难老年人信息无障碍建设。落实 2020 年 11 月 15 日国务院办公厅印发的《关于切实解决老年人运用智能技术困难的实施方案》，帮助特困老年人解决缺乏智能产品和不会使用智能产品的困难。开展智能产品社会募捐活动，动员全社会为特殊困难老年人捐赠智能产品，减免通讯服务资费。支持特困供养机构组织老年人参加智能技术培训。广泛动员志愿者为老年人提供志愿培训服务。组织动员社区服务人员为分散供养的特困人员开展智能技术培训。

六是帮助特困老年人扩大社会参与和发挥积极作用。特困老年人既是被照顾服务的对象，更是参与社会发展的重要主体。世界卫生组织将积极老龄化定义为："优化健康、参与和保障的过程，提高老年人生活质量。"要帮助特困老年人树立积极的老龄观。促进其克服消极悲观的人生态度，正确看待老年生活。对集中供养的农村特困老年人重点要组织其参加适量的生产劳动，充分利用敬老院附近闲置土地，组织发动有劳动能力的入住老人种植蔬菜、养殖家禽或制作工艺品，在劳动中收获快乐，获取收益。在敬老院布局调整中，一些原有的院办经济用地可能难以利用，必须以创新的办法解决新建或改扩建特困供养机构的种植和养殖用地问题。要采取有效措施调动入住老人参与生产劳动的积极性。还可以组织老年人参与机构外的文艺演出、展览、兴趣交流等活动，组织老年人参与机构内外的各种志愿服务，培育老年志愿服务队伍。南京"银杏树"养老服务有限公司承接重庆市万州区农村敬老院托管运营工作后，在敬老院内开展积分养老，鼓励老年人积极参与院内活动：发动老人为兼职人员参与敬老院的环境卫生、安全保卫等工作；鼓励身体较好的老人报名参加互助养老组，通过培训后参与照护其他失能老人；或者参与“院办经济”发展。浙江省杭州市桐庐县分水康瑞养老服务中心，探索让老人参与中心管理，设置楼层长，寝室长，菜园、餐厅、兴趣管理组长等职业，让老人自我管理、自我教育、自我服务，发挥余热。中心前院开辟“开心农场”，老人们各自认领，种植各类应季瓜果蔬菜，常年感受从田间到餐桌的自然味道，以及享受丰收的喜悦。同时，中心利用当地“中国制笔之乡”的优势，联系周边笔杆厂，因地制宜设置了工作站，安排“串笔”“笔筒制作”等简单的手工活，让老人既锻炼了手，也可增加收入，实现老有所为，从生活和精神上更好地照护老人。对于分散供养的农村特困老年人而言，他们大多有一定数量的承包地，或多或少种植一些庄稼、果蔬等农作物，他们中许多人不选择集中供养，一个重要原因就是想继续通过从事农业劳动获得收入，但其在劳作的过程中也会遇到一些力所不能及的困难，这就要求我们发动志愿者来帮助他们实现老有所为，尤其是帮助其解决春播秋收中的实际困难。从 2018 年起，鞍山市岫岩县，依托社会组织，为特困老年人开展春帮秋扶活动，设立需求热线，将老年人的种地收粮需求和供给服务零距离对接，做到送货上门、耕种到户、收粮在田，将助耕帮收服务送到了田间地头。有效解决留守、独居、失能等老年人种地难、收粮难等问题。要推动“养教结合”，例如，福建省三明市沙县探索学养结合新模式，积极推广乡村乐龄学堂，既丰富精神生活，又促进老年人参与社会。

七是健全适应农村特困供养特点和需要的人才选拔和培养机制。民政部财政部人力资源社会保障部《关于进一步加强特困人员供养服务设施（敬老院）管理有关工作的通知》就逐步打造一支政治素质过硬、照护能力强、富有为民服务情怀的管理服务队伍提出了具体要求：通过选派选拔等方式，将具有坚定的政治信念和党性原则，富有爱心和责任心，熟悉机构管理的人员配备到机构负责人岗位，结合实际需要合理确定工作人员与生活自理供养对象、失能供养对象的配备比例。省级民政部门定期组织对供养服务机构负责人轮训，2022 年前实现全覆盖，之后每三年轮训不少于一次，基本实现供养服务机构负责人队伍专业化、职业化。护理人员应接受基本照护专业科目的岗前培训或在岗培训，每年累计培训时间不少于 48 小时，按照相关规定落实培训补贴，逐步提高通过职业技能水平评价的养老护理员比例。合理确定和落实工作人员薪酬待遇，鼓励通过在绩效工资分配中予以适当倾斜等方式，建立与岗位绩效、职业技能水平挂钩的考核激励机制，提高一线工作人员工资待遇。支持供养服务机构引入社会工作者、心理咨询师等专业人才，鼓励供养服务机构设立志愿服务站点，积极培育养老志愿者队伍。落实这些要求，需要着重解决以下几方面问题。首先，要研究确定农村特困供养的护理员的核心能力要素。主要包括临床护理能力、法律伦理知识、专业理论知识、健康指导能力、紧急事件处理能力、沟通交流能力等，最关键的是高度的职业认同感和敬业精神、奉献精神。要根据核心能力要求，研发适应当地风土人情和护理人员特点、有乡土特色的培训教材。其次，要研究确定特困供养机构必备的人才类别和特长。敬老院除了一线养老护理员，还需要多方面专业人才和经营管理人才。可参照乡村教师生活补助政策和面向乡镇卫生院的基层医生生活补助制度，建立针对乡镇特困供养机构各类人才的生活补助和其他激励政策。再次，要开展有针对性的岗位培训。着重加强职业道德教育，开展失能老年人照护技能培训，利用红十字会等组织的力量开展应急救护知识和技能培训。第四，要充分发掘和利用农村敬老院原有管理者和工作人员的优势和潜力。农村是一个熟人社会。原有敬老院工作人员可能文化程度不高，但是，其精神境界、奉献精神大多很强，他们大多尊敬老人、熟悉特困老年人的经历和特点，特别是一些当过村干部的老党员处事有公心、化解矛盾纠纷有绝招，这是农村敬老院持续发展难得的人才资源，必须将其用好，不可片面强调另起炉灶。例如，重庆市万州区原九池乡敬老院院长、现银杏树九池乡养老服务中心院长周世银是一名老党员，2020 年获评全国“敬老爱老助老模范人物”。南京“银杏树”养老公司接管该区养老机构运营后，仍注重发挥周世银这样的老同志作用，注重原敬老院团队的价值，充分挖掘其熟悉农村社会的优势。该公司发现，维持原有团队的稳定，更有利于化解改制中的各种矛盾。只有在原有团队的基础上，再融入新鲜血液，以人才本土化为方向，培养储备专业的护理、社工人才，才能更好满足老人更多样化的需求。第五，注重在实践中锻炼人才。广泛开展各具特色的争先创优活动，譬如，评比表彰“最佳院长”“最佳炊事员”“最佳护理员”等优秀人才，发挥其“传帮带”的作用。

第八章 “公建民营”养老机构改革研究

20 世纪 90 年代以来，中国人口老龄化趋势显现，老年事业和老龄工作逐渐受到国家和社会的关注。1996 年，我国首次出台了《中华人民共和国老年人权益保障法》（以下简称《老年法》），提出“国家和社会应当采取措施，健全对老年人的社会保障制度，逐步改善保障老年人生活、健康以及参与社会发展的条件，实现老有所养、老有所医、老有所为、老有所学、老有所乐。”《老年法》规定，老年人养老主要依靠家庭，但国家要建立养老保险制度和多种形式的医疗保险制度，以保障老年人的基本生活需要和医疗需要；同时，国家也要积极鼓励、扶持社会力量兴办老年福利设施。2000 年，中共中央、国务院出台了《关于加强老龄工作的决定》，提出要“开创老龄工作新局面”，总体性地对现实情况做出了梳理和判断，初步奠定了我国 21 世纪老龄工作的开展基础。

在人口老龄化趋势和养老需求增长的推动下，我国由开展老龄工作、老年事业的初步想法逐渐发展出了一系列针对老年人的社会保障制度、初步的养老服务业和老年服务市场，并确立了“社会养老服务体系”的建设任务。一方面，受社会主义市场经济体制建立的影响，国家出台的一系列关于老龄工作和老年事业的政策明确地显示出鼓励社会力量、吸引民间资本、发挥市场作用的取向。另一方面，随着社会养老机构的兴办和发展，相比之下，公办养老机构逐渐显示出了职能定位不清，运行机制不健全，发展活力不足，效率不高等问题，亟需改革。因此，在提出建设社会养老服务体系的同时，国家也将公办养老机构放入其中重新定位，并针对一系列问题展开改革。

一、养老机构公建民营的改革措施

（一）中央层面的政策

在 2006 年《关于加快发展养老服务业的意见》中，国家就首次提出了养老服务业要“公建民营”，积极支持以公建民营、民办公助、政府补贴、购买服务等多种方式兴办养老服务业，并鼓励社会资金以独资、合资、合作、联营、参股等方式兴办养老服务业。根据 2011 年出台的《中国老龄事业发展“十二五”规划》提出，公办养老机构应该在社会养老服务体系担任基础性、保障性的角色，其改革应该沿着“转制企业”“公建民营”的方向进行。要求公办养老机构可以通过公开招投标的方式选定专业机构来负责运营管理，运营费用可以通过服务收费、慈善捐赠、政府补贴等多种渠道筹集。此后出台的政策文件基本围绕这一思路展开。

2013 年，《国务院关于加快发展养老服务业的若干意见》指出，政府投资兴办的养老床位应该逐步通过“公建民营”等方式管理运营；同时，该意见进一步说明了所谓“公建民营”就是通过委托管理的方式，使民间资本运营具有公有产权的养老服务设施。随后，民政部发布了《关于开展公办养老机构改革试点工作的通知》，提出要通过运营补贴、购买服务等方式支持公建民营机构的发展，并提出一系列公建民营的开展要求，即“加强监督管理，明晰权责关系，确保国有资产不流失、养老用途不改变、服务水平明显提高”，更注重强调了“公”的方面。2016 年，《国务院办公厅关于全面放开养老服务市场提升养老服务质量的若干意见》指出要加快推进具备向社会提供养老服务的公办养老机构转制成为企业或公建民营，完善公建民营的管理办法；此外，公建民营的范围进一步扩展，政府投资建设和购置的养老设施、新建居民区按规定配建并移交给民政部门的养老设施、国有单位培训疗养机构等改建的养老设施等具备“公有”性质的设施均可以实行公建民营。2017 年发布的《国务院关于印发“十三五”国家老龄事业发展和养老体系建设规划的通知》在已有政策的基础上提出，社区养老服务设施也可以无偿或低偿交由专业化的养老服务团队运营，并且要引入第三方评估，实行社会公示和信息公开等要求。

2016 年，民政部办公厅、发展改革委办公厅联合印发了《关于开展以公建民营为重点的第二批公办养老机构改革试点工作的通知》，决定以公建民营为重点，继续开展第二批公办养老机构改革试点工作。2017 年，民政部对“关于推行敬老院‘公建民营’改善老年人生活质量，提高养老服务水平的建议”的答复中，指出要“加强对公建民营的指导，鼓励社会力量通过独资、合资、合作、联营、参股、租赁等方式，参与公办养老机构改革”。同时也提出了确保国有资产不流失、服务用途不改变、服务水平不降低三条原则，要着力做好政府兜底保障对象的供养服务，推动解决公办、民办养老机构不平等竞争问题，推进养老机构分类管理并加强监管。

2019 年的《国务院办公厅关于推进养老服务发展的意见》则将境外资本也纳入了公建民营的范畴，提出境外资本可以在内地通过公建民营、政府购买服务、政府和社会资本合作等方式参与发展养老服务，同等享受境内资本待遇；该意见指出，要制定公建民营养老机构的管理办法，细化评审和遴选规则，加强监督合同执行情况，要求民间运营方定期向委托部门进行报告机构资产情况和运营情况等；另外，该意见要求要为公建民营营造良好的市场环境和政策环境，消除地方性保护和排斥营利性机构的做法，维护养老服务的统一市场和公平竞争。

总的来说，在国家层面，养老机构的公建民营相关政策主要包括以下几点：从态度上来说，国家鼓励支持且不断加快推进公建民营的发展，公建民营是目前公办养老机构改革的主流方向。从政策范围上来说，公建民营的推进范围不断扩大，从公办养老机构逐渐推广到各类具备一定“公有”性质的养老设施，从境内民间资本逐渐拓展到境外资本。从政策内容上来说，公建民营的相关政策不断丰富、细化，逐渐确定了招标、购买服务、签订合同的委托管理方式；不断完善管理办法，加强政府监管并引入第三方评估和信息公开等措施；逐渐明晰权责，强调公建民营养老机构的公益性质，注重维护国有资产的安全；发挥市场作用，扫清政策障碍。不过，国家层面至今没有出台专门针对公建民营的政策文件，公建民营的相关说法分散在养老服务业、公办养老机构改革等专项政策当中，未能体系化、系统化；相关政策目前仍处于发展完善阶段，国家层面的公建民营政策较为宏观、笼统，仅提供了国家的基本态度和大方向上的指导。因此，我们还要再进一步考察地方的“公建民营”政策。

（二）各地方的政策

地方上，很多省份尚未出台统一的公建民营管理办法，公建民营的具体实施主要落在了市、县一级。以下选取了北京市、上海市、天津市、福建省、江西省、山西省、浙江省共七个出台过公建民营政策的省（市），以简要总结现有的政策基本内容（如表 8 - 1 所示）。

表 8-1 部分省市的养老机构公建民营政策

省/直辖市	政策名称	时间
北京市	北京市公办养老机构收费管理暂行办法	2015.7.22
	北京市养老机构公建民营实施办法	2015.7.22
	关于深化公办养老机构管理体制改革的意见	2015.7.22
福建省	关于加强公建民营养老机构管理的意见	2014.9.9
	福建省推进养老服务发展（2019-2022 年）行动方案	2019.9.30
	福建省养老机构服务收费管理办法	2019.12.30
	福建省民政厅关于加强公建民营养老服务机构监管的指导意见	2020.9.22
江西省	江西省养老服务设施公建民营暂行办法	2018.5.9
山西省	养老机构公建民营试点工作的实施方案	2016.11.23
上海市	本市公办养老机构改革试点工作方案	2017.9.21
	上海市民政局关于本市公建养老服务设施委托社会力量运营的指导意见（试行）	2017.9.21
天津市	关于推进我市公办养老机构公建民营的意见	2014.11.10
浙江省	浙江省民政厅关于推进养老机构公建民营规范化的指导意见	2016.2.25

第一，各地的“公建民营”政策大部分都首先定义了公建民营的内涵。公建民营，即包括“公建”和“民营”两个最基本的构成部分，“公建”指的是政府出资兴建或租赁改造并拥有所有权的养老机构；“民营”指的是具有一定资质的企业、社会组织等社会力量。例如，在《江西省养老服务设施公建民营暂行办法》中，公建民营被定义为“将政府投资兴建或购置并拥有所有权的养老服务设施，通过法定程序委托给具有一定资质的企业或社会组织运营”。其中，北京市、江西省、浙江省等地指出了公建养老机构政府拥有所有权这一基本特征，福建省和上海市则未对所有权加以说明，福建省强调政府要履行职能充分利用市场机制，而上海市仅指出了政府出资改造这一特征。

关于养老机构的性质，各地规定公建民营的养老机构应该坚持公益属性，履行兜底线、保基本的社会功能，优先或重点保障经济困难的孤寡、高龄、失能、失独老人，不能改变养老服务的根本属性。如北京市的相关政策就规定了公建民营的养老机构不能登记为营利性法人，相关运营方应该申办非营利性法人资质。

第二，各地制定的关于养老机构公建民营的社会主体进入和退出的规定。进入规定主要包括进入方式和进入条件。从进入条件来说，各地的要求具有较高的同质性，基本包括以下几点：（1）具备专业资质，拥有专业管理服务团队和养老服务经验；（2）具有一定的经济实力；（3）具有独立的法人资格；（4）具有良好的社会信誉。一些省份如浙江省还强调了在选择运营方时应注重其经营思路和能力。从进入方式来说，社会招标是各地采取的普遍方式，相关规定涉及招标程序、招标方案、招标文件等。确定运营方后，应该采取签订合同的方式确定产权方和运营方的权利和义务，并由相关部门对合同进行备案。其中，北京市、福建省、江西省和山西省都有针对合同签订的详细规定，包括合同内容、合同期限、合同终止条件等。北京市在招标的方式之外，还允许采取品牌机构连锁运营的方式直接选择具有广泛影响力和品牌效应的养老服务企业或社会组织作为运营方，以保证服务质量和效益。山西省则对公建民营运营方式做出了更多的说明，整体租赁、一院两制等方式承包，整体或部分委托管理，联合经营等都可以是达成“公建”与“民营”合作的有效途径。

各地关于社会主体退出的政策中，主要分为正常退出和异常退出。正常退出一般指合同期满，双方合同履行结束，由运营方和政府共同完成移交工作，且运营方需要接受政府相关部门的审计，有关信息也需要向社会公示。异常退出又分为两种，一种是运营方要求终止合同，另一种是所有权方要求解除合同：前者需要双方事前协调，并且运营方需要提前一定的时间提交正式申请（如北京市、上海市规定提前60日，福建省规定提前3个月，江西省规定提前6个月）；根据福建省、江西省、浙江省等省份的规定，后者一般指运营方发生重大运营事故，出现违反合同规定、擅自变更经营范围以及其他违法、违背道德行为的情况时，所有权方和监管方有权要求解除合同，并要求相关部门追究运营方的责任。

第三，在各地的规定中，运营方需要承担的责任和享受的权利。主要包括以下几个方面：（1）保障入住机构老年人的合法权益，保障政府兜底对象的养老需求，保证服务质量和水平。（2）负责养老机构国有资产和设施设备的日常维护和管理，不得通过各种方式利用国有资产进行金融活动获取私利。（3）运营方享有公办养老机构的经营权，独立经营，自负盈亏。（4）公建民营养老机构的服务收费采用分类定价的原则，一般来说，对于政府兜底保障的养老对象采用公办养老机构的方式实施政府定价，或者由运营方和所有权方协商定价，而面向社会老人的养老服务可以采取市场定价。（5）运营方原则上需要向所有权方交纳风险保障金，用以维护更新设备、应对运营风险、保障服务，促进机构可持续发展等。如北京市规定，这笔风险保障金需要在财政部门的指导下专款专用，并进行核算。（6）运营方需要定期向所有权方、民政部门进行工作报告，报告内容包括服务范围、服务质量、运营管理、经营收支、国有资产情况、社会公众评议、工作人员待遇等。另外，福建省的政策还涉及突发事件应急预案、消防安全职责的内容。（7）公建民营的养老机构享受一定的政策优惠和补贴，如税费减免、运营补贴等。

第四，在各地的政策中，都涉及了有关监督管理的内容。主要涉及三个方面的内容：首先，从监督者的角度来说，监督分为自我监督、政府监督和第三方评估；其次，从监督内容来说，监督内容涉及以上所述运营方权责要求的各个方面；最后，从监督方式来说，监督方式分为定期汇报、检查、评估等多种。福建省的公建民营政策对于监督管理形成了较为详尽、完整的制度和说明，因此在这里进行简要介绍。福建省的监督方式形成了四种制度，分别为：（1）年报制度，运营方定期向所有权方和监管方进行汇报，并向民政部门进行年度汇报；（2）检查制度，民政部门会同其他部门到养老机构进行实地检查，并向社会公布检查结果；（3）举报制度，民政部门在养老机构内公开监督举报电话，针对举报问题进行调查、核实和纠正；（4）评估制度，通过第三方机构对运营管理、合同履行、老人满意度等内容进行跟踪调查与评估。对于监督成果，福建省也制定了相应的政策加以应用，包括建立“红黑名单”、强化正向激励、依法惩罚追责等，以增强监督成果的应用和监督的有效性。

综合来看，在地方层面上，公建民营政策仍在建立、发展和不断完善的阶段，尚未形成完整的政策体系和运行管理制度；公建民营政策内容更多地聚焦于社会主体的进出机制，且更加偏重招标、签订合同等各项内容，而日常运营与监管的政策仍有待细化，前者涵盖较多的实施细则，而后者则更多为原则性要求；公建民营的基本工作要求在于保障老年人权益、坚持公益性、维护国有资产以及确保养老用途不改变。

二、养老机构公建民营有关研究梳理

中国进入老龄化社会已经整整二十年，老龄化已经成为了中国社会的常态，因此养老服务体系改革迫在眉睫。养老机构公建民营是中国养老机构改革中的一个重要举措，旨在充分利用社会资源参与养老事业，提高养老资源利用效率，提升养老服务品质。学界关于养老机构公建民营的实证研究大多是围绕组织产权性质、组织运营绩效等技术层面，在此基础上公建民营展现出的技术优势，契合了养老机构改革的政策目标，从而凸显养老机构公建民营的合理性。

如果将公建民营看作是我国政府购买社会服务、提高治理水平的宏观方向在养老领域的延伸，将公建民营所有制结构与其实际社会效益相匹配，是对养老机构公建民营的认识偏差。首先，公建民营产生之前机构养老服务体系中已经存在了公办养老机构、民营养老机构，公建民营的比较优势来源于公办与民营的优势互补，“公建”和“民营”缺一不可；其次，很多地方为实施公建民营，前往加拿大等西方国家进行调研，但是须知西方经验并非可以直接照搬套用，欧美发达国家养老行业经过多年的发展，已经形成营利性养老机构、公办养老机构、民办非营利养老机构并存的局面，而中国迈入老年社会所处的发展阶段、社会保障体系发展状况与此均有较大差异；再次，“公”与“民”在东西方语境中有不同的含义，或者说“公”与“民”的关系有所不同。英语语境下的“公建民营”译为”public and private”，是团体格局下“公共”与“私人”相结合的产物，中国的公私界限则发生较大差异，公建民营如果想真正在广大农村地区落地生根，必须立足于中国实际。这样，西方社会中效率导向、理性主义的养老模式选择，才有可能与我国“建构广覆盖、高质量、可持续的养老服务体系”的“十四五”民生福祉要求相匹配。

杜鹏将我国老龄化社会治理框架划分为老龄化认知、治理体系、治理能力和治理成本四部分，指出当前老龄化社会治理的问题在于认识不清、职责不明、政策模糊、部门协同不足、决策科学化水平有待提高等〔1〕。杨团着重对我国老年人服务政策方向进行了界定，认为我国养老服务的基本政策方向应该是以失能老人长期照护社会服务为核心，正确理解社会福利“民营化”〔2〕，主

〔1〕 杜鹏、王永梅：《改革开放40年我国老龄化的社会治理——成就、问题与现代化路径》，载《北京行政学院学报》2018年第6期，第13－22页。

〔2〕 杨团：《公办民营与民办公助——加速老年人服务机构建设的政策分析》，载《人文杂志》2011年第6期，第124－135页。

张建立以家庭为本、社区服务为基础的长期照护政策[1]。

农村是我国建立养老服务体系过程中的重点和难点。杜鹏将我国城乡老龄化问题现状总结为：人口老龄化城乡倒置，农村人口老龄化水平高于城市；城乡养老服务设施基础差异大；城乡经济基础差异大[2]。此外，杜鹏还通过量化研究，证明了城乡老年人社会养老服务利用的影响因素不同，相较于城市老年人，农村老年人驱动因素有较多的生理属性和较少的经济属性、社会属性。在农村开展工作，如何调动村民自身的力量，避免过于依赖外界，成为政府和社会组织困扰的主要问题[3]。贺雪峰提出应对农村老龄化可以利用农村集体土地制度和熟人社会属性，建立农村互助养老[4]。

闫青春[5]对“公办民营”与“公建民营”进行了区分，可以粗略理解为“公办民营”是养老机构从公营到民营的转变，政府与之脱钩，而“公建民营”则是指政府职能由包办包管转变为出资筹建和效益监督，并据此提出了坚定改革、完善分配、确权确界等自上而下的宏观举措来推进相关工作。这一区分是非常有必要的，部分研究中对于“公办民营”“公建民营”的概念含糊不清、有可能会影响到我们对公建民营的正确认识，主要在于误认为公办民营就等同于公建民营。方浩[6]从产权理论出发，对国外养老机构产权结构、组织运营与照护质量关系进行了研究综述，旨在说明养老机构公建民营的合理性在于降低行业准入门槛、提升服务质量。

王雪辉[7]对养老机构公建民营的运作模式进行了探析，指出公建民营的非营利性、对象为生活困难老人、必须接受监督、应按市场化方式运作等特

---

〔1〕 杨团：《以家庭为本、社区服务为基础的长期照护政策探索》，载《学习与实践》2014 年第 6 期，第 82－91 页。

〔2〕 杜鹏：《中国农村养老服务现状与发展方向》，载《中国社会工作》2018 年第 26 期，第 26－27 页。

〔3〕 杜鹏、王永梅：《中国老年人社会养老服务利用的影响因素》，载《人口研究》2017 年第 3 期，第 26－37 页。

〔4〕 贺雪峰：《如何应对农村老龄化——关于建立农村互助养老的设想》，载《中国农业大学学报》（社会科学版）2019 年第 3 期，第 58－65 页。

〔5〕 闫青春：《养老机构的“公办民营”与“公建民营”》，载《社会福利》2011 年第 1 期，第 13－15 页。

〔6〕 方浩：《国外养老机构产权结构、组织运营与照护质量关系研究述评》，载《学术探索》2020 年第 12 期，第 92－100 页。

〔7〕 王雪辉：《养老机构公建民营运作模式探析》，载《行政管理改革》2016 年第 8 期，第 38－43 页。

点，并将其经营模式划分为委托经营、租赁经营、BOT（民间资本或私人资本参与公共基础设施建设）等模式，且存在问题与其应具备的特点一一对应。这也与王茂福、冯楠[1]关于公办养老机构市场化改革所提出的问题相一致。王、冯还提出了资金问题、专业人才问题、精神支持问题等。董红亚[2]还提出公建民营存在权益保护措施不足、国有资产存在安全隐患的问题。

一些学者对国内为数不多的公建民营养老机构进行了实证研究，提出了一些比较有研究意义的观点。方浩[3]对47个国内养老机构公建民营案例进行了分析，认为我国当前养老机构公建民营具有改革实践时间短、参与社会组织较为多样、民营机构参与方式集中、承包期限灵活、社会组织参与要求高等基本特征，并提出了形式界定难、自身定位不清、政府职能和服务对象混乱等问题。张涵、吴炳义、董惠玲[4]在山东省抽取了37所不同类型的养老机构和1158例老人进行实证研究，结果发现老年人对养老机构提供医疗服务的需求较高，但相应的需求并不能很好的得到满足，提出包括公建民营在内的养老服务机构应该采取“医养融合”的发展模式，满足其医疗服务需求。同样，崔树义、田杨[5]对山东省45家养老机构进行调查，指出公建民营是政府大力推进的新模式，但是出现了闲置资源利用成本高、社会力量接手公建机构拖泥带水、地方政府的走形式等问题。福建省民政厅、福建师范大学联合课题组[6]的研究报告则提供了两则典型个案供我们分析认识。

安超、王杰秀[7]的测算研究案例覆盖较广，共研究了460家北京居住式

---

〔1〕 王茂福、冯楠：《公办养老机构市场化改革对入住老人社会支持的影响》，载《学习与实践》2017年第6期，第107－114页。

〔2〕 董红亚：《养老机构公建民营：发展、问题及规制》，载《中州学刊》2016年第5期，第71－76页。

〔3〕 方浩：《养老机构公建民营：现状、特征及问题》，载《经济与管理研究》2016年第5期，第90－97页。

〔4〕 张涵、吴炳义、董惠玲：《不同类型养老机构老年人医疗服务现状及需求调查》，载《中国全科医学》2015年第15期，第1786－1790页。

〔5〕 崔树义、田杨：《养老机构发展“瓶颈”及其破解——基于山东省45家养老机构的调查》，载《中国人口科学》2017年第2期，第115－125，128页。

〔6〕 福建省民政厅福建师范大学联合课题组、邱玮、吴宏洛、滕容：《公办公营与公建民营养老机构模式研究——永安市老年公寓和社会福利中心运营状况调查》，载《社会福利》（理论版）2012年第1期，第49－54页。

〔7〕 安超、王杰秀：《技术效率视角下的公办养老机构改革——基于北京市居家养老服务设施摸底普查数据》，载《社会保障研究》2020年，第1－12页。

养老机构的技术效率。这一研究发现，公建民营养老机构的技术效率总体上高于公办公营，兜底保障人群提供养老服务并不会降低养老机构的技术效率。这一发现对于公办养老机构改革、公建民营真正成为福利性、兜底性养老服务有重要的现实意义和决策参考价值。

三、典型案例模式

本文选取公建民营案例共计 12 个，涵盖了 10 个省份，既包括东部沿海发达省份，也包括西部甘肃省、四川省、广西壮族自治区等地。从既有案例的一些基本特点来看，各地的公建民营养老机构改革有以下一些共同特点。

第一，各地的公建民营实践都是在原有公办养老机构的基础上进行社会化改革，是政府通过委托、托管、引进等形式，将当地所有养老机构交付给同一第三方专业性机构，实现向社会化经营的转变。

第二，各地原有的公办养老机构或多或少存在服务质量参差不齐、人民群众满意度不高、机构工作人员专业性差、床位空置率较高、机构运营成本高等诸多问题，公建民营改革具有较强的现实针对性。

第三，各地真正需要兜底式养老服务的人群数量只占相对少数，居家养老和社区养老是大部分正常行为能力人的选择。这既是对公建民营养老机构的“兜底式”定位，同时也是各地进行探索时整合当地养老机构为一中心、多分散格局的依据，即将需要最基本的生存保障的失能、半失能老人集中起来，从而采取专门的针对性养老措施。

第四，在各地公建民营的改革探索中，政府并未从养老机构中退场或是弱化其存在感，政府与养老机构的日常经营脱钩之后，将工作的重心转移到了对养老机构的监督管理上。

第五，各地的公建民营也并非只面向兜底式养老群体，养老服务内容多元，实际上与居家养老、社区养老的界限并非十分明确，公建民营改革中呈现公益性和经营性相混合的趋势，公建民营改革的最大挑战之一，即如何处理好公益性和经营性的关系。

同时，各地的公建民营养老机构运作模式还带有鲜明的地方特征，是因地制宜开展公建民营的结果。下面以福建省为例，具体展示地方政府在公建民营改革中的探索实践历程。

福建省位于中国东南沿海地区，省内下辖九个地级市。截至 2019 年底，福建省常住人口为3973万人，户籍人口数为3896.47万，其中60周岁以上户籍老年人652万，占总人口的16.7%。福建省已经处于老龄化社会阶段，养老问题较为突出。2013年，民政部出台了《民政部关于开展公办养老机构改革试点工作的通知》，福建省随后开始着手推进公办养老机构的"公建民营"改革。2014年，福建省出台了《关于加强公建民营养老机构管理的意见》，明确了"公建民营养老机构是指由政府划拨土地，并按照养老机构建设标准出资兴建后，通过公开招标方式，承租给具有一定资质社会力量运营的，为老年人提供集中居住和照料服务的机构"。该意见从准入与退出机制、运营监管、扶持政策这三个方面对开展公建民营的基本原则作出了规定，正式推动了福建省的公办养老机构公建民营的发展。2019年，福建省发布了《福建省推进养老服务发展（2019－2022年）行动方案》，提出要制定公建民营养老服务设施的管理办法，要求公办养老机构社会化运营率要超过70%。2020年，福建省民政厅出台了《关于加强公建民营养老服务机构监管的指导意见》，从各个方面对开展公建民营做出了细致的规定。《指导意见》指出：公建民营是在政府履行公办养老服务机构兜底线、保基本责任的基础上，充分利用市场机制，以合同协议的方式引进社会力量提高机构社会服务水平的运作模式；实行公建民营的养老机构要履行公益职能，坚持养老属性，确保国有资产安全，实行管办分离，提高服务水平。

2018年，福建省发布了《福建省民政厅关于开展全省养老服务设施星级评定工作的通知》，开展相应的星级评定工作。评定对象包括符合条件的养老机构（不含乡镇敬老院）、居家养老服务照料中心（含社区日间照料中心）及农村幸福院，评定标准参照《福建省民政厅关于印发〈福建省养老服务机构等级评定办法（试行）〉的通知》（闽民福〔2014〕455号）《福建省民政厅关于印发〈福建省社区居家养老服务照料中心星级评定暂行办法〉的通知》（闽民福〔2017〕66号）《福建省民政厅关于组织开展农村幸福院星级评定工作的通知》（闽民福〔2017〕103号），其中养老机构分为从二星级到五星级共四个等级，居家养老服务照料中心和农村幸福院则分为从三星级到五星级共三个等级。按照《关于加强公建民营养老服务机构监管的指导意见》的要求，公建民营养老机构的服务水平必须达到三星级以上的标准。2021年，有9家养老机构获评五星级，其中8家属于公建民营的养老机构。

按照公建民营养老机构中纯公益性养老服务所扮演的角色，或者说，公益性和经营性的养老服务在公建民营机构中的位置，大致将公建民营养老机构分为两类。

（一）纯公益性模式

第一类可以称之为纯公益性的公建民营养老机构。它们一般需要通过集中一定行政区域内所有失能、半失能老人进行照护，政府相应会给予政策性补助，并以纯粹公益性服务、非盈利为目的。这是大部分公建民营养老机构的典型特征，也是国家要求公建民营养老机构改革要坚持兜底性、保基本原则的体现。需要指出的是，公建民营养老机构的社会化运营，并不意味着就一定脱离纯公益性的机构性质，或必然转型为具有盈利性功能的机构。社会化运营只是政府从直接的日常运营管理过程中脱离，转化为对纯公益性的公建民营机构的支持和补助。

以山东省潍坊市峡山区为例。潍坊市峡山区位于潍坊市东南部，区内人口23万人，其中农业人口22万人，占总人口的95.6%，属于典型的农业区。全区因高龄、车祸、疾病、残疾等原因导致失能人员约1400余人，其生活不能自理，生存环境处于无助状态，迫切需要政府和社会帮扶救助。针对农村失能老人养老困境问题，峡山区于2017年6月份出台关于深入推进精准扶贫健全完善特殊困难群体帮扶救助体系的意见，通过政府购买服务的方式，为全区失能老人入住养老机构、居家照料服务提供补贴政策支持。选择入住养老机构的特困人员护理费用由政府全部承担；低保户、贫困户中度以上失能老人政府承担费用的80%，个人承担费用的20%；其他中度以上社会失能老人政府承担30%，个人承担费用的70%。选择居家照料服务的老年人，根据不同身份差别和失能等级，由政府提供每月10－60小时不等的免费护理时间。为保障政策实施，峡山区配套出台了《峡山区定点养老照料服务机构管理及考核办法》《峡山区失能人员认定工作实施方案》等规范性文件，通过制度设计形成了服务质量企业自控、督查、第三方评估、考核、奖补五条线并行的养老服务质量闭环管控长效机制。为推动救助政策实施，峡山区通过社会化、市场化运作模式，创新搭建了“1126＋”失能群体救助体系。通过社会化募捐设立“扶老助困”慈善基金1亿元，用于农村失能老人养老救助补贴。整合上级相关政策、资金倾斜农村失能老人养老，资金不足部分由区财政全部承担，彻底解决了政策实施钱从哪里来的问题。通过政府购买服务方式选择2家养老机构和6

家居家养老照料公司为区内失能老人提供优质的机构养老和居家照料服务。对失能老人每季度免费体检一次，由养老服务机构通过购买服务，委托有资质的街道卫生院和社区卫生室具体承担。截至目前，峡山区鉴定失能老人入住养老机构照料 163 人次，开展居家照料护理 1155 人次。

峡山区量身打造了一套适合本区养老特点、突出居家照料服务管理的智慧化管理平台，可实现对服务对象和护理员的实时定位，可掌握服务区域服务工作动态，随时查看追踪护理服务情况。每位护理员都配备有专门的手机，装有峡山智慧养老 APP。护理员通过系统接订单，因为设置有定位功能，只有到达服务对象家中才能打开手机 APP 点击开始计时服务。服务中，护理人员需要拍两张以上的现场服务图片并上传系统。同时，系统会自动生成服务清单，包括开始时间、结束时间、服务时长、服务内容等，作为与护理公司结算依据。失能人员家属的手机上也装有家属版 APP，家属可以通过手机 APP 随时查看家人月度、年度服务的全部清单，并进行满意度测评。平台根据系统满意度测评分数和服务时间自动测算公司服务费用，生成结算清单。入住养老机构服务对象通过养老平台每月两次网上指纹签到，规避了机构吃“空床”、套取补贴资金等问题。通过努力，峡山区基本建立起保障制度为支撑，以专业服务载体，以智慧平台为监管手段的失能老年人照护服务体系，有力提升了服务保障水平，形成了尊老、爱老、敬老、护老、助老的浓厚氛围，促进了社会和谐，提高了群众的获得感和满意度。

（二）公益性 + 经营性模式

第二类是公益性 + 经营性的公建民营养老机构。这一类养老机构仍然以公益性为主，但同时已经具备部分经营性的职能和业务，具有一定盈利性职能。这部分养老机构面向的是有机构养老需要、或者需要机构提供居家养老服务的城乡居民，特别是子女外出打工的空巢老人或孤寡老人。与纯公益性公建民营养老机构运行模式不同的是，这种机构社会化运营后，兼具公益性和经营性特征，并且其所处地区的居民也需要一定的经营性服务，因而可以在保障兜底性公益性养老的同时，提供部分盈利性服务。

对比来看，在纯公益性公建民营机构，社会化的运营机构只负责运营，是不需要投资的，但在日常运营中，仍然需要政府的补助和支持，本质上是一种政府采购服务，即政府退出直接运营环节，引入专业化的运营机构。在“公益性+经营性"模式中，由于有了一定的经营性特征，社会资本投资就有了一定动力，但是情况比较复杂。若经营性份额很少，本质上还是以这部分经营性盈利来弥补纯公益性部分服务运营管理的经费不足，即政府可以通过转让这部分经营性权限，以减少纯公益性部分服务的运营补助。若经营性份额较大，不仅可以大大弥补纯公益性服务的运营经费，社会资本还可以额外盈利，则它就具有更大的投资动力。如福建省三明市沙县、湖北省孝感市应城市的案例模式。

以福建省三明市沙县乡镇敬老院改革为例。长期以来，乡镇敬老院作为农村特困人员供养设施，因投入不足、设施简陋、管理粗放，难以保障农村特困供养人员入住需求，更不用说解决农村困难、失能、留守、高龄等社会老年人照护需求。自2017年以来，福建省从改造消防设施和建筑安全入手加大资金投入，带动社会力量参与，引进专业服务组织，推动乡镇敬老院转型升级，不仅完善特困供养服务设施，而且实现迭代升级，乡镇敬老院从供养特困人员的1.0版，转型升级为"特困供养+农村机构养老"2.0版，并且逐步向"特困供养+农村机构养老+农村居家社区照料"3.0版转变。

沙县现有人口27.2万人，其中60岁以上老年人口4.46万人，占总人口的16.4%，和全国一样步入了老龄化社会。由于各种原因，沙县养老事业的发展落后于整体经济社会的发展，尤其是农村养老更是短板中的短板。沙县在大量青壮年劳动力外出经营沙县小吃的同时，产生大量的留守老人，这些农村空巢老人普遍存在的问题是生活无人照料，缺乏生活质量，缺乏幸福感。同时，原有乡镇敬老院建设标准较低，缺乏专业养老队伍，导致实际运营管理多数不到位，养老服务质量普遍不高，场所利用率也低。

沙县县委、县政府积极探索，寻求解决办法。经过多年努力，通过创新购买养老服务机制，利用社会资本对10所乡镇敬老院进行提升改造，转型升级成区域性的养老服务中心，全面实现高质量社会化运营，逐步破解了农村养老的难题。

其最主要的做法是在公建民营改革中，将乡镇敬老院的公益性职能和向社会老人提供的经营性职能结合起来，实现对乡镇敬老院的盘活。在功能定位上，转型升级为乡镇养老服务中心。乡镇养老服务中心除了满足特困人员的生活供养之外，可以向社会老年人提供灵活多样的养老服务，包括机构养老、日间照料、不定期照料、上门照料等。同时，养老机构还将服务范围和服务内容延伸至农村幸福院和居家老人，承接全县生活不能自理老人的购买服务内容。在运营管理上，全面实现社会化运营。为了改变以前乡镇各自为战、管护水平低的状况，沙县采取全县乡镇敬老院打包委托给有较好经济实力且有较高专业养老运营管理水平的社会养老机构管理运营。经过招标程序最后确定由福建瑞泉集团（邻鹿康护）作为全县乡镇养老服务中心的运营管理机构，由机构负责敬老院消防和适老化改造，免租运营20年。在优惠政策上，确保老人住得起、机构稳得住。一是对生活不能自理的特困人员全部集中供养，由政府统一购买服务。购买服务的标准在特困供养金的基础上每人每年补助运营机构5800元；二是对低保户、建档立卡贫困户入住养老机构的，纳入救助、扶贫范围，每人每年救助6000—12000元，个人承担部分每月不超过500元；三是其他入住的社会老人，每人每年落实2000元的床位补贴；四是每个养老服务中心增设一个公益性岗位，由县财政代付养老服务保险，由乡镇减免水电费。同时，运营机构前三年免收床位费，吸引社会老人入住。全县10所乡镇养老服务中心（敬老院）落实入住216人，入住率从改造前的14%提高到52%，其中夏茂镇敬老院入住率更是达到95%。敬老院入住群体中社会化老人高达45%，全县生活不能自理的特困人员82%实现集中供养。

四、地方实践的主要做法和成效

（一）改革体制，实现专业化运营

在养老机构公建民营探索做法中，最核心的部分是由“公营”向“民营”的改革，通过将经营权交付有能力的企业、社会组织等第三方社会力量来实现养老机构公建民营的专业化运营。

以浙江省丽水市松阳县为例。为了进一步加快推进养老服务业发展，充分发挥养老机构专业运营团队的作用，2017年11月，松阳县民政局根据丽水市统一引进的养老机构公建民营供应商，以竞争性磋商的方式，选定与重庆市渝北区祥昇龙山养老服务有限公司（百龄帮长者养护中心）签订合作协议，委托百龄帮长者养护中心负责投资3745万元、设置床位478张的县养老服务中心和乡镇敬老院的运营工作。这一过程的主要内容有三项：一是在招标方式上采取竞争性磋商方式。在选择公建民营团队上，通过磋商小组与供应商几轮互动的磋商谈判，并综合对供应商已有成功案例的实地考察情况，由磋商小组提出候选建议名单，并由业主方确定成交供应商，有效避免了公开招投标存在的一锤定音、低价中标等现象。二是在团队选择上注重“三有”“三化”。运营团队的选择主要以公建民营项目能否最终实现持续健康运营为核心，在选择运营团队时，要求运营商必须具备有理念、有能力、有实力的“三有”基础，具有品牌化、连锁化、集团化的“三化”发展策略，并具有运营成功案例的专业团队。三是在合作洽谈中突出五大核心要素。在合作洽谈中，明确运营管理期限、机构发展基金、社会公益职能、后续服务质量、激励退出机制等五大公建民营核心要素。例如，设立机构发展基金，合同期内由运营方按一定数额或比例逐年提取留存，用于机构建设发展，基金使用须由运营方提出书面申请，经所有权方书面认可后执行，同时根据绩效评估结果，分阶段签订相应运营合同，强化对运营方服务管理的约束和激励。

（二）改变模式，探索集中化运作

养老机构由“公营”转向“民营”后，原有的经营方式同样需要进行改革，从而实现通过专业化团队“民营”来降低运营成本、提高服务水平、提升服务效率的目标，公建民营是通过养老机构的集中化运作来实现这些目标的。

以湖北省宜昌市兴山县为例。兴山县针对农村乡镇福利院项目建设难、工作人员稳定难、服务管理水平提升难等现状，从2008年就开始探索推行农村乡镇福利院县级直管模式，福利院发展规划、资源配置、资金投入、供养资金及财务管理、业务考核、工作人员聘任与待遇落实及业务培训等均由县民政局直接管理。实行政府直管后，兴山县进一步集中资金资源，完善管理制度，加强队伍建设，不断提升服务管理水平。全县养老机构运营模式上的最大变化是集中统一管理，以实现集中化运作。县级层面成立农村福利机构管理办公室，配备专职工作人员4人，实行财务统管，分院核算，制定农村福利院工作人员聘任聘用管理实施细则、财务管理办法、工作人员年终考核方案等一系列管理规定，对全县农村福利院进行集中统一管理。全县集中供养失能、半失能对象占集中供养对象总数45%以上，农村乡镇福利院护理能力有限、护理照料难度日益加大，针对上述难题，县民政部门经过成本核算，引入宜昌弘仁疗养有限公司，明确在护理费用略低于市场价格前提下，与其达成购买服务合作协议，并于2017年、2018年，在黄粮镇、昭君镇农村福利院内建立兴山县城乡失能特困人员“特护院”、兴山县精神障碍失能特困人员“托养院”，为全县部分失能和精神障碍特困供养对象购买第三方服务。“特护院”“托养院”按1∶3比例配备专职护理人员41人、管理人员2人、医务人员4人、安全员2人、炊事员4人等，为失能特困人员提供康复训练、生活能力训练、心理辅导等专业性护理服务和饮食起居、清洁卫生、生活护理等日常生活服务。民政部门定期对服务质量进行监督和评估，制定考核办法，建立考核机制，对日常服务、康复、医疗辅助等方面进行考核，考核结果与服务费用挂钩。“两院”现有失能特护人员61人、精神障碍人员62人，特困供养对象护理难、管理难问题得到有效化解，享受到的服务也更加专业。

（三）整合资源，提供多元化服务

除经营管理方式改革外，公建民营养老机构的服务内容也结合各地实际情况，通过整合现有资源，进行了养老服务的多元化拓展。改革后的养老机构服务内容明显增多，很多服务内容在改革前都是没有的，这大大增加了老人的幸福感和获得感。

以广西壮族自治区桂林市为例。桂林市以自治区基层老协示范性建设为契机，在1786个村（居）基层老年协会中，筛选出条件相对较好、基层设施完善、群众积极性高、活动开展正常的老年协会，建立了396个示范性基层老年协会。在规模化建设示范性老年协会的基础上，经过调研、筛选，确定了硬件基础较好、服务热情较高的10个村老年协会分别作为前两批政府购买“老年协会养老互助服务”的试点单位。试点单位以老年协会为依托，组织健康、低龄老年人以及其他为老服务志愿者，就近结对帮扶有服务需求的老年人，提供精神慰藉和简单的生活照料等多样化服务，最典型的包括五种服务。

一是提供精神慰藉服务。组织服务人员定期开展“助老巡访”活动，及时了解服务对象的生活情况，提供谈心谈话等精神慰藉服务，重大节假日组织看望慰问被服务人员，提高老年人的晚年生活质量。如，全州县才湾镇白石村委上升塘自然村老年协会，对失能半失能、行动不方便、孤独寂寞的困难老人，安排志愿者至少每周一次上门看望老人，与其聊天谈心等方法进行心理慰藉。同时，还与“空巢”老人的子女建立经常性的联系，提醒他们探望、关心老人的生活、身体状况等。

二是提供结对帮扶服务。充分利用由老年协会、村（居）委干部、党团员、乡村退休人员等组成的志愿者服务队，采取“一对一”“一对二”或“一对三”为老服务方式，与独居、空巢、有特殊 困难的老年人结成对子，为他们提供经常性的便捷周到的“零距离服务”。全州县龙水镇亭子江村老年人协会组织健康、低龄老年为老服务志愿者就近结对帮扶服务，村里有位老年人突发晕倒在地，志愿者党员刚好上门为其服务，为其赢得了抢救时间。

三是提供生活照料服务。为服务对象提供代购、陪诊以及简单生活照料服务。全州县绍水镇三友村委梅塘村老年协会、组织理发员定期上门为高龄、行动不便老人理发。恭城县莲花镇莲花村老年协会组织服务人员为行动不便老人代购生活用品、代交电话费，指定服务人员不定期入户探访，当老人身体不适时及时陪护就医，根据实际需求为服务对象提供烹饪、保洁、购物等服务。

四是提供老年维权服务。组织开展形式多样的老年人法制宣传教育活动，协助村委组织老年人子女与有需求的老年人签订《家庭赡养协议书》，积极调解老年人家庭赡养纠纷，切实维护老年人合法权益。通过组织志愿者与“空巢”老人子女说服教育，及时消除家庭矛盾，有效解决老人的赡养问题。

五是提供文化娱乐服务。为服务对象定期组织开展丰富多彩的老年文化娱乐、学习教育、体育健身等活动，重大节假日集中组织开展老年文艺演出，有效促进了老年人身心健康，丰富了老年人精神文化生活。

（四）创新机制，实现多元化投入

在养老机构公建民营改革中，地方政府创新了投入机制，开创了“公益性+经营性”，医养结合、康养结合等投入模式，有力撬动了社会资本投入养老机构，实现了多元化投入。

以湖北省应城市为例。应城市坚持“公益属性和兜底定位不变”的原则，构建“公办、民建、民营”模式，推动农村福利院转型升级、提质增效。2017 年 10 月，启动了市场化运营试点改革，目前 8 所区域性养老服务中心全部由第三方运营，农村福利院闲置资产得到盘活，管理服务效率明显提高。尤其是，改革后，养老机构实现了多元化的社会投入，具体表现如：

从基础设施投入上看。改革前，一镇一院大多由“知青点”“管理区”及撤并学校改建而成，分布散、基础差、功能弱。改革后，福音公司累计投入 1800 多万元，先期对 6 所福利院改造，扩建场地 10000 平米，改造住房 5300 平米，新增绿地 3200 平方米，添置生活设备设施 1100 套（件）；更新了消防管网、呼叫系统、烟雾系统等安全管理设备设施，消防工作升级到行业最新标准。改造后的福利院面貌焕然一新，从“杂草丛生”变成“花草丛生”，基本实现了硬化、亮化、绿化、美化。

从运营管理投入上看。改革后，实行每月日常督导与每季集中检查相结合，对各院区内部管理、环境面貌、制度执行、责任落实、服务规范等开展监督考核，考核结果与工资挂钩，倒逼管护人员提供热情、专业服务。如福音公司投入100万元开发在线智能管理系统，实行院民入住信息及出院流程、护理质量监控、设备设施运行、安全保障等模块化管理，实时监测、记录服务管理动态，确保各项管护措施和服务规范落细落实。

（五）优化模式，实现连锁化运营

伴随地方公建民营的集中化管理，多元社会资本的进入，地方有能力、有必要、有基础对公建民营养老机构实行连锁化运营，从而统筹本地养老机构统一服务标准，提高服务水平，保障养老机构的合理运转和规模发展。同时连锁化运营也有助于提升农村居民对于养老机构的信任和选择意愿，形成品牌效应，实现良性市场循环。

以福建省为例。2017年以来，福建省从改造消防设施和建筑安全入手加大资金投入，带动社会力量参与，引进专业服务组织，推动乡镇敬老院转型升级。全省在运营模式上的一个共同特征是实现乡镇养老院的连锁化运营管理。全省以县（区）级为单位，将乡镇敬老院统一打包，防止“挑肥拣瘦”，通过公开招投标或磋商性谈判等方式，引入品牌企业连锁运营，形成规模化发展格局，优化人力、物力资源，降低管理成本，提升专业化服务能力。近年来，培育邻鹿、国德、龙人五心等一批养老服务龙头企业。全省720家乡镇敬老院实现公建民营488家，46个县实现连锁化运营，社会化运营率从2016年底的3.38%提升到68%。

（六）建章立制，推动规范化管理

养老机构公建民营的专业化、集中化、多元化、连锁化必须依靠规章制度来保障，保证确保国有资产不流失、服务用途不改变、服务水平不降低三条基本原则不触碰，从而让养老机构公建民营的福利性政策方向不被资本入侵，保障农村居民享受到更高水平的养老服务。

以浙江省丽水市松阳县为例。松阳县民政局以实施全市农村敬老院三年改造转型工作为契机，一方面将全县特困人员统一安排在县养老服务中心集中供养，提升特困人员生活质量；另一方面将原有的乡镇敬老院整合改造用于乡镇级居家养老服务中心或社会化养老院，充分盘活国有养老资源。在具体运营管理中，全县大力推动养老机构建章立制，大力推动规范化管理。原乡镇敬老院院长均由退休干部兼任，存在年龄大、养老专业能力缺乏的问题，限制了乡镇敬老院的发展。通过公建民营的方式，县养老服务中心和乡镇敬老院配备专业人员负责机构运营，解决工作人员服务水平不高的困境，有力提升了养老机构的管理效能。

在建章立制和规范管理方面，建立探访登记和外出请销假制度，建立供养老人管理委员会，选出 6 名特困老人，全程监督、参与敬老院的日常管理；建设“阳光厨房”，通过厨房外的监控，公开厨房内部工作情况；建立医养结合机制，与县中医院合作协议书，并在院内设立医务室，县中医院派一名医生上班时间坐诊，帮助五保老人建立就医档案，并定期开展健康教育、养生保健讲座、健康咨询、义诊等活动。

福建省是推动养老机构规范化管理的典型代表。全省各级民政部门和消防、住建、市场监管等部门单位密切配合，建立定期会商、联合执法机制，持续开展养老院质量建设专项行动，全省符合《养老机构服务质量基本规范》机构数 713 家，占机构总数的 99. 17% 。开展安全隐患大排查大整治，大力整治消防、房屋结构、地质灾害等安全风险隐患；开展餐饮服务“明厨亮灶”创建，加强食品安全管理和服务安全管理。贯彻落实《特困人员供养服务设施（敬老院）建设标准》和《养老机构服务安全基本规范》等国家和省级地方标准。推动 692 家乡镇敬老院落实法人登记，增强机构主体责任。研究出台《加强公建民营养老服务机构监管的指导意见》，对乡镇敬老院承包运营主体履行合同情况进行监管，明确退出机制，对造成严重后果的纳入失信惩戒范围，追究法律责任。

五、“公建民营”养老模式改革面临的问题与政策建议

目前，养老机构公建民营改革虽然取得了一定成效，但仍然存在以下一些明显问题，需要在下一步改革探索中予以完善。

第一，顶层设计滞后，政策法规体系尚未系统健全，改革实践缺乏清晰参照。目前，从全国层次来看，对养老机构公建民营改革，国家只出台了一些指

导性和原则性规范要求，但对公建民营改革的系统顶层设计明显不足，导致地方在展开改革探索时一方面没有系统的操作方案可依，同时也导致各地实践模式千差万别，缺乏一定的统一性。为进一步完善公建民营改革，建议有关部门进一步完善顶层设计，尽快推出全国层次的公建民营实施指导意见。

第二，专业性养老机构的经营管理和服务能力明显不足，专业化水平有待提高。公建民营养老机构改革的主要针对的问题就是公办养老机构专业性运营服务能力不足的问题，希望引入社会机构的这方面优势，以实现管办分离和发挥各自优势。但是，从地方实践来看，无论是养老企业还是社会组织，其专业性经营管理和服务能力都有待提升，专业化水平也不足。建议有关部门对社会性养老机构的专业性经营服务能力展开专项培训，以提升其业务能力。

第三，地方政府与委托运营机构之间的关系尚需进一步厘清，尤其是政府的监督管理责任需要加强。公建民营养老机构改革，不能以改了之，不能简单委托给养老机构就算改革完成，而是需要长期协调处理好委托运营机构与地方政府的关系。尤其是，地方政府对委托运营机构的服务质量需要进一步全面加强监督管理，在这个过程中还需探索第三方评估等多种监管模式。

第四，养老机构的公益性职能需要严格确保，兜底性、保基本的底线必须严格坚守。目前，公办民营养老机构改革，一个重要模式是将公益性和经营性结合起来，一些地方甚至探索了医养结合、康养结合模式。这是一个可以探索的方向，可以通过释放养老机构和设施的部分经营性功能，弥补公益性职能的成本。但是，在这个过程中，也要首先严格保证养老机构的公益性职能，确保兜底性、保基本的底线。下一步，建议对养老机构的公益性职能确保情况进行专项督察，甚至采取一票否决制，给予养老机构进行监督和整改。

第五，公建民营养老机构的公益性、经营性行为之间的边界有待进一步厘清。目前，公建民营养老机构改革的一个趋势是将公益性职能和经营性职能结合起来，以经营性职能的盈利来补助公益性职能的运转，这是一个重要的值得探索的方向。但是，在实践过程中，经常存在公益性、经营性行为之间边界不清的情况，进而经营性行为侵蚀了公益性职能的空间和资源。因此在下一步的改革过程中，要系统界定公益性、经营性职能的实际边界，建议研究制定公益性职能的清单制度。

第九章 农村互助养老模式研究

互助养老与积极老龄化要求相呼应，面对年轻人口外流，中国农村养老的出路在于发展农村互助养老[1]。目前，中央层面也还未出台聚焦互助养老的规范性文件，互助养老政策散落在以往出台的各级养老服务政策中。但在实践中，许多地方都对互助养老进行了探索，并取得了一定成效，积累了一些经验与教训。

一、农村互助养老模式的地方探索

根据互助养老的技术差异，可以将目前在各地区的实践类型分为志愿服务、低偿服务和“时间银行”三种模式，其中志愿服务模式又可以分为“志愿服务＋居家养老”和“志愿服务＋互助幸福院”两种模式。

（一）模式一：志愿服务＋居家养老

志愿服务与居家养老相结合指建立互助养老志愿服务队伍，为独居、空巢老人提供上门、日间照料中心的居家养老服务。目前，多数地区实践采取了该种模式，代表的案例包括辽宁省鞍山市、辽宁省阜新蒙古族自治县、江苏省太仓市等。

第一，解决现实问题：养老服务供需失衡与农村老年人本乡本土观念重。一是由于人口流动的常态化，中国农村年轻劳动力人口向城市转移，传统的乡村结构逐渐瓦解，熟人社会的基础消失，依靠传统家庭成员与自发邻里难以为继老年人的生活需要。如作为富裕型长寿之乡，太仓的老龄化发展一直呈现出增长速度快、高龄化显著的特点，截至2019年底，全市户籍内60周岁以上老

〔1〕贺雪峰：《互助养老：中国农村养老的出路》，载《南京农业大学学报》（社会科学版）2020年第20期，第1－8页。

年人口占比31.09%，其中80周岁以上占老年人口比例达17%，百岁老人179人，人口预期寿命84.27岁。二是农村居住结构较为分散，养老服务难以全覆盖，依靠一个养老机构无法满足全部老年人的养老需要。如北京市密云区山区面积广大，村与村之间距离较远，有的行政村下辖的自然村之间距离达到5公里远，驿站的服务很难辐射这么远的距离，无法实现养老服务全覆盖。三是农村老年人普遍具有居家养老的养老偏好，本土本乡的观念重，迫切需要政府、社会、家庭共同搭建“邻里相帮、银龄相扶”的互助养老模式。

第二，创新运行机制：政府主导的有序化与村民自治的灵活性结合，搭建分级管理网络。采取志愿服务为技术手段的互助养老不代表完全依靠自发性的志愿组织，而是需要依靠政府进行顶层政策设计，由政府主导组建志愿服务团队，使得互助养老的运行机制更加有序。如江苏省太仓市通过政府购买服务方式，依托市、镇、村三级老年协会组织，搭建互助养老“三级运行”管理体系，充分吸纳有能力、有活力的低龄老年人作为“互助小组”管理者、组织者、推广者。北京市密云区民政局统筹指导各镇街民政部门依托属地养老照料中心等组建本镇邻里互助机构，各镇街的邻里互助机构，根据本镇老年人的分布，在本地招募邻里互助员，组建若干邻里互助队，为邻里互助员自家居住地周边的独居老年人提供服务。在组织机制上形成“邻里互助机构－邻里互助队－邻里互助员”三级的组织结构。其次，村民自治为互助养老注入更多灵活性。如辽宁省阜新蒙古族自治县佛寺镇查干哈达村老年人于2008年自发成立了村老年人协会，会长由德高望重的老村支书担任，目前全村218名60周岁以上的老年人全部入会。通过村党支部引领，老年人协会牵头，老年人共同参与，搭建结对帮扶对子，互帮互助解决实际困难。四川省珙县也通过引导和组织村委会、村老协、助老巡访员、老年人“四方”签订《助老巡访爱心合约》进行互助养老服务的权责约束。通过政府主导与村民自治相结合，搭建分级管理网络，使得志愿服务＋居家养老兼顾有序化与灵活性。

第三，丰富供给主体：老年人志愿服务队伍建设与社会力量参与。互助养老首先强调的是老年人作为服务供给的主体进行自我服务与互助服务，与积极老龄化相呼应，老年人志愿服务队伍的建设是实践中丰富供给主体的主要做法。在多数案例中，村党支部或老年协会依据自愿原则进行老年互助服务志愿队伍的组织招募，为独居、空巢老人提供居家养老服务。辽宁省阜新市阜新蒙古族自治县佛寺镇查干哈达村配合市、县民政部门积极开展老年志愿者培训，丰富老年志愿者的志愿服务知识和技能，提升老年人的社会价值。此外，社会力量在互助养老服务中起到关键作用，能够帮助培训老年人志愿者。广州市花都区通过搭建邻里、亲友、社工、志愿者以及企事业单位等社会支持网络，增强多元化服务力量。

第四，优化组织模式：上门、转介、日间照料等多种服务形式结合。居家养老服务通常包括上门服务、转介服务与日间照料等多种形式，较为全面地满足独居、空巢老年人的需要，包括入户健康检查、护理按摩、卫生清理、电话巡防、助浴理发、帮助购买生活用品等。对于有特殊要求的老年人，互助服务队通常采取转介的形式，将需求上报给村设置的养老机构，并进行后期跟踪。如四川省宜兵市珙县组织助老巡防员每周上门巡访和电话巡访分别不少于2次，提供代购、代办、助医等服务，收集老人的养老服务需求，宣传养老服务政策，提示注意遵守安全事项等。实践中也采取了日间照料的形式，满足老年人的日常活动与社交需要。如鞍山市依托农村社区建设，建成了659个具有为老年人提供生活照料、文化娱乐、图书阅览、聊天休息、助餐饭桌、法律咨询等日间照料服务功能的农村养老服务设施，覆盖率达到78.9%。

（二）模式二：志愿服务+互助幸福院（集中供养）

“志愿服务+互助幸福院”模式指在村中心建设集中居住形式的养老院，并由入住老年人相互提供服务。代表的案例包括河北省张家口市康保县、内蒙古自治区乌兰察布市、陕西省渭南市富平县等。

第一，紧密联系脱贫攻坚与全面建成小康社会的时代背景。传统的家庭赡养由于居住分散，导致社会救助成本高，公益配套建设难。公办敬老院入住人员为特困、优抚等重点保障对象，覆盖面较窄。为了解决鳏寡孤独和有生活能力、无生产能力的贫困老年人养老问题，实践中各地将农村养老事业与扶贫紧密联系，结合农村面貌改造提升、土地流转、农村危房改造、易地扶贫搬迁等工作。如河北省张家口市康保县以农村面貌改造提升、易地扶贫搬迁等重大行动为契机，在中心村或易地扶贫搬迁集中安置区建设新型农村互助幸福院，从物质保障和精神慰藉两个层面满足农村老年人养老需求，有效解决了农村空巢老年人“老有所居、老有所养、老有所医”的问题。陕西省富平县结合移民搬迁安置社区，设立“中心幸福院”，更好地服务于搬迁社区以及周边老年人。

第二，财政支持，村委会负责，村民自治。在幸福院建设与管理运营方面方面，通常资金来源于上级政府对村委会的支持、村集体经济、村民的自愿捐赠等。具体由村委会服务老年人日常服务的管理，并鼓励老年人进行自我管理，由院民民主选举产生院长，负责幸福院的日常管理工作。互助幸福院属于集体财产，由村委会统一管理，统一服务，老年人无偿居住，但其子女无继承权。实现了自治、自愿、自保、互助的生活方式。如内蒙古自治区乌兰察布市不断加强互助幸福院的管理工作，市级与旗县级将互助幸福院管理资金列入财政预算，按每户每年拨付幸福院管理服务经费500元，其中市财政配套200元，旗县财政配套300元，用于幸福院办公经费、管理服务人员劳动报酬和垃圾清运等费用。陕西省富平县的村互助幸福院按照以收定支的原则适当收取老人的餐费，按每天两餐2－5元的标准交纳伙食费，或由老人自带米、面、油等日常生活用品。管理和服务人员由村上成立的老年协会负责。同时采取村组补助、社会捐助等形式解决运营费用不足的问题。对示范性幸福院，县民政局采取以奖代补的政策给予资金支持，每个示范性农村互助幸福院每年给予2万元的运营经费补助，按季度拨付。

第三，充分利用农村现有资源，整合各方力量。互助幸福院的建设充分利用了农村现有资源，将民政、财政、发改等部门的支持资金资金整合起来，坚持与新民居、标准化卫生室、老年服务站、村民活动中心、农村警务室建设相结合。通过整合各方力量，采取整合项目、统筹资金、盘活集体闲置资产和公共资源共享等方式，由民政、住建、财政等部门负责主体建设，农业、水利、林业、交通、文广、卫生等部门负责基础配套建设，民政部门负责服务指导，村委会负责日常管理。如陕西省渭南市富平县按照“村级主办、互助养老、群众参与、政府支持”的原则，积极整合利用闲置校舍、村委会闲置房屋和村集体空闲庭院等现有资源，因地制宜，统筹实施，维修改建，推进农村幸福院建设。

第四，采取集中居住、分户生活、自我保障、互助服务的运行模式。与上门服务不同，互助幸福院模式将具有生活自理能力的贫困独居老人集中供养，分户生活形式上与普通敬老院相似，但互助幸福院内不设置专门的养老护理员，院内所需的人力与物质资源均来自于入住的老年人提供，因此，在服务形式上符合互助养老模式。但由于入住老年人通常是贫困户，因此享受社会保障是确保幸福院老人基本生活的重要措施。内蒙古自治区乌兰察布市农村牧区互助幸福院对入住老人符合条件的纳入最低生活保障，使入住老人既享受了公共资源提供的住房，也在生活上有了基本保障，市民政局积极督促各旗县民政部门及时足额为幸福院老人发放低保、五保、现金直补、高龄津贴等各类社会救助生活补贴，各乡镇对领取各类生活补贴仍生活困难的，还利用红十字会、扶贫等资金给予救助，入住老人还享有新农保、新农合和涉农补贴等政府补贴，加上子女的赡养补助，大部分老人生活得到了有效保障，基本实现了互助养老幸福院社会救助、社会保障全覆盖。

（三）模式三：低偿服务型

低偿服务型指低龄老年人提供服务可以获得较低水平的经济补偿，从而形成基于利益和责任的对高龄老年人进行的生活照料。低龄老年人的补偿水平比较低，原因是这些低龄老年人往往有大量闲暇时间，且照料相互熟悉的高龄老年人能获得意义感。代表案例有吉林省松原市、黑龙江省齐齐哈尔市泰来县、贵州省铜仁市及其江口县（见代表案例）。

第一，权利与义务相结合，实现低龄与高龄老人互助。低偿互助服务是服务需求者向提供服务的低龄健康老年人支付一定报酬，因此服务供需间的权利与义务更加明确。待提供服务的低龄老人需要服务时再向届时的低龄健康老人购买服务，如此，每一代的高龄失能老人都向低龄健康老人购买服务，互助机制发生在不同年龄段老人的更替中。如黑龙江省齐齐哈尔市泰来县明确服务酬劳，所有服务队员和重点服务对象按照确定好的服务内容签订服务协议，开展结对互助。互助服务队员每月工资标准为 300 元，另外，给予服务队队长补助每月 100 元，并全员办理人身意外伤害保险。目前累计发放队员工资 457 万元，309 人依托服务队实现脱贫。

第二，政府补助与个人缴费，低偿与志愿服务有机结合。对于采用互助幸福院集中供养形式的互助机制，资金来源与政府补助、社会捐赠与个人缴费等。如贵州省江口县整合资金设立专项资金，每年补贴每个幸福院 2 万元，乡镇提供维护经费保障，支付工资和生活补助。对入住对象的特困金、低保金、社会资助等经费，制定调节机制，确保入住老人月生活水平在 350 元以上。对没有生活自理能力，因法定赡养人外出务工无法赡养。采取“赡养人交纳 + 财政补助”的方式，由法定赡养人按每人每月交纳 300 元基本生活保障费 + 部分护理费，县乡两级财政补助部分生活费用，切实解决了老人生活费用问题。同时，引导社会捐助，借助村级产业发展、村级集体经济入股分红、土地流转资金，多元化拓展资金来源渠道。县关工委、团县委等单位也利用幸福院平台，青年志愿者、中小学生深入幸福院，帮助集中供养人员打扫卫生、整理床铺等尊老志愿活动。实现了低偿购买服务与志愿服务的有机结合。

第三，与积极老龄化相呼应，实现老年人再就业、互助可持续与脱贫的有机结合。实践中互助幸福院通常为集中居住的老年人设置了若干公益性岗位，不仅实帮助有劳动能力的老年人实现再就业，也为老年人带来了经济收益，贫困老年人有能力购买互助服务，既促进互助服务的可持续发展，也帮助老年人脱贫。如铜仁市江口县闵孝镇的鱼良溪村，村支两委兴办了名为“黔馨家园”的村级经济实体，村里对幸福院的老年人统一安排食宿和活动，根据入住老年人的劳动能力和特长技能，分别安排他（她）们从事养猪、理发、看鱼池、守葡萄园、值守办公室及打扫卫生等工作，并安排有能力的老年人对失能老年人进行照顾，每月视每个人的劳动量，给老年人发放 800 - 1800 元不等的工资。老人们不仅吃住不愁，而且一年下来还能挣 1 万多元。这种方式不仅能让老年人发挥余热，更重要的是，老年人生活得更有尊严，也为农村互助幸福院持续发展提供了不息的内生动力。

（四）模式四：“时间银行”型

“时间银行”模式指由低龄老年人为高龄老年人提供服务，将服务时间视为未来自己享受服务的凭据，由此，服务时间被等同于金钱，可用于养老服务的购买活动，互助机制同样发生于低龄与高龄老人之间。代表案例有黑龙江省哈尔滨市、江苏省南京市江宁区、江西省南昌市、浙江省温州市。

第一，互助机制依据个人时间账户，权利与义务明确。时间银行模式通过严格的劳动时间记录，及复杂劳动与简单劳动的核算，采取劳动成果代际接力的方式开展互助养老服务，时间储蓄账户相当于一种可以在未来获得服务的依据，提供的服务权益与未来能够获得的服务权益相匹配，权利与义务的关系具有明确的规定。位于哈尔滨市城乡结合部的高潮村“时间银行”模式采取积分制，积分的累计、兑换，都由互助养老协会民主选举的工作组来完成，并随时公示，积分可以兑换物资、互助养老优先服务，还作为表彰的重要依据。浙江省温州市洞头区探索推行时间银行制度，针对在老年爱心食堂参与志愿活动的人员，建立服务交换机制，提高志愿服务积极性，减轻老年爱心食堂运营负担。

第二，政府、社会组织多方参与，民主制定规则。对于“时间银行”的记录办法与兑换服务规则通常由村民加入的自治组织进行制定，通过政府购买服务的方式，专业的社会组织进行技术指导，形成政府、专业社工组织、村民自治组织共同参与的管理运行机制。新型冠状病毒肺炎疫情发生后，黑龙江省希望社会工作服务中心和平盛街道高潮村王家屯互助养老志愿服务“时间银行”工作小组成员通过电话、短信方式，反复讨论，召开线上会议，修改完善了互助养老志愿服务“时间银行”积分内容，在原有7大类44项服务的基础上，加入6项内容助力疫情防控，对加入“时间银行”的村民的正能量行为奖励相应积分。

第三，互助养老与智慧养老有机结合，实现信息化管理。“时间银行”模式需要有完备的时间换算机制，依托信息化智能管理，老年人的权利与义务能够一一对应。此外，智慧养老不仅在技术管理手段上实现了与互助养老的有机结合，也促进了服务的质量提升。大数据、移动互联网等技术的兴起，为养老服务水平的提高创造了条件。南京市江宁区谷里街道在“软服务”上下功夫，利用信息化技术为老年人提供更好服务。依托区级“小江家护”养老信息化平台，建设“小江家护”谷里街道分中心，通过购买专业化评估服务，通过大数据信息化技术，对“小江家护”进行实时监管，促进养老服务质量不断提升。

（五）模式比较

1. 共性比较

第一，互助机制以高度的社会信任与道德为基础。互助养老与其他养老模式的本质区别是互助养老服务的供需双方都是养老服务的需求者或潜在需求者，以自愿参与为基础，因此，互助机制需要志愿者具有高度的道德与信任水平。采取志愿服务本身就是一项以社会信任与道德为基础的技术手段，而低偿服务虽然以经济交换服务为基础，但通常服务的价格低于市场所提供的其他养老服务，因此，也需要参与者具有较高的责任与道德。“时间银行”模式对环境信任的要求更高，因为以现在的服务换取未来的服务本来就是一种不确定的交换过程，存在着换取风险，“时间账户”本质上是靠信任来兑现。因此，无论是志愿服务、低偿服务还是“时间银行”，都需要高度的社会信任与道德为基础，是一种更加理想化的养老模式。在案例中，互助养老模式的建立普遍以村为单位，在村中心或镇中心设立互助幸福院，同村的村民彼此间熟悉，老年人也易于接受邻里互助员的上门服务。如北京市密云区的邻里互助方式符合“熟人社会”的生活环境，老年人更容易接受。老年人对待邻里互助员上门服务，像对待邻居串门一样，接受度较高。特别是在疫情期间，养老机构、驿站、各村、社区实行封闭式管理，邻里互助队所具有的“本村人、距离近、情感亲、易沟通”优势得到了充分发挥，对于疫情期间保证独居和其他困境老年人的防疫管理和生活照料起到了重要作用。

第二，有序运行需要政府引导、社会参与、村民自治有机结合。虽然互助养老以自愿参与为基础，但也需要政府进行引导与监督，为互助养老的运行提供资金，通过购买服务，发挥主体引导作用。社会参与能够为互助养老提供活力，帮助培训老年人互助服务队伍，提供技术支持等。互助养老也离不开村民自治，通常互助队伍由老年协会、村党支部等进行组织，互助幸福院内的生活管理也由村民自我负责。因此，互助养老的有序运行离不开政府引导、社会参与和村民自治的有机结合。如黑龙江省大兴安岭地区呼玛县探索“幸福大院”养老模式，建立院、村、镇（乡）、县 4 级网格责任制。幸福大院成立了院民自治委员会，实行民主自治管理。村和镇级层面建立领导小组，负责大院的具体管理和服务。县级由消防、供电、住建、食药监等 8 个部门组建幸福大院巡护服务队，定期排查隐患、巡护整改、服务上门，确保大院安全运行。湖南省韶山市在探索农村养老邻里互助模式中，市民政局统一采购和安排部署站点的桌椅和书籍等活动器具，同时在建设过程中，注重整合资源，邀请了湖南“都好”养老集团、湘潭“荆鹏”养老服务有限公司等社会专业团队的专家全程参与，为站点进行形象设计、氛围布置及对站和点相关工作人员、志愿者的培训，以提高硬件设施的合理率及软件设施服务的专业化。

第三，以积极老龄化为社会背景，有效解决服务供需不平衡问题，促进老年人社会参与。互助养老与积极老龄化相呼应，不仅能够解决养老服务护理人员短缺，缓解子女照顾老人压力，而且也促进了老年人的社会参与，让老年人在实现社会价值的同时享受到了服务，也为老年人带来了经济收益，实现了互助养老的可持续运转。贵州省铜仁市探索“以劳促养”打造“授渔型”幸福院。互助幸福院会按照入住老年人的身体情况，合理安排老年人从事力所能及的劳动，让老年人的社会价值得到认可，也让老年人过得更加充实。黑龙江省呼玛县将每栋“幸福大院”规划出菜园种植区和家禽养殖区，鼓励身体健康、有劳动能力的老年人从事种植、养殖等力所能及的轻体力劳动，基本满足院民日常生活所需农副产品，提高互助养老大院的“造血”功能。

2. 差异比较

第一，在运行模式方面：志愿服务模式通过建立老年人志愿互助队伍，无偿提供居家养老服务，或通过相互服务行为建立互助关系，运行依靠老年人的自发行为以及社会的有序化组织。低偿服务模式以较低的价格购买服务，通过政府购买、社会力量参与实现有序化运行。时间银行模式以服务购买服务的方式实现不同代老年人之间的互助，运行依靠社会的有序化组织。

第二，在权利与义务方面：志愿服务模式存在两种权利与义务的对应关系，第一种是单向的服务行为，不以获得服务作为回报；第二种是双向的服务行为，提供服务的同时拥有获得服务的权利。低偿服务中提供服务与获得收益对应，与市场提供的养老服务的权利与义务关系相似。时间银行模式中的权利和义务的关系与志愿服务中的双向服务行为一致，但时间银行模式权利与义务的履行并非发生在同时段，且履行具有严格的规则约束，而志愿服务中的双向服务通常发生在相同时段，履行依靠双方的自发行为。

第三，在参与动力方面：志愿服务模式的参与者主要通过提供服务获得友谊、集体归属感、荣誉、自我成就，以及获得服务回报。低偿服务的参与动力主要在于经济收益、就业机会与荣誉等。时间银行模式的参与动力包括获得服务、荣誉、自我成就等。

第四，在机制基础方面：虽然不同的互助养老模式均需要以高水平的社会信任与道德为基础，但不同模式间也存在略微差异（如表9－1所示），与低偿服务、时间银行相比，志愿服务更加依赖于志愿者的社会道德水平，且通常发生在熟人社会中，低偿服务、时间银行更加依赖于既定的规则，如购买服务的价格约束、提供服务的时间记录规则等。

表9－1　互助养老不同模式差异比较

不同模式	志愿服务＋居家养老	志愿服务＋互助幸福院	低偿服务	时间银行
运行模式	互助小组自愿上门服务	集中居住＋自愿互助服务	金钱购买服务（经济补偿）	服务购买服务（时间储蓄）
权利与义务	提供服务与自我成就	提供服务与获得服务	提供服务与获得收益	提供服务与获得服务

续表

不同模式	志愿服务 + 居家养老	志愿服务 + 互助幸福院	低偿服务	时间银行
参与动力	友谊、荣誉、自我成就	友谊、集体归属感、获得服务	经济收益、就业、荣誉	获得服务、荣誉、自我成就
机制基础	社会信任与道德	社会信任与道德、熟人社会	交易规则	社会信任与道德、交易规则

3. 优缺点比较

第一，从互助养老模式的本质看：志愿服务与互助幸福院相结合的集中居住模式具有更高的互助程度，更加符合互助的属性，虽然时间银行的互助行为是一种代际交替模式，但互助程度较高。而单向的志愿服务行为中，低龄健康的老年志愿者虽然提供了服务，但未来其所能享受的服务是不确定的，因此，互助程度较低。低偿服务主要依赖于提供服务所获得的经济补偿，接近于机构养老，互助程度最低。

第二，从利他属性方面看：志愿服务的单项服务模式的利他程度最高，虽然志愿服务与互助幸福院相结合的集中居住模式中互助服务供需双方既提供服务，也享受服务，但由于服务依靠自发行为，且不强调提供服务与获得服务的严格对等，因此，利他属性较高。时间银行模式虽然以服务换取服务，但提供服务的动力依赖于未来能够获得服务的保证，因此，利他属性较低，存在一定利己主义色彩。低偿服务中存在经济交易，服务提供者出于经济收益目的而提供服务，利他属性最低。

第三，从实践可行性角度看：志愿服务要求志愿者必须有很高的道德水平、信任水平，短暂的志愿行为容易实现，但没有激励机制与明确的权利与义务对应关系，志愿服务模式难以长期持续运行。时间银行模式同样要求具有很高的社会信任水平，因为以现在提供服务换取未来获得服务具有较大不确定性，仍依靠社会信任获取，且面临社会成员的高流动性等实施困难。低偿服务通过交易规则约束互助服务双方的权利与义务，因此在实践中的可行性较高。（如表 9 – 2 所示）

表 9－2　互助养老不同模式比较

不同模式	志愿服务＋居家养老	志愿服务＋互助幸福院	低偿服务	时间银行
互助程度	较低	高	低	高
利他属性	高	较高	低	较低
可行性	低	较低	高	低

二、地方实践的成效

（一）实践成就

第一，农村地区养老服务可及性提高，补齐农村养老服务短板，实现老有所依。长期以来，农村年轻劳动力流向城市，农村留守、空巢老人的养老服务难以满足，互助养老在农村地区的探索与实践有效解决了农村老年人的养老问题，满足了农村老年人的养老需要，补齐了农村养老服务的短板，助力老有所依的实现。如江苏省太仓市集中打造了“银龄伙伴”志愿互助服务品牌矩阵，较好缓解了农村老年人“离家不离村”和基层养老供需紧缺矛盾。上海市奉贤区作为上海远郊区，老龄化程度严重且农村老年人占比非常高，但养老机构、社区日托等养老资源难以覆盖农村偏远地区，使得农村老年人在生活照料、精神慰藉等方面的诸多需求难以满足。为此，奉贤区将宅基地盘活与农村公共服务建设融合，探索宅基睦邻点建设，打造“四堂间”农村互助式养老模式，满足城市远郊地区农村老年人“原居地”养老的需要。截至 2020 年，奉贤区已累计创建“四堂间”422 家，服务老年人 9000 余人。

第二，落实健康老龄化的精神要求，帮助老年人自助，促进身心健康。健康老龄化要求老年人拥有高质量的晚年生活，通过互助养老模式鼓励老年人自助，有利于能够自理的老年人保持身体健康，并使老年人保持一个积极乐观的心态。如内蒙古自治区乌兰察布市已建成农村牧区互助幸福院 458 处 43046 户，惠及了农村牧区 8 万多名老年人，有效解决农村牧区孤寡留守老人、空巢老人、因伤因病丧失劳动能力老人和 60 岁以上贫困老人的集中养老问题，农村牧区互助幸福院采取“互助服务”形式，即不设专职服务人员，由互助幸福院协调安排老人们结对互助，彼此帮忙，共享晚年，实现了老年人的自助与互助结合，维护了老年人了自理能力。

第三，落实积极老龄化的精神要求，促进老年人再就业，实现老有所为。

积极老龄化要求老年人的积极社会参与，互助养老为低龄健康老年人设置了公益性岗位，促进老年人再就业，帮助老年人实现自身的价值，老年人在提供互助养老服务中获得自我成就感。贵州省铜仁市江口县已打造省级幸福院6个，增设养老服务床位927张。对能生活自理的老人，鼓励参与村级卫生清扫、合作社产业发展，按劳所得的工资用于缴纳入住幸福院的生活费，完全实现自行承担养老费用。截至目前，解决公益性岗位63个，覆盖56名幸福院老人。其次，为满足部分老年人闲不住、想干活的劳动愿望，村支两委按需流转土地免费提供给敬老院和幸福院使用，让有劳动能力的老人种植农作物，并将种植的农作物按市场价折算销售到敬老院或幸福院，补贴了生活开支，锻炼了老年人身体，实现了老有所为。

第四，助力农村地区脱贫攻坚，提高农村老年人的生活水平。实践中农村互助幸福院的建设通常是以乡村振兴、农村地区的脱贫攻坚为背景，结合农村危房改造、易地扶贫搬迁等工作，改造老旧房屋为互助幸福院。河北省张家口市康保县地处河北省最北部坝上地区，是国家级重点扶贫开发县，2013年，康保县围绕乡村振兴战略和脱贫攻坚战，结合农村面貌改造提升、土地流转、农村危房改造、易地扶贫搬迁等工作，在范家营村试点建设了全县第一家新型农村互助幸福院，吸纳了60位60周岁以上鳏寡孤独和有生活能力、无生产能力的贫困老年人集中入住。目前，康保已建成14个集中安置区，完成38个村、9283人的搬迁任务。在14个集中安置区全部配建了互助幸福院，全部建成后将可容纳近2000户、3000人入住。陕西省渭南市富平县按照“扶贫开发+养老”精准扶贫新思路，由县移民搬迁办抓总，协调用地，新建住房，扶贫开发、卫生医疗、民政养老等方面政策及资金，在全县7个移民搬迁安置社区，建设“镇级中心幸福院”，以满足移民搬迁安置社区老年人及周边群众日常生活照料及精神文化娱乐活动的开展。

第五，促进农村社会信任水平的提高，培育农村社区社会资本。互助养老通过建立养老服务供需双方的互助关系，能够增进提供服务的老年志愿者与接受服务高龄老人之间的情感，长期的互助关系促进了农村的社会信任社会水平，形成稳定的“熟人社会”。此外，通过鼓励社会力量参与互助养老，农村社区社会资本水平得到提高。安徽省六安市舒城县加快居村联养、亲情赡养、邻里助养、抱团养老等“熟人社会”互助养老模式的探索与推广，解决过多依赖养老机构、养老机构资源不足的问题，凝聚孝老爱亲向上向善的社会力量，强化了农村居民彼此间的联系。黑龙江哈尔滨市的高潮村平盛街工委以政府购买服务为主要方式，率先在全省引入专业的社会工作服务机构——黑龙江省希望社会工作服务中心，两年里，希望社工团队先后近40名专家、专业社工、志愿者投入到王家屯互助养老探索实践。持续开展的“美好乡村”社区平台培育、“希望乡伴”脱贫攻坚三留守人员关爱、“幸福乡村”社会组织培育、“温暖乡情”农村困难家庭支持、“时间银行”互助养老志愿服务五大计划，大大小小的服务活动200余场，受益人次达5000，通过引入专业社工，助力王家屯互助养老文化社区营造、社区能人挖掘、农村社区社会组织培育、互助机制的设计与运行。

（二）实践经验

第一，政府等公共部门支持互助养老方案的顶层设计，为实践指明方向。志愿队伍的建设、互助幸福院的管理、时间银行模式的政策制定等均需要公共部门牵头为实践做好顶层方案设计，政府主导使互助养老在实践中有据可循，促进互助养老规范化发展。首先，在中央以及各省层面均出台了关于促进互助养老发展的政策，在各地实践中也相应出台了一些地方性规范文件。如内蒙古自治区乌兰察布市先后制定出台了《关于印发乌兰察布市农村牧区互助幸福院建设实施方案》《农村牧区互助养老幸福院管理办法》等相关文件，积极开展互助养老幸福院建设，同时不断完善农村养老服务点和农村牧区敬老院建设，确立了以互助养老幸福院为主体，农村居家养老服务点为依托，敬老院为补充的农村养老服务体系，建立了互助幸福院和敬老院的有效衔接制度。从2018年起，面对农村老年人关爱服务不到位的实际情况，鞍山市也印发了《关爱农村老年人公益志愿服务活动实施方案》，广泛发动公益志愿队伍参与到活动中来，积极为农村老年人提供公益互助服务。黑龙江省齐齐哈尔市泰来县在大兴镇东方红村先行试点的基础上总结经验，制定《泰来县组建互助服务队推进互助养老助残工作方案》和《泰来县互助服务工作考评细则》，组建以贫困户为主的互助养老服务队，为互助服务的有效实施提供了政策保障。

第二，有效利用政治制度优势，通过党建引领保证互助养老的有序化运行。在互助养老实践中，坚持基层党建引领是互助养老有序化运行的有效举措。党建工作能够带动基层群众参与互助养老中来，增强社区的凝聚力，并激发党员骨干组建党员志愿者队伍投入到互助养老中。福建省三明市宁化县县委下发《关于在全县推行农村养老服务工作“党建 + 四化”模式的指导意见》，将“党建 + 四化”工作纳入乡镇年终综合考评，以考核促落实。县委组织部下派第一书记优先安排到养老示范村，对成立的农村养老服务中心下派党建指导员。黑龙江省哈尔滨市平房区不断增强基层党组织的创造力、凝聚力和战斗力，充分发挥基层党员先锋模范作用，如组织村民设计门牌、街牌，极大带动起村民关心家乡建设的热情，成立党员志愿服务队，以实际行动向村民展示共产党员的风采。高潮村王家屯老党员王亚珍率先接受了“互助养老志愿服务时间银行”派出的第一单志愿服务任务。

第三，创新互助养老服务供给方式，通过政府购买实现政社有机合作，鼓励社会组织的踊跃参与，为互助服务提供丰富的物质资源与科学的技术指导。政府购买既保证了低收入老年群体能够享受高质量的养老服务，也能避免了政府集中供养导致的低效问题。通过引入社会力量参与，也为互助养老提供了服务指导与监督管理，保证了互助养老服务的高质量发展。江苏省太仓市坚持依靠老年人自身力量与政府推动相结合来推动互助养老发展，通过政府购买服务方式，依托市、镇、村三级老年协会组织，搭建互助养老“三级运行”管理体系，充分吸纳有能力、有活力的低龄老年人作为“互助小组”管理者、组织者、推广者。目前，太仓市 9 个镇区、157 个村社区全面建立了互助养老“三运行、三指导”监管体系，300 多名低龄退休老年人在互助养老管理工作中实现“再就业”，有力推动互助养老的可持续发展。广东省广州市花都区探索政府、社会组织、社区、居民合作养老模式，建立政府购买服务、专业机构承接服务、养老互助员按协议服务、养老对象享受服务、第三方机构评估服务的邻里互助养老服务机制，围绕监督、指导、管理、培训、服务、反馈、评估、建议等职责任务，以三方协议方式理顺相关方的权利与责任，确保邻里互助服务顺利有序开展。

第四，充分发挥基层自组织在互助养老实施中的作用，自治与他治相结合。在互助养老实践中，由村民自发组成的组织，如老年人协会，扮演着联结党组织与村民的枢纽作用，一方面，自组织在党支部的引领下能够组织老年人积极参与互助服务，起到牵头作用；另一方面，自组织能够摸清排查村老年人的基本情况，便于发现问题，向上反映村老年人的需要。2008 年，辽宁省阜新蒙古族自治县查干哈达村老年人自发成立了村老年人协会，会长由德高望重的老村支书担任，目前全村 218 名 60 周岁以上的老年人全部入会。该协会成立以来，制定相关制度，建立会员个人信息台账，逐一详细登记姓名、生活状态、健康状态、家庭成员情况和子女去向等信息，认真做好需求登记和服务记录，做到“底数清、情况明”。老年人协会的成立使得互助养老模式得以顺利实施，采取自治与他治相结合，互助养老既能在规范的引领下发展，也能充分调动村民的积极性。黑龙江省哈尔滨市高潮村组建了村民互助养老协会，“时间银行”模式所采取积分制的细则，包括积分的累计、兑换，都由互助养老协会民主选举的工作组来完成。

第五，优化互助模式的建设途径，通过可利用资源的整合实现效用最大化。农村互助幸福院的建设实践中充分利用了农村闲置资源，如闲置学校、村办企业等，对闲置资源进行改造，盘活资源，有效节约了互助幸福院的建设成本，也避免了闲置资源的浪费。近年来，随着城镇化、工业化加速推进，农村人口向中心城镇集聚，导致农村部分边远村校、少数村办企业厂房出现空余、破旧、闲置。四川省泸州市泸县充分利用全国农村宅基地制度改革试点和易地扶贫搬迁项目，在喻寺、云龙、方洞等镇拆除了300余处旧房、危房，腾退土地150多亩。有效利用腾退土地集中建设了87处居民点，建设成新农村互助幸福院。如喻寺镇谭坝村在宅基地退出制度改革中，全村宅基地有偿退出262户131亩，依法调整为集体经营性建设用地55.6亩，其中用于建设康养中心10.89亩，规划养老社区建设20亩，解决了农村康养业用地难题，建成了川南“首个农村康养中心”。青海省西宁市按照“提升改造、充分利用”原则，将62个农村现有的厂房仓库、闲置校舍、村委会办公场所等设施改造为集膳食供应、文化娱乐、体育健身和日间照料等功能于一身的为老服务场所，为互助养老的实施提供物质基础。

（三）面临问题

第一，“熟人社会”的社会环境基础薄弱，社区认同与信任感有待提高。从运行机制看，互助养老的顺利运转在于互助服务的供需双方彼此认同一方提供服务、一方接受服务的“规则”，即通过互惠和交换的方式满足老年人的养老需求。因此，互助养老模式属于一种公共的积极行动，需要双方都具有认同意识，才能有序进行。实践成功的关键在于高水平的农村社区认同与信任感，而非采用志愿服务、低偿服务、“时间银行”中的某种模式，不同的模式均需要以高水平的社会信任、道德水平、社区认同为基础，如果缺乏社会信任基础，再精确与严格的服务交易规则也无法调动老年人参与的积极性，并面临着高道德风险。因此，互助养老能否可持续发展，取决于社会信任水平的发展程度。[1] 虽然各地均通过不同的模式开展了互助养老实践，但社会结构的变化使得以信任、规范和网络为主要内容的社会资本流失，客观上阻碍了互助养老发展。低信任度产生的一个根本原因是我国社会结构从“熟人社会”向“陌生人社会”的转型，即便在相对保留“熟人社会”基础的农村也面临信任度低下、社会关系网络难以构建的困境。因此，需要认清客观背景，采取外界力量促进培育农村社区社会关系网络的形成。

第二，合作主体间的多重目标冲突，基层自组织发育不良导致互助服务供需错位。虽然互助养老实践中普遍利用了“政府组织 + 党建引领 + 社会参与 + 老年协会自治”相结合的运行模式，但由于存在合作主体间的目标冲突，导致需求表达不顺畅，各自维护利益无法实现合力。首先，政府在互助养老模式管理中处于中心位置，在有限的职责中，各级政府作为政策下达者，通过政策文件自上而下推动互助幸福院与志愿队伍建设，在顶层设计中缺乏社会组织与基层自组织的参与。其次，自上而下的推动机制与自下而上的服从机制无法调节因“中心 - 边缘”权利结构[2]导致的目标冲突。以互助幸福院为例，社会组织、老年协会等需要完成政府下达的指标任务而忽视了与老年人的需要相匹配，导致互助幸福院在管理制度、服务项目、互助方式、目标群体等方面与服务对象的实际需要存在偏差。此外，基层自组织的力量薄弱，无法实现自下而上的反馈机制，老年协会的组建有助于老年人需求表达，但因在合作中的力量薄弱，无法有效管理互助养老服务的有序运转。

第三，运行过程低效，仍存在模式单一，管理粗放等问题。农村互助幸福院实践中普遍存在效率不高的问题，作用发挥不充分，变成应付指标与检查的摆设。比如平时没有活动安排，相关部门突击检查，召集老人临时开展活动的现象仍存在。其次，现有实践通常是采取了单一的互助养老模式，比如互助幸福院只满足了有意愿集中入住老年人的养老服务需要，但对于更为普遍的居家养老需要却未得到满足，且简单依靠志愿者提供志愿服务，缺少建设公益性岗

---

〔1〕 赵浩华：《社会资本流失下互助养老的发展困境及对策研究》，载《学习与探索》2020 年第 9 期，第 141 - 146 页。

〔2〕 朱火云，丁煜：《农村互助养老的合作生产困境与路径优化——以 X 市幸福院为例》，载《南京农业大学学报》（社会科学版）2021 年第 21 期，第 62 - 72 页。

位等举措。陕西省渭南市富平县在互助养老实践中面临着低效等问题，有些幸福院由闲置校舍、村委会等场所改扩建而成，这样虽然节省了建设成本，但房屋设计不合理。个别幸福院与村庄相距较远，不方便老人活动。有的村集体经济收入不高，缺少社会力量支持，根本无法满足幸福院正常的运行开支补助。

第四，互助养老规范化与制度化发展受限，可持续发展面临挑战。虽然关于促进互助养老发展的政策在中央层面与省级层面已经出台，但没有关于志愿服务、低偿服务、“时间银行”等模式更为细节的权责规定，各地多是通过自下而上的探索建立了互助养老模式，制度化和规范化保障仍不足，长期不利于互助养老的顶层设计。尤其对于志愿服务与时间银行模式，需要高水平的社会信任与道德为基础，但仅依靠人们的自发性行为无法保证互助养老的可持续运转，实践中缺乏志愿服务的奖补机制，包括时长的分值界定、换算标准、登记在册、有关监管等具体操作缺乏统一的文件指导〔1〕，导致了互助养老实践的无序化，影响了志愿者的参与热情。

第五，人口高流动性与运作机制不健全，使得“时间银行”可行性面临挑战。我国的城镇化率从1978年的17.9%提高到2019年的户籍人口城镇化率44.38%、常住人口城镇化率60.6%，城际之间的人口流动规模在攀升。互助养老模式成功的关键在于丰富的社会关系网络，人口流动的常态化使得传统“熟人社会”逐渐瓦解，给互助养老的实施带来挑战。尤其对于“时间银行”模式，一方面因为社会资本的缺失导致“时间银行”模式缺乏环境基础，另一方面因缺乏相应的运作机制，实践中尚未较好解决人口高流动性带来的问题。此外，“时间银行”模式通常由基层党支部、居委会等筹办发起，面临组织影响力薄弱、队伍不稳定、规模化运作差等问题，整合资源能力差，权威和信誉不足，人们对“时间银行模式的信任度低下。因此，在流动性常态化的社会背景下，运作机制不健全导致“时间银行”可行性面临挑战。

三、优化农村互助养老的政策建议

（一）构建农村社区社会关系网络，提高社会信任与道德水平

促进农村社区社会关系网络的形成，构建普遍信任机制是互助养老模式长

---

〔1〕纪春艳：《农村“时间银行”养老模式发展的优势、困境与应对策略》，载《理论学刊》2020年第5期，第140－148页。

效发展的关键。第一，应将农村互助养老建设与乡村振兴战略相结合，在乡村建设中促进社区社会关系网络的发育与成熟。通过组建老年人协会等组织带动村民参与热情，开展有助于老年人联络、熟知的活动，为老年人提供更多社会交往的机会，增强社区集体意识，提升社区凝聚力。第二，培养老年人自助的意识与能力，让健康老年人动起来，宣传老年人自我服务、自立的精神，提高老年人自我保健的知识，提高自助能力也是促进社区关系网络发育的有效途径。第三，充分发挥党建引领作用，组织优秀党员带头为有需要的高龄失能老人提供居家养老服务，通过树立典范，培养老年人帮助他人，为社会做贡献的精神，让老年人找到自我实现的价值与意义，促进村民形成互助的意识。第四，乡村振兴战略指导下，结合易地扶贫搬迁工作，优先向贫困老年人提供互助幸福院的集中供养床位，为社会关系网络的发育提供实物基础，将互助幸福院发展为村老年人交往的场所。第五，在党建引领与建设互助幸福院的基础上，协调动员低龄老年人为高龄老年人提供志愿服务，设立公益岗位，并建立相应激励机制，提高村民参与的积极性。

（二）理顺合作主体间纵向与横向的关系，明确职能范围与责任边界

政府、基层党组织、社会组织、老年协会应明确各自的职能范围与责任边界，既不因自上而下的权利垄断而抑制了基层组织的作用发挥与村民需要表达，也不因顶层设计缺乏而呈现互助养老的无序化发展。因此，首先需要理顺合作主体间的纵向关系，即政府主导、社会参与的政社关系。互助养老模式建设初期应由政府负责完善互助养老模式指导方针与政策，统筹资金来源，为互助养老模式建设提供方向与资金保障，基层党组织应承担承上启下的作用，在政府支持下接管互助养老模式的具体运转，如互助幸福院的管理工作，并充分吸纳村老年人的意见来确定具体的服务方式与标准等。其次，应理顺合作主体间的横向关系，即民主协商与村民自治。在实践中，处在同一管理层级的组织应建立民主协商制度，以老年人需求为导向，加强老年人与村党委、服务管理者的沟通交流，可以由村民自已协商制定的事项应在不违反上级指导的原则下实施村民自治。通过理顺纵向与横向的关系，形成促进互助养老发展的合力。

（三）加强制度建设，建立均衡互惠规范

在较发达的社会关系网络基础上，互助养老的需求与供给双方需要建立明

确且均衡的互惠规范。除了建立激励机制鼓励低龄老年人积极参与互助养老中，更需要加强基础制度建设，给予互助养老服务政策保障。具体而言，在结合已有试点与实践的基础上，民政部门应出台《互助养老服务标准》《互助养老机构管理办法》，明确互助养老服务的界定与规范，包括设立条件、建设服务标准、内外部管理、法律责任、监督等，加强农村老人对互助养老的信任。各地可根据顶层设计的原则标准与发展水平确定组织模式。其次，在互助养老具体实施中，对提供服务者的志愿激励举措、报酬规定，以及服务换算方式都应有具体的政策可依，建立科学可持续的服务兑换评估机制、继承转让机制、激励保障机制等，顺应人口流动的常态化趋势。此外，政府应承担监督职责，并促进社会组织参与互惠规范的建设。

（四）丰富互助养老运作模式，实现多种形式互助服务结合

在实践中，应综合运用互助养老模式，丰富互助养老的运作模式，而非仅采用单一的模式开展互助养老，实现多种形式互助服务的有机结合，以最大满足农村老年人的养老需要。首先，应以在村中心或更大范围的镇中心建设互助幸福院为基础，为互助养老服务供给提供场所。其次，基层党支部应组建老年志愿服务队伍，参与互助幸福院的互助服务中，一方面通过互助幸福院入住老人的相互服务，实现“志愿服务 + 互助幸福院”的有序化运转，另一方面，志愿服务队伍以互助幸福院为场所为在家中居住的村民提供上门服务与日间照料服务，实现“志愿服务 + 居家养老服务”的开展。为了可持续运转，应在互助幸福院内设置低偿的公益性岗位，激励老年人参与提供服务的同时也让老年人获得了经济收益，通过低偿服务激励老年人参与。此外，在建立起一定水平的社会信任资本的基础上，基层党支部可牵头尝试设置以服务换取未来服务的方式实施互助养老，充分采纳老年人意见，对服务的换算等进行规定，最终实现通过志愿服务巩固社会关系网络，通过低偿服务促进激励，通过“时间银行”模式稳定互助养老发展的有机结合。

（五）促进基层自组织建设，鼓励社会力量参与

培育基层自组织建设也是促进社区社会关系网络发育的一方面，在互助养老中需要如老年协会等自发组建的代表老年人利益的社会团体，促进社区社会信任资本的增加。原因包括：第一，老年协会能够有效号召老年人参与到互助

养老中，在老年人群体中象征着凝聚力。第二，老年协会起到协助基层党组织管理运营互助养老模式的作用，并能承接上级的指导，同时又能充分反应老年人的需要，并将需要反馈给党组织与上级政府，实现了从需求到提供服务，再到服务反馈的完整闭合。第三，强大的基层自组织不仅能够实现自治，也能够实现自下而上的影响，通过自身的建设能力来影响上级互助养老政策的设计。其次，应鼓励与基层自治组织具有横向关系的其他社会组织参与到互助养老中，为互助养老注入新鲜血液，丰富互助养老运转的筹资来源，使互助养老模式发展保持活力。

第十章　农村日间照料中心实践探索研究

日间照料中心指为独居、空巢、高龄老年人提供日常照料服务的养老平台。国内的日间照料中心可分为两种，一种是有床位可供居住的场所，另一种则仅仅作为活动的场所。

一、日间照料中心的运行现状

（一）成立机制和形成条件

从各地案例来看，日间照料中心站点的建设体现出“党委领导、政府主导、部门负责、社会参与”的特点，一般而言，县区成立农村养老服务体系建设工作领导小组，由区政府主要领导任组长，稳步推进建设日间照料中心各项工作。建设日间照料中心一般重点选择老年人较集中、交通较便利、基础设施较好、群众意愿较强、志愿服务较活跃、离医疗机构较近的位置，积极整合村部、闲置校舍、老年活动中心、村卫生室、文化站等场所，充分利用农村校舍、旧办公楼、旧仓库等闲置资源进行日间照料中心建设。

（二）管理制度

在服务提供方面，倡导村监委会、老年协会积极参与农村日间照料中心管理，不定期组织志愿服务队、医务工作者、文艺团体到日间照料中心开展关爱活动，为老年人提供日常照料、体育运动、文化娱乐、医疗护理等服务，形成关心支持农村养老事业的浓厚氛围。日间照料中心多配有健身器材、乒乓球场、篮球场等体育活动设施，协助老年人积极锻炼、保持身体健康。在满足日常锻炼健身需求的基础上，一些日间照料中心还会定期组织在村老人开展趣味运动会、秧歌排练以及广场舞编排等相关体育健身活动，丰富留守老人的业余生活。同时，日间照料中心内还配备扑克、棋牌、象棋、民族乐器等文化娱乐设施，为留守老人开展文化娱乐活动提供条件，并定期组织实践志愿者为老人提供文艺娱乐服务，多渠道丰富留守老人的精神生活。如陕西省延安市延川县的“留守老人幸福互助站”为老年人设立心语驿站——“微心愿墙”，引导留守老人将近期的心愿写到墙上，镇村志愿者共同发力，多方争取对接，确保能如期了却满足留守老人的“微心愿”；心语驿站专门配备笔记本电脑和平板电脑，帮助老人定期与子女视频聊天，并呼吁子女常回家探望老人；同时，通过召开集体生日会等方式，让老人充分感受到亲情的温暖。此外，一些日间照料中心还定期组织老人观看红色电影、红色书籍。有的中心在充分征求老人的学习意向后，指导他们学习书法、雕刻、绘画等业余技能，然后把他们的所学传授给身边的其他人，并一度程度地回馈社会。有的中心在落实专人签约服务的基础上，依托村卫生室定期为老人提供免费体检、康养、护理、中医理疗等医疗服务。

在服务的运营资金方面，日间照料中心通过“财政资金拨一点、帮扶单位给一点、村集体出一点”的方式筹措资金。政府补助为运营的基本保障，政府通过财政预算等形式拨付一定补助资金，补助资金筹集采用政府购买服务的方式解决。此外，还采取领导联村包抓、部门联院帮扶等方式给予财物支持，鼓励引导社会各界进行爱心捐助、参与管理，多渠道保障农村日间照料中心正常运转。

在管理和监督方面，日间照料中心实行自助互助管理，留守老人自主参与、自我管理、自我服务、互帮互助。村委会（社区）作为管理主体，在村（社区）党（总）支部的领导下，充分发挥社区理事会、老年协会的作用，认真履行管理责任，及时反映处理有关问题，协调解决矛盾纠纷，维护日间照料中心正常运行秩序。按照“县区指导、镇街监督、村级管理、社会参与”的运行管理体制，夯实县镇村三级责任，建立市县分级定期督查、考评、通报常态机制。

（三）功能及成效

（1）以基本功能为中心，解决农村不同类别老年人的就餐问题。在农村，大部分青壮年常年在外务工、经商，导致不少高龄、空巢、独居、残疾老人生活上面临诸多不便，吃饭问题更成为老人们生活第一难题。此外，普通老人中普遍存在着吃饭凑合现象，吃“剩饭剩菜”是常态，特别是在农忙季节，一些老年人还要下地干活，根本没有精力做饭，经常是饥一顿饱一顿。日间照料中心成立后，老年人们花很少的钱就能吃上放心、可口的饭菜，不仅用餐规律，而且营养搭配也比较均衡，生活质量有所提升。日间照料中心能够满足不同类别的老年人的基本吃饭需求，例如，云南省昆明市晋宁区的居家养老中心为老年人提供助餐服务，每餐两荤两素，公勺公筷分菜，两天不重样，不吃剩菜，生病时可凭医生证明退钱，缺席早退不退钱。居家养老中心饭菜可口，好几位老人来把回家吃饭当减肥，比如，67 岁的杨竹英老人专门请假一个月回家减肥。84 岁的杨正禹和哑巴老伴洪兰英，无儿无女、身体不好，试吃居家养老中心食堂提供的饭菜后，强烈要求申请入位进居家养老中心。

（2）以日间照料中心为空间依托，激发多元主体参与，形成保基本、可辐射的空间格局。日间照料中心的建设离不开政府、社区、社会等主体的积极参与，各主体各担其责、协同合作，能够为老年人提供多样化的优质服务，充分满足老年人的养老需求。例如，山西省运城市平陆县的“老年灶”充分体现了政府、社会、农村集体、个人等多元主体共同参与、共建共治的力量。其中，政府起到规划建设、引导先行的作用，为老年食堂及以此为中心的日间照料中心提供规划方案、政策补贴、优惠保障、资金扶助，同时制定服务标准，成立领导小组对日间照料中心进行领导和监督。村委会作为日间照料中心的直接组织者，负责整合本区域老年服务资源，完善社区服务设施，打造拥有专业服务能力的人才队伍，提高养老服务队伍的专业化水平，沟通供需双方的信息，对日间照料中心的运行及服务进行管理和监督。农村卫生服务人员、志愿者、大学生村官等团队则构建起农村老年人服务组织网络，形成一支稳定的农村老年人养老服务队伍，在政府和村委会的组织下，为农村老年人提供各种切实的服务。通过整合社区为老服务资源，“老年灶”积极探索融入阅读、医疗康复、心理调适、日间照料、文体娱乐等服务，将老年食堂与尽孝道挂钩，建立孝亲敬老协议机制，让老年食堂扮演更多的角色。“老年灶”已经成为拓展社区居家养老服务的重要阵地、推进医养结合的重要平台、助力老年人幸福生活的重要抓手。

（3）以场景建设为平台，满足老年人的精神需求。许多农村老人一辈子生活在农村，他们习惯于农村的风土人情和生活方式，有浓厚的乡土依恋和乡土情结。脱离农村生活环境之后，很多老年人都会出现适应性问题，这也是养老的一大难题。农村日间照料中心则提供了有效的解决方案。农村日间照料中心建在农村、融入农村，保留农村风光，为老年人提供符合本村风俗习惯的养老服务，真正为老年人提供了安全感和信任感，满足了老年人的乡土情结，取得了良好的社会效果。例如：上海市叶榭镇的“幸福老人村”立足于打造田园式养老生活，恢复自然村落的养老功能，改善农村的生活环境。通过把房屋附近部分闲置村民自留地规划种植绿化和农家小菜园等，按时令进行季节性播种，为老年人提供力所能及的“田园劳作”场地。村屋四围原有的河道、竹林等也被保留，规划成景，供老年人散步休闲。上海市马陆镇北管综合为老服务分中心积极吸收本地企业外迁导致的剩余劳动力，通过加强规范管理和系统培训，将这些剩余劳动力培养为综合为老服务分中心的“乡音版”护理员。由于这些护理员都是本村村民，“乡土乡音”更有利于服务中的沟通和“人性化关怀”，较好地满足了老年人的情感和心理需求。此外，由乡土“熟人社会”的信任机制所形成的道德约束，也部分解决了老年人在城镇工作子女的后顾之忧。

此外，不少农村空巢老人、留守老人只能靠电话与子女联络，而多数子女又很少给父母打电话，因此这些老人往往过着孤独寂寞的生活，他们更为突出的需求是情感交流。日间照料中心成立后，老人们白天聚集在一起，一起吃饭，一起活动娱乐，相互聊天，交流情感，有了烦恼事也会相互倾诉，一些有条件的地方还组织老年人表演文艺节目，这些都极大地满足了老年人的精神需求。例如，江苏省宿迁市沭阳县的幸福小院白天可以为周边老年人提供就餐、棋牌娱乐活动等服务，晚上可以托管照料少量留守老年人。幸福小院向附近所有老人开放，老人可以免费参与娱乐活动，茶水免费。这里每天都有十几个老人聚在一起聊天、打牌、看报等，小院成为老人的集会场所，每天充满欢声笑语。

（4）以引导自助互助管理为目标，实现中心可持续运行的长效机制。在日间照料中心，由于老人们都是一个村的，相互熟识，如有老人行动不便，其他老人大多愿意“搭把手”，给予照顾。年龄小的老人可以照顾年龄大的，身体好的老人可以照顾身体弱的，互相帮助，互相服务，既有利于形成良好养老氛围，又能够减轻日间照料中心自身的运行负担。同时，日间照料中心的建立也方便村干部及时了解老人们的生活情况，从而能够避免独居老人生病无人知、甚至去世多日才被发现的悲剧发生，为外出务工、无法照料老人的子女们解除了后顾之忧。例如，广西贺州市的幸福院实行自助互助管理，留守老人自主参与、自我管理、自我服务、互帮互助。对符合进入幸福院就餐和日间照料的空巢、高龄、独居老人和散居五保户以及随老人生活的 3 至 7 岁留守儿童，采取无偿、有偿、低偿服务——散居五保老人按五保供养条例其生活费由财政拨款解决（无偿服务），其他符合条件进入幸福院就餐和日间照料的老年人等对象采取有偿或低偿服务方式，每餐仅收取用餐的成本费用。幸福院设立餐厅、老人活动室、男女日间照料室、儿童娱乐室、卫生室、阅览室、德孝大讲堂等功能室，充分满足老人、儿童日间照料的需要。

（5）以重组、盘活现有资源为手段，切实降低养老服务成本。相比于城市，农村地区经济基础薄弱，交通不发达，养老服务事业起步晚、发展水平低，普遍存在着养老服务设施不足、资源分散等问题。农村日间照料中心能够通过改造闲置房和居民住房等手段进行建设，灵活利用现有资源，节省农村养老成本，降低农村养老门槛，使更多老年人能够享受到"家门口"的养老服务。例如，上海市叶榭镇的幸福老人村就积极盘活农村闲置宅基地，利用现有房屋改建而成。幸福老人村共租用堰泾村房屋 9 户 10 幢，经过适老性改造，设立长者照护之家（49 张床位）、老年人助浴点、老年人日间照料点、老年助餐点、乡村老年大学等，其成本仅是新建养老床位的十分之一。省下这笔钱，农村老人可以用更低廉的价格住进助餐、助浴等服务更专业的养老机构。江苏省沭阳县的"幸福小院"则是留守妇女们利用自家 200 平米左右的住房建成，根据《沭阳县农村"日间照料幸福小院"实施方案》的要求完成适老化改造，具备"五室一场所"功能，配备简易喷淋、燃气报警器、灭火器、安防监控等安全设施设备。"幸福小院"的入住费用平均不超过每月 1000 元，符合农村老年人的经济现状；300 平方米以下的小型养老设施，在消防设施设备的要求方面也相对简化，降低了举办经营养老机构的改造成本，能够吸引更多的社会力量参与农村养老服务发展。此外，不少地区通过公益项目运作，吸引更多社会公益组织参与养老、助老活动，为老年人提供照料服务。

（6）以充分利用农村剩余劳动力为目标，促进就业养老双赢发展。农村日间照料中心为农村老年人提供"家门口"照料服务的同时，也为村民创业就业提供了新的机会。一些农村日间照料中心由本村村民创办，吸收本村村民为服务工作人员，实现了剩余劳动力的本地消化与农村养老内源性发展的双赢。此外，老人有人照顾，子女在外也能安心创业，进一步达到"政府养老扶贫，子女安心就业"的效果。例如，上海市马陆镇北管村"以服务型产业发展为主导、以生态林业为基地"的经济产业规划推动部分企业向外搬迁，产生了农村剩余劳动力再就业安置的问题。北管村为老服务分中心吸纳这些剩余劳动力，通过管理和培训，使这些劳动力成为分中心的“乡音版”护理员，为当地老年人提供“乡土乡音”的人性化服务，获得广泛好评。江苏省宿迁市沭阳县结合农村实际，积极引导农村留守妇女和返乡务工人员利用自家闲置房子和场地创办“日间照料幸福小院”，为农村老年人提供日间照料、精神关爱等帮助。半年时间，沭阳县初步建成10家“农村幸福小院”，可提供约20个就业岗位，为空巢留守老人提供约100张日托或护理床位，创办人年创收可达5万元，不仅解决了农村留守妇女就业创业与照顾老年人、孩子两难的问题，也为农村外出务工人员在外安心就业创业保驾护航。

二、农村日间照料中心存在的问题

（一）服务人员队伍薄弱，工资待遇低，缺乏积极性

日间照料中心的养老服务人员队伍主要由社工和村内志愿者组成。养老服务人员队伍薄弱主要体现在数量和质量两个方面。在数量上，养老服务人员数量不足；在质量上，养老服务人员服务技能较低。由于参与养老服务的主要是村内的志愿者老年人，这些老年人文化程度较低，所以仅能提供简单的养老服务，如日间照料中心的助餐服务、维修服务等。对于老年人需求较大的医疗服务，和失能、半失能老年人需要的专业技能服务，村内的志愿者老年人普遍达不到技能要求。服务人员的工资待遇低，在老年人日间照料中心工作上就缺乏积极性，有时活动的开展多出于应付上级检查的心态，影响到日间照料中心的运行效率和服务质量。

（二）服务提供种类有限，服务层次欠缺

农村日间照料中心不是专业化的养老机构，日常运行以老人们的自助和互助为主，缺乏专业人员的在场照料。因此，有些照料中心在实际实施过程中更像一个文娱场所，大多只是为老人提供一个日间休闲去处，医疗护理、心理咨询等功能则不明显。例如，江苏省宿迁市沭阳县的“幸福小院”以“邻里照料、助餐助浴、抱团互助”为主要服务方式，为老年人提供居住、托养、照料、助餐、助浴、娱乐等基础服务，缺少专业人员指导；山西省宝鸡市的农村幸福院的服务范围也限于基本生活、谈心交流、远程亲情、矛盾调解，无法为老年人提供医疗护理、心理咨询等专业服务。

（三）运行资金缺口大，资金来源单一

农村日间照料中心的资金主要来自于当地政府拨款或是村社区的集体财产，只向老人收取极少成本费用。由于日间照料中心尚未被纳入我国正规的养老保障体系之中，如果政府财政中没有固定的预算，且村社区集体资产薄弱无法实现自给自足，日间照料中心的资金来源就不稳定，一旦资金短缺，设施无法得到维护，照料中心的养老功能会大打折扣，无法实现其可持续发展。目前农村日间照料中心的正常运转对村集体经济依赖程度较高，一些村集体资产薄弱的村庄难以补齐日间照料中心维持费用缺口，导致一些已经建立起来的日间照料中心不得不停止运行以节省费用。可以说，运行经费不足问题已成为制约农村老年人日间照料中心持续发展的最大瓶颈。例如，为了让“幸福餐桌”给老人们一个安全、方便的生活环境，云南省陆良县龙潭社区的社区党总支和居委会绞尽脑汁，采取“村里拿一点、社会捐一点、上级补一点”的方法，最终筹得资金 24 万元，购置多功能灶台、冰箱、消毒柜等厨房用具，建立起就餐点。“幸福餐桌”为非营利性质，每月平均会出现6000 元左右的赤字，只能依靠村集体土地、桑园等资源流转承包费来补足。

（四）服务定位不清晰，权责界限模糊

日间照料中心提供的服务是以助餐、休闲、娱乐为主，还是要将慢病管理、基础护理、康复护理等医疗服务也归入服务提供范畴；如果将医疗服务纳入服务范畴，那么日间照料中心是否能承担起医疗服务的责任，是否具有保障条件，谁来为此来买单，这都是需要明确的问题。明晰养老设施功能定位，满足老年人基本需求是农村养老的基本目标，而目前日间照料中心存在着脱离老年人基本需求，服务定位不清晰，权责界限模糊的问题。机构可根据老年人的实际需要，为老年人适当提供餐饮、娱乐、健身、护理、医疗等服务。如北京市长营子镇为老年人提供建设社区流动医疗服务站，使老年人能够“足不出村”地享受医疗服务；云南省曲靖市为老年人提供“幸福餐桌”用餐送餐服务，解决老人日常用餐难题。而失能、失智、残疾、高龄老年人的医疗照护需求由谁提供、如何提供，则需要日间照料中心和其他养老机构进一步协调。

三、政策建议

（一）完善政府补贴的发放方式，鼓励社会资本进入，尝试多元化的方式解决资金缺口问题

充分发挥政府的主导作用和社区的组织作用，引导社会力量积极参与。政府是农村养老服务体系建设的主导者，为农村社区养老服务提供法律政策和财政支持。社区是农村养老的具体组织者。村委会主要职责之一就是办理本村的公共事务和公益事业，村委会的工作人员大都为本村居民，与本村相知相熟，因此只有村委会才能负担起管理社区养老的重任，动员社区内外各种资源为老人提供养老服务。社会力量是农村社区养老服务的主要参与者。通过运营机构、开展志愿活动、公益捐款等方式，社会组织和企业能够为老年人提供专业的助餐、助浴、助清、护理、医疗、娱乐服务，满足老年人多样化的养老需求。政府、社区、社会三方相互配合，协调一致，才能够形成机构辐射、社区平台、居家接受服务的良好格局。以上海市叶榭镇“幸福老人村”的创办为例。2013 年上海市民政局将开设养老院的门槛从 50 张下调至 10 张，这一政策变动为幸福老人村的建设提供了机遇。由于房产证的缺失，幸福老人村的创办者蒋秋艳在养老护照机构经营注册、环评、食品卫生安全许可等环节层层“卡壳”，最终在松江区民政局的牵头下得以解决。此后幸福老人村遇到的种种难题，都由松江区民政局采取“一事一议”的方式推进。幸福老人村的运营主体是有养老运营经验、居家养老服务经验的社会组织和企业，同时引进养老公益项目，打造培育“孝文化”基地，为老年人提供高品质、多样化的服务。在建设和运营过程中，从场地筹措到陪护类岗位人员聘用，社区也发挥了重要的组织和协调作用。正是政府、社会、社区的共同参与，才打造出幸福老人村的养老模式。

农村集体经济是建设社会主义新农村的重要物质基础，是村级组织发挥作用、为村民办实事的核心支撑。目前大部分农村村级组织依靠财政转移支付维持日常工作运转，一些重点帮扶村根本没有能力承担日间照料中心基本的运行费用。因此，要办好日间照料中心，就需要通过盘活农村集体资产、加强农村土地流转、组建农村股份合作社等方式，发展壮大集体经济。针对重点帮扶村的现实情况，应将发展壮大集体经济工作与扶贫开发工作结合起来，找准短板，精准帮扶，努力实现村级集体经济可持续发展。

农村日间照料中心本身也可以尝试增加资金来源途径，比如适当接受社会捐款或是利用照料中心的场地资源、人力资源创造收入。台湾的长青村是社区养老的一个优秀案例，它一直积极倡导和推动“老人社区福利产业化”，通过培养的方式，活化老人退休之前拥有的专业技能，或者在退休后根据兴趣爱好学习的新技能，制造和生产产品，将所获得的收入再投到长青村的运作之中，从而达到自食其力的目的，让老人一同参与产业开发，使劳动成为“做自己喜欢的事”，在互助配合、相互帮助、相互学习中增强老人的归属感、成就感。

对于运营补贴的提供方式，北京地区的经验值得借鉴：北京市规定运营服务未满一年的农村日间照料中心，追回全部建设补贴资金；已满一年但未满两年的，追回建设补贴资金的 70%；已满两年但未满三年的，追回建设补贴资金的 40%；已满三年的不再追回建设补贴资金。

（二）整合现有资源，建立县－乡－村区域养老服务共同体

目前，各地类似日间照料中心功能的机构分布不均，而且服务水平参差不齐。在盘活存量的过程中，可以整合现有资源，建立县－乡－村三级的养老服务共同体，形成补贴打包、政策打包实现优化养老服务的目标，通过“鲇鱼效应”来刺激大中小机构的发展。建议将优质中心和运行较差的中心分为一组，统筹资金、管理等事项。建议将日间照料中心统一名称，以便社会力量可以找到资本进入的方向。

（三）充分利用现有农村剩余劳动力的就地再就业安置，由政府买单提高再就业人员的专业化水平

在经济发展水平较低、公共资源较为缺乏的农村地区，日间照料中心的建设需要充分挖掘内在潜力，积极吸收农村剩余劳动力，尤其是农村留守妇女，将其转化为养老服务人员队伍建设的主要力量，以解决服务人员配备不足、专业化水平不高的问题。剩余劳动力的转化应由政府牵头，从政策层面给予引导，适当放宽日间照料中心的创办和招聘门槛，鼓励农村剩余劳动力进入农村养老服务事业。同时，重要的是要建立和完善人才培养培训政策体系，从培训、管理和工资福利等环节入手，形成一套完整的管理和培训体系，提高日间照料中心为老年人服务的专业化水平。此外，养老服务人员队伍的建设可与区域范围内的高校和社会组织积极合作，由政府出面，吸引更多社会资源参与其

中，通过组织开展社会实践活动和公益养老项目，机动补充人力资源，吸收管理服务经验。

（四）建立适合农村生计方式的监督方式，在农闲加强督促评估，在农忙期加强服务支持

农村养老应适合农村升级方式，尤其是在监督方式上也应随农村生计方式灵活调整。目前我国大多数农村仍以传统农耕为主，呈现出明显的时令特征。在农忙时期，青壮年劳动力下地耕作，失去劳动力的老人少人甚至无人照料，养老压力大；而在农闲时期，养老压力则有所缓解。因此在农忙时期，农村养老应以加强服务支持为主，日间照料中心充分发挥其服务特点，为老年人提供日常照料服务；在农闲时期，政府应积极开展监督评估活动，按照“县区指导，乡镇监督，村级管理”的原则，对日间照料中心进行综合评比检查，对综合评比达不到标准的，采取严格措施督促其改进，以保证农忙时期能够为老年人提供良好的养老服务。对综合评比检查结果良好的机构也应给予分级奖励，把检查结果与补助资金挂钩，以调动其积极性。

第十一章　医养结合养老模式研究

根据第七次全国人口普查数据，60 岁及以上人口为 2.6 亿人，占 18.70%（其中，65 岁及以上人口为 1.9 亿人，占 13.50%），人口老龄化程度已高于世界平均水平（65 岁及以上人口占比 9.3%），但低于发达国家平均水平（65 岁及以上人口占比 19.3%）。[1]。《中国居民营养与慢性病状况报告（2020 年）》显示，目前我国 18 岁及以上居民高血压患病率为 27.5%，糖尿病患病率为 11.9%，高胆固醇血症患病率为 8.2%，我国居民因慢性病导致的居民死亡占总死亡的 88.5%。我国超过 1.8 亿老年人患有慢性病，失能、部分失能老年人约 4000 万人。

从医学角度看，一个人进入老年阶段之后，生理机能会逐渐老化，身体各系统呈现退行性病变。我国 2018 年人均预期寿命是 77 岁，但是健康预期寿命仅为 68.7 岁。这说明我国老年人患病比例较高，进入老年阶段后该群体易出现患病时间早，带病时间长的情况，影响其生活质量。据统计，老年人群中有 85% 的老人同时患有 2 种主要疾病，50% 的老人同时患有 3－4 种主要疾病，我国 60 岁以上老年人的余寿中有 2/3 时间处于带病生存状态，老年人两周患病率是总人群的 2.9 倍。总体来看，老年人对医疗、护理及康复的需求日益增加。因此，养老服务不仅仅只是“养”，还包括“医”，涵盖保健诊疗、护理康复、安宁疗护、心理精神支持等各方面。

医养结合养老服务模式是应对人口老龄化冲击，实现养老资源有效供给的一种有益探索，医养结合把老年人健康医疗服务放在与养老同等的重要位置，把医疗卫生资源和养老服务资源相结合实现社会资源利用最大化，能够为老年人按需提供医疗和养老资源。对于满足老年人的健康养老需求，改善生命质量

---

〔1〕《第七次全国人口普查主要数据情况》，载 http：//www.stats.gov.cn/ztjc/zdtjgz/zgrkpc/dqcrkpc/ggl/202105/t20210519_1817693.html。

和养老预期具有积极作用。

一、医养结合的政策发展

我国医养结合相关政策的出台是一个渐进式发展的过程，旨在建立多层次养老服务体系，推动健康老龄化。

医养结合概念的逐渐明确。2013 年 9 月，国务院发布了《关于加快发展养老服务业的若干意见》正式将“积极推进医疗卫生与养老服务相结合”作为养老服务业发展的 6 大主要任务之一。这一政策也被称为我国养老服务业发展史上的里程碑式文件，是我国医养结合政策制定的指导性政策，也是医养结合政策的起点。2014 年，国家发展改革委联合民政部、财政部等 9 个部门共同发布的《关于加快推进健康与养老服务工程建设的通知》指出，养老服务体系包括社区老年人日间照料中心、老年养护院、养老院和医养结合服务设施、农村养老服务设施等 4 类项目。2015 年 3 月，国务院办公厅下发了《全国医疗卫生服务体系规划纲要（2015－2020 年）》，在第六章“功能整合与分工协作”中强调各级各类医疗卫生机构的分工协作及服务功能，以期为群众提供系统、连续、全方位的医疗卫生服务。其中第五节内容为医养结合，对推进医疗机构与养老机构的合作、发展社区健康养老服务方面提出了具体要求。

医养结合体制机制建设和政策法规的逐步完善。2015 年 11 月，国务院转发了九部委联合发布的《关于推进医疗卫生与养老服务相结合的指导意见》，指出医疗卫生与养老服务相结合的重要性。明确了医疗卫生与养老服务相结合的基本原则、发展目标、重点任务、保障措施和组织实施等十五个方面。到 2020 年，要基本建立符合国情的医养结合体制机制和政策法规体系，实现医疗卫生和养老服务资源有序共享，基本形成覆盖城乡、规模适宜、功能合理、综合连续的医养结合服务网络，基层医疗卫生机构为居家老年人提供上门服务的能力明显提升。2016 年 4 月，国家卫生计生委办公厅、民政部办公厅发布《医养结合重点任务分工方案》，细分了 36 项工作任务，明确了医养结合的工作重点以及负责单位。2016 年 6 月，民政部、国家发展改革委联合印发《国民经济和社会发展第十三个五年规划》，要求“加快推进医疗卫生与养老服务相结合，建立健全医养结合体制机制和政策法规，推动医疗卫生和养老服务资源有序共享，形成覆盖城乡、规模适宜、功能合理、综合连续的医养结合服务网络。”把医养结合体制机制建设和改革试点工作提上重要议程。2019 年 10

月，国家卫健委等12部门发布《关于深入推进医养结合发展的若干意见》，从强化医疗卫生与养老服务衔接、推进“放管服”改革、加大政府支持力度、优化保障政策、加强队伍建设5大方面提出15项政策措施。

医养结合服务模式的探索，从协同推进到医养结合试点单位再到医联体的建设。2015年，国家卫生计生委和中医药管理局发布《关于进一步规范社区卫生服务管理和提升服务质量的指导意见》，鼓励社区卫生服务机构与养老服务机构开展多种形式的合作，协同推进医养结合服务模式。2016年，《国务院关于印发中医药发展战略规划纲要（2016—2030年）的通知》鼓励社会资本新建以中医药健康养老为主的护理院、疗养院，探索设立中医药特色医养结合机构，建设一批医养结合示范基地。2016年5月，国家卫生计生委办公厅和民政部办公厅联合发布《关于遴选国家级医养结合试点单位的通知》，启动国家级医养结合试点工作，通过遴选试点城市（区），探索建立符合国情的医养结合服务模式。2016年9月，国家卫生计生委发布《关于确定第二批国家级医养结合试点单位的通知》，两批共确定90个市（区）作为国家级医养结合试点单位。在确定国家级医养结合试点单位之后，2017年3月，国家卫生计生委等十三个部门联合印发了《“十三五”健康老龄化规划》，明确提出了“护理型床位占当地养老床位总数的比例不低于30%”的发展目标，构建医养结合服务网络作为重点任务进行实施。2017年4月，国务院办公厅发布《关于推进医疗联合体建设和发展的指导意见》，“鼓励护理院、专业康复机构等加入医联体。建立医联体内转诊机制，加强医疗卫生与养老服务相结合，为患者提供一体化、便利化的疾病诊疗—康复—长期护理连续性服务”。

医养结合机构的监测和评估体系逐步建立，注重服务质量提升。2017年11月，国家卫生计生委办公厅发布《“十三五”健康老龄化规划重点任务分工的通知》，对加强医疗卫生服务体系中服务老年人的功能建设，以及大力发展医养结合服务等任务提出了目标。对建立健全医疗卫生机构与养老机构合作机制，研究出台老年人健康分级标准，建设综合性医养结合服务机构示范基地和社区示范基地，建设医养结合监测平台并开展监测和评估工作，探索建立中医药特色的医养结合机构等方面提出要求。2020年12月，卫生健康委办公厅、中医药局办公室发布《关于开展医养结合机构服务质量提升行动的通知》，到2021年底，医养结合服务相关制度、标准、规范初步建立，医养结合机构医疗卫生服务能力持续提高，医疗卫生服务质量得到提升。到2022年底，医养结合服务质量标准和评价体系基本建立，医养结合机构医疗卫生服务能力和服务质量显著提升。医养结合机构服务质量提升行动自2020年起开始实施，为期三年，每年按照“全面自查—整改核查—总结提升”的程序开展工作。

鼓励社会资本兴办医养结合机构。2015年2月，民政部等10部门发布《关于鼓励民间资本参与养老服务业发展的实施意见》中指出，为推进医养融合发展，鼓励民间资本参与养老服务业发展，支持有条件的养老机构内设医疗机构或与医疗卫生机构签订协议，为老年人提供优质便捷的医疗卫生服务。在相关机构的政策支持、医保支付、人员待遇、人才培养等方面提出要求，并指出促进医疗卫生资源进入社区和居民家庭。国家发改委和财政部发布《关于申报2015年外国政府贷款备选项目的通知》，将医养结合项目纳入贷款支持领域，可申请贷款用于购买医疗设备、建设养老服务设施、开展人员培训等。2017年，国务院办公厅发布《关于支持社会力量提供多层次多样化医疗服务的意见》，支持社会办医疗机构为老年人家庭提供签约医疗服务，建立健全与养老机构合作机制，兴办医养结合机构。

总体而言，国家层面正在日益重视医养结合的发展。自2013年以来，国家层面颁布的一系列医养结合相关政策，切实推动了我国医养结合服务的发展。从政策内容上来说，医养结合政策体系不断完善、细化，从服务的提供者、服务的提供方式、服务内容、组织保障、以及队伍建设等方面都有详细的规定。从政策范围上来说，医养结合的推进范围不断扩大，从城市到农村，从养老机构、医疗机构到社区养老、居家养老。

在地方层面，各省市的医养结合政策仍处在建立、发展和不断完善的阶段，目前已经出台的政策都是贯彻落实国家层面的政策，如《北京市卫生和计划生育委员会关于印发医养结合重点任务分工方案的通知》《浙江省卫生计生委等16部门关于印发浙江省医养结合工作重点任务分工方案的通知》均是根据国家卫生计生委办公厅、民政部办公厅发布《医养结合重点任务分工方案》进一步明确本省市医养结合的工作重点以及负责单位。各地都在探索实践过程中，针对未形成适合于本地的完整的政策体系和运行管理制度，根据本省市实际情况，在贯彻落实国家层面政策时稍作调整。如《合肥市人民政府关于加快推进医疗卫生与养老服务相结合的实施意见》明确了五大重点任务和医保、税费、财政、土地、人才的支持政策及强化组织领导、市场监管、督察考评的保障措施。发展目标与《国务院办公厅转发卫生计生委等部门关于推进医疗卫生与养老服务相结合指导意见的通知》保持一致，新增了关于65岁以上老年人健康管理率和建成各类医疗护理型床位的具体目标。然而，具体针对农村的医养结合政策相对较少，未来将在实践探索的基础上建立完善。

二、我国农村医养结合养老模式的实践探索

我国农村人口的老龄化发展速度和程度均超过了城市。据第五次全国人口普查数据显示，我国农村 60 岁及以上老年人口占农村总人口比例已达 10.91%；而城市仅为 9.68%。据 2010 年第六次人口普查数据显示，农村 60 岁及以上老年人口占农村总人口的比例提高了 4.07 个百分点，达到 14.98%；而城市这一比例仅提高了 2 个百分点，为 11.68%。由此可见，这十年间农村老年人口大幅增长，农村老龄化推进速度更快、程度更高。

随着身体素质下降，老年人对医疗服务的需求与日俱增，然而，“养老”与“医疗”相分离的情况在农村地区非常突出。促进养老服务与医疗服务有效衔接，已是农村养老保障和医疗体制改革面临的重要问题。首先，农村中的留守老人、空巢老人、独居老人现象普遍，养老需求增加。随着中国工业化、城镇化等现代化进程的飞速推进，大量农村年轻人通过社会流动方式离开农村的现象，呈现出不可逆的发展态势。“留守老人”成为农村的普遍现象，传统的农村家庭养老模式面临着后继无人的困境，农村养老问题开始从隐性走向显性，成为一种具有广泛性并且亟待解决的社会问题。同时，由于老年人难以割舍故土、住不习惯高楼、不愿意给子女添麻烦等原因，导致农村中空巢、独居老人较多。随着年龄不断增长，他们的自理能力逐渐减弱，存在生活起居、日常饮食、健康医疗、个人安全等多方面需求，迫切需要为其提供优质、高效、便捷的养老服务。其次，农村地区失能、半失能老人数量庞大，经济困难和低收入老年人口数量多。目前，我国部分失能和完全失能老年人超过 4000 万人，且农村比例高于城市，农村完全失能老年人的照料需求显著增加。且农村老年人经济收入远低于城市老年人，养老处境更加艰难。再次，农村同城市相比具有人口稀少、交通不发达、养老服务等公共事业发展水平较低等特征。农村地区由于财力有限、地域广阔、居住分散等原因，导致当前普遍存在养老服务设施功能缺失、资源分散、碎片化现象明显、有效覆盖面较低，且养老相关服务整合性差等问题。最后，农村养老服务业起步较晚，发展时间较短，相比城市地区，普遍面临养老服务人才队伍紧缺，专业化水平较低、医养结合发展水平

较低、运营管理水平较低、养老服务有效供给不足等问题。在农村养老机构中，有专业医护人员的数量占比极少，且缺乏相应的医疗设备。根据现有条件，适度发展农村医养结合服务，既是应对人口老龄化的合理选择，也是解决农村“养”与“医”相分离的现状，缩小医养结合发展的城乡不平衡，维护农村老年人健康养老权益的重要保证。

各地通过政府试点以及机构积极探索的方式，形成了各具特色的服务模式。根据服务供给主体的不同以及互动关系的不同，目前医养结合养老服务模式总结为以下 5 种模式：一是由医疗卫生机构主导开展养老服务，即医疗机构内开设养老机构，其特点是以医为主，结合“养”的需要；二是养老机构通过内部设置医疗功能开展养老服务，其特点是以养为主，结合“医”的需要；三是养老机构与医疗机构开展有效合作，与医院打造医联体，或链接医疗资源；四是医养结合走进社区、进家庭，依靠社区卫生网络服务，推行家庭医生模式，为老人提供上门服务；五是混合方式，多是以市区为单位，针对下辖不同村镇社区的实际情况以及不同人群需求所采用的不同医养结合方式的有机组合。

（一）实践模式一：医内设养模式

医内设养模式是指医院内部设置养老区域，如开设老年病床、康复护理区等，定期提供保健、康复、护理、养生等服务，或部分医疗机构转型或民营资本投入成立康复医院、护理院、老年病专科医院。总体来说，这类案例比较少，且集中在大、中型城市，如重庆市医科大学附属第一医院青杠老年护养中心、陕西省榆林市榆阳区老年护理院、四川省眉山市第二社会福利院（依托眉山市中医医院而建）等等。农村地区该模式案例较少，个别地区探索利用民办医疗机构或乡镇卫生院的医疗资源，投资建设老年护理院或养老床位。

1. 模式特点

第一，医内设养模式是以医疗卫生机构为主导，以医疗为主、康复为辅开展养老服务。其服务主体为医疗卫生机构，包括康复院（中心）、护理院（中心）及老年病专科医院。服务对象主要是患有慢性疾病、生活不能自理且需要医疗救治，或处于急性病恢复期或伤残状态下需要康复的病人。如河南省南阳市的各县（市区）依托县乡卫生机构设立治疗康复中心，托养病情稳定的重大疾病患者；依托精神病医院，托养重度精神病患者。江西省赣州市兴国县针对患有精神疾病的老人不能入住养老院集中供养和护理的问题，在县精神病医院改建了一个失能失智照护中心，安排护理床位41张，招聘专职护理员、安保人员。

第二，医内设养模式充分利用医疗机构的医疗、护理、康复等资源，医疗条件优越，服务水平高。具体体现在：一是医疗服务设备齐全，能够提供专业的医疗护理和专业化的康复训练服务；二是医护人员充足，医生资质高，且医护水平专业性强；三是直接与医院对接，实现医疗和养老的无缝融合，且便于提供双向转诊服务；四是患者记录可回溯，信息管理体系健全。如河南省周口市太康县利用县域内民营医院、乡镇卫生院的医疗资源建设社会托养点，为失能、半失能和身体有慢性病的特困老人提供治疗期住院、康复期护理、稳定期生活照料，以及临终关怀一体化的社会托养服务。共有27家医院参与社会托养，其中民营医院5家、乡镇卫生院22家，共入住1989位特困老人。安徽省亳州市于2018年初启动了乡镇卫生院托管敬老院试点，乡镇卫生院在敬老院设立医养结合服务中心。亳州市蒙城县岳坊镇中心卫生院对镇敬老院实施托管，在敬老院内设立了医养结合服务中心，设置了失能五保老人护理室、康复训练室、输液观察室、化验室、B超室等十多个科室，医护人员24小时值班，为包括失能五保老人在内的全体入住老人提供医疗服务。

第三，具有国家医保做支撑，医保结算更便捷。入住的老年人可以像住院一样，享受同等的医疗保险报销待遇。

2. 存在问题

首先，整体收费偏高，医保仅能负担一部分费用，许多护理的费用是需要自行承担的。如果没有长期护理保险，家庭经济情况一般的老人难以负担。因此只有少部分离休人员、经济富裕的老年人才能享受，普及度低。其次，医院存在“重医疗护理、轻养老照料”的现象。目前大多数医疗机构的医养服务仍是采取以治疗康复为主的医疗模式，将重点放在医疗上而忽视了老年人的日常生活照料、以及心理咨询和心理疾病预防治疗。再次，对于大中型医疗机构，由于本身患者人满为患，医护人员不堪重负，增加养老服务会增加运营成本，而养老服务本身获利甚微，缺乏开展内设养老机构的动力；而基层医疗机构尽管有此动力，但由于本身财政补贴少、专业医护人员缺乏，导致机构提供养老服务的能力不足。

（二）实践模式二：养内设医模式

养内设医模式是指养老机构配套设置医务室、护理站、门诊部等，配备非处方药、医疗和康复专业设备，聘任专业的医师和护士人员，或附近的医疗机构入驻养老院，根据老年人的需求提供疾病的预防、治疗、康复等医疗服务的养老机构。目前，养内设医模式是“医养结合”最为普遍的一种实践模式，多为新建或改扩建的公办养老机构，解决农村特困失能老人的养护难题，或者实力较雄厚的私立养老机构。

1. 模式特点

第一，养内设医模式是养老机构通过内部设置医疗功能开展养老服务。其服务主体包括护养型或护理型养老院机构、综合型养老机构、持续养老照料社区等，配置相应的医疗资源。服务对象包括大多数有照护服务需求的老人。尤其是完全失能、半失能老年人，患有多种慢性疾病、生活不能完全自理且需要长期照护服务。服务内容包括基本生活照料、心理社会支持、膳食与辅助器具服务、健康管理、医疗巡诊和协助就医、专业护理（服务管理）等。此类服务需要更多依靠养老服务资源，最终目的是减缓老龄化带来的能力下降，尽可能协助老人延缓衰老的进程和并发症出现的速度与程度，维持尽可能高的生存质量。

第二，养内设医模式多为新建或改扩建的公办养老机构，按照国家的医养结合标准建设，是为农村特困失能老年人集中供养而建，通过向医疗机构购买医疗服务和向专业护理机构购买护理服务实现医养结合，或养老机构内配备专职的医护人员。入住的特困失能老人所需的医疗和护理费用几乎都是政府全额出资。如江西省吉安市探索建立失能老人集中护理新模式，将县（市、区）内所有敬老院划分为若干个集中护理片区，在每个片区内选定一所管理和基础设施较好的敬老院，建设改造一个标准化的护理部，统一配备护理设施设备，按1:3比例，采取政府购买服务方式配备专业护理人员，将片区内失能老人集中到护理部集中供养。吉林省吉林市永吉县持续实施农村社会福利服务中心改造提升计划，全县规划建设三个县级社会福利服务中心，改造升级照护型床位，开辟失能老年人照护单元，确保有意愿入住的特困人员全部实现集中供养。江西省赣州市兴国县投资1.3亿元建设了田庄上养老中心、夕阳红老年公寓两个集中照护点，通过政府购买服务的方式，依托两所公建民营养老机构专业的护理队伍与医疗设备条件等优势，承担该县失能、半失能特困老人的生活照料，集中照护107名失能特困人员，享受与社会养老同等优质服务。夕阳红老年公寓内设一级综合医院——谐和医院，田庄上养老服务中心内设慧博源医院、健康管理指导中心。田庄上养老中心还开设了中医馆，康复治疗师定期巡诊。

第三，提供全类型、全过程专业养老服务，且普遍实行医护人员24小时值班制度，为所有服务对象建立健康档案，提供日常医疗、照护、预防和保健。如新疆维吾尔自治区和田地区洛浦县按1∶10的比例为各乡镇敬老院选配招聘护理专业或与护理相近专业的护理人员，为农村敬老院各配备1名医生和1名护士，负责院内居住老人开展诊断、体检、特护、给药等医疗服务。通过健全配齐农村敬老院医务室常规的医疗器械和药品，为入住老人提供日常预防和保健。医护人员实行24小时值班制度，为所有服务对象建立健康档案，不同病种不同颜色标签分类摆放，做到对每位老人的身体情况熟知于心。安徽省六安市舒城县九九老年公寓对养老院进行升级改造，建设护理院场所并免费提供给乡镇卫生院；乡镇卫生院安排15名医护人员24小时坐班，每日早晨免费为养老院提供巡护服务，老人有需求时随叫随到，对患病老人康复治疗合理收费。

2. 存在问题

第一，符合医养结合标准的养老机构投资大，运营成本相对较高。社会资本很难进入，养老机构大多都是自主投资经营，缺乏政府的财政拨款。机构给老人们提供优质的服务，已经投入了大量的资金，再增加医疗服务，投资运营成本会更高。因此只有少部分公办养老机构能够达标，所惠及的人群有限。第二，对于农村的养老机构而言，内设的医疗卫生机构缺乏专业的全科医生团队，老年医学医疗水平偏低，医疗人才引进难度大、人员流动性较大。医学毕业生大多倾向于到医疗机构工作，导致养老机构从业人员更为缺乏。养老护理人员数量不足，文化水平低。而且护理工作强度大、护理人员工资待遇低、社会认可度低，且承受心理压力较大，因此流动性很大。第三，有些养老机构内设的医疗机构还存在硬件设施不完善，不满足需求的情况并且机构内医保体系不健全，影响了服务的开展。第四，医保定点门槛高，很多照护服务项目不属于医保范围，因此民营的此类养老机构收费标准高，这也影响了很多老年人对医养结合的养老机构不认同。

（三）实践模式三：医养联合模式

医养联合模式是养老机构通过和基层卫生服务机构等签订合作协议，或者由医疗机构托管养老机构医疗服务的形式联动运营。目前，多数地区实践采取了该种模式。

1. 模式特点

第一，医养联合模式是养老机构和基层卫生服务机构通过合作联动运营。其服务主体为签约的医疗机构和养老机构分别提供医疗及养护服务。服务对象为大多数入住养老机构的老年人以及简单照护服务需求的老人。服务内容包括基本生活照料、心理社会支持、膳食与辅助器具服务、健康管理、医疗巡诊和协助就医、专业护理（服务管理）等。

第二，医疗机构和养老机构都在保持独立运营的前提下，依托医院、社区卫生服务中心等力量整合医养资源，由签约或托管的医疗机构委派主治医师或专业医疗团队定期到协议或托管的养老机构开展医疗护理工作，养老院老人生病后可通过“绿色通道”直接到医院住院，方便快捷。如浙江省丽水市松阳县养老服务中心与县中医院合作协议书，并在院内设立医务室，县中医院派一名医生上班时间坐诊，帮助五保老人建立就医档案，并定期开展健康教育、养生保健讲座、健康咨询、义诊等活动，满足了入住老人基本的医疗需求。

第三，在乡村地区，养老机构和医疗机构多为毗邻而建，能够更好地实现老年人就医和疗养的衔接。如上海市嘉定区北管综合为老服务中心与社区卫生服务中心、标准化老年活动室、村级公共健身运动场、开放式舞蹈场、生态绿化公园等临近设置，提供覆盖老年人全生命周期的助餐、日托、全托等“一站式、阶梯式服务”，能够满足本村老年人不同层次的养老服务需求。中心与毗邻设置的社区卫生服务中心签约，让住养老人切实享受到优质的基本医疗卫生、定期医疗巡检、康复护理指导等服务。陕西省渭南市富平县在全县 4 个已建成的“中心幸福院”内启动农村幸福院和镇（村）卫生院（卫生室）医养融合工作。在移民搬迁安置社区，中心幸福院与卫生医疗机构就近建设或同步规划、同步建设；深化农村居家养老家庭医生签约服务，以中心幸福院为功能载体，为老年人提供日常照料等基本服务。湖北省宜昌市兴山县整合乡镇卫生院医疗卫生资源和福利院养老资源，将福利院建在医院旁，乡镇卫生院、农村福利院两院合一，实现医疗卫生和养老服务融合发展。该院拥有床位 110 张，现入住供养对象105人。通过“一张床位、两种功能、三个保障”的医疗养老服务新体系，为供养对象提供基本医疗、康复理疗、健康管理、日间照料、文化健身、心理咨询、临终关怀等多功能服务，统筹解决了农村特困供养对象就医和养老问题。河北省巨鹿县以乡镇卫生院为依托，新建和改扩建的养老院与乡镇卫生院合并建设，融为一体。在村庄规划中，按3000户左右为一个片区划分，集中规划建设卫生室和老年活动中心，完善老年活动中心的建设和服务，全县形成以县城为中心，乡镇卫生院（养老院）村卫生室（老年活动中心）为基础的城乡医疗、养老一体的新型布局。

第四，针对村镇而言，基层医疗机构可以与所在区域多家养老机构合作，养老机构也可与多家医疗机构合作，彼此独立，各司其职，在两种资源相互合作的基础上，双方相互配合促进彼此效用最大化，既能优势互补，又能灵活多变，相比而言，医疗的服务水平和专业化程度较高，双向转诊提高了资源的使用效率。贵州省遵义市汇川区政府探索建立全区基层医疗卫生机构与农村敬老院、日间照料中心、农村幸福院签订医疗服务协议机制，为养老服务场所和居家老人提供医疗服务支撑。吉林省松原市将托养所和村卫生所资源进行整合，既满足了老年人养老需求，同时还提供了老年人基本的医疗服务。

2. 存在问题

第一，大多数的基层医疗机构并未因协作模式增加人员编制，造成医务人员数量紧缺。第二，对于该种模式相关政策标准比较宽泛、无细化可操作的范式，缺乏细化的行业标准、服务主体和资质等。第三，对于社区医务人员而言，的，缺少养老服务的绩效考核，医护人员大多数工作积极性较低。第四，需要高位推动，整合各类资源，打通医疗和养老分属不同管理部门的难题。

（四）模式四：家庭医生模式

家庭医生模式是一种居家型医养结合运行模式，老人居住在家中养老，并与家庭医生签订协议，定期上门对老人的身体状况进行专业检查与诊治。多地应对居家养老的医疗需求采用了这种模式作为补充。

1. 模式特点

第一，家庭医生模式是满足居家养老的一种医养结合运行模式，家庭医生定期上门对老人的身体状况进行专业检查与诊治，以保证老年人的晚年生活，家庭医生有各自的工作单位，其服务效果受工作单位、政府等各部门的监督。

其服务主体为基层医疗机构，服务对象是大多数居家养老及互助养老的老年人。服务内容包括健康管理、医疗巡诊和协助就医等。

第二，运行方面，家庭医生和送医上门是居家养老和互助养老的有益补充，能够在一定程度上实现医养结合，有效缓解了公立养老资源不足的难题。多数地区都会以此为补充，使得医养结合的覆盖面更大，惠及面更广。如北京市大兴区长子营镇配强卫生院的为老服务能力，购置巡诊车，配备便携彩超、全自动三分类血球、尿分析仪、心电图机、除颤仪等设备，建立起“流动医疗服务站”，民政部门通过政府购买服务项目为流动医疗服务站提供资金支持，用于设备运维、聘请专家巡诊、建立家庭病床购置可穿戴设备、系统升级兼容以及药物配送服务等，推动“流动医疗服务站”为辖区老年人提供基本公共卫生和上门巡诊医疗服务。而且，流动医疗服务站还开通了移动支付设备，实现“流动医疗服务站”与医保系统对接，更加便利了居民。流动医疗服务站送服务上门，提高了区域医养结合服务水平，特别是在新型冠状病毒疫情防控期间，还解决了老年人不离家看病拿药的问题。

第三，可以有效发挥基层医疗机构的作用及乡村医生的作用，在一定程度上解决了乡村医疗资源短缺的问题。如湖南省韶山市探索农村养老邻里互助新路径。通过建立村级就医联系人，即各村卫生院兼任村级老年人就医联系人，做好老年人日常就医及住院、转院等衔接工作，实现最基础的医养结合。如有突发事件，邻里互助点负责人或志愿者可直接与村级医疗卫生院就医联系人取得联系，并能及时通知其子女等亲人，同时提供力所能及的康复照料，在老年人遇到意外情况时，能得到及时、快捷、有效的帮扶。北京市大兴区长子营镇将乡村医生纳入到家庭医生团队中，农村幸福晚年驿站工作人员配合家庭医生进行巡诊。安徽省安庆市贴心之家养老服务中心为了弥补农村居家养老服务中“医”的缺失，中心整合了农村基层医疗资源，聘请了村医作为各站点驻点人员，村医为会员提供健康管理、咨询和定期体检等基础医疗服务。老人身体不适或病情较轻，村医就可以解决；遇到急症，村医的应对之法也相对专业。中心依托村医和医嫂团队，提供“站点 + 上门”两种模式的基础医疗健康服务，给广大农村老人的健康养老理念带来了明显的转变和提升。

第四，通过实施医养结合进社区，能有效并同时满足老年人的医疗需求和社区养老需求。老年人不离开生活的社区享受医养服务，可以满足老人家庭精神赡养和社会精神养老的需求，消除对养老院、医院存在的排斥心理和抵触情绪，对居民的健康和生活质量有积极的影响，而且极大程度的缓解了医院看病预约难、排队难的问题，老人不仅能够得到及时的救治，还给家人和社会减轻了负担。使得医养结合的惠及面更广。贵州省铜仁市江口县强化民政、医疗和保险部门协作，建立家庭医生签约服务机制，采取乡镇卫生院包村、村级卫生室包人的包保责任制，通过乡镇卫生院与幸福院等养老服务机构签订协议，并统一购买意外伤害保险，实现“先诊疗、后付费”，定期开展保健服务活动，畅通绿色救治通道，提高老年人的健康保障能力。

第五，能够有效解决农村地区地域广阔，人口分散，居住不集中，留守老人就医难的问题。四川省南充市西充县采用县乡共建方式，村村成立一个卫生站。采取农村卫生医疗项目新建一批，利用村级闲置房屋自筹资金改造维修一批，租用农村闲置民房临时扩展一批的办法，616 个村建立了卫生站，按照村级卫生员的公共服务职能，由村委聘任了 839 名村医驻村行医，建立了村医“定期上门巡诊问诊、入户签到、离岗解聘、绩效考核”等制度，让每户老人能享受到就地诊治、上门巡诊服务，解决了留守老人就医不方便的难题。

2. 存在问题

第一，涉及服务主体较多，缺乏协调机制，容易形成多头管理。社区医养结合服务体系涉及政府相关机构、签约医生、与社区订立合同的公司、志愿者组织等，形成了多方共管格局，各方的职能如果缺乏协调机制或协调机制不健全，导致效率低下。第二，需求与供给矛盾，不能满足老年人多层次、多元化的需求。上门服务的内容主要是日常生活护理，尤其在农村，缺乏专业的医疗服务和医疗设备，诊疗服务较少，难以实现真正的医养结合。第三，目前国家出台的政策文件中缺乏对上门服务内容的界定以及相关安全规范，无法保障上门服务团队自身的安全，也容易增加医疗的风险，且由于上门服务的总体收入和工作效率都偏低，制约上门服务的工作积极性。

（五）模式五：混合方式

在养老服务体系建设中，很多地区针对不同人群的特点和需要在机构、社区和居家三个层面实现医养结合。不同层次的医养结合既能解决政府兜底的经济困难的失能、半失能老人，也能够惠及普通的当地老年人。

1. 模式运行特点

第一，混合方式是由县（市、区）级政府根据本地区实际情况构建的综合养老服务体系，能够做到因地施策、因人施策，多种方式并行能够满足多样化的养老需求，且惠及人群广。河南省周口市太康县按照“一户一策、一人一法”的原则，积极推行“集中供养”“居村联养”“社会托养”“亲情赡养”“邻里助养”五养社会兜底保障模式，共改造建设19所乡镇敬老院、1所社会福利院、27所医养结合的养老服务机构、157个居村联养点，全县9721名农村特困人员实现了“五养模式”全覆盖。江西省新余市通过构建三级养老体系，县级集中照护平台——4个区域性养老服务中心——农村互助养老平台，满足了多样化需求。县级集中照护平台和区域性养老服务中心，主要解决贫困户、低保户中的失能老年人集中照护。农村互助养老平台，覆盖率高，满足了多数老人“养老不离家”的居家养老需求。推进农村医养结合，还整合卫生室和计划生育服务室，每个行政村建有一个“晓康诊所”。福建省三明市大田县对于不同情况的老年人实行分层提供服务。如七类老年人（65周岁以上的特困供养、低保对象、建档立卡贫困人口、重点优抚对象、计划生育特殊家庭成员、重度残疾人中的老年人以及80周岁以上老年人）提供政府购买服务，免费开展助医、助餐、助洁、助浴、助急等服务。为七类特殊贫困老人之外的农村留守老人提供低偿服务，服务费由老人家庭自愿购买，服务价格公开透明，通过定期探访、社工上门、对象自主对接服务等方式，解决他们在生活照料、健康管理、精神娱乐、紧急救助等方面服务需求。政策的普惠性强，既有政府购买服务，保障特殊贫困老人，也提供面向所有留守老人的低偿服务。

第二，为了探索更适宜于本地化的养老服务体系，个别地市会在全域范围内选好试点，然后总结试点经验，进一步健全工作机制，进而向其他区推广实施。广东省茂名市以促进全市医疗卫生与养老服务的资源整合，激发各类服务主体的潜力和活力为目标，先后出台了《茂名市“医养结合”试点工作实施方案》（茂府办函〔2016〕155号）和《茂名市促进医疗卫生和养老服务相结合的实施方案》（茂府办〔2017〕32号）等文件，对试点的村委会老人活动服务站建设标准、硬件设施配套、人员配备、资金安排等做了顶层设计，有力推动了农村医养结合试点工作的开展。各区（县级市）选好试点，首先选集体经济基础较好的村（居）作为试点范围，信宜市、高州市、化州市、电白区、茂南区等各选2个点，滨海新区、高新区各选1个点，同时，也在各区（县级市）较成熟的社会主义新农村建设示范村（居）中选点。试点村（居）要建好100平方米以上的“村老人活动服务站”，其中设有1间办公室（配备办公桌椅、电脑、档案资料柜、老人健康档案柜）、1 间娱乐室（配备 1 台电视机、1－2 台麻将桌、麻将、象棋、军旗、扑克等）、1 间康复室（配备 1－4 张自动按摩椅、1－2 张护理床）、1 间饭堂（需在墙上张贴老人健康饮食宣传资料、食谱），附近要有村卫生站，为老年服务对象提供一定的医疗服务。有条件的地方还可以建设书法绘画室（配备笔墨纸砚等用品）、休息室（配备休息床位）等。把医养结合项目列入社会主义新农村建设规划，政府机关部门在项目建设方面用足政策。茂名市内所有新农村建设示范点及省级贫困村都要规划建设村级医养结合项目（规划中安排的村老人活动服务站、卫生站、饭堂等必须在同一地方）。每个试点配备 2 名管理人员（由村委会干部兼任）、1 名护理员、若干社工和志愿者等。通过总结村级医养结合试点的成功经验，进一步建立健全工作机制。依托村卫生站，健全和落实家庭医生签约服务，通过基本公共卫生服务、基本医疗服务、健康管理服务，使医养结合得到真正落实。同时，建立分级诊疗制度，为需要转上级医院的老年服务对象开通绿色通道。完善医保相关支付制度，在村卫生站服务中，把老人康复服务符合医保政策部分纳入医保报销范畴，直接办理报销手续，及时制定和规范家庭医生签约服务支付程序。将养老护理人员纳入公益性岗位范畴，给予一定补贴，吸引更多的人才从事护理工作。建立了以家政服务员、健康管理师、心理咨询师、志愿者及服务对象家庭成员等共同参与的社会服务队伍，开展日托型和家庭型医养结合服务。

第三，养老服务体系的建设需要社会化参与，实行市场化运营、规范化管理，相关部门做好法制化监督。福建省三明市大田县引进专业化社会组织——福建居敬泽惠养老产业发展有限公司，通过线上线下相结合，为农村居家养老和失能失智老年人提供居家照料和康复辅具租供等服务。整合全县 1117 个社区卫生服务站、村卫生所、家政、超市、快餐等社会资源，由福建居敬泽惠养老产业发展有限公司与其签订服务协议，相关部门制定监督管理办法，对加盟服务机构进行资质把关，对服务质量进行跟踪管理。智慧平台的打造和调度，使得居家老人能够更加迅速便捷的享受所需服务。

（六）五种模式的对比

医内设养模式重在医疗诊治，适合急性疾病恢复期、患有一种及多种慢性疾病、肢体残疾、精神残疾及肿瘤晚期老年人。养内设医模式重在养老治疗，适合失能和半失能、慢性病等老年人，残障者，家里无人赡养照看的高龄、空巢、孤寡老人。医养联合模式是上述两种模式的一种实现方式。家庭医生模式重在居家养老，所适合的老年群体范围最广。既适合身体状况良好的老年人，也适合失能失智、需要提供生活照料、慢性病防治、康复护理的老年人和高龄老人。混合方式是县（市区）整体养老服务体系建设在不同层面实现的医养结合。

表 11－1　我国农村医养结合养老模式比较

运行模式	优势	不足
医内设养	1. 医疗服务水平和专业化程度高；2. 医护养一体化，无缝协调管理	1. 入住费用高昂；2. 专业人员配比不足；3. 供需不平衡，床位少；4. 医疗水平高的公立医院开设养老服务的动力不足，基层医院开设养老服务的能力相对不足
养内设医	1. 提供全类型全过程的专业养老服务；2. 医疗服务水平相对较高；3. 有助于满足大多数老人的照护服务需求，尤其是失能老人的专业护理需要	1. 满足医养结合标准的养老机构相对较少，硬件投入及运营成本高；2. 目前多为公办养老机构，为农村特困失能老年人的集中供养而建，因此惠及的人群少 3. 民营机构收费较高 4. 医保定点门槛高
医养联合	1. 共享基础设施，降低建设成本及运营成本；2. 多种合作方式，各自独立；3. 双向转诊提高了资源的利用率，满足了老人同时享有基本的养老和医疗服务的需求	1. 乡村的医疗设备欠缺，医疗技术水平有限，有提供服务存在形式化的趋势；2. 缺乏专业的评估机构，致使养老机构的专业性和服务质量缺乏综合考核指标及其量化标准，考察难度大
家庭医生	1. 老人在家就可以享受医疗服务，避免老人因行动不便而无法就医的情况；2. 每位老人都有特定的医生为其检查身体、诊治疾病，针对性较强，且能保证医疗服务的阶段性和持续性	1. 能够提供上门服务的家庭医生数量不足；2. 专业水平和服务质量难以保证；3. 在缺乏相关监督机制的情况下，对服务效果的评估难度较大；4. 居家养老可能产生家庭护理专业性不足等一系列问题
混合方式	1. 针对不同人群的特点和需要实现不同层次的医养结合，能够满足多样化的养老需求；2. 既能解决政府兜底的贫困失能半失能老人，也能够惠及普通的在地老年人	1. 需要市或县一级做好顶层设计，根据不同人群的实际需求因地制宜制定相应的政策，完善制度设计，打通部门壁垒；2. 若缺乏专业的评估与监督机制，则难以保证实施的效果

三、农村医养结合养老模式实践成效

总体而言，随着医养结合政策的不断完善，无论城市还是乡村都进行了相应的实践探索，满足了不同形式的养老需求。其中涌现出不少颇具特色的典型性案例，在此基础上进行进一步的深化完善，可以形成很好的具有可操作性的典型模式。

第一，医养结合服务能力方面。一是医养结合服务设施的标准化建造。根据脱贫攻坚工作和乡村振兴战略的要求，各市、乡镇都实施了特困人员供养服务设施（敬老院）改造提升工程。补齐了农村养老基础设施的短板、提升了特困人员供养服务设施（敬老院）建设。利用政府和社会资本合作、公建民营等方式，按照医养结合的设施标准完成特困人员供养服务设施（敬老院）建设、或改造升级照护型床位，使得区域内的特困人员全部实现集中供养。四川省眉山市东坡区根据乡镇行政区划调整，合并一批敬老院，将合并后闲置敬老院改造为护理型床位，设置生活区、医疗区、种植区、护理病房、康复训练室、护理照料室、心理咨询室等，配置呼吸机、心电监护仪、急救车等医护设备及各种康复器材。河北省衡水市充分利用县、乡（镇）卫生院土地、设施、空闲床位和康复医疗的资源优势，对其进行改造提升或新建医养结合机构，建设覆盖辖区的医养结合集中供养中心。浙江省海宁市实施公办养老机构改造提升三年行动计划，市、镇（街道）累计投入4亿多元，新建、改扩建12所公办养老机构，所有项目按照国家有关标准实施并全部实现医养结合。吉林省吉林市永吉县第一社会福利服务中心建筑面积1.1万平方米、300张床位，依据养护院建设标准建设，目前已经建成投入使用，整合了三所乡镇的福利中心，并实现了公建民营、医养结合。江苏省宿迁市通过公建民营方式，引入符合条件的社会主体，将乡镇敬老院改造成乡镇老年公寓、康复护理院等区域性养老服务综合体，实现管办分离，在优先满足特困老人集中供养需求的同时，面向社会开展市场化运营，提供社会化服务。河北省衡水市对全市特困人员供养机构、社会办养老机构及县、乡医疗机构现状进行摸底，为制定贫困老年人集中供养提供依据。各集中供养中心根据老年人实际状况，按照专业对口、分级护理的原则，采取不同方式予以供养。半失能人员由贫困人口供养中心进行供养；完全失能或患传染病、精神类疾病人员，由贫困人口供养中心委托医疗机构医养中心，依托医疗机构的专业照料护理力量进行供养，提供健康检查、疾病诊治和护理、大病康复以及临终关怀服务；集中供养中心和医疗机构床位有效供给不足时，由中心通过购买服务的方式，委托民办养老机构进行供养。二是通过政府购买服务，实现人员配置专业化。如陕西省榆林市榆阳区老年护理院按照每3名失能、半失能特困人员配备1名专业老年护理员的标准，为入住的失能、半失能特困人员提供生活照护、精神心理慰藉、健康咨询检查、疾病诊治护理等一系列的综合养护服务。具体工作中，还会随时根据特困人员健康和自理能力情况实行灵活动态管理，一旦发生疾病，随即就地转入“医疗模式”，由责任医生和护士对其进行专门诊治和分级护理。四川省眉山市东坡区民政局通过向医疗机构购买医疗服务，向专业护理机构购买护理服务，医疗机构及护理公司每天派出医生及护理人员到供养机构实行24小时不间断服务，主要负责供养对象的基本医疗、康复治疗、转诊、健康体检及照料护理。新疆维吾尔自治区和田地区洛浦县为农村敬老院各配备1名医生和1名护士，负责院内居住老人开展诊断、体检、特护、给药等医疗服务，医护人员实行24小时值班制度，为入住老人提供了基本健康保障。三是科学规划农村养老服务设施建设点及用地，与原有资源相结合，形成了“以点带面”的农村养老服务格局，在更大范围内实现医养结合。如上海市嘉定区的“北管模式”，在规划建设初期就注重与原有资源的利用整合。北管模式将为老服务中心与社区卫生服务中心、标准化老年活动室、村级公共健身运动场、开放式舞蹈场、生态绿化公园等临近设置进行综合管理。此外，北管模式综合为老服务分中心，提供覆盖老年人全生命周期的助餐、日托、全托等“一站式、阶梯式服务”，能够满足本村老年人不同层次的养老服务需求。中心与毗邻设置的社区卫生服务中心签约，让住养老人切实享受到优质的基本医疗卫生、定期医疗巡检、康复护理指导等服务。上海市松江区叶榭镇探索“幸福老人村”养老模式与嘉定区“北管模式”有相似之处，幸福老人村是国内最早通过盘活农村宅基地介入农村老人养老的养老机构。不同于其它专业化养老机构，幸福老人村利用农村现有房屋改造而成。幸福老人村现共租用堰泾村房屋9户10幢，占地面积8000平方米，建筑面积1600平方米。经过适老性改造后，设有长者照护之家（49张床位）、老年人助浴点、老年人日间照料点、老年助餐点、乡村老年大学等。老年人“不离村”、延续最熟悉生活方式的同时，养老条件也得到很大程度地改善。幸福老人村自2016年2月开始运营，目前已有38名常住老年人和106名日间照料对象。入住老年人多是本村或邻村村民，由于高龄、独居或需要照护搬迁到此，大多距离自家房屋不远。同时，幸福老人村不是封闭的院落，不少老年人原本就住在这片区域内，有的老年人将房屋部分出租给幸福老人村，就近成了“福利”共享者。幸福老人村通过将长者照护之家、老年人日间照料中心、综合为老服务中心、助餐点、助浴点、卫生服务机构等整合设置或邻近设置，优化养老服务资源配置，打造成为链接机构服务与居家服务、专业服务与辅助服务的资源配置枢纽和推送中心，形成了以点带面的农村养老服务格局。幸福老人村提供一站式综合养老服务，尽可能满足农村地区老年人的养老需求。项目启动时，幸福老人村就规划为本村、临村的老年人提供24小时照顾护理、日间照料托养、居家养老等服务，并吸引已享受政府居家养老服务补贴的农村老年人在此集中养老。“幸福老人村”模式已在松江区石湖荡镇、浦南四镇等地推广，具有可推广的价值。贵州省遵义市汇川区通过科学规划农村养老服务设施建设点及用地，选择在老年人口数量多、公共服务基础较好、覆盖范围较广的村（社区），建设农村日间照料中心或幸福院，将养老服务延伸至村组、至农户，覆盖面大，惠及面广。汇川区政府探索建立全区基层医疗卫生机构与农村敬老院、日间照料中心、农村幸福院签订医疗服务协议机制，为养老服务场所和居家老人提供医疗服务支撑。

第二，在部门管理方面，市委市政府统筹，破除管理体制障碍，民政和医疗等部门协同，形成部门合力。如吉林省松原市委、市政府把开展农村养老服务工作列入市政府重点民生工程和目标责任制项目，强化组织领导，所需资金全部纳入财政预算，实行绩效考核管理。先后以市政府名义出台了《关于加快发展养老服务业的实施意见》《关于加快推进居家养老服务体系建设的实施意见》《关于加强农村留守老年人关爱服务工作的意见》等文件，有力地促进了农村养老服务发展。建立了养老服务全体会议制度和专题会议制度，每年至少召开两次以上农村养老服务专题会议，协调相关部门定期研究农村养老面临的新形势和新任务，解决农村养老服务过程中遇到的问题，合力做好农村养老服务工作。河南省周口市太康县县委、县政府成立太康县农村特困人员“五养模式”推进工作领导小组，由县长任组长，下设五个工作组，具体负责“五养模式”推进实施。民政、卫健、扶贫、财政、发改等部门齐抓共管，信息互通，资源共享，形成政策合力、扶贫合力、攻坚合力。贵州省遵义市汇川区成立了由区政府分管副区长为组长，区民政局局长为副组长，区委宣传部、区发改局、区财政局等部门为成员单位的农村养老服务综合改革试点工作领导小组，便于整合分属于各部门的各类资源，合理统筹规划，解决问题。河北省衡水市规范精准识别流程。按照政策要求，由民政部门负责开展农村经济困难失能、半失能特殊群体信息大起底，排查产业收益、供养需求、自理能力情况，建立个人信息台账。规范协议入住流程。经个人申请、乡镇和部门审核，符合条件的由家庭、集中供养中心以及医疗机构签订协议，由民政部门和医疗机构负责安排入住。规范检查监督流程。由民政部门牵头，完善监督检查机制，实现集中供养与监管无缝对接。除此之外，规范依规善后流程。民政部门、卫健部门会同供养机构，严格遵照入住协议、殡葬政策、民风习俗、操作规范等处理后事。

第三，在资金保障方面，一是公办养老机构的运行经费全部纳入市镇财政预算。河北省衡水市按照不低于农村特困供养服务机构供养人员的基本生活、照料护理及机构运行费用的标准，整合贫困人口的社会救助（特困、低保、残疾人"两项"补贴、老年护理服务补贴、机构运营补贴等）资金、扶贫产业农户收益等资金，在个人自愿的前提下，由供养中心统筹使用，用于基本生活、照料护理、疾病诊治等方面的支出。供养资金不足部分，由县（市、区）财政负责统筹安排，列入年度财政预算，市级财政综合入住率、照护质量等情况，采取以奖代补的方式予以补贴，确保供养中心正常运转、供养机制可持续。二是探索多元化筹资机制解决农村老人的养老医疗难题。吉林省松原市辖区共建设农村托养照顾所 22 所。托养所在建设方式上，以村委会为建设施工主体，利用村集体闲置或村民自有住宅改建，配备了必要生活用品用具。采取省里补贴一部分、市（县、区）配套一部分、村集体自筹一部分的形式，形成了多方筹资机制。在服务收费上，入住老人分类收费，每人每月不超过 500 元；对低收入或无收入老年人，利用老年人承包土地流转收益，用于入住托养所的费用支出，不足部分由村集体经济或者动员社会力量给予一定资金救助。将托养所和村卫生所资源进行整合，既满足了老年人养老需求，同时还提供了老年人基本的医疗服务。民族地区的医养结合探索因地制宜制定政策开展工作。如新疆维吾尔自治区和田地区洛浦县针对部分有住房、耕地、家畜等个人财产的、有意愿入住敬老院的五保对象和孤寡老人，由村（社区）委会采用土地流转、出租、合作社托管的形式，将老人的个人财产合理分配给辖区居民使用，最后将出售、租赁等收益所得资金交于老人自由支配，解决了老人后顾之忧。内蒙古自治区锡林郭勒盟紧密结合牧区老年人的养老服务需求，重点加强牧业旗老年公寓建设，医养保健上，提供蒙医蒙药诊疗、医疗卫生讲座、急救理疗养生等服务，满足了老年人看病就医需求，解决了牧区牧民因居住分散偏远导致的医疗和护理服务缺乏等问题。三是积极利用民办医疗机构的医疗资源，实现医养结合。发挥民办医疗机构的优势，采取政府购买服务的方式，投资建设老年护理院或通过“民办公助”投资建设养老床位。如辽宁省锦州市2016年吸引社会资本投入1.7亿元建设了具有600张养老床位和二级医院资质的医养综合体，即北镇金色年华老年公寓和北镇市华盛医院。金色年华老年公寓是由锦州市北镇市金色年华老年公寓服务有限公司打造的一家集医疗、养老、康复为一体的全方位养老服务中心。园区内设有大型养老生活区，专业的二级综合医院，慢性病、老年常见病康复训练中心，四季常青花卉阳光休闲区，多功能演播厅，丰富的营养配餐区，健身、活动主题公园，以及老年洗浴中心等八大配套设施。毗邻的华盛医院拟二甲级先进综合医院投资建设，是新农合和城镇医疗保险的定点单位，根据项目属性配备了门诊部、住院部、健康体检中心、健康管理中心、康复医学中心、血液净化中心，拟定科室主要有内科、外科、妇产科、康复医学科、中医科、眼科、耳鼻喉科等七大科室。可以满足老人突发救治、诊疗、药品、检测、健康咨询等需求。利用“医养一体化”的发展模式，集医疗、康复、养生、养老等为一体，将养老机构和医院的功能相结合。四是长期护理保险试点地区，实现高品质的服务项目城乡全覆盖。浙江省海宁市2017年起实施普惠制的长期护理保险，失能老人每月可享受由专业机构提供的27项护理服务。长护险基金最高支付标准分别为养老机构每人每月3000元，医疗机构每人每月2400元，居家养老每人每月1500元，目前全市共有1200多名失能老人享受长护险服务。对未达到长护险等级且经济困难的失能半失能老人，通过政府购买第三方服务方式分别给予上门居家护理、医疗机构住院陪护等服务，作为长期护理保险的有益补充。

第四，在服务运营及监督监管方面。一是实现管理制度规范化。浙江省海宁市先后编制了《海宁市养老机构4H评价标准》《海宁市居家养老服务照料中心等级评定标准》等各类机构管理规范，编制《为老助餐配送餐规范》《养老护理操作规范》等养老服务地方标准，实现养老机构运行和各项服务有标准、可量化、能操作。四川省眉州市东坡区根据《农村敬老院建设与管理规范》省级标准，制定了《东坡区失能、半失能特困人员集中供养工作手册》，建立了工作人员考勤制度、安全管理制度、值班制度、交接班制度，护士岗位职责、医务人员岗位职责、护理人员岗位职责、食堂工作人员岗位职责及门卫职责等服务标准及各项工作制度，进一步规范了失能、半失能特困人员集中供养的护理服务及日常管理。河北省衡水市参照《养老机构服务质量基本规范》要求，建立健康档案，根据人员自理能力实施分级护理，提供基本医疗、康复训练、饮食照料、养老护理、精神慰藉、临终关怀等基本照料护理服务。开展安全照料，对坠床、跌倒、误服药、感染等情况进行风险干预；开展陪伴交流，进行心理干预，减缓孤独感、恐惧感。二是完善监督检查及监管程序。河北省衡水市规范精准识别流程。按照政策要求，由民政部门负责开展农村贫困失能半失能特殊群体信息大起底，排查产业收益、供养需求、自理能力情况，建立个人信息台账。规范协议入住流程。经个人申请、乡镇和部门审核，符合条件的由家庭、集中供养中心以及医疗机构签订协议，由民政部门和医疗机构负责安排入住。规范检查监督流程。由民政部门牵头，完善监督检查机制，实现集中供养与监管无缝对接。规范依规善后流程。民政部门、卫健部门会同供养机构，严格遵照入住协议、殡葬政策、民风习俗、操作规范等处理后事。安徽省舒城县县乡两级每季度按 50% 比例对服务情况进行抽检，村级不定时入户对服务质量进行跟踪和监督，服务机构实行上门服务全程录像，确保服务行为规范和服务质量。三是探索智慧化监管方式。吉林省永吉县利用建设银行开发的智能安心养老综合服务平台开展智慧养老服务。该平台包括民政服务端、机构应用端、个人应用端和平台管理端四个客户访问端，囊括了养老机构和服务提供方的监管、社区居家养老的监管、民政所有涉及到的多项补贴发放、民政服务对象生存状态及时确认、数据统计及分析等多项内容。福建省大田县民政局制定《大田县政府购买居家养老服务暂行管理办法》，对服务情况每月抽查一个乡（镇）1 - 2 个村，并按 10% 的比例入户巡访，对巡访过程中发现的弄虚作假行为采取通报批评等处理措施，从而保障老人权益不受侵害。指导专业社会组织制定"互联网 + 农村居家养老服务"规范，建立服务质量跟踪监督机制。孝老员上门服务结束后，通过扫描服务对象二维码，手机 APP 服务工单将服务情况以图片或视频形式传输至民政局监督 系统、养老服务中心管理系统，通过服务对象反馈评价、服务中心回访调查等形式进行评价打分，对得分低服务质量差的孝老员实行"优胜劣汰"，并及时扩充新的服务商和服务人员等方式实现标准化服务、全过程监管。如江苏省宿迁市建立养老服务第三方评估制度，通过公益创投，加强与保险机构、老龄协会、社会公益组织等机构和组织合作，加大对养老服务机构、各级养老管理单位的服务、管理质量全过程监管。开展社会化监管，引进第三方评估机构，对入住对象认定、养老服务质量进行评估。建立智慧养老管理服务监管网络，通过“互联网+”，加强对各级养老管理和服务人员的管理，服务质量的动态监管。

第五，在护理补充强化基层医疗资源和人才队伍建设方面。一是因地制宜发挥村卫生站以及村医的作用，在一定程度上缓解了农村医疗资源不足的现实。应对农村留守老人多，且人口分散的特点，各地积极探索，有效利用、补充强化基层医疗资源，发挥村卫生站及村医的作用。如四川省南充市西充县采用县乡共建方式，村村成立一个卫生站。采取农村卫生医疗项目新建一批，利用村级闲置房屋自筹资金改造维修一批，租用农村闲置民房临时扩展一批的办法，616 个村建立了卫生站，按照村级卫生员的公共服务职能，由村委聘任了 839 名村医驻村行医，建立了村医“定期上门巡诊问诊、入户签到、离岗解聘、绩效考核”等制度，让每户老人能享受到就地诊治、上门巡诊服务，解决了留守老人就医不方便的难题。北京市大兴区长子营镇将乡村医生纳入到家庭医生团队中，由村医协助家医签约服务老年人，有效解决了家庭医生数量不足、工作量大的难题。安徽省安庆市“贴心之家”养老服务中心为了弥补农村居家养老服务中“医”的缺失，中心整合了农村基层医疗资源，聘请了村医作为各站点驻点人员，村医为会员提供健康管理、咨询和定期体检等基础医疗服务。老人身体不适或较小病情，村医就可以解决；遇到急症，村医的应对之法也相对专业。中心依托村医和医嫂团队，提供“站点+上门”两种模式的基础医疗健康服务，给广大农村老人的健康养老理念带来了明显的转变和提升。二是注重扩大未来医养结合所需的人才服务队伍。辽宁省锦州市把培养人才作为重要抓手。首先，落实奖励机制。实行老年服务与管理类专业毕业生入职奖励等扶持政策，给予 4－6 万元从业奖励；其次，持续加大培训。实施养老护理职业队伍培养的“百千万大培训工程”，2019 年，对 500 名养老护理员进行职业技能培训；2020 年，对 1 千名养老服务志愿者开展和举办各类养老服务专业知识培训及论坛活动；2021 年，将对 1 万户家庭成员开展失能失智居家养老护理知识培训。通过不间断组织养老护理员培训、技能大赛、养老人才和供应商人才双选会，加强养老护理员人才队伍建设。再次，建立养老服务人才培训基地。支持锦州医科大学等院校特别是职业院校（含技工学校）设置养老服务相关专业或开设相关课程，在普通高校开设健康服务与管理、中医养生学、中医康复学等相关专业，推进养老服务相关实训基地建设。签订“政校企”战略合作协议，支持锦州医科大学与社会培训机构、养老行业企业开展合作，在订单班培养、职业技能培训、学生顶岗实习、实训基地建设、政企专家兼课等方面开展深度合作，在“健康中国”“脱贫攻坚”等战略中精准发力。

四、目前农村医养结合存在的问题

一是农村医养投入不足。根据《2013年中国卫生和计划生育统计年鉴》数据，我国2012年城市和农村的卫生服务总费用分别为21065.69亿元、6781.15亿元，城市和农村地区的人均卫生费用分别为2969.0元、1055.9元；数据还显示，城市地区每万人拥有医疗机构床位数为68.84张，而农村地区仅为31.14张。根据《2015年中国卫生和计划生育统计年鉴》数据，我国2014年城市和农村的卫生服务总费用分别为23644.95亿元、8024.00亿元，城市和农村地区的人均卫生费用分别为3234.1元、1274.4元，这表明：尽管医疗卫生投入逐年有所提高，但城乡之间仍存在较大差距，国家对农村医疗卫生投入不足，农村医疗卫生资源十分匮乏。而在养老保障方面这一差距也同样显著。城镇老年人人均收入远远高于农村老年人。农村老年人的大部分收入来自劳动和自家土地的产出，由于老人年龄增大，不能亲自耕种，产出很少。还有部分收入来自子女或者亲友资助。有些老人的子女收入比较高，每月或者每年给老人的经济支持比较大；有些子女也有家庭，自身生活较为拮据，有时无法给老人提供应有的支持；亲友的支持也是时有时无。另外，政府每月给农村60岁以上老人提供养老金，但金额有限，对老人的帮助较小。老人生病或者失能、半失能，月收入远远无法满足基本的生活所用和医疗支出。

二是目前医养结合服务大多针对农村失能、半失能的贫困老年人，覆盖面小，惠及程度低。《国务院关于加快发展养老服务业的若干意见》对养老机构的功能定位是，重点为“三无”老人、低收入老人及经济困难的失能、半失能老人提供供养和护理服务。目前，公办养老机构都是起到民政托底的作用，只能解决失能、半失能的贫困老年人的养老问题，社会老人床位入住率低。政府购买服务的对象也是这部分兜底人员，大部分老年人难以享受到医养结合的养老服务。

三是农村医养服务设施落后，专业人才匮乏。在农村地区，无论是养老机构还是医疗机构，其基础服务设施均较为落后，能够为老年人提供精细化医养服务的机构数量较少。长期以来，农村机构养老主要依托农村敬老院、福利院等机构进行，但这些机构所提供的服务有限，仅包括基本的日常照顾服务，缺乏专业化医疗服务。老年人的养老和照护服务需要大量专业人员，但农村护理人员严重缺乏，阻碍了医养结合发展。与传统养老模式不同，医养结合模式更加专注养老过程中的医疗和护理服务，所以对医疗服务的专业化提出了更高要求，需要专业的医护服务人员。农村养老机构的工作人员大都是临时聘用的农村妇女，年龄偏大，专业化程度较低，很少接受专业训练和教育培训，主要以提供简单照顾为主，对老人慢性病防治、长期护理及卫生保健等需求的满足无法保障。目前养老机构中大部分护理人员平日工作强度大但工资水平较低，且社会地位较低。不论在医院还是医养机构中，护理人员一直处于不断流失的状态，这将不利于医养结合养老服务的可持续性发展。

四是资源共享机制不完善，多元服务供给主体未能有效协作。医养服务所需的医疗资源和人才资源未实现共享。由于行业差异、行政权限和财务分割等因素，各主体合作意识薄弱，难以实现利益协同。尽管政府在税收、财政、物价、土地等方面推出了不少优惠政策和扶持措施，激励社会力量参与养老服务，但在执行过程中还存在落实不到位的现象。

五是农村医养护社会化筹资机制缺失。随着“新农合”“新农保”的逐步完善，我国农村养老保险和医疗保险的社会化筹资机制已基本确立，为农村老年人的基本生活和健康服务提供了一定支持。但现行的“新农合”“新农保”均不包括护理服务，医养护相结合的筹资机制缺失，社会化筹资机制尚未形成。究其原因，在于对农村医养结合筹资缺乏长期规划，政府财政投入总体不足；其次，农村医养结合机构对民间资本的吸引力不够，民间资本参与较少。医保支付困难是众多医养机构发展的“拦路虎”，而造成医保支付困难的原因之一是绝大多数地区老年人都缺少长期护理保险。由于医养结合机构投资成本高，成本回收周期长，若没有良好政策的引导，很难吸引民间资本参与进来，造成社会力量参与程度不高。

六是医养结合养老服务监督评价机制不健全。在机构的监督评估上，医养结合养老模式主体呈现多元化的格局，各部门各司其职，但同时职能又有所交叉，在管理标准和养老服务标准上不统一。由于标准不统一，政府部门对购买服务的服务企业工作效能的评估，服务企业对自身服务质量的评估，以及对老年人需求评估等不能精准地实施，很难做到服务内容与服务需求相吻合。目前，多数医养机构开展服务的情况一般都是由医护人员主观评价，缺乏客观的第三方有效评估。多数机构还是将关注点放在医养结合养老服务的概念、模式等宏观领域，而对于医养结合养老服务的具体内容、标准等问题关注较少，缺少科学有效的评价体系。在现实运行中缺少客观的第三方评价，这将会对老年人的服务监测与评价有失偏颇，不能及时发现服务中的问题，会导致老年人所接受的服务质量下降，影响医养结合养老服务未来的可持续发展。

七是医养结合养老服务信息化建设严重滞后。农村的医养结合机构的养老服务更加分散，面对多样化的养老服务需求，没有系统的信息整合平台。大数据时代背景下，医养结合养老服务的发展需要依靠智能化、信息化手段进行健康监控，把握老年人的健康数据，进行信息监控，而我国的信息化建设与发达国家相比还比较落后，农村地区的信息化建设更是严重缺失。仅有很少的地方建立了老年人电子健康档案。老年人多发病易发病的监测以及远程医疗等方面几乎为零。

八是医养结合服务理念和内容空洞化。有些养老机构只是打着“医养结合”的旗子来吸引大量老年人入住，但是实际上并没有真正运营，医疗服务没有落到实处。而有些机构没有明确的发展方向和规划，没有达到医养融合发展的初衷，只是顶着医疗养老结合的帽子，还是按照传统机构的养老服务理念，单纯地照顾老年人的生活起居，没有充分了解医养结合的内涵，医养结合服务的内容结构较为单一，忽视老年人的疾病预防保健和心理健康慰藉。如果一些养老机构在尚不具备资质的情况下盲目开展医疗服务或者虚假宣传医养功能，容易引发法律纠纷。此外，政策的制定者和执行者以及养老机构如不能真正了解医养结合的服务理念，那势必会影响整体服务的质量与水平。

九是目前的医保报销体系难以满足医养结合的需要。有些基层医疗机构由于医保报销体系衔接不畅，老年人看病抓药等基本医疗项目还需要自费解决，不能纳入医疗保险报销体系，更不用提及一些医疗康复护理项目。国家对于医疗诊治方面有明确的报销标准，而医养结合的养老服务中重在“养”，预防保健服务、健康查体服务、康复护理服务、心理咨询服务等这些新增的项目缺乏明确的报销细则。

十是养老机构和医养结合服务机构涉“医”的诉讼逐渐增多，其中养内设医的养老机构和护理院是纠纷多发地点。其中涉及较多的是养老机构送

“医”不及时、养老机构不具备“办医”的资格和医养机构只“养”不“医”、涉医行为的专业人员不具有“行医”的资质、医养结合服务机构未尽到转诊告知义务、医养结合服务机构违反诊疗规范、护理级别约定不明或者履行不到位，等等。

五、优化农村养老医养结合的政策建议

（一）建立多元供给主体协同机制

通过机构重组明确各自职责，促进医养健康部门和社会服务部门间的协作；建立多元主体参加的联合委员会，并制定具体协作方案促进服务主体之间的合作，以实现养老服务与医疗服务的无缝衔接。完善政策标准和服务体系。打破部门间的沟通壁垒，推动老龄部门、卫健部门、民政部门之间的互动，以统筹整合各方资源。完善制度政策，厘清家庭、社区、服务运维方、医疗机构、第三方服务机构应尽的责任义务及享受的优惠政策。

（二）持续激发社会资本活力，形成多元化的养老服务资金筹集机制

养老服务资源是有限的，应通过鼓励多方主体参与，借助各方力量建立政府、机构和市场等的多方合作。民政部《关于鼓励和引导民间资本进入养老服务领域的实施意见》提出，鼓励民间资本参与居家和社区养老服务、举办养老机构或参与养老产业发展，并给予政策优惠。鼓励性政策的出台，将有效地激发社会资本和民营企业参与医养结合养老事业的积极性。发挥政府在医疗保险、养老保险、医养结合等方面的主导作用，优化资源配置机制，为医养结合养老服务的发展提供基金保障。首先，中央政府要加大财政转移支付力度，增加对农村医养服务的投入。中央财政投入要向经济落后的农村，尤其是中西部地区倾斜，加大对农村医养服务设施建设和照护机构的财政投入。同时，逐步建立财政投入长效保障机制，明确财政投入标准、比例、管理方式、保障措施等，为农村老年人提供更优质、更全面的养老和医疗服务。其次，地方政府应将农村医养服务发展纳入社会发展规划，把医养服务所需的发展费用列入地方财政预算，并设立专项资金，为农村生活困难的老年人提供医养服务补贴。同时，地方政府要综合考虑地区经济发展的实际，明确补贴标准，并根据经济发展水平不断提高补贴标准。最后，鼓励社会力量参与农村医养服务。一方面，政府应通过提供优惠政策，引导非政府组织、社会团体、商业组织参与农

村老人的医养护服务市场，提高其服务积极性，拓宽资金来源，发挥民间资本在建立和完善农村老年人的医养照护服务体系的作用。如鼓励其建设一批不同档次、不同类型的老年养生庄园、老年福利院、老年康复中心、老年公寓、老年养护院等养老服务机构，为社会不同经济状况的需求者提供定制供给服务。另一方面，积极发展慈善事业，动员社会成员和企业捐赠。通过建立畅通的社会捐赠渠道，开展捐赠活动等措施，筹集更多资金。与此同时，政府应该建立透明的财务制度，加大监督力度，保证筹集资金的安全和有效利用。由此，建立起以中央财政转移支付、地方财政补贴与社会投入相结合的多元投入机制。

（三）重视养老服务机构“办医”的资质，积极培养医护人才，提供专业护理服务

第一，虽然目前养老机构内部设置诊所、卫生所（室）、医务室、护理站，已取消行政审批，实行备案管理，但是，养老机构的“医”的资质仍应当受到高度重视。政府鼓励社会资本开办医养结合养老机构，但是由于养老服务在一定程度上属于公益非营利，进入该行业的民营资本往往规模小、资金实力弱、经营稳定性差。出于经营和成本考虑，在需要较大投入的医疗设施和人员方面往往存在无资质、人员流动性大、培训不到位的问题，因此无论是开办者还是监管者对“办医”资质应当实行“零容忍”，即不能按照卫生部《诊所基本标准》《养老机构医务室基本标准（试行）》和《养老机构护理站基本标准（试行）》取得《医疗机构执业许可证》的，不能开展医养结合服务。此外，医养结合养老服务机构中从事医疗、护理、康复等服务的人员，应当持有关部门颁发的专业技术资格证书和执业证书，如医师执业证书、护士执业证书、康复治疗师证等，虽然国家目前已不再规定养老护理员必须持职业资格证书上岗，但由于老年人照护的特殊性，医养结合服务机构仍应当进行严格的岗前和在职培训。

第二，建立系统的人才培训体系，在教育培训的源头上，引导护理人员了解目前老龄化、老年疾病情况和国家相关政策法规，加强培养护理人员对医养工作重视的意识，帮助他们明确医养服务发展的思路，提高他们对自身岗位的认知度。在护理人员上岗之前，需要接受严格的培训、专业的实操和理论考核。在护理人员后期的工作中，工作内部要提高竞争力，扎实医养服务人才的培养，养老机构和医疗机构要定期组织专业化的知识培训，邀请医疗护理专家

对给护理人员开展技术指导，不断拓宽医疗养老服务的知识面。也可以安排大型医疗机构对基层卫生服务中心、乡镇卫生院等进行长期的帮助和扶持。鼓励并支持职业院校、大专院校、高等院校设置老年护理专业，增加老年人护理相关专业知识教育和专业训练，大力培养照护老年群体的医护人才，为养老事业产业化发展做好准备。在相关高等医学院校、职业院校开设老年护理、老年医学、老年心理服务、老年养生等相关专业或课程，培养老年医护领域的高素质、高技能人才。在职业院校采取定向培养、校企合作等形式，增加老年护理专项培训基地，增加老年护理学专业学生的社会实践，培养对从事养老护理行业的认同感。加大对开设老年养老护理专业的高等医学院校、职业院校的政策支持，为我国农村医养结合养老模式健康、可持续发展奠定基础。鼓励养老医护人员多点执业，促进人才流动，促使人力资源下沉到农村地区。出台相关政策，吸引专业人才。一方面，提高养老医护人员的福利待遇水平。从整体上提高养老服务从业人员，尤其是医护人员的待遇水平和社会地位，保持队伍的稳定性。要科学规划医护专业人才的职业发展道路，形成科学的老年医护人员职业资格认证体系和与之相对应的薪酬增长制度，吸纳更多劳动者进入。在此基础上，实施下乡扶持优惠政策，引导专业医护人才向基层流动、向农村流动，提高农村医养结合机构专业人才队伍建设。

（四）有效利用互联网及大数据，推动医养结合信息化、智能化发展

一方面，通过互联网技术强化信息支撑与共享，将社区服务信息中的老年人基本信息档案与卫生和计划生育部门的人口健康档案进行对接，整合现有信息资源，为开展医养结合服务提供数据和技术支持；另一方面，通过人工智能进行智能看护、亲情互动、远程医疗、家政服务等，借助科技的应用降低运营成本。同时，通过互联网、云计算等数据采集技术对老年人的健康状况进行评估，对于生活能够自理的老年人主要提供生活照护服务，对于失能、半失能老年人则及时提供专业的诊疗康复服务等。运用数据挖掘技术，掌握老年人的健康基础信息，进行健康管理，有针对性地选择养老方式是实现医养结合养老服务体系建设的基础。医养结合养老服务机构可以通过虚拟的通信平台，实现医疗和养老的无缝隙对接。通过构建老人医疗护理一体化养老信息服务平台，将政府和社会的服务依托社区，向农村老人提供医疗护理、日常生活管理与帮助、精神慰藉等全方位的服务。同时借助平台及时发布各

项政策、信息，全面强化新型农村居家养老服务模式。老人通过电话“一键通”呼叫系统，实现与网络定位沟通，农村老人和加盟服务商联网，就近上门提供服务。

（五）引导医护资源进入养老领域，提高医疗护理能力

从本质上来说，医养结合的核心是医护资源进入养老服务领域，以医疗和医疗护理技术提升养老服务质量。因此，有必要探索构建医护资源进入养老服务领域的新机制。一是放宽医护人员多点执业限制。二是探索建立医护人员巡诊服务机制。在养老机构，借鉴国际社会做法，构建“签约医疗机构的巡诊医生+养老机构的护士、康复师”的服务机制，探索由签约医生巡诊开具医嘱、养老机构护士执行的医养结合模式，建立医疗机构对养老服务支持的强制性考核机制。在社区，探索建立社区内专业护士巡查制度。以社区为单位，以社区卫生服务机构为依靠，专业护士对社区日间照料中心、小型养老机构进行查房，为护理员传授基本护理技能等。三是完善医护人员从事养老服务工作的动力机制。对于从事医养结合工作的医护人员，给予更多的激励措施，如通过增加报酬、评定职称加分等办法，引导更多高水平医生、康复师、护士等到养老服务机构工作。四是设立优惠政策，鼓励乡镇卫生院医护人员开展入村巡诊和送医送药上门服务。在国家基本公共卫生服务基础上，根据服务人群的老年人口比重适当对村医提高补贴。

（六）完善农村社会保障体系

立足农村老龄化问题实际，完善农村社会保障体系，降低农村家庭养老负担。建立覆盖城乡养老保障体系，加大农村地区医养保障投入。对农村地区特别是经济欠发达农村地区，要在城乡居民基本养老保险和医疗保险的基础上，加大财政投入，提高基础养老金标准待遇。逐步加大对医疗养老服务的投入，加强对老年人慢性病、重大疾病的医疗服务投入，进一步扩大养老保险与医疗保险的覆盖面，适当提高部分疾病的报销比例，进而促进医养服务的持续健康发展。另外，打破养老机构与医疗机构的行业壁垒，给予医养融合养老服务机构内医疗部门纳入农村医保定点范围，允许满足医保报销条件的老年人享受医保待遇；对医疗机构内的养老服务供给进行补贴。同时，鼓励推动社会公益组织发展，建立农村医养融合养老服务推动的保障机制，

缓解农村社会养老服务需求能力不足的局面，推动农村养老保障事业发展。

（七）加强对农村医养结合养老服务的质量评价

完善老年人能力评估和服务评估机制，根据评估结果确定服务内容和服务标准，提高养老服务的实效性。制定和完善相关管理规范和服务标准，建立等级评估制度，规范医养结合服务行为，加强对医疗机构费用的监测和服务质量的监管，严格服务机构的准入、退出机制，切实保障老年人权益。建立农村养老服务第三方评估中心，明确医养结合养老机构服务标准，从养老服务功能出发，构建科学合理的绩效评价指标体系，通过对农村医养结合养老服务机构的综合评价，提高农村医养结合养老服务的运行质量。

（八）建立健全长期护理保险制度，提供稳定的制度性激励

建立健全长期护理保险制度，扩大其覆盖范围。当前，我国大部分农村地区已经覆盖养老保险与医疗保险，还要针对高龄老人、失能与半失能老人生理与经济状况，实施老年人医养照护补贴政策，并推动老年人长期护理保险。实现医疗护理服务项目与医疗保险的无缝对接，对于符合新农合和城镇职工（居民）医疗保险的老年人，建立起统一的护理保险金筹集、支付管理系统。根据不同的缴费等级和服务项目，合理分担老年人的护理费用，将长期需要医疗照顾和康复护理的老年人及时纳入医保报销范围内，减少老年人的经济生活压力。合理可行的长期护理保险制度对于老年群体、医养机构以及政府而言，都能够以制度形式提供稳定的正向激励，是克服当前医养结合面临激励不足困境的重要路径。

（九）转变传统养老理念，宣传普及医养结合

就目前医养结合发展的现状而言，最重要的是管理者、服务者需要转变传统医养分离的管理理念，积极树立把医疗资源融入老年人生活照料中的服务理念，从根本上了解医养结合养老服务的内容，科学制定医养服务的内容和标准。一方面要将服务的对象扩大化广泛化，60 岁以上的老年人都应该纳入服务体系，可以侧重于半失能老人、失能老人、残疾老人等老年群体；另一方面要将服务内容充实化丰富化，提早对老年人进行健康管理，预防各类慢性病的发展，从源头上宣传保健养生知识，及时关注老年人的疾病干预

和预防，对比发现疾病再进行治疗的做法更加科学和明智。打破医养分离的管理理念，真正实现基本照料、预防保健、康复护理及精神慰藉一系列的老年服务，有效发挥中医药在老年医养结合中的作用，更好促进医养结合养老服务的进一步发展。此外，在人口老龄化加剧的背景下，政府部门和社会组织可以通过公开政策解读、微视频宣传片等方式扩大和加强医疗养生、医养服务的宣传，提高村民对医养结合的社会认知度和接受度，增强人们对健康积极养生保健的意识，让更多人认识到医养结合服务的重要性，从而为医养结合未来的发展营造良好的外部环境。

（十）因地制宜创新农村养老模式，丰富老人精神生活

农村医养结合养老模式必须要充分考虑农村经济社会现状，不能把融医疗、福利、娱乐、保健、养生为一体的城市医养结合养老模式照搬到农村地区。借鉴城市医养结合，要根据农村实际和养老现状，创建农村养老最佳模式。如提供半医半养的护理服务、托管式的“日间照料”和上门式的“居家养老”护理服务的医养结合。建立老年人电子信息档案，使医养结合机构管理者及时了解老年人的信息和需求，完善农村医养结合机构“养护医送”四大功能。结合农村地区实际，在医养结合养老机构周围，规划建设生态养殖园、种植园，把养老、医疗、养生、保健、娱乐、护理等功能融为一体，真正实现农村老年人“老有所养、老有所医、老有所为、老有所系”。根据老年人自己的身体条件和生活喜好，通过对所辖区域老年人的调查，制定有助于身心健康的休闲娱乐活动计划，比如定期开展读书、观看影视、唱歌跳舞、棋牌比拼等一系列娱乐活动。

第十二章　农村养老服务体系建设

我国养老服务体系建设与老龄化发展状况密切相关。进入人口老龄化快速发展阶段后，以 2013 年 9 月《国务院关于加快发展养老服务业的若干意见》发布为标志，我国养老服务业迎来了新的转型。养老服务体系建设的重心由机构向社区与居家养老服务转变，向医疗、康复等需求转变。2019 年 4 月，国务院办公厅印发《关于推进养老服务发展的意见》。该文件提出了六个方面共 28 条具体政策措施，破解养老服务“堵点”“痛点”，强调要持续完善居家为基础、社区为依托、机构为补充、医养相结合的养老服务体系。与此同时，养老服务市场活力尚未充分激发，发展不平衡不充分、有效供给不足、服务质量不高等问题突出，这些问题主要体现在农村地区，这为我国农村养老服务体系建设带来了新的挑战和机遇。

一、我国农村养老服务政策体系发展历程

目前国家尚未出台农村养老服务体系建设的专项政策文件，关于农村地区养老服务供给的要求大多内嵌或分散在乡村振兴、脱贫攻坚等中央战略性政策及其配套文件中。各地除北京市、山西省等个别省出台了针对农村地区养老服务体系建设的政策文件，全国其他地区的相关政策内容多是散落和碎片化的。

2017 年 12 月 28 日，民政部、公安部、全国老龄办等九部门印发《关于加强农村留守老年人关爱服务工作的意见》，提出要建立农村留守老年人信息台账制度，建立留守老年人的定期探访制度；要求家庭成员尤其是子女要经常看望问候留守老年人，同时也要发挥村委会、为老组织、志愿者等相关方面的综合力量，不断丰富留守老年人的精神文化生活；要加强农村养老服务体系建设，加大农村养老机构和设施建设的力度，积极配合有关部门推进农村地区的医养结合实践，为农村留守老年人在内的广大农村老年人基本照

护服务扩大供给。

2018 年 4 月 7 日，民政部印发《关于推进深度贫困地区民政领域脱贫攻坚工作的意见》，提出加快推进深度贫困地区农村特困人员供养服务机构建设和设施改造，用三年时间确保每个深度贫困县新建或改建 1－2 所农村特困人员供养服务机构（农村敬老院）。推动落实农村留守老人关爱服务政策，建立健全农村留守老人信息台账和定期探访制度，加快农村养老服务体系建设。

2018 年 7 月 26 日，民政部印发贯彻落实《中共中央国务院关于打赢脱贫攻坚战三年行动的指导意见》行动方案的通知，将加大特困供养和临时救助力度、支持贫困地区发展养老服务等列为重点任务；进一步部署支持贫困地区发展养老服务，做好贫困地区农村老年人关爱保护工作。

2018 年 9 月 26 日，中共中央、国务院印发《乡村振兴战略规划（2018－2022 年）》，要求全面实施特困人员救助供养制度，提升托底保障能力和服务质量。加快建立以居家为基础、社区为依托、机构为补充的多层次农村养老服务体系。同时，支持主要面向失能、半失能老年人的农村养老服务设施建设，推进农村幸福院等互助型养老服务发展，建立健全农村留守老年人关爱服务体系。开发农村康养产业项目。鼓励村集体建设用地优先用于发展养老服务。

2018 年 10 月 17 日，民政部、国家发改委、国务院扶贫办印发《深度贫困地区特困人员供养服务设施（敬老院）建设改造行动计划》的通知，提出逐步开展面向低保、低收入家庭及建档立卡贫困家庭老年人、残疾人的无偿或低偿集中托养服务。到 2020 年，深度贫困地区每个县至少建有 1 个县级供养服务中心，护理型床位达到 70% 以上；对特困人员的集中供养保障能力进一步增强，生活不能自理特困人员集中供养率超过 50%；“三区三州”等深度贫困地区特困人员供养服务设施条件得到较好改善。

2019 年 4 月 16 日，国务院办公厅印发《关于推进养老服务发展的意见》，提出促进农村、社区的医养结合，大力发展政府“扶得起”、村里“办得起”、农民“用得上”、服务可持续的农村幸福院等互助养老设施。实施特困人员供养服务设施（敬老院）改造提升工程，开辟失能老年人照护单元，确保有意愿入住的特困人员全部实现集中供养，逐步将特困人员供养服务设施（敬老院）转型为区域性养老服务中心。

2019 年 8 月 21 日，民政部、国家发改委、财政部印发《关于实施特困人员供养服务设施（敬老院）改造提升工程的意见》，明确自2019年起，实施为期三年的特困人员供养服务设施（敬老院）改造提升工程。到2022年年底前，确保每个县（市、区）至少建有1所以失能、部分失能特困人员专业照护为主的县级供养服务设施（敬老院），基本形成县、乡供养服务设施相衔接，布局科学、配置均衡、服务完善的农村养老服务兜底保障网络。

2019年9月5日，民政部、财政部、人力资源和社会保障部印发《关于进一步加强特困人员供养服务设施（敬老院）管理有关工作的通知》，从协调落实法人登记、加强队伍建设、加强经费保障、推进社会化改革、提高服务质量、加强安全管理等方面提出明确要求。

2019年9月20日，经国务院同意，民政部印发《关于进一步扩大养老服务供给 促进养老服务消费的实施意见》，提出全方位优化养老服务有效供给，有效拓展农村养老服务，到2022年年底前，每个县至少建有1所以农村特困失能、残疾老年人专业照护为主的县级特困人员供养服务设施。

2019年10月23日，国家卫健委、民政部、国家发改委、全国老龄办等12部门联合印发《关于深入推进医养结合发展的若干意见》，提出农村地区可探索乡镇卫生院与敬老院、村卫生室与农村幸福院统筹规划，毗邻建设；鼓励符合规划用途的农村集体建设用地依法用于医养结合机构建设。

2019年11月19日，民政部办公厅印发《关于进一步做好贫困地区农村留守老年人关爱服务工作的通知》，明确了精准聚焦重点对象、健全完善巡访措施、及时报告风险并进行干预、积极拓展关爱服务内容、加快农村留守老年人信息管理系统的信息填报和应用等工作。

2020年4月1日，民政部、国务院扶贫办印发《社会救助兜底脱贫行动方案》的通知，要求进一步规范特困人员认定，及时将符合条件的未脱贫建档立卡贫困人口纳入救助供养范围，优先为有集中供养意愿的生活不能自理特困人员提供集中供养服务，加强对分散供养特困人员的照料服务。增强特困供养机构兜底功能，加快推进护理型床位的设置和改造，提高收住生活不能自理特困人员的服务能力。完善农村留守老人关爱服务体系，加快形成信息完整、动态更新的全国留守老人基础数据库。

总的看来，随着我国人口老龄化加速发展的，特别是自2013年以来，中央积极解决农村养老问题，相关政策密集出台，党的十九大报告更是首次将养老问题与就业、教育、医疗、居住问题并齐。多项涉及推动农村养老服务发展的配套支持性政策，不断加强农村养老服务政策引导，如新修订的《中华人民共和国老年人权益保障法》《国务院关于加快发展养老服务业的若干意见》《关于鼓励民间资本参与养老服务业发展的实施意见》《关于推进医疗卫生与养老服务相结合的指导意见》《国务院办公厅关于印发老年教育发展规划（2016－2020年）的通知》《国务院办公厅关于全面放开养老服务市场提升养老服务质量的若干意见》等，对涉及养老服务的投入保障、基础设施建设、多元主体供给、特困帮扶、市场化运营、人才培养、监督管理等配套政策领域进行了深层次改革，农村养老服务发展的深层次问题得到初步缓解，功能完善、布局合理、规模适度、覆盖城乡的以居家为基础、社区为依托、机构为支撑的社会化养老服务体系初步建立，为加快构建完备健全的农村养老政策体系和营造良好的为老服务环境提供了强有力的保障。

为探索全国养老服务政策制定的基本情况，研究政策实施的一般规律，发现影响农村养老服务发展的现实问题，本研究以2013年9月出台的《国务院关于加快发展养老服务业的若干意见》和2019年4月16日国务院办公厅印发的《关于推进养老服务发展的意见》及其配套性政策为依据，分析全国各省份养老服务政策制定的基本情况，同时梳理和分析各省份关于农村养老服务体系建设的政策文本，并对各省及其辖区内的实践案例进行比较研究。

二、农村养老服务体系建设的相关政策及各地实践现状

在中央养老服务政策特别是农村养老服务及其配套文件推动下，全国各地科学决策、积极实践。目前北京市、上海市和山西省已经发布农村养老服务的专项文件，但其他地区还没有开展类似做法。各地积极探索符合当地经济社会发展特点的农村养老服务模式，推动了全国农村地区养老服务发展。政策的出台及实践，也为农村老年人带来了实惠，缓解了农村老年人“无人照护”“养老难”“服务难”的焦虑和困境，使农村老年人幸福感和获得感不断提升。

（一）投入保障

1. 资金投入和优惠补贴

从政策体系构建来看，各省份大多要求纳入财政预算，并在土地保障、政府补贴、税收优惠、金融支持等方面给予养老服务支持。从政策实施来看，无论经济社会发展较好的北京市、上海市、浙江省、江苏省，还是处于中间水平

的山西省、四川省和湖北省，各地基本把对养老服务体系建设纳入政府预算，优惠补贴基本到位。

如北京市强调按照“政府既支持建设还要扶持运营”思路，不仅要“扶上马”，还要“送一程”，统筹整合各部门政策、资金和项目资源，从养老服务设施规划、土地保障、建设支持、运营资助、税费减免、金融支持等方面，加大对农村基层和农村老年人倾斜力度，反哺农村，补公共设施亏欠短板。上海市从财力保障和支援机制两个方面对资金投入进行规划。山西省明确提出落实财政补贴和奖励机制相关举措，在财政补贴方面包括省、市财政每年将新建农村老年人日间照料中心专项资金列入预算，县级财政落实运营补贴。根据经济发展和农村养老服务实际需要，建立农村经济困难老年人两项补贴稳步增长机制，加大购买服务力度。在奖励机制方面建议采取以奖代补的办法，对农村日间照料示范村给予奖补，奖补资金从省、市级福利金中解决。

浙江省近年来陆续出台了关于养老服务设施规划和运营补贴、建设补贴、养老服务税费优惠、金融支持、养老服务用地优惠、完善养老服务投资权策等一系列资金投入和补贴优惠政策。其中《关于深化养老服务综合改革提升养老服务质量的意见》明确指出建立完善与人口老龄化发展相适应的财政投入保障机制，确保各级福利彩票公益金50%以上用于养老服务，确保各项资金重点用于补齐养老服务短板、提高养老服务质量。为此，浙江省海宁市从“十二五”时期就率先实施公办养老机构改造提升三年行动，加强对养老事业的经费投入，市、镇（街道）累计投入4亿多元，新建、改扩建12所公办养老机构，所有项目按照国家有关标准实施并全部实现医养结合。特别是鼓励有条件的村（社区）建设养老机构，辐射周边老人。其中，出资3500多万元建设全市首个由农村股份经济合作社投资的村级养老机构于2020年建成并投入使用。2019年，按照城乡老年人平均每户5000元标准，又为205户低保和低保边缘老年人家庭实施适老化改造，改造内容包括地面、墙体、居室、厨房、卫生间等，较好地改善了困难家庭老年人的居住环境，降低了老年人居家意外风险。

江苏省也加强农村地区养老服务资金投入力度，引导养老服务资源向农村地区倾斜，“十三五”以来江苏省累计投入农村养老服务体系建设财政资金176亿元，占养老服务体系总体投入比例的55%以上；着力提升农村地区养老机构服务质量，新建、改建农村养老机构934家、养老床位16.7万张，693家农村养老机构消防安全隐患全部清零；着力改善农村居家社区养老服务环境，新建2300余家农村居家养老服务中心（站），全省农村居家养老服务设施覆盖率达到75%以上。

四川省对养老服务体系建设的资金投入保障也主要体现在土地保障、人才培养和就业、政府补贴、金融支持、税收优惠政策等方面。2020年2月出台《关于推进四川养老服务发展的实施意见》，明确要求对养老服务发展加大政府投入，把推动养老服务发展所需资金纳入年度财政预算，继续实施民办养老机构建设补贴，接收经济困难的高龄、失能老年人的养老机构，不区分经营性质按上述老年人数量同等享受运营补贴，入住的上述老年人按规定享受养老服务补贴。文件还进一步强调要减轻税费负担并落实金融支持。为此，四川省眉山市东坡区资金保障制度化。区政府坚持"兜底保障"原则，将失能、半失能特困人员集中供养建设及机构运行经费全部纳入财政预算，包括设备设施改造资金、基本生活费、生活自理能力评估服务费、医疗服务费、护理费、工作人员工资、日常管理运行费等。

湖北省2017年到2020年级财政累计安排一般性转移支付资金6.66亿元支持地方养老服务体系建设。2016－2018年，省级福彩公益金每年专项安排2000万元，每年支持20个县（市、区）开展省级示范性城市社区居家养老服务中心创建，支持10个县（市）开展省级农村幸福院建设试点。湖北仙桃市每年从市福彩公益金中列支1300多万元，根据新（改、扩）建类型和面积大小，对幸福食堂建设给予每个20－30万的建设补贴，对就餐人员给予每人每月1000元的运营补贴。

2. 基础设施建设

各省普遍重视基础设施建设，要求保障供地用房、完善养老服务设施、改善养老机构环境等，纷纷出台专项计划，着力对养老机构提质升级。

如山西省提出建立养老院提质升级工程，对全省现有503所敬老院基础设施、配套工程、人员配置、供养人员等情况进行综合评估，2019起连续三年对符合要求的敬老院进行提质升级改造。逐步淘汰房屋简陋、设施陈旧、安全系数低的敬老院。针对消防设施，山西省提出实施区域性养老服务中心和中心敬老院消防设施改造工程，2019年开始，利用省、市福利金连续三年重点对区域性养老服务中心和中心敬老院进行消防设施改造，消除安全隐患。

2019年6月，湖北省民政厅联合省卫生健康委、省应急管理厅、省市场监管局印发了《湖北省2019年养老机构服务质量建设专项行动方案》，这是湖北省连续第三年部署开展养老机构服务质量建设专项行动。

2019年江西省委组织部、江西省民政厅、江西省发展改革委员会、江西省财政厅、江西省卫生健康委员会五部门联合发文《关于加快补齐农村养老服务短板十条措施的通知》，要求加快补齐农村养老服务短板，全面构建满足农村老年人需求的新时代农村养老服务体系，着力实施乡镇敬老院改造升级工程，把对敬老院的改造升级纳入社会事业发展规划。江西省各地在政策指引下积极实践，效果显著。

江西省开展“着力实施乡镇敬老院改造升级工程”。全面提升供养设施和服务条件，对存在重大安全隐患的敬老院予以改建或重建，对服务功能较弱、供养人数较少的敬老院进行改造提升，结合实际打造成区域性养老服务中心。政策中特别要求，乡镇敬老院应优先为农村低保、低收入家庭、建档立卡贫困家庭以及计划生育特殊困难家庭中的高龄、失能失智老年人提供无偿或低偿服务，仍有剩余床位的应向社会开放，并为周边农村留守老年人提供延伸服务。在社会化方面，要求推进敬老院社会化改革，鼓励通过承包经营、委托运营、联合经营等方式，引入具有护理服务经验、实力较强的企业或社会服务机构参与运营管理。

为此江西省南昌市多方筹集资金，对敬老院整体提质升级。2016至2019年，市级财政投入9000万元对全市48所存在消防和危旧破损房屋等安全隐患的敬老院进行整体提升改造。2019年投入400余万支持敬老院提升改造，为全市49家敬老院购置安装1300个智慧消防设备。与此同时，创新运营模式，以县区为单位，建立集中失能照护机构，并委托给专业的社会力量进行运营管理，根据合同约定安排一定比例的床位给各乡镇兜底保障老人入住。

江西省吉安市万安县加强环境和安全建设，确保敬老院环境舒适。敬老院均建有标准舒适的院民楼、厨房、餐厅等文娱、健身、医疗场所，有宽阔的室外活动场所，具有绿化、亮化、美化特点。生活自理院民都是带卫生间卧室，单个卧室（含卫生间）面积在20平方米左右；为便于照顾管理，半失能（含失智）院民基本两室一厅到四室一厅（带卫生间），居室人均面积在15平方米以上。同时确保居住安全，全县敬老院均设有监控室，对厨房、餐厅、廊道、室外活动场所实行无死角监控。县民政局设有主机房，能实时监控各乡镇敬老院工作。各敬老院均已全面进行消防设施改造，按规定建立微型消防站，配备自动喷淋灭火系统、火灾自动报警系统、防排烟系统、室内消火栓系统、泵房、水箱安装等，并达到“三知四会一联通，处置要在三分钟”要求。

3. 特困帮扶措施

各省普遍把特困失能人员和留守老人作为帮扶对象，制定了集中照护、集中供养的举措。从全国政策和实践来看，各省一般把农村养老服务体系建设和脱贫攻坚政策结合起来，特别关注农村贫困老人、特困失能老人、五保老人笔留守老人的照料。

如四川省以建设供养设施对的农村特困失能老人给予帮扶。四川省2020年2月出台《关于推进四川养老服务发展的实施意见》，要求到2022年每个县至少建有一所以农村特困失能、残疾和计划生育特殊家庭老年人专业照护为主的县级特困人员供养服务设施（敬老院），农村留守老年人关爱服务工作机制和基本制度全面建立。四川省乐山市井研县积极创新举措，对建档立卡贫困家庭中的重特大疾病患者、重度残疾人尤其是老年人实施“集中供养+居家救助”，建设“脱贫幸福村”。

湖北省以落实定期探访制度为抓手，稳步推进农村留守老年人关爱服务。2019年5月，省民政厅专门下发《关于落实农村留守老年人定期巡访制度的通知》，全省各县（市、区）2019年底前实现农村留守老年人定期巡访和关爱服务全覆盖。各级民政部门要求关爱联系人严格执行每周至少上门探访1次，村委会成员每月至少巡访或电话函询1次巡访制度；明确了以“三帮四查”（帮助做饭、帮助看病、帮助购代生活用品，查看吃、穿、住、病情况）为主要关爱服务内容，各乡镇村级组织对37.3万名农村留守老人建立动态信息台账。针对分散供养特困老年人，要求各地签订《特困人员分散供养服务协议》，建立包保制度，明确1名村（居）委员会干部或党员为特困人员包保人，妥善安排特困人员日常照料工作，定期进行入户探访关爱。对生活不能自理的老人，村（居）委员可以委托特困人员近亲属、居民或者其他组织进行日常照料，并与受委托人签订委托照料协议，落实服务责任和帮扶措施，监督受委托人履行协议。全省协议签订率达到100%。同时，在秭归、洪湖、蕲春3个县市开展农村留守老人关爱服务试点，探索“三社联动”（社区、社会组织、社工联动）、“三直达”（责任、联系、服务直达）和家庭、社会、政府联动等多种关爱服务模式

河南省也积极发挥县、乡敬老院辐射带动作用，整合农村互助养老服务设

施等资源，在发挥对特困人员兜底保障基础上，延伸对农村高龄、失能、留守老人关爱服务，逐步健全农村养老服务体系。如周口市太康县对特困人员实行集中供养、居村联养、社会托养、亲情赡养、邻里助养的“五养模式”；南阳市对重度残疾人、重症慢性病人、特困供养对象、失能半失能人员、孤儿、孤寡老人“六类人员”分类实行村级幸福大院集中托管、乡镇敬养老机构集中供养、社会福利机构集中托养、卫生机构集中治疗康复的“四集中”模式；经过各方面共同努力，特困人员供养服务水平逐步提高，县、乡、村三级农村养老服务网络不断完善。

4. 规范市场化运营

养老服务既是大民生，也是大产业。自 1986 年民政部制定 1986—1990 年五年规划以来，我国养老服务的市场化探索已经进行了三十年。从初始阶段的“政府包办”到后来“养老服务市场化、产业化”的变迁，目前养老服务市场全面放开，各省改革创新，深化“放管服”改革，都出台了优化环境，规范运营、创新产业发展等的政策。实各地也积极实践，改革管理体系，探索准入机制等。

浙江省在有关政策文件中特别强调了要优化养老服务市场环境，规范市场运营。如在《关于深化养老服务综合改革提升养老服务质量的实施意见》中指出优化养老服务市场环境。对社会力量利用闲置资源举办养老服务机构的项目，依法依规适当简化手续。申请设立从事养老服务的社区服务类社会组织，可以直接向县级民政部门依法申请登记，不再经由业务主管单位审查同意。深化养老服务领域“最多跑一次”改革，养老机构设立许可的申请材料简化为消防安全、房屋质量和产权证明等基础项目。建立全省统一的养老服务管理系统，养老机构设立许可、养老服务补贴认定、老年人优待证件申领等事项实现网上办理。

四川省于 2020 年 2 月出台《关于推进四川养老服务发展的实施意见》，推动老年健康养老产业创新发展。支持企业研发生产可穿戴设备、便携式健康监测设备、智能养老监护设备等智能养老设备及食品、旅游、体育等适老化产品用品，打造展示体验场所，培育老年产品用品市场。发展适老康复辅助器具产业，做大康复辅助器具产业园区。办好养老服务业暨养老产业博览会。到 2022 年，初步建立相关保险和福利及救助相衔接的长期照护保障制度。全省康复辅助器具产业规模力争达到 100 亿元，每个市州开办 1 个老年用品市场

（展示体验场所）。

为此，四川省成都市金堂县推行区域性养老中心市场化运营。采用政府购买服务方式对区域性养老中心运营实行服务外包。一是与第三方社会组织阳光助老服务中心签订服务协议，将养老中心工作人员的招聘、培训、派遣、考核等管理服务工作及院内特困人员、社会代养老人的护理等级评定事项实行外包，依托阳光助老服务中心的管理服务优势开展多元化照料护理服务。二是对日常生活物资统一集中招标采购，由专业性行业企业提供供给，确保各类生活物资质量关、安全关。市场化引入专业性的服务和保障团队，让机构老人基本生活照料、精神文化生活得到优质高效、舒适安全保障，提高了老人生活质量和精气神，也降低了机构运行成本，有效缓解了行政事业编制压力和财政负担。四川省巴中市平昌县也创新四项机制，通过建立和完善创新市场准入机制，创新 增收保障机制，创新服务管理机制，创新双向考评机制，激发“公建民营”活力动力。

（二）服务递送

1. 多元主体参与

目前，农村养老服务供给主要呈现出党的领导、政府主导、社会参与、村民自治的格局。参与主体主要有 7 个，包括党委、政府、企业、社会组织、自治组织、乡贤、村民个体。从全国政策文本和实践探索来看，江西省较为注重发挥各级党委的领导核心作用，以党建为引领，实施“党建＋颐养之家”建设，推动农村养老服务体系建设。浙江省在服务供给主体建设上特点也很突出，通过优惠政策吸纳社会企业的专业化力量加入农村养老服务体系建设，鼓励乡贤反哺，发挥自治组织互助养老等的政策举措，形成了浙江省农村地区多元主体共建共治的实践场景。

江西省的政策最重要的一个特点是充分发挥多元主体中党的主体引领作用，注重党的核心领导力。2019 年江西省发布《江西省养老服务体系建设发展三年行动计划（2019－2021 年）》明确要求，坚持以党建为引领，以“党建＋农村养老服务”为抓手，充分发挥基层党组织战斗堡垒作用和党员先锋模范作用，形成各级各部门上下联动、齐抓共管工作格局，加快补齐农村养老服务短板，全面构建满足农村老年人需求的新时代农村养老服务体系，有效地把农民群众组织起来，紧密团结在党组织周围。

江西省南昌市全面推行“党建+颐养之家”建设，打好“党建牌”，强化“指挥棒”，市委组织部、市民政局联合发文形式出台《关于大力推进“党建+农村养老服务”工作的指导意见》，以市县倡导、乡镇引导、村级主导为着力点，完善“党建+农村养老服务”工作政策和考评制度，全面实现农村“颐养之家”政府补助、老人自助、亲友赞助、邻里互助、社会捐助的“五助”可持续模式。并联合召开会议对“党建+农村养老服务”工作进行部署，发挥考核监督引导作用，养老服务工作列入全市高质量发展考核内容；“党建+农村养老服务”工作被纳入市县乡三级党委书记抓基层党建述职评议考核和村党组织书记“双述双评”内容。农村养老服务体系建设纳入全市十大民生工程。

江西省新余市完善领导推进机制。市委、市政府高度重视养老工作，始终坚持将养老服务体系建设摆在突出位置来抓。成立农村养老服务工作领导小组，主要领导亲自抓，市四套班子领导挂点帮扶。形成“党建+养老”工作模式，充分借助组织部门统揽党建力量强、调配资源力度大的优势。

江西省赣州市南康区各乡镇积极以“党建+养老”为抓手，把养老服务体系建设作为“一把手工程”来抓，通过高质高效的常态化养老服务和各类积极向上的文体活动，有效地把人民群众组织起来，紧密团结在党组织周围，提升了基层党组织的向心力、凝聚力和号召力。

浙江省出台的养老政策中高度重视社会力量参与，并细化到从养老机构床位数比例上，控制政府和社会在养老服务体系中的力量比重。如在《关于深化养老服务综合改革提升养老服务质量的实施意见》中指出发挥社会力量主体作用。鼓励社会资本进入养老服务领域，逐步提高社会资本举办的养老机构床位数比例，其养老机构床位数不低于总床位数的70%。具体政策要求是政府运营的养老床位数占当地养老总床位数的比例不超过30%，公办养老机构的公建民营比例不低于80%，社会化运营的社区居家养老服务照料中心比例不低于60%。同时，文件要求政府不再直接投资建设综合性养老机构。并且在民政部门登记的非营利性养老机构，应简化登记流程，提供优惠政策，规定可依法在其登记管理机关管辖范围内设立多个不具备法人资格的服务网点。各类养老服务机构均可享受与居民用户同等用水、用电、用气（燃气）价格政策。浙江省在吸纳社会力量参与农村养老服务体系建设中探索出了许多有益经验。

竞争性磋商引进社会企业运营。2017 年 11 月，丽水市松阳县民政局根据全市统一引进的养老机构公建民营供应商，以竞争性磋商的方式，选定与重庆市渝北区祥昇龙山养老服务有限公司（百龄帮长者养护中心）签订合作协议，委托百龄帮长者养护中心负责投资 3745 万元、设置床位 478 张的县养老服务中心和乡镇敬老院的运营工作。运营团队的选择主要以公建民营项目能否最终实现持续健康运营为核心，在选择运营团队时，要求运营商必须具备有理念、有能力、有实力的“三有”基础，具有品牌化、连锁化、集团化的“三化”发展策略，并具有运营成功案例的专业团队。

乡贤反哺助力养老。乡贤捐资助老新模式，是浙江省温州市平阳县激发社会力量参与农村养老服务体系建设的独特之处，据统计，目前昆阳、水头、南雁、山门、腾蛟等敬老院共获得社会爱心人士捐资已经达到 1 亿元。比如平阳县水头镇中心敬老院是一家由政府出地，乡贤徐宪德先生捐赠 4250 万元，同时以公建民营的方式委托红景天养老经营管理有限公司，作为第三方管理机构的养老服务机构。该养老院占地 28. 8 亩，建筑面积 1. 67 万平方米，可提供 462 张养老床位数。是一家集五保供养、社会寄养、护理康复、人文关怀等功能于一体的区域性养老服务机构。

自治组织互助养老。浙江省舟山市构建“博爱家园”服务体系，进一步加强邻里关系，凝聚社会群团、志愿服务力量助力养老。以小老助大老，组织 50、60 多岁的健康、低龄老人成立银铃互助帮扶小组，按照“志愿互助、量力而行”的原则，为空巢、独居高龄老人提供简单服务。受地理位置和老年群体身体等因素限制，对互助帮扶无法解决的，由村（社）推出公益服务岗位，招聘专职人员开展为老服务。同时，发挥共青团、妇联、工会等群团组织的号召力，作为社会各界参与“博爱家园”建设的主力军，定期开展各类志愿帮扶活动。加大与岛内外各种社工义工志愿者的联系，在“博爱家园”建设中充当生力军，以形式多样的活动填补村（社）帮扶空白。组织村（社）的民间民俗文艺团队，作为“博爱家园”建设的辅助力量，定期开展文娱活动，丰富群众生活。组织热心公益企业主在重大节假日开展赠米送油等慰老活动，支持本村（社）的老年群体的保障事业，为“博爱家园”建设添砖加瓦。

2. 协同管理体系建设

（1）纵向上的“三级”养老服务体系。

从全国最新政策来看，建设“三级养老服务体系”似乎并不是现阶段工作重点。各省政策文本中也并没有太多对“三级养老服务”体系建设的要求。相关政策和实践多是分散的。

四川省在2020年2月出台的《关于推进四川养老服务发展的实施意见》文件中，要求实施“互联网+养老”行动，建设省、市、县三级养老服务信息平台。这样的信息平台显然是实现三级服务的手段和方式，没有涉及到体制机制，也不是三级一体化运营和三级部门之间的联动。

在实践上层面，江西省新余市优化服务载体，构建“县—乡镇—村”三级网络。即打造县级集中照护平台，加快推进县级福利院建设；打造乡镇集中供养平台，大力完善农村敬老院的基础设施；打造农村互助养老平台，推行“党建+颐养之家”养老模式。然而这样的“县—乡镇—村”三级网络也是静止的，没有三级之间的互动和联络，显然也不是三级一体化的平台。

值得指出的是，北京市密云区通过建立农村邻里互助养老服务队将“区、镇、村”三级养老服务机构设施功能有效串联融合，在养老服务体系中发挥其核心节点的作用。邻里互助队员在入户过程中，可以通过转介服务，将老年人的需求反映给区级养老服务指导中心下设的呼叫中心、镇级养老机构（养老照料中心）、村级幸福晚年驿站，依靠区级养老服务呼叫中心的社会化养老服务平台功能，满足老年人多样化的需求，依靠养老机构的专业照护功能，满足老年人长期照护需求，依靠幸福晚年驿站发挥居家服务功能，满足老年人的居家养老服务需求，将三级养老服务体系功能有效汇集、辐射进入老年人家中，促进机构、社区、居家养老服务融合发展。

（2）横向上的部门协同和区域资源整合。

目前从政策和实践来看，农村养老服务体系建设的资源整合主要着重两个方面，一是政府部门协同；二是养老机构设施等资源的区域性整合。养老服务体系建设涉猎部门广泛，涵盖了20多个政府主要职能部门。实践中如果没有良好的联动机制，部门之间一般很难实现有效协同。和部门协同相比，各地更加重视养老机构的区域性资源整合。

北京市在完善政策支持方面提出强化政府部门在农村养老工作中的主导作用，整合政府资源和社会资源，增强农村养老服务供给能力。在加强养老服务模式创新支持上提出，探索基于超大型城市城区丰富资源，利用互联网、现代物流等支持农村尤其是偏远山区寻找难以落地的专业服务，通过网上整合，扩展服务容量，实现农村养老服务供给的可持续化。

甘肃省明确规定各级政府职能职责。2015 年出台的《甘肃省人民政府关于加快发展养老服务业的实施意见》中明确要求健全工作机制。各地要将发展养老服务业纳入国民经济和社会发展规划，纳入政府重要议事日程，成立加快发展养老服务业工作领导小组，进一步强化统筹协调，研究推进政策措施，认真落实目标任务。规定民政部门要切实履行监督管理、行业规范、业务指导职责，推动公办养老机构改革发展。发展改革部门要将养老服务业发展纳入经济社会发展规划、专项规划和区域规划，支持养老服务设施建设。老龄工作机构要发挥综合协调作用，加强督促指导工作。教育、公安消防、卫生计生、国土、建设、人社、商务、税务、金融、质检、工商、食品药品监管等部门要各司其职，形成齐抓共管、整体推进的工作格局。

四川省在区域性养老服务中心整合上力度较大。2019 年 8 月联合发展改革委、财政厅出台《关于加强特困人员供养服务设施（敬老院）布局调整功能提升工作的通知》，要求县（区）开展养老服务设施建设布局调整。撤并“小、散、远、差”敬老院 164 个，通过新建、改扩建、提档升级等方式建成县级失能半失能特困人员供养服务机构 188 个，农村区域性养老服务中心 486 个。通过整合敬老院，建立区域养老服务中心，推行县级直管。为此四川省巴中市平昌县整合发展资源。突出“集中集约、宜居宜养”，采用关停撤并一批、改造提升一批、新建投入一批的方式调整优化布局，转型升级建成 18 个区域性养老服务中心，改变过去敬老院“乡乡建、镇镇有、管不好、管不了”的传统格局，有效破解“机构不赚钱、老人不满意”的现实难题。广东省打造养老区域合作“湾区模式”成效显著。建立粤港澳大湾区城市民政及社会福利政府部门联系会议制度，支持港澳福利服务提供商在珠三角九市兴办养老院舍和服务中心，探索推进长者关爱服务。加强粤港澳地区在养老服务人才、资金、项目、标准化等方面深化养老服务合作；支持港澳地区服务提供者在广东按规定以独资、合资或合作等方式兴办养老机构，同等享受境内民办养老机构待遇。

3. 智慧养老服务供给

大部分省份对智慧养老服务的政策支持是内嵌在其他文件中的。如，江苏省智慧养老政策主要内嵌《关于加快发展养老服务业完善养老服务体系的实施意见》《江苏省“十三五”养老服务业发展规划的通知》《关于全面放开养老服务市场提升养老服务质量的实施意见》中，提出要充分利用信息手段和互联网技术，整合人口管理系统等信息资源，建立省、市、县（市、区）和街道（乡镇）互通互联的养老服务信息管理系统。

同样，浙江省也没有关于智慧养老的专项政策，但是在2018年8月发布的综合改革性的文件《关于深化养老服务综合改革提升养老服务质量的实施意见》中，明确要求推进智慧养老服务创新。依托大数据优势，创新养老服务方式，重点推进老年人健康管理、紧急救援、精神慰藉、服务预约、物品代购等服务，开发更加多元、精准的私人订制服务。打通养老服务信息共享渠道，推进社区综合服务信息平台与户籍、医疗、社会保障等信息资源对接，促进养老服务公共信息资源向各类养老服务机构开放。推行“互联网+养老”，依托现有互联网基础设施，构建居家养老服务信息平台、老年人居家呼叫服务系统和应急救援服务网络，提供紧急呼叫、家政预约、健康咨询、物品代购、服务缴费、线上线下等老年需求服务项目，发展智慧养老社区，推动养老机构智能化信息管理平台建设。为此自2009年温州市洞头区启动老年爱心食堂建设，为提升老年食堂管理水平，以智慧食堂建设为突破，坚持智能服务，建成“e养食堂”智慧系统。实现数据化管理，及时掌握各老年食堂运营情况，对存在的问题做到早发现早处理。

少数省份出台了专项政策，如2019年四川省出台了《四川省智慧健康养老产业发展行动方案（2019—2022年）》，提出智慧养老产业发展目标是到2022年，全省基本形成覆盖全生命周期的智慧健康养老产业体系，建立8—10智慧健康养老示范基地，引进和培育10—15家具有示范引领作用的行业领军企业，形成一批智慧健康养老服务知名品牌，建成国内领先的智慧健康养老产业高地。

4. 人才队伍建设

各省市普遍重视养老服务人才的引进培养、福利待遇以及奖惩激励机制的构建。但是在农村地区，仍然存在较大的人才缺口，特别是业务能力强和服务意识强的专业性人才队伍。

北京市在志愿者队伍、乡村医生队伍建设方面提出相关举措，特别是在开展志愿助老服务上提出支持成立以农村妇女、低龄老年人为主体的互助养老或志愿服务队伍，为老年人提供志愿服务。开展志愿助老服务，要妥善把握好“助人自助”理念，并不是包办替代老年人养老的所有事务，而是帮助老年人提高自理能力和生活质量。

上海市提出加强农村养老护理人员队伍建设。吸引农村本地富余劳动力从事养老服务一线岗位。加强在岗农村养老护理员职业技能培训，到 2018 年底，实现所有养老护理员均持证上岗，每个养老服务机构至少配备 1 名中级以上或相当水平的养老护理员；到 2020 年底，农村养老护理员持有行业水平评价证书的比例达到全市平均水平。加大培训补贴力度，对农村地区从业人员参加养老护理职业培训的按规定给予培训费补贴，鼓励各区制定区域性补贴政策，对参加养老护理培训的农村地区从业人员，培训期间按照实际情况给予交通、误工等津贴。

浙江省《关于深化养老服务综合改革提升养老服务质量的实施意见》中指出加强养老服务队伍建设。提高养老服务队伍专业化水平，建立以职业技能培训为核心、中职教育为主体、高职以上教育为补充、学历提升为辅助的人才队伍培养体系。

甘肃省在 2014 年出台的《关于加快发展养老服务业的实施意见》中，对人才队伍的要求比较全面和细致，包括支持高等院校和中等职业学校增设养老服务相关专业和课程，加快培养老年医学、康复、护理、营养、心理和社会工作等方面的专门人才。在政府投资的养老机构和社区开发公益性岗位，吸纳农村转移劳动力、城镇就业困难人员等从事养老服务等。

山西省运城市平陆县为了让老年人住的舒心、吃的放心、生活的开心，不断打造拥有专业服务能力的人才队伍，努力提高养老服务队伍的专业化水平。一是严格从业标准。在本村内选取身体健康、责任心强、热爱老年事业、做饭可口、群众口碑好的人员从事日间照料工作，并对管理人员和服务人员定期开展考核，达到就餐有标准、服务有规范、运行有要求。二是保证薪酬标准。保障厨师和管理员每月不低于 1000 元的工资标准，让服务人员安心工作。三是建立工作人员培训制度。定期对日间照料中心管理人员和服务人员进行体检，开展心肺复苏、卫生安全、沟通技巧等专业培训，确保服务健康化、专业化、规范化。

5. 孝老文化环境营造

大部分省份的政策文件对营造敬老爱老的文化氛围要求较少。但是在实践中，各地积极宣传我国传统优秀孝文化，举办形式多样，内容丰富的孝老爱老助老活动，营造良好社会氛围。

北京市提出要发挥村委会、基层老年协会作用，通过将法定赡养义务和德孝理念纳入村规民约、推树孝星典型、修建“德孝墙”等途径，督促引导农村老年人子女定期带父母洗理，定期帮父母清扫居所，定期给父母报平安，定期陪父母参加文体活动，并在老年人患病住院治疗期、康复期、临终关怀期返回家庭照料老人。

甘肃省出台的《关于加快发展养老服务业的实施意见》明确要求营造舆论氛围。提出充分发挥新闻媒体的引导作用，大力宣传《中华人民共和国老年人权益保障法》，弘扬敬老、养老、助老的优良传统，引导老年人树立健康的养老观念、社会化养老的消费理念。开展“敬老文明号”创建活动，表彰命名社会服务窗口养老服务示范单位和“孝亲敬老”模范个人，加大助老为乐好人好事的宣传力度，为加快养老服务业发展营造良好氛围。

江西省要求村党组织要定期开展“五好家庭”“最孝儿孙”“最美儿媳”等评选活动，发布光荣榜，发挥孝亲敬老典型的示范作用。对赡养人、扶养人不履行赡养、扶养义务的，村党组织、村民委员会、老年人协会等组织或者赡养人、扶养人所在单位应当进行调解，督促其履行义务；情节严重的，在符合法律法规前提下，依照村规民约运用合情合理的的方式进行规劝、约束；情节特别严重的，要通过适当的方式在一定范围内公开，并协助老年人请求相关执法部门依法追究其法律责任。

在实践中，福建省永安市弘扬孝道文化。倡导志愿服务，坚持“百善孝为先”，身体力行孝老爱亲，动员老年人参与，听取老年人意见，切实把好事办好、实事办实；倡导“奉献、友爱、互助、进步”的志愿服务精神，开展互助养老、抱团养老；争取政府、企业、爱心人士等各方力量为农村养老提供帮助。

四川省南充市西充县群团集体响应，社会各界广泛参与关爱活动。县民政局牵头组织开展“孝老爱老助老典范”选树、团县委开展“尊老爱老敬老五四青年标兵”评选活动，县妇联开展“爱老助老三八红旗手”评选活动。与此同时，开展公益下乡活动，发动热心公益事业的各类社会团体和企事业单位，为“空巢老人”开展形式多样的公益活动。设立关爱留守老人爱心基金，全县在老年服务中心设立关爱留守老人爱心基金，并在各乡镇设立分支机构，接受社会各界和广大乡友的爱心捐赠。

山西省运城市平陆县坚持把关心关爱老年人精神文化生活触角延伸到农村老年人日间照料中心。一方面，积极开展文体娱乐活动。在配齐象棋、扑克牌、笔墨纸砚、乐器等文娱设施的同时，根据老人身心特点、文化水平、兴趣爱好，鼓励引导老人参加锣鼓队、蒲剧社、健身舞蹈队等业余民间文艺团体，先后组建农村社区老年协会、文化团体269个，常年组织老人开展丰富多彩的文体娱乐活动，丰富老年人的精神文化生活。另一方面，定期提供身心关爱帮助。组织技术精湛的医生分批次下乡，对农村“空巢老人”进行身体检查、心理疏导和精神关爱，真正让农村留守老人、孤寡老人“离家不离村、离亲不离情、养老在社区、享乐家门口”。

（三）监督评估

各省基本制定了监督管理体系。实践上更是运用信息技术构建监督机制、发挥行政、行业、社会、老人自身力量健全监管体系等。

从各省来看，甘肃省最新出台的《甘肃省养老服务条例》，第八章的内容中明确监管服务规定县级以上人民政府应当完善养老服务综合监管制度，建立各司其职、各尽其责的跨部门协同监管机制，加强事中事后监管。为此，甘肃省天水市清水县联合督查“保障”，着力增强制度执行力。成立由县级分管领导任组长，民政、公安、法院、发改、财政、卫计、医保、教育、住建、人社等部门和18乡镇主要领导为成员的特困人员关爱服务工作领导小组，按照各自承担职责，协同做好特困供养人员疾病治疗、生活照料、住房改造等工作，县政府将特困供养服务机构建设和改造升级纳入全县社会经济发展规划。同时，明确对主体责任落实不到位的乡镇给予通报，对乡镇主要领导和分管领导给予约谈；对监管责任落实不到位的，依纪依规对乡镇驻村干部、驻村工作队（组）长、村干部予以处理；对监护人责任落实不到位的，对监护责任人进行批评教育，屡教不改的，终止监护资格，虐待特殊困难老人的，移送公安等部门进行严肃处理。

甘肃省庆阳市宁县是探索建立数字化监管服务平台。建立老人幸福院数字监管服务平台，实现数字化监管和信息化服务。为集中管护的老年人配发智能手机1台，各村老人幸福院设置信息管理推送系统，县民政局设置统筹整理分送平台。同时，积极与居家养老服务平台深度对接，整合服务资料13类、92项，实现“一卡通”享老服务，做到数字化、无缝隙监管服务。

江西省提出要强化督促考核的要求。将养老服务体系建设纳入市县高质量发展考评和乡村振兴战略实绩考核，发挥考核指挥棒作用，引领农村养老服务事业发展。省委组织部将"党建＋农村养老服务"纳入市县乡三级党委书记抓党建述职评议和村党组织书记"双述双评"内容，压实市、县、乡党委和村党支部抓养老服务工作责任。省民政厅将考评结果与试点遴选、项目申报、资金奖补等挂钩，通过晒成绩、亮问题，抓典型、促提升，切实营造比学赶超的浓厚氛围。为此，江西省吉安市万安县完善行政监管机制。县民政局对敬老院实施垂直管理，对院长及其工作人员制定了严格的绩效考核、考评制度，并依据绩效考核成绩予以奖惩，真正将制度落实到人，落实到事。同时完善绩效考核激励机制。县民政局对敬老院入住率、院务管理、院办经济、财务支出、安全管理等方面进行了绩效考核量化，每年评选优秀养老机构、先进院长和护理员。

上海市提出市、区两级民政部门要加强对农村养老服务的监督检查。对养老服务设施、机构的安全管理和服务质量，建立健全安全防范制度和应急预案，定期检查，及时整改，做到安全隐患"零容忍"。为此，上海市嘉定区北管综合为老服务分中心积极吸收本地企业外迁导致的剩余劳动力，同时通过加强规范管理和系统培训，不断提高服务人员的素质和技能，既实现了养老服务的"乡土乡音"与专业规范结合，又实现了剩余劳动力的本地消化与养老服务发展双赢。与此同时，为了保证服务的专业性，中心一方面委托第三方专业培训机构对其进行养老护理知识技能培训，另一方面通过第三方评估、满意度调查、村民参与等来强化过程监督和规范管理。

三、农村养老服务体系建设的政策及实践特点情况分析

（一）农村养老服务体系建设的政策及实践特点

1. 从碎片化政策走向专项规划

农村养老问题已经上升到国家战略层面，国务院及其职能部门密集出台多项涉及推动农村养老服务体系建设的配套支持性文件，但是这些政策不是独立专项的，基本都内嵌到宏观政策文本中。如2017年《关于加强农村留守老年人关爱服务工作的实施意见》提出要建立农村留守老年人信息台账制度，建立留守老年人的定期探访制度。2018年《关于推进深度贫困地区民政领域脱贫攻坚工作的意见》提出加快推进深度贫困地区农村特困人员供养服务机构建设和设施改造。《中共中央国务院关于打赢脱贫攻坚战三年行动的指导意见》行动方案将加大特困供养和临时救助力度、支持贫困地区发展养老服务

等列为重点任务。同年出台的《乡村振兴战略规划（2018－2022年）》，要求全面实施特困人员救助供养制度。《深度贫困地区特困人员供养服务设施（敬老院）建设改造行动计划》的通知，提出逐步开展面向低保、低收入家庭及建档立卡贫困家庭老年人、残疾人的无偿或低偿集中托养服务。2019年《关于推进养老服务发展的意见》，提出促进农村、社区的医养结合，大力发展政府扶得起、村里办得起、农民用得上、服务可持续的农村幸福院等互助养老设施。

目前国家层面还没有关于农村养老事业发展的专项文件，因此大部分省级养老服务发展规划对农村的规划还不够精准、细致。但是，随着国家乡村振兴战略的深入推进，在农村经济社会大发展的时代背景下，农村地区养老服务体系建设已经纳入中央和各省视野，目前北京市出台专项文件《关于加强农村养老服务工作的意见》，上海市已经印发了《农村地区养老美好生活三年行动计划（2018—2020)》，山西省也刚刚制定了《推进农村养老服务行动计划(2019－2021)》，这些都是针对农村地区的专项文件，这样的专项文件有助于对农村地区养老事业发展精准施策。据悉，其他各省也将会陆续出台政策文件，过去碎片化、零星式的政策将会迈向未来系统性和精准性。

2. 从指导性走向法治化建设

在中央政策规划和整体部署下，全国各省出台了新一轮养老事业发展政策体系。如甘肃省从2012年开始，逐步完善并构建了一套指导意见，其中2015年省出台的《关于加快发展养老服务业的实施意见》，明确了到2020年全省养老服务业发展的目标任务、工作重点、扶持政策和保障措施。为实现既定目标，又制定了社会养老服务体系建设、老年服务产业发展、养老服务支撑、老年福利保障4个方面的一揽子政策制度安排。2019年8月江西省发布《江西省养老服务体系建设发展三年行动计划（2019－2021年)》，对当前和今后一个时期养老服务体系建设工作进行了全面部署。随后，江西省委组织部、江西省民政厅、江西省发展改革委员会、江西省财政厅、江西省卫生健康委员会五部门联合发文《关于加快补齐农村养老服务短板十条措施的通知》，要求加快补齐农村养老服务短板，全面构建满足农村老年人需求的新时代农村养老服务体系。其他各省的政策布局还有《安徽省构建多层次养老服务体系（2018—2020年）行动计划》，《福建省推进养老服务发展（2019－2022年）行动方案》，江苏省《关于进一步推进养老服务高质量发展的实施意见》，山东省

《关于推进养老服务发展的实施意见》等，这些制度办法和实施意见大多是宏观层面的指导性意见，不具有法律的权威性，对养老服务体系建设约束性小。然而，值得指出的是，全国少数省份已经把养老服务体系建设纳入法治化轨道，相继出台了养老服务条例等规范性文件。

如江苏省于2015年较早的通过了《江苏省养老服务条例》。2020年，一些省份又相继出台了相关规定，如山东省3月发布《山东省养老服务条例》，甘肃省于7月正式施行《甘肃省养老服务条例》。养老服务条例一般包括总则、规划和建设、居家社区养老服务、机构养老服务、医养结合、养老服务人才、扶持保障、监管服务、法律责任、附则等内容，特别是明确了养老服务体系建设相关行为人的法律责任，这标志着我国养老服务高质量发展有了法治保障，养老服务体系建设已经开启了法治化道路。

3. 从基础建设走向高质量发展

长期以来，我国农村养老服务体系中的基础设施建设处于短缺状态。近年来，全国多个省（区、市）为补齐农村养老服务短板，提升供养设施和服务条件，不断推进农村养老服务基层设施的建立健全，对养老院资源整合改造升级。山东省菏泽市单县创新“周转房＋幸福院”模式，统筹整合农村幸福院建设、新型社区建设、美丽乡村建设、农村道路硬化户户通等政策，完善农村养老服务配套设施。福建省永安县利用闲置小学校舍，将老人体系活动中心、康乐家园等资源进行整合，建立“三自三助”颐老院，内部硬件设施齐全，健康讲座，体检就诊等软件设施也一一俱全。内蒙古自治区乌兰察布市出台《农村牧区互助幸福院建设实施方案》《农村牧区互助幸福院管理办法》等，不断完善农村养老服务点和农村牧区敬老院建设，基本实现了农村养老服务全覆盖。

进入新时期，中央强调要促进养老服务高质量发展，对养老服务基础设施建设提出更高要求，明确要求加快养老机构安全等标准和规范，制定确保养老机构基本服务质量安全的强制性国家标准等。标准化是高质量发展的一个重要指标。为推动养老服务向高质量发展，各个省份以标准化建设为突破口，出台政策举措。如浙江省《关于深化养老服务综合改革提升养老服务质量的实施意见》明确提出要推动标准化建设，并把标准实施和等级评定情况作为公办养老机构收费定价、民办养老机构享受政府运营补贴的基本依据。河南省加强标准化建设，发布实施了服务质量规范、星级评定标准、老年人健康能力评估等6个地方标准，服务更加规范化、标准化。青海省于2020年4月印发了《青海省推进养老服务发展的若干措施》聚焦提升服务质量，提出深化公办养老机构改革，健全养老服务评定评估制度，建立健全以信用为基础，各司其职、各尽其责的跨部门协同监管机制。鼓励商业保险机构开发商业长期护理保险等与老年人相关的保险产品，多渠道为老年人提供保障。

4. 从解决问题走向特色创新发展

与农村人口老龄化现状不协调的是，长期以来我国农村老龄工作基础薄弱，这也是农村养老服务水平提升缓慢的关键原因。从2013年国务院发布的《关于加快发展养老服务业的若干意见》中关于加强农村养老服务体系建设以及随后各地颁发的配套办法来看，政策偏重于补齐农村发展短板，解决农村养老棘手问题，如五保供养问题，相关政策提出要完善农村养老服务托底的措施，将所有农村“三无”老人全部纳入五保供养范围；养老服务设施问题，要求依托行政村、较大自然村，充分利用农家大院等，建设日间照料中心、托老所、老年活动站等互助性养老服务设施等。

各地积极探索在中央政策指引下，在不断解决农村养老问题中摸索前进，创建了符合地方发展实际的农村养老模式。江苏省宿迁市沭阳县充分发挥当地留守妇女力量，推动留守妇女创业，由县民政局指导，政府优惠补贴共同建设农村幸福小院。贵州省铜仁市实行将村年老协会和互助幸福院合并，构建“院会合一”服务体系，打造“家园型”幸福院。云南省昆明市晋宁区探索“以地养老”，通过整合土地增收益、地租财政支撑，分担了家庭供养之忧，提高了老年人晚年生活质量。北京市大兴区长子营镇构建流动医疗站助力农村为老服务，解决了老年人健康检查和慢性治疗问题，提高了区域医养结合服务水平，特别是在新型冠状病毒疫情防控期间，解决了老年人不离家看病拿药的问题。上海市松江区叶榭镇打造生态养老家园，充分利用农村土地和自然生态的基础上，打造配套设施相对健全的农村新型“养老社区”，让农村老年人“足不出村”享受专业的养老服务，解决农村老年人的就近养老需要成为政策实践的重点。湖北省仙桃市探索老年幸福食堂建设，围绕老人“吃饭难”这一现实问题，依托农村老年人日间照料活动中心设施，积极探索老年幸福食堂建设，着力破解农村老年人吃饭难题，实现农村互助养老服务长效运营。此外还有一些地区借助信息化、人工智能手段试点建立“家院互融”养老服务体系，实现居家养老和机构养老的互通，高效获取老年人养老需求并链接资源。

有些地方探索总结出托管养老、合作社养老等新型农村养老模式。全国给省市在着力补齐农村老年人照料服务的短板的同时，根据地方特点因地制宜创新发展农村养老服务事业。

（二）农村养老服务体系建设的政策实施问题

1. 无法满足农民实际养老需求

近年来，人口老龄化程度的日益加深促使我国不断扩大养老服务供给，但对于农村而言，现阶段农村养老服务供给总量依然偏低，而且距离满足农民群众日益增长的对高质量养老服务需求的差距还很大，主要表现为政府政策供给的零散性和政府服务供给的主导性。

政府政策供给的零散性。全国各地普遍缺乏对农村养老服务体系建设的专门政策，对老年人抗衰老风险、预防老年失能化、提升社会化养老服务水平、平衡政府公共财政投入、适老化设施改造建设等方面的推动力度不够。一些零散和被动的措施，很大程度上也只是解决现阶段农村养老服务的个别问题，是一种应急式的解决方案，而未能针对潜在的养老风险和未来亟待解决的养老问题制定有效、超前的、系统化的应对策略。

政府服务供给的主导性。从传统社会发展到现代社会，实际上我国政府一直扮演着全能型角色，这种事必躬亲的思维惯性使得政府在农村养老服务供给中也是过度供给和越位管控，导致社会化养老程度偏低，社会力量缺位导致多元主体养老服务供给模式在农村很难“落地生根”，农村养老服务在很大程度上仍要依赖家庭、村落集体等传统内生性供给形式，而政府供给和家庭供养都是有限度的，对于农民日益剧增的个性化的、高品质的养老服务需求，政府和家庭都是无力供给的。如随着经济社会发展，农村老年人会存在慢性病治疗与管理、健康状态监测跟踪、专业化专一化的护理照顾、上门精神慰藉与孤独情绪疏导、家庭医生一对一签约、养老辅具用品升级替换、长效化家政志愿服务等较高的养老服务需求，而当前我国农村养老服务供给在制度建设和准备上都是远远不够的。因此无论是政策设计还是政府主导型的服务供给，现阶段尚不能较好地满足老年人日益增长的高质量养老服务需求。

2. 尚无针对农村地区的专项政策

据统计，我国农村老龄人口比重高于城市地区，但是由于农村基础设施建设比较落后，农民的收入水平比较低下，所以面临的养老问题更加严峻。从政策发展来看，随着乡村振兴战略和脱贫攻坚战略的实施，我国养老服务政策重心大体上从 2017 年开始向农村养老服务倾斜，相继提出“加快农村社会养老服务体系建设”“大力发展农村互助养老服务”“构建多层次农村养老保障体系，创新多元化照料服务模式”等政策。这些政策释放了中央正在加快建设农村养老服务的积极信号。中央宏观政策的积极支持方向虽已确定，但在政策的落实方面缺乏微观的具体制度保障。目前，不少地方政府、基层政府针对农村地区，尚未根据农村自身特点，出台符合农村实际的综合发展规划、财政资金支持、部门职责划分、工作管理机制以及互助养老、长期护理、医养结合等相关制度安排，缺少精准的制度政策支持，农村地区养老服务体系建设的实践推动较弱。

与此同时，我国养老服务的建设与发展呈现出明显的“重城市、轻农村”的特点，城乡养老服务的政策扶持力度存在显著差距，这主要是因为政策设计中不区分城乡差别，而是“一揽子”工程。各省份政策制定中没有区分城乡差别，也没有关照农村经济社会文化独有的特点，而是对城市和农村地区进行一体化设计，这使得大部分政策无法适应农村地区。比如财政投入方面，近年来我国经济发展迅速，使得养老服务财政收入逐年扩大，资金用于农村养老的也逐渐增多，但是无论养老机构的数量和环境设施或是人才资源，城市整体水平仍高于农村。并且，城市和农村的养老服务发展历史基础完全不同，即便是同等政策，城市的实施效果和农村的实施效果相比也是不一样的。整体来看，政策对于城市的利好优于农村。在这样的情况下，政策设计就应该有针对性的偏向农村地区，把人财物的资源有效下沉农村。

3. 现有政策存在较多缺失项

中央的重视和推动给农村养老服务事业发展提供强大的支持和方向指引，也是全社会积极关注并推动农村养老建设的重要动力。因此全国各地将农村养老纳入政府重点工作，制定农村养老规划，重视农村养老服务资源布局，促进农村医疗和养老一体化建设。同时做好农村养老体系建设工作，落实农村老年人养老的经济保障、医疗保障和制度保障，强化法律法规建设、明晰责任划分。

但是这些政策主要以“通知”“意见”“办法”的形式下发，法治化建设不足，现有制度制约性和权威性不高，与此同时，政策存在许多缺失项，导致各地执行力不足，服务主体参与性不高，制度执行不到位。比如缺乏养老服务对象准入机制的评价标准，大多数养老机构简单将服务对象分为：自理、半自理、不能自理和失智这四类老年人，没有更科学的设置概念和分类分级标准。缺乏养老服务市场准入、卫生条件和建筑设施等的评判标准和评估体系。缺乏服务质量评估体系，也就难以有效监管和认定养老服务机构的资质。缺乏不同等级程度老人数量、服务花费成本、服务设施使用率和服务满意度等数据信息，也就难以评估现行养老服务政策效果和进行科学的政策选择等。

4. 社会参与农村养老服务明显不足

和依托社区、机构、医养相结合的养老服务方式相比，当前我国农村养老仍以家庭养老为主。家庭是老年人日常照料、患病护理以及精神慰藉的主要依靠。根据《第四次中国城乡老年人生活状况抽样调查》，山东省数据显示农村老年人选择在家接受照护的比例占 86.4%。显然居家养老占比很大，社区养老、机构养老以及医养结合还有待进一步发展。从全国案例中可以看出，农村社区养老服务还未充分拓展和发挥；“贴心一键通”社区养老服务平台在农村还未广泛建立并发挥作用，尽管这种服务方式在城镇已发展的较成熟和完善；在老年照护领域重视对机构养老的公共支出补贴，对社区和家庭照护的补贴相对不足。以农村敬老院、幸福院、老年公寓等为主的机构养老在农村还未广泛建设和推广，政府购买服务的模式也未普遍展开，这些只是在经济较发达、居民收入较多及城镇化率较高的地区有所试点，还未从制度层面全面落实。

2013 年《国务院关于加快发展养老服务业的若干意见》提出：“激发社会活力，充分发挥社会力量的主体作用，健全养老服务体系，满足多样化养老服务需求。”按照《“十三五”国家老龄事业发展和养老体系建设规划》要求，2020 年农村将建成“居家为基础、社区为依托、机构为补充、医养相结合的养老服务体系”。诚然，宏观上开放鼓励的制度环境的确增强了多元力量参与农村养老服务的信心，起到了重要支撑作用，但在具体实践中却未能实现既定目标。从社会力量参与角度来看，备受青睐的社会资本投资农村养老服务的积极性并不高。为鼓励社会力量参与，国家出台了一系列税收、土地、水电等方面的优惠政策，但由于刚性不够而难以落实。同时，受到补贴少、投入大、周期长、回报低、农村老年人支付能力有限等因素的影响，社会力量在农村难以充分发挥其养老服务作用，参与程度十分有限。此外，农村社会组织参与养老服务也存在明显短板，数量少、规模小、专业化不强、资金支持少、制度不规范，呈现出发展数量和发展质量水平较低的特点，需要进一步培育壮大和引导发展。

5. 对营造孝道文化重视不够

在解决老龄化社会问题上，从我国农村地区的现实情况来看，完全依托社会保险和养老院来解决是不适合实际的。解决老农村老龄化问题，除了提高经济发展水平，逐渐发展社会福利事业，增加社会性服务供给外，最重要的是发挥传统孝道伦理的现代价值，运用孝道的力量解决农村老龄化的社会难题。俗话说："人有百行首重孝，孝字本是百行源"，孝道是我国传统文化的核心内容之一，而养亲敬亲是传统孝道的基本内涵。目前，家庭养老仍是我国农村养老服务的主导模式，其中孝道文化在解决农村养老问题上发挥着重要作用。然而，对中华传统孝文化的弘扬和创新发展并没有引起多数省份的关注，没有把营造敬老爱老的孝文化氛围作为政策重点，这就导致在农村养老物质条件欠缺的情况下，精神文明的养老方式更为滞后。

精神文明的养老方式具有良好的调剂作用，关注并建设精神文化生活十分必要，而农村地区老年群体精神文化生活较为匮乏，呈现单一性、自发性、低质性。受限于文化教育程度，大部分农村老人难以掌握现代信息化娱乐方式，娱乐手段较为传统且单一。再加上农村文化基础设施不健全，缺乏多样性，"没得选、选的少"现象普遍，致使文化生活重复而单一。精神文化活动多以自发性开展，缺乏组织引导，这极大限制了老年人参与精神文化活动的积极性。开展以宣传孝道文化的精神文化活动频率较低，缺乏系统性，未能真正融入到农村老人日常生活，并未能真正触及其内在，对家庭关怀的替代作用较弱，对幸福感提升有限，农村老人主观幸福感较低，常有孤独感。

四、完善农村养老服务体系建设的政策建议

（一）把握农村特点设计精准专项政策

农村社会及农村老年人有其自身特点。在农民养老意愿上，农村社会经济水平低，农村老年人消费水平偏低，再加上受传统家庭养老观念的影响，很多老年人不愿意或很少去接受政府及社会提供的养老照料服务，致使政府和民间养老服务投入在短期内不能快速产生效益，而引发较多的养老投入"欠账"。在服务对象上，农村养老服务对象更大程度上是老年人中的弱势群体，即低保老人、特困供养老人、孤寡老人、失能老人等，目前尚未实现全体老年人的服

务覆盖；在服务内容上，农村提供的养老服务内容较多停留在保障老年人的基本日常生活，缺乏对老年人精神生活的照料、老年兴趣的培养、老年社会价值的开发等服务。

多年来，经过系统化、全方位、高密度、精准性的顶层政策设计及各地推广实践，我国初步建立功能完善、布局合理、规模适度、覆盖城乡的养老服务体系，并指导各地以各村落为发展点，依托村落内外资源积极探索农村新型养老模式。根据《国务院办公厅关于推进养老服务发展的意见》，强调要提升政府投入精准化水平。这在以前的政策文本中很少提及。这里的“精准”主要是指政府资源的投入要精细和准确，其中要求全面梳理现行由财政支出安排的各类养老服务项目，以省为单位制定政府购买养老服务标准，重点购买生活照料、康复护理、机构运营、社会工作和人员培养等服务。但是也释放出了一个重要信号，就是养老服务政策设计也应该是精准化的设计，是精准的施策。精准施策来源于习近平总书记关于精准扶贫的思想，针对粗放性政策策和一般指导性政策而言的，是针对不同区域、环境、不同农民养老服务需求情况，运用科学有效的程序，对服务对象实施精准识别，帮助和服务的方式。精准施策的前提是精准识别，对老年农民情况建立登记追踪，把真正的农民老年人群的基本情况弄清楚，把人口数量，年龄区域、养老现状和需求搞清楚，才能因人施策，满足农民养老的真正需求。例如，为了达到精准施策的目标，安徽省马鞍山市在对全市农村公办养老机构集中摸底调查的基础上，详细摸清了全市农村敬老院和县级区域性养老服务中心管理规范、服务质量、人员结构、服务力量、医疗资源配置、机构床位闲置等具体情况，梳理掌握了农村公办养老机构发展面临的现状，建立档案，列入改制转型计划，制定《马鞍山市推进养老服务体系建设行动计划（2017－2019）》，明确以存量引增量推进公办养老机构改革转型的指导思想，确定利用三年时间完成全市32个农村公办养老机构改造升级和改制改革任务。

因此要准确把握农村及农民特点，按照国家政策要求，确立以“居家为基础、社区为依托、机构为补充、医养相结合”作为农村养老服务发展的顶层设计，通过加强对农村老龄工作的调研、摸底以及信息库建设，尽快制定精准务实的农村养老服务发展专项规划及配套实施细则、服务规范及标准等，为农村养老服务发展做好规划与政策的保障，进一步推动农村养老服务体制机制系统性改革，对农村老人施以分类管理、精准帮扶。特别在养老的服务体系构建，保障水平提高，服务能力提升，居家支持，社区服务及老人照护建设等方面，要体现区域性和实效性。农村养老服务相比城镇地区明显落后，特别在社区养老、机构养老及医养结合方面处于空白状态，对农村养老服务发展的顶层设计、体系构建及发展体制机制的完善，需要合理借鉴城镇的先进经验，促进农村养老服务实现跨越式发展。此外，政策规划还应在人事编制、机构建设等方面强化基层乡镇（街道）的养老服务工作力量。

（二）加快推进农村养老服务基础供给

农村养老服务机构和人才队伍建设，是增强农村老人幸福感和获得感的基本保障。尤其是农村地区存在大量特困失能老人和农村留守老人，养老机构和专业人才的周到服务是其晚年生活的基本保障。

为了进一步规范对养老机构的管理，促进养老服务健康发展，我国在2020年再次修订《养老机构管理办法》，并于2020年11月1日起施行。在农村地区，机构养老服务设施主要是以敬老院为主，农村敬老院主要供养“五保”对象，在建设规模上以及服务质量上都比不上城市的养老机构，因此，要本着因地制宜的原则扩建、改造敬老院，加大对农村养老机构和养老服务基础设施建设力度，改善养老机构居住对象的生活环境和居住条件，提高老年人的养老服务质量。通过加强政策支持，扩大对养老服务的投入，积极的建设农村养老机构，并鼓励银行业等金融机构和社会力量加入到农村养老服务基础设施建设队伍中。同时，应当开展各种慈善活动，争取社会中更多的力量对农村养老机构给予帮助，支持农村养老机构的建设和发展。此外，应建立健全农村养老机构管理制度，制定农村养老机构建设和服务的具体标准，加强对养老机构和服务人员的日常监督工作，提高养老机构的管理水平和服务人员的服务质量。在满足老人基本生活方面需求的基础上，组织开展丰富多彩的公益类文娱活动，给老人们送去关爱和温暖。

在人才队伍建设上，政府应推进专业力量和志愿力量专兼并举，打造本土本乡的农村养老服务人才队伍，挖掘和动员农村妇女、低龄老人、灵活就业人员、待业人员从事养老服务，通过专业化的能力培训、提高其业务素养，不断提高其职业化、专业化和标准化程度。同时要通过优化农村职业教育培训供需方案来加大养老服务专业人才的培育开发力度，通过公益岗位津贴、定向委培计划、就地就近安置等激励措施留住人才从事农村养老服务事业。建立养老服务人才培训基地。例如，为加强人才队伍建设，辽宁省锦州市支持锦州医科大学等院校特别是职业院校（含技工学校）设置养老服务相关专业或开设相关课程，在普通高校开设健康服务与管理、中医养生学、中医康复学等相关专业，推进养老服务相关实训基地建设。签订“政校企”战略合作协议，支持锦州医科大学与社会培训机构、养老行业企业开展合作，在订单班培养、职业技能培训、学生顶岗实习、实训基地建设、政企专家兼课等方面开展深度合作，在“健康中国”、“脱贫攻坚”等战略中精准发力。

（三）推动城乡养老服务均衡发展

一是政策偏向农村地区。要坚持城市与农村养老服务同步协调发展的总基调，防止理念偏差，补齐农村养老服务政策不足的短板，给予农村养老服务更多的具体制度政策支持，缩小城乡之间的差距。尤其是对部分经济发展水平较低的农村给予适度的政策倾斜。例如，2019 年江西省专门发布了《关于加快补齐农村养老服务短板十条措施的通知》，从特困失能人员集中照护、乡镇敬老院改造升级、互助养老服务提质扩面、基层医养结合、人才队伍建设、留守等困难老年人关爱扶助、志愿养老服务等十个方面给予明确的政策支持，为推进农村养老服务发展提供了明晰的路线和指南。

二是政府要发挥兜住底线和政策撬动作用。兜住底线，即指政府对农村贫困老人、失能老人等特殊老人直接承担保障责任，通过集中供养等方式为其提供养老服务；撬动政策，即指政府通过出台税收、补贴、土地、水电等方面的优惠政策，鼓励社会力量参与农村养老服务。例如，重庆市坚持以基础设施建设为抓手，着力打造区（县）、乡镇、村三级养老服务平台，不断增强农村养老服务供给能力，促进城乡养老服务均等化、优质化发展。失能特困人员集中照护，打造区县级“集中照护 + 监管指导”平台，乡镇敬老院改造升级，打造乡镇级“集中供养 + 社会服务”平台，互助养老站点建设，打造村级“重点照护 + 互助志愿”平台。

三是政府要整合行政资源责任。养老服务体系建设涉及政府职能部门二十余个，要推进民政、老龄、卫健、发改、人社、教育、国资等相关部门协同配合，优化农村养老服务的政策执行环境。各部门要积极进行沟通，实现资源、信息共享，部门协同治理。例如，为加强部门之间沟通协调，福建省三明市宁化县建立组织、民政、农业等部门组成的养老工作联席会议制度，由县政府主要领导担任总召集人。县委组织部下派第一书记优先安排到养老示范村，对成立的农村养老服务中心下派党建指导员。

（四）逐步建立多元主体协同供给格局

农村养老服务体系建设要逐步建立政府、社会、市场、家庭等多元主体养老服务供给机制，理顺政府、市场和社会组织之间的关系，明晰各自的责任和义务，实现对各种养老资源的优化整合，只有充分整合多方主体力量共同努力，农村老人的养老服务质量才能有效提高。

一是发挥政府的主导作用。政府要合理行使职能，明确职责和义务，制定相应的政策促进养老服务多元发展。首先，政府应当建立、健全社会保障制度，鼓励多元主体参与农村养老服务的发展。其次，政府作为养老服务的主要供给者，不仅要为老年人提供基本的养老保障和服务，同时还要对其他服务供给者给予一定的福利补贴，整合各个部门的资源，统筹农村养老服务多元供给主体的协调发展，尽最大努力为农村养老服务给予帮助。最后，政府应不断完善其监督管理职能，使有限的养老资源能够惠及到更广泛的人群。如广州市花都区充分发挥政府主导，通过政府职能部门引导、镇（街）倡议、村（社区）发动等，把蕴藏在老年人身边的亲属、邻里、学校、医院、社会组织、志愿者、居家养老服务平台等各种资源发动起来，引导他们热心参与邻里互助养老服务，为身边老人提供力所能及的服务。

二是发挥家庭养老服务的基础作用。在农村地区，由于血浓于水的亲情，使得家庭在农村老年人心中占据着重要的位置，家庭养老有着其他养老模式不可替代的地位。家人不仅清楚老人的生活习惯更加方便照顾老人，而且老人长期与子女住在一起，也使得老年人无论是身体上还是生理上都会变得更加健康。

三是完善社会组织养老服务供给。社会组织参与农村养老服务体系的建设具有灵活性、多样性等特点，在养老服务供给中具有不可替代的重要作用。要加强对社会组织的资金支持，鼓励社会力量进入农村养老产业，除了政府对社会组织的资金和政策支持外，政府应出台相应的政策降低社会组织参与农村养老服务的门槛，放宽准入条件，鼓励各种非政府组织参与农村养老服务体系的建设中。

四是保障市场服务供给主体发展。政府应建立充分的激励机制，保证市场主体积极地参与农村养老服务事业发展。应当贯彻落实养老服务市场全面放开政策，放宽市场养老服务主体准入条件，同时出台税收优惠政策等吸引民间资本投入到农村养老服务体系建设中。如为了缓解公办养老机构压力，北京市人民政府在2000年颁布《北京市养老服务机构管理办法》，提出鼓励企业事业单位、社会团体、其他组织和个人以多种形式兴办养老服务机构。在政策指引下，2010年北京市郑各庄村兴建了民办老年公寓“金手杖”，该项目由北京宏福投资管理有限公司和郑各庄村民（参股）共同出资兴建，委托北京金手杖养老股份有限公司运营。按照民政部门及老龄委的相关规定运营，服务了本地老人，也得到了老人及家属的认可与好评，树立了较好口碑。

五是发挥市场养老服务资源配置作用。目前的农村养老市场可以说是一个空白的区域，农村社会引入市场竞争机制对于调配资源，吸收农村剩余劳动力、带动农村经济社会发展的意义都很重要。一方面，充分发挥市场在养老服务资源配置中的决定性作用，促进社会广泛参与农村养老服务建设，这是解决农村养老服务资源不足的有效途径，也是推动养老服务多元化发展的必由之路。政府要积极落实优惠政策的“最后一公里”，为市场提供公平的竞争环境，积极引入市场机制参与农村养老服务的经营管理，为养老服务机构赢得盈利空间，引导、鼓励和支持其触角延伸至农村寻求发展。值得注意的是，社会企业是近年来养老领域兴起的重要社会力量，能够兼顾解决社会问题和达到公益目的，要鼓励其参与农村养老服务创新。如福建省泉港区对乡镇敬老院“公建民营”连锁化运营。泉港区养老供求矛盾不断凸显，为此引进专业养老服务团队，签订《泉港区乡镇（街道）敬老院养老服务经营协议书》，将已通过房屋安全鉴定和消防安全设施鉴定的6所乡镇敬老院场所免费委托给“龙人·伍心家园”经营。以公建民营的运作方式，对6所乡镇敬老院采取连锁化运营，既盘活乡镇敬老院资源，又提升养老服务水平。另一方面，积极引导发挥公益社会组织的养老服务功能。承载公益力量的社会组织是政府的有力帮手，能够补充政府养老服务供给的专业性和服务性不足的问题。因此应当充分发挥公益社会组织的日常照料、医疗服务、心理疏导、文体活动等功能，特别要对留守老人、高龄老人等特殊老人给予帮助。如上海市松江区叶榭镇建设幸福老人村，面向农村老年人，提供涵盖机构照料、社区照护、居家护理的一站式综合性养老服务，实现了功能叠加、设施综合和资源辐射。大量公益项目的运作丰富了农村养老内涵。通过公益养老项目培育、带动，吸引更多社会公益组织参与养老、助老活动，鼓励较为专业的志愿者介入关爱老年人的生活陪护、精神陪聊等全过程，使农村老年人享受到更加专业的高品质服务。另外，通过培育和壮大老年协会等农村社会组织，可以真正让老年人聚集起来，让老人在家庭和村庄之外找到组织归属和精神慰藉，满足其多样性的服务需求。

（五）多措并举创新发展孝文化

百行孝为先，孝是中华名族的传统美德，赡养老人是孝文化重要精神。孝文化的本源来自“善事父母”。新时期不仅需要“物质赡养”，更需要“精神赡养”，在满足老人的基本物质需求之后，也要照顾好老人的精神世界，在某种程度上，精神赡养、情感满足比物质供给更重要。《孟子·万章上》云：“孝子之至，莫大于尊亲。”《礼记》曰：“大孝尊亲、其次弗辱，其下能养。”都把“敬亲”置于“养亲”之上，强调对老人的精神之孝。

一是树立文明新风营造孝老爱亲氛围。树立移风易俗、勤俭节约、文明健康的时代新风是新时期对农村乡风文明建设的新要求。各地应该开展农村老人喜闻乐见、丰富多彩的孝老爱亲活动，为推动养老服务事业发展营造良好社会氛围。如福建省三明市宁化县倡导移风易俗，改变红白喜事大操大办陋习。60岁以上“逢十”的老人，在重阳节期间由养老服务中心组织集体祝寿，寿宴统一标准，一切从简，营造庄重俭朴氛围；倡导丧事简办，老人辞世后由养老服务中心献花圈、举行追悼仪式。其他地区还重视学校“孝”文化教育，把幸福院、敬老院作为“孝老敬老助老教育实践基地”。将孝老爱亲纳入《村规民约》，引入奖惩机制，组织评选孝星家庭，公开不孝不养行为，有效营造了养老孝老敬老的社会氛围。

二是加大孝道法治宣传力度。“孝”已经成为大众思想共识，人们普遍认为数千年历史传承下来的孝文化只是在道德层面的约束，对“孝”的有关法律法规的认识还不够清晰和全面，需要加大法律宣传力度，提高公众知法、懂法、守法的意识。政府和社会组织要以“孝道”为专题，深入开展老年人权益保护法和赡养法规宣传、违法案例解读、孝老敬老劝诫，让法定之责深入人心。营造出“不孝老不敬老”的舆论氛围，如有不孝敬老人的行为，不仅会遭受舆论的谴责，更会得到法律的严惩。

三是进一步健全乡村老年人权益维护的法律援助机制。为保障老年人的合法权益，需加强对老年人法律援助的管理，解决老年人权益保障中的实际困难，使老年人得到更加便捷的法律援助。对于那些经过教育后仍不履行赡养义务的子女，帮助老年人通过诉讼等方式维护合法权益。政府更应加强农村老年人的权益保障，完善我国农村地区的法律援助体制机制，增强农村老人维权意识，解决经济困难地区维权困难问题。

参考文献

【英文文献】

Green D. From Poverty to Power：How Active Citizens and Effective States Can Change the World [M]. *Oxfam International*, 2012.

Charles F. Sabel, Jonathan Zeitlin. Experimentalism in the EU：Common Ground and Persistent Differences [J]. *Regulation&Governance*, 2012 (03)：411 -424.

Chen S, Li J, Lu S, et al. Escaping from poverty trap：a choice between government transfer payments and public services [J]. *Global Health Research & Policy*, 2017, 2 (1).

Crooks D. J. 2009. Development and Testing of the Elderly Social Vulnerability Index (ESVI)：A CompositeIndicator to Measure Social Vulnerability in the Jamaican Elderly Population [J]. *Miami, USA：Florida International University.*

Franklin NN. Concept and Measurement of Minimum Living Standards, The [J]. *International Labor Review*, 1967.

Gray V . Innovation in the States ：A Diffusion Study [J]. *American Political Science Review*, 1973, 67.

Grootegoed, Ellen & van Dijk, Diana. (2012). The Return of the Family? Welfare State Retrenchment and Client Autonomy in Long - Term Care. *Journal of Social Policy*, 41 (10), 677 -694.

Jessop, B. , "The Changing Governance of Welfare：Recent Trends in Its Primary Functions, Scale, and Modes of Coordination", *Social Policy & Administration*, vol. 33, no. 4, 1999, p. 5.

JONATHAN ZEITLIN. EU Experimentalist governance in times of crisis [J]. *West european politics*, 2016 (5)：1073 -1094..

Leena Forma, Marja Jylha, Jutta Pulkki. Trends in the use and costs of round - the - clock long - term care in the last two years of life among old people between 2002 and 2013 in Finland [J]. *BMC Health Services Research*, 2017, 9 (17)：668 -677.

Leo Strauss, Joseph Cropsey. *History of Political Philoso - phy* (The Third Edition).

Trans. by Li Hongrun et al. Bei – jing: Legal Press, 2009. p. 560.

Park R E. Human migration and the marginal man [J]. *American journal ofsociology*, Vol. 33, No. 6, 1928.

Penchansky R., Thomas J. W., "The Concept of Access: Definition and Relationship to Consumer Satisfaction". *Medical Care*, 1981, 19 (2): pp. 127 – 140.

Tews K. The diffusion of environmental policy innovations: cornerstones of an analytical framework [J]. *European Environment*, 2010, 15 (2): 63 – 79.

Thijs VDB, Dykstra PA, Van DVRJ. Adult children stepping in? Long – term care reforms and trends in children's provision of household support to impaired parents in the Netherlands [J]. *Ageing & Society*, 2017, 2017: 1 – 26.

Verbrugge L M, Jette A M. The disablement process [J]. *Social Science & Medicine*, 1994, 38 (1); Beydoun M A, Popkin B M. The impact of socio – economic factors on functional status decline among community – dwelling older adults in China [J]. *Social science & medicine*, 2005, 60 (9).

Walker, Jack L. The Diffusion of Innovations among the American States [J]. *American Political Science Review*, 1969, 63 (03): 880 – 899.

【中文文献】

巫锡炜．中国高龄老人残障发展轨迹的类型：组基发展建模的一个应用［J］．人口研究，2009（04）．

阿马蒂亚·森，王燕燕．论社会排斥［J］．经济社会体制比较，2005（03）：1－7．

阿马蒂亚·森著，任赜，于真译．以自由看待发展［M］．北京：中国人民大学出版社，2002：85．

安体富，任强．公共服务均等化：理论、问题与对策［J］．财贸经济，2007（08）：48－53＋129．

曹艳春，吴蓓，戴建兵．我国需求导向型老年社会福利内容确定与提供机制分析［J］．浙江社会科学，2012（08）：71－80＋157．

曾毅，顾大男，Jama Purser，Helen Hoenig，Nicholas Christakis．社会、经济与环境因素对老年健康和死亡的影响——基于中国22省份的抽样调查［J］．中国卫生政策研究，2014，7（06）：53－62．

陈传锋，金一波，汪莹，刁娟．家庭居住与机构居住老年人社会支持的比较研究［J］．心理与行为研究，2008（01）：23－29．

陈芳．政策扩散理论的演化［J］．中国行政管理，2014（06）：99－104．

慈勤英，宁雯雯．家庭养老弱化下的贫困老年人口社会支持研究［J］．中国人口科学，2018（04）：68－80＋127.

崔树义，杨素雯，田杨．供需视角下社区居家养老服务提质增效研究——基于山东省1200名老年人的调查［J］．山东社会科学，2020（09）：127－133.

邓大才．积极国家：反贫困战略中的政府干预与理论基础——基于国际反贫困战略的比较研究［J/OL］．新疆师范大学学报（哲学社会科学版），2021（02）：1－10.

邓大松，李玉娇．健康中国战略下长期照护保险：制度理性、供需困境与路径选择［J］．河北大学学报（哲学社会科学版），2017，42（05）：109－116.

邓微．积极引导公益慈善力量进入社区养老服务体系［J］．湖湘论坛，2014，27（02）：100－105.

丁百仁，王毅杰．由身至心：中国老年人的失能状态与幸福感［J］．人口与发展，2017，23（05）：82－90.

丁华，严洁．中国老年人失能率测算及变化趋势研究［J］．中国人口科学，2018（03）：97－108＋128.

董红亚．从孝文化到照护文化、敬老文化——构建适应老龄社会的新文化体系［J］．中州学刊，2020（09）：68－74.

董红亚．建构与老龄化社会相适应的照护文化［J］．浙江外国语学院学报，2015（04）：107－112.

杜鹏，安瑞霞．政府治理与村民自治下的中国农村互助养老［J］．中国农业大学学报（社会科学版），2019，36（03）：50－57.

杜鹏，孙鹃娟，张文娟，王雪辉．中国老年人的养老需求及家庭和社会养老资源现状——基于2014年中国

杜智民，康芳．农村社区居家养老服务供给精准化的实践困境与优化路径［J］．重庆社会科学，2020（09）：130－140.

戴卫东．地方政府养老政策的创新与评价——基于两届“中国十大创新社会福利政策”案例分析［J］．中国软科学，2018（03）：56－64.

戴卫东《中国长期护理保险制度构建研究》，人民出版社，2012年版．

戴卫东《长期护理保险——理论、制度、改革与发展》，经济科学出版社，2014年版．

戴卫东《中国长期护理服务体系建构研究》社会科学文献出版社，2018年版．

方浩．社会资本对城乡老年人健康影响的实证研究——基于CGSS混合截面数据［J］．华中农业大学学报（社会科学版），2020（02）：88－97＋166.

方黎明．社会支持与农村老年人的主观幸福感［J］．华中师范大学学报（人文社会科学版），2016，55（01）：54－63.

房莉杰，周盼．“多元一体”的困境：我国养老服务体系的一个理解路径［J］．江苏行政学院学报，2020（01）：60－66.

费孝通．家庭结构变动中的老年赡养问题——再论中国家庭结构的变动［J］．北京大学学报（哲学社会科学版），1983（03）：7－16.

风笑天，社会学研究方法（第三版）［M］．北京：中国人民大学出版社，2009：204－206.

福建永安市：创新农村幸福院管理服务新模式［J］．社会福利，2017（09）：18.

福建：构建“345”工作机制 加速补齐农村养老服务发展短板［J］．社会福利，2020（11）：7－9.

关博，朱小玉．中国长期护理保险制度：试点评估与全面建制［J］．宏观经济研究，2019（10）：103－111＋156.

关信平．论我国社会救助制度的结构调整与制度优化［J］．山西大学学报（哲学社会科学版），2020，43（05）：119－125.

郭丽娜，郝勇．个体健康、家庭照护和社会供给：谁更影响老人的居家养老服务需求［J］．西北人口，2019，40（05）：36－49.

高丽茹．福利治理视角下城市困境儿童的福利提供［D］．南京大学，2015.

国务院关于全面建立困难残疾人生活补贴和重度残疾人护理补贴制度的意见，参见 http：//www. gov. cn/zhengce/content/2015－09/25/content_ 10181. htm

韩博天．通过试验制定政策：中国独具特色的经验［J］．当代中国史研究，2010，17（03）：103－112＋128.

韩克庆，李方舟．社会救助对家庭赡养伦理的挑战［J］．山西大学学报（哲学社会科学版），2020，43（05）：112－118.

韩央迪．从福利多元主义到福利治理：福利改革的路径演化［J］．国外社会科学，2012（02）：42－49.

韩峥．脆弱性与农村贫困［J］．农业经济问题，2004（10）：8－12＋79.

何文炯．长期照护保障制度建设若干问题［J］．中共浙江省委党校学报，2017，33（03）：5－11＋2.

胡宏伟，，汪钰，王晓俊，张澜．“嵌入式”养老模式现状、评估与改进路径［J］．社会保障研究，2015（02）：10－17.

胡宏伟，蒋浩琛．多维脆弱与综合保护：困难家庭老年人群体比较与反贫困政策迭代［J］．社会保障研究，2020（04）：70－83.

胡宏伟，李延宇，张楚，张佳欣．社会活动参与、健康促进与失能预防——基于积极老龄化框架的实证分析［J］．中国人口科学，2017（04）：87－96＋128.

黄健元，常亚轻．家庭养老功能弱化了吗？——基于经济与服务的双重考察［J］．社会保障评论，2020，4（02）：131－145.

黄健元，贾林霞．家庭养老功能的变迁与新时代家庭养老功能的发挥［J］．中州学刊，2019（12）：83－88.

黄俊辉，李放，赵光．农村社会养老服务需求评估——基于江苏1051名农村老人的问卷调查［J］．中国农村观察，2014（04）：29－41＋51.

黄燕芬，张超．国家治理视角下的政策扩散研究：基于期望效用模型的分析框架［J］．教学与研究，2020（03）：13－25.

黄瑶．一份“四方协议”擦亮山村最美“夕阳红”——四川省珙县探索山区互助养老模式［J］．中国社会工作，2019（14）：30－31.

霍建国．积极国家观的历史叙事与价值解析［J］．中国行政管理，2012（03）：74－77.

贾妍，蓝志勇，刘润泽．精准养老：大数据驱动的新型养老模式［J］．公共管理学报，2020，17（02）：95－103＋171.

姜晓萍，郭宁．我国基本公共服务均等化的政策目标与演化规律——基于党的十八大以来中央政策的文本分析［J］．公共管理与政策评论，2020，9（06）：33－42.

贾倩．上海养老服务社会组织能力提升研究［D］．上海工程技术大学，2020.

金虹，王树青，程萍，钱珺．福利多元视角下构建社区老年照护服务体系的思考［J］．护理学杂志，2020，35（17）：83－87.

柯燕．农村留守老人物质生活的供需状况与群体差异［J］．哈尔滨工业大学学报（社会科学版），2019，21（01）：61－69.

雷咸胜．需求溢出视角下老年人长期照护的主体责任划分［J］．云南民族大学学报（哲学社会科学版），2019，36（01）：116－122.

黎赵，罗树杰．“孝行天下”互助养老及其在西部民族地区的推广价值——基于广西西南部边疆民族地区P社区的案例研究［J］．广西民族研究，2020（03）：62－70.

李兵，张航空，陈谊．基本养老服务制度建设的理论阐释和政策框架［J］．人口研究，2015，39（02）：91－99.

李平原．浅析奥斯特罗姆多中心治理理论的适用性及其局限性——基于政府、市场与社会多元共治的视角［J］．学习论坛，2014，30（05）：50－53.

李蒙蒙，杨黎．失能老年人长期照护需求及其影响因素研究进展［J］．护理研究，2017，31（20）：2440－2443

李树茁，徐洁，左冬梅，曾卫红．农村老年人的生计、福祉与家庭支持政策——一个可持续生计分析框架［J］．当代经济科学，2017，39（04）：1－10＋124.

李昕蕾，宋天阳．跨国城市网络的实验主义治理研究——以欧洲跨国城市网络中的气候治理为例［J］．欧洲研究，2014，32（06）：129－148＋159.
李旭初，刘兴策．新编老年学词典：［M］．武汉：武汉大学出版社，2016
李妍．从分配到承认：空间正义的另一种致思路径［J］．湘潭大学学报（哲学社会科学版），2020，44（05）：53－57.
李珍．关于完善老年服务和长期护理制度的思考与建议［J］．中国卫生政策研究，2018，11（08）：1－7.
李珍，赵青．需求溢出理论下的长期照护制度安排与政策意蕴——基于微观数据的溢出需求识别［J］．社会保障研究，2021（01）：15－23.
李凤之，曹胜毅．张长华：首创中国农村“三养合一”养老新模式［J］．商业文化，2017（06）：32－39.
李强．城乡居民长期照护社会保险制度构建研究［D］．山东农业大学，2015.
李静．基于合作式治理视角的政府购买公共服务机制创新研究——以长沙市政府购买居家养老服务为例［J］．北京邮电大学学报（社会科学版），2011，13（02）：26－30＋57.
李革荣，廖凤琴，林锦裕．慈善有大爱 助力夕阳红——永春县打造“爱心厨房”补齐农村养老服务短板［J］．中国社会工作，2021（08）：32－33.
廖毅，张薇．公共教育投入与国民收入差异的关系研究［J］．大学教育科学，2019（05）：58－67＋125.
凌文豪，董玉青．长期照护的需求分析、国际经验与中国方案——一个文献综述［J］．社会保障研究，2019（04）：105－111.
刘二鹏，张奇林．农村失能老人的性别差异及其影响机制——基于 CLHLS（2014）数据的实证分析［J］．社会保障研究，2019（02）：49－58.
刘欢．农村老人自理能力、服务需求与家庭贫困关联度分析［J］．人口学刊，2017，39（06）：71－80.
刘明中：《推进公共服务均等化的手段（上）——财政部副部长楼继伟答本报记者问》，《中国财经报》2006 年 2 月 7 日。
刘妮娜．互助与合作：中国农村互助型社会养老模式研究［J］．人口研究，2017（04）：72－81.
刘太刚，邓正阳．实验主义治理：公共治理的一个新路径［J］．北京行政学院学报，2020（01）：34－42.
刘太刚，吴峥嵘，龚志文．我国养老问题研究的理论工具评析——兼论需求溢出理论作为我国养老制度基础理论的适用性［J］．江苏行政学院学报，2016（04）：

66 – 75.
刘太刚．公共管理学重述：需求溢出理论的逻辑思路与基本主张［J］．中国行政管理，2012（08）：52 – 58.
刘太刚．公共物品理论的反思——兼论需求溢出理论下的民生政策思路［J］．中国行政管理，2011（09）：22 – 27.
刘太刚．需求溢出理论：一种以孔孟治道为核心逻辑的公共管理基础理论［J］．公共管理与政策评论，2019，8（02）：34 – 52.
刘太刚．需求溢出理论与公共管理学基础理论的构建［J］．北京行政学院学报，2012（03）：35 – 40.
刘薇．我国“基本公共服务”理论研究述评［J］．经济研究参考，2010（16）：64 – 72.
刘喜堂．加快构建新时代兜底民生保障体系［N］．学习时报，2018 – 09 – 03（004）.
刘喜堂．坚持社会救助 兜底民生保障［J］．旗帜，2019（10）：67 – 68.
刘玮．长春市农村低保政策执行偏差实证分析［D］．东北师范大学，2017.
鲁可荣，金菁．从“失落”的村民自治迈向有效的协同共治——基于金华市乡村治理创新实践分析［J］．广西民族大学学报（哲学社会科学版），2015，37（03）：57 – 66.
陆杰华，沙迪．新时代农村养老服务体系面临的突出问题、主要矛盾与战略路径［J］．新疆师范大学学报（哲学社会科学版），2019，40（02）：78 – 87 + 2.
米莉，顿德华．传统孝文化的时代价值及实现机制［J］．人民论坛，2020（04）：140 – 141.
穆杰．立足实际织牢县域民生保障“兜底网”［J］．国家治理，2019（27）：35 – 40.
彭华民，黄叶青．福利多元主义：福利提供从国家到多元部门的转型［J］．南开学报，2006（06）：40 – 48.
彭希哲，宋靓珺，茅泽希．中国失能老人问题探究——兼论失能评估工具在中国长期照护服务中的发展方向［J］．新疆师范大学学报（哲学社会科学版），2018，39（05）：102 – 118 + 2.
亓寿伟，周少甫．收入、健康与医疗保险对老年人幸福感的影响［J］．公共管理学报，2010，7（01）：100 – 107 + 127 – 128.
齐鹏．论农村养老服务体系的完善［J］．西北人口，2019，40（06）：114 – 124.
乔彬．“三个扶持”引导社会力量发展养老服务［J］．中国民政，2019（20）：57.
青连斌．如何才能让农村老年人真正老有所养［J］．人民论坛，2019（13）：69 – 71.
任远，邬民乐．城市流动人口的社会融合：文献述评［J］．人口研究，2006（03）：

87－94.

施文凯，李珍．责任边界视角下新加坡老年人长期照护保障制度筹资体系研究［J］．社会保障研究，2018（06）：69－80.

宋爱芹，翟景花，郭立燕，李印龙，张绍华．农村老年人抑郁状况评定及影响因素分析［J］．中华行为医学与脑科学杂志，2012（06）：494－496.

孙建娥，王慧．城市失能老人长期照护服务问题研究——以长沙市为例［J］．湖南师范大学社会科学学报，2013，42（06）：69－75.

孙鹃娟，沈定．中国老年人口的养老意愿及其城乡差异——基于中国老年社会追踪调查数据的分析［J］．人口与经济，2017（02）：11－20.

孙文灿．基本养老服务内涵初探［J］．中国民政，2016（18）：24－27.

孙薇薇，聂瑞．家庭养老困境中的"诉苦"——基于农村老年人心理干预的探索性研究［J］．云南大学学报（社会科学版），2020，19（01）：106－118.

石小盼，朱华云，赵丹丹，汪玉洁，罗红．湖北省农村居家失能老人长期照护需求的调查研究［J］．当代护士（下旬刊），2020，27（07）：53－55.

沈君彬．发展型社会政策视域下支出型贫困救助模式的目标定位分析［J］．中共福建省委党校学报，2013（10）：27－30.

上海奉贤区 打造"四堂间"养老服务新模式［J］．中国民政，2020（23）：29.

山西平陆县：以"日间照料中心"为平台 蹚出农村留守老年人关爱服务新路［J］．社会福利，2020（12）：28－29.

唐健，彭钢．从模糊失衡到多元均衡：福利多元主义视域下农村社会化养老主体责任反思与重构［J］．农村经济，2020（08）：91－99.

唐钧．长期照护与重度残疾人保障［J］．残疾人研究，2019（03）：26－29.

唐凯麟．孝：中国人最初的哲学思考和文明建构［J］．求索，2019（05）：4－10.

田先红．论乡村振兴的县域自主性［J/OL］．新疆师范大学学报（哲学社会科学版），2021（03）：1－10.

童玉林．贫困对老年心理健康的影响及其城乡差异——基于CLASS数据的分析［J］．兰州学刊，2020（07）：192－208.

王辉．政策工具选择与运用的逻辑研究——以四川Z乡农村公共产品供给为例［J］．公共管理学报，2014，11（03）：14－23＋139－140.

王佳林．长期护理保险制度构建：国际经验及对我国的启示［J］．南方金融，2019（11）：3－10.

王建军．加快推进现代养老服务体系建设［J］．中国社会工作，2018（26）：7－9.

王立剑，金蕾，代秀亮．"多元共服"能否破解农村失能老人养老困境？［J］．西安交通大学学报（社会科学版），2019，39（02）：101－108.

王朋岗．直系组家庭视角下家庭养老资源供需缺口评价与风险人群识别研究［J］．人口与发展，2019，25（05）：2－9＋49.

王岩，唐丹，龚先旻，王大华．不同养老方式下老年人焦虑抑郁状况比较［J］．中国临床心理学杂志，2012，20（06）：868－870.

王小龙．基于福利多元化理论的融合式养老模式研究［J］．老龄科学研究，2016，4（08）：31－41.

王洪涛，魏淑艳．地方政府信息公开制度时空演进机理及启示——基于政策扩散视角［J］．东北大学学报（社会科学版），2015，17（06）：600－605＋612.

王冬霞．上海农村社区居家养老服务可持续发展研究［D］．华东理工大学，2019.

王雪辉，彭聪．农村社会养老服务供给水平研究［J］．华南农业大学学报（社会科学版），2020，19（01）：117－128.

吴隆文，傅慧芳．供给侧改革视角下老年人健康促进与策略选择［J］．云南民族大学学报（哲学社会科学版），2019，36（05）：82－88.

吴璇，刘晓雪．老年照护社会救助研究综述［J］．社会保障研究，2016（04）：106－112.

吴隆文，傅慧芳．供给侧改革视角下老年人健康促进与策略选择［J］．云南民族大学学报（哲学社会科学版），2019，36（05）：82－88.

项继权，袁方成．我国基本公共服务均等化的财政投入与需求分析［J］．公共行政评论，2008（03）：89－123＋199.

谢冰清．论中国长期护理保险制度中国家责任之定位［J］．云南社会科学，2019（03）：118－126.

谢强，李慧如．“小站点”连着“大民生”——江西省赣江市南康区居家和社区养老服务站全覆盖［J］．中国社会工作，2020（02）：34－35.

熊吉峰．农村失能老人家庭照护者压力：青壮年与老年的比较［J］．西北农林科技大学学报（社会科学版），2015，15（01）：121－127.

熊吉峰．农村失能老人家庭照护者照护行为的理论分析与实证检验［J］．农林经济管理学报，2014，13（02）：216－222.

徐洁，李树茁，吴正，刘伟．农村老年人家庭养老脆弱性评估——基于安徽农村地区的实证研究［J］．人口研究，2019，43（01）：91－101.

杨宏山．双轨制政策试验：政策创新的中国经验［J］．中国行政管理，2013（06）：12－15＋103.

杨胜慧，赵勇，林杰．关于我国老年人口界定标准的一点思考［J］．西北人口，2017，

38（02）：77 –83.

杨团．农村失能老年人照料贫困问题的解决路径——以山西永济蒲韩乡村社区为例［J］．学习与实践，2016（04）：92 –103.

杨婷，何凌超．构建共建共治共享社区治理格局的探索之路——访杭州市民政局局长何凌超［J］．社会治理，2019（12）：19 –24.

姚玉祥．农村老年贫困治理的现实困境及其破解之道［J］．现代经济探讨，2019（06）：122 –127.

于文军，胡纪泽，李兰兰．照顾负担、应对方式和心理健康：对精神分裂症患者家属的追踪研究［J］．中国临床心理学杂志，2019，27（05）：1031 –1035.

茵蓓．做好兜底保障工作 兜住脱贫攻坚底线——社会救助兜底保障论坛综述［J］．中国民政，2019（20）：25 –27.

余少祥．社会法上的积极国家及其法理分析［J］．江淮论坛，2017（03）：88 –94.

徐延辉．中国社会保障研究：回顾与展望［J］．社会科学研究，2006（04）：134 –137.

张宝顺，于林月，陈龙．教育对老年人健康的影响机制研究［J］．西北人口，2020，41（01）：22 –31.

张彩华，金华宝．新中国 70 年农村残疾人照护政策：发展路径与经验启示［J］．探索，2019（06）：138 –151.

张浩淼，仲超．新时代社会救助理念目标、制度体系与运行机制［J］．西北大学学报（哲学社会科学版），2020，50（04）：99 –107.

张浩淼．从反绝对贫困到反相对贫困：社会救助目标提升［J］．山西大学学报（哲学社会科学版），2020，43（05）：126 –131.

张琳．我国长期护理保险的供需现状研究［J］．卫生经济研究，2017（06）：30 –34.

张明锁，米粟．农村家庭老年照护行为及其影响因素研究［J］．河南社会科学，2018，26（01）：120 –124.

张乾友．朝向实验主义的治理——社会治理演进的公共行政意蕴［J］．中国行政管理，2016（08）：86 –91.

张世青，王文娟，陈岱云．农村养老服务供给中的政府责任再探——以山东省为例［J］．山东社会科学，2015（03）：93 –98.

张盈华，闫江．中国养老服务现状、问题与公共政策选择［J］．当代经济管理，2015，37（01）：51 –56.

张静．由“孝老模式”向家庭养老制度转变的问题及路径——基于浙江省常山县农村养老服务调查［J］．老龄科学研究，2021，9（04）：56 –64.

张艳梅．社区居家养老服务需求意愿及影响因素研究［D］．广东财经大学，2019.

臧其胜．证据为本：福利治理的行动准则［J］．社会保障研究，2014（04）：98－105.

赵强社．农村养老：困境分析、模式选择与策略构想［J］．农业经济问题，2016，37（10）：70－82＋111.

郑功成．建立长期护理保险制度势在必行［N］．经济参考报，2016－03－14（002）.

郑功成．多层次社会保障体系建设：现状评估与政策思路［J］．社会保障评论，2019，3（01）：3－29.

郑杭生：《社会学概论新修（第三版）》，中国人民大学出版社2003年版。

郑尚元．长期照护保险立法探析［J］．法学评论，2018，36（01）：131－139.

郑自立．城镇化背景下我国农村孝文化传承探讨［J］．伦理学研究，2017（03）：110－114.

钟曼丽，杨宝强．农村家庭养老中的家国责任：历程考察、实践难题与边界厘定［J］．理论月刊，2019（02）：153－160.

周沛．社会福利理论：福利制度、福利体制及福利体系辨析［J］．国家行政学院学报，2014（04）：80－85.

周亚同．如何直面人口老龄化挑战［J］．人民论坛，2018（03）：94－95.

周缘园．“福利多元主义”的兴起——福利国家到福利社会的转变［J］．理论界，2013（06）：59－62＋105.

周明海．民生的关注与追寻——当前基本公共服务均等化问题研究的主要观点综述［J］．兰州学刊，2008（04）：87－91.

赵永强．潍坊峡山：探索农村养老“四化”模式［J］．中国民政，2019（16）：60.

赵邦艳．农村互助养老运行机制研究［D］．贵州财经大学，2019.

朱力．论农民工阶层的城市适应［J］．江海学刊，2002（06）：82－88＋206.

朱丽君．多维贫困与精准脱贫——以中部地区少数民族自治县Y县为例［J］．社会保障研究，2019（01）：75－85.

朱亚鹏．政策创新与政策扩散研究述评［J］．武汉大学学报（哲学社会科学版），2010，63（04）：565－573.

总报告起草组，李志宏．国家应对人口老龄化战略研究总报告［J］．老龄科学研究，2015，3（03）：4－38.

“中国长期照护保障需求研究”课题组，唐钧，冯凌，王君．长期照护：概念框架、研究发现与政策建议［J］．河海大学学报（哲学社会科学版），2018，20（01）：8－16＋89.